XIAOFANG JIANDU ZHIFA RUMEN YU SHIJIAN

消防监督执法

入门与实践 *(2022年版)*

◎四川省消防救援总队 编

四川人民出版社

图书在版编目 (CIP) 数据

消防监督执法入门与实践（2022年版）／四川省消防
救援总队组织编写. 一成都：四川人民出版社，2023.3

ISBN 978-7-220-12974-2

I.①消… Ⅱ.①四… Ⅲ.①消防－监督－行政执法
－研究－中国Ⅳ.① D922.144

中国国家版本馆 CIP 数据核字 (2023) 第 015068 号

XIAOFANG JIANDU ZHIFA RUMEN YU SHIJIAN（2022 NIAN BAN）

消防监督执法入门与实践（2022 年版）

四川省消防救援总队　组织编写

出 品 人	黄立新
策划统筹	赖明星　邓玲淋　王小林　吴明月
责任编辑	刘姣娇
装帧设计	赵明强
责任校对	刘　静
责任印制	祝　健

出版发行	四川人民出版社（成都三色路 238 号）
网　址	http://www.scpph.com
E-mail	scrmcbs@sina.com
新浪微博	@ 四川人民出版社
微信公众号	四川人民出版社
发行部业务电话	（028）86361653　86361656
防盗版举报电话	（028）86361653
照　排	成都黑岩文化传媒有限公司
印　刷	成都兴怡包装装潢有限公司
成品尺寸	175mm×245mm
印　张	33.5
字　数	560 千
版　次	2023 年 5 月第 1 版
印　次	2023 年 5 月第 1 次印刷
书　号	ISBN 978-7-220-12974-2
定　价	158.00 元

消防监督执法
入门与实践（2022年版）

编辑委员会

主　　任：姚清海　农有良

副主任：马　涛　邹兴连　喻平文　王守江　陈　硕　钟廷渊

主　　编：刘海燕　蒲　珂

编写成员：（按姓氏拼音排序）

陈　伟　范　恒　李炎峰　刘　刚　刘海燕　路欣欣

梅　岩　蒲　珂　屈　愿　全兴平　王敦体　王　坚

喻　军　张　军　张　婷

序

　　消防事业关系人民群众生命财产安全，是促进社会经济协调健康发展的重要保障。2018 年，公安消防部队集体改制转隶，组建国家综合性消防救援队伍。习近平总书记亲自为国家综合性消防救援队伍授旗并致训词，指出消防队伍作为应急救援的主力军和国家队，承担着防范化解重大安全风险、应对处置各类灾害事故的重要职责，提出"对党忠诚、纪律严明、赴汤蹈火、竭诚为民"四句话方针，标志着一支全新的人民队伍举旗定向、踏上征程。

　　"先其未然谓之防，发而止之谓之救"，"预防为主、防消结合"是我国消防安全工作的基本方针。对于消防救援队伍来说，防范化解重大安全风险的重点还是在防火工作上，开展防火工作的方法之一就是消防监督执法。新时期的消防监督执法工作在改革推进和具体实施过程中，如何更好地践行以习近平总书记批示精神为引领，以党中央、国务院各级领导的要求为标准，不断为提高人民群众的幸福感、获得感和满意感去服务，不断为人民提供更加优质、高效的消防安全环境而努力，是消防救援队伍必须面对和处理好的重要课题。一方面，《中华人民共和国行政处罚法》《中华人民共和国消防法》等法律法规和《社会消防技术服务管理规定》等部门规章的修订、颁布和实施，充分体现和巩固了政府机构职能转变和行政执法领域取得的重大改革成果，为严格规范消防监督执法行为、保障消防监督职能的有效实施提供了基本遵循，对消防救援队伍依法履职提出了新的更高要求，要结合法律的新规定积极做好规章和规范性文件的清理修订工作，及时出台执法指引、执法细则，以更好地贯彻实施新法。一线监督执法人员应及时转变固有的执法观念，牢固树立依法行政的法治思维，依据法律的新要求严格规范公正文明执法。另一方面，新时期的消防监督执法工作将全面实施以"双随机、一公开"监管为基本手段、重点监管为补充、信用监管为基础、"互

联网＋监管"为支撑、火灾事故责任调查处理为保障的"五位一体"新型监管机制。消防监督执法人员需要适应新的政策环境和工作模式，正确处理好优化营商环境、深化"放管服"改革和加大监督执法力度的关系，努力实现消防安全从"单一监管"向"综合监管"转变，从管事向管人转变，从查隐患向查责任转变。随机性、标准性与公开性是新型监管模式的三个基本特征，消防监督执法不仅是"查一个个隐患点"，还是"查一个个消防管理面"，查社会单位的消防主体责任落实情况，服务于社会单位建立健全自身消防安全管理体制，协助单位把自身消防安全管理工作做好，从而逐步构建促进社会与经济安全而又快速发展的事中事后消防监管机制。

改革重塑，机遇与挑战并存。为适应形势发展和消防监督执法工作的需要，建设与新时代消防事业相适应，结构合理、素质过硬、充满活力的新型高素质消防监督执法人才队伍，四川省消防救援总队统筹谋划，抽调人员组建工作专班，历时一年，编撰完成了《消防监督执法入门与实践》，旨在为刚步入消防监督执法工作领域的消防工作人员提供实用易懂的工作指南，通过相关知识的入门学习、课时教育或自学，尽快熟悉监督执法流程，规范监督执法行为，提升监督执法水平。

编撰工作是一项艰辛的劳动。担任本书编撰工作的成员，都是从事消防监督执法工作的业务骨干。为正确把握新形势下消防监督执法工作的新理论新要求，向前推进消防监督管理模式的再造重塑，深入贴合基层监督执法工作的实际，我们反复深入地学习了习近平总书记有关安全生产工作的重要论述精神和中共中央、国务院的有关文件，梳理汇编了各类消防监督执法相关法律、法规、规章、政策性文件。在此基础上，反复讨论、统一思想、确定提纲、分工撰稿、协作攻关、精心修改，用集体的力量培育出了这一成果。我们在编撰工作中，在继承优良传统、注意总结先进经验的同时，着力研究新情况，分析新问题，进行新思考，做出新概括，力争在实用和创新上有所

作为。比如在章节体系的构建上、在重要概念的界定上、在执法程序的概括上、在文书示例的归纳上等，都尽力根据一线监督执法人员的需求，不仅给出了基本规则规定和要求，还增设了相关链接，引导初学者在专业方面进行深层次学习，并以"实践练习"的方式，将书面化的知识内容实用化，使其更加契合我们的工作与日常实践。然而，由于我们的思想理论水平还不够高，掌握的资料有限，本书肯定还存在许多不足之处。我们真诚地欢迎读者多提宝贵意见，真切地希望本书能对新时期消防监督执法工作的发展起到促进作用，为构建科学合理、规范高效、公正公开的消防监督管理体系做出贡献。

本书编写组
2023 年 2 月

编写说明

本书以现行国家法律法规和消防技术规范为基准，围绕"新变化、新要求"及"做什么、怎么做"等一线消防监督执法人员最为关心和迫切需要了解的问题，贴近执法实务，凸显实用效能，旨在为广大消防监督执法人员开展消防监督执法提供工作指南和学习帮助。主要包括基本规定和基础知识、消防监督执法程序、通用要求典型场所检查、典型设施设备检查、常用监督执法装备使用、行政处罚与临时查封办理、火灾事故调查、法律文书示例、典型火灾案例等内容，详细介绍了消防监督执法活动的工作内容和具体要求。

本书以"内容精炼、概括要点、方便查阅"为原则，主要具有以下特点：一是突出"准"。详细说明了消防监督执法人员应当熟练掌握的基本要求和重点问题，应当准确把握的执法工作流程和关键环节。二是突出"实"。内容贴近消防监督执法工作实际，文字平实、内容精炼，注重指导性和操作性。三是突出"活"。采用图文结合、照片对比、场景再现、文书示例等方式，简明扼要、通俗易懂，便于理解、记忆和实施，既是帮助消防监督执法人员掌握执法规范的"说明书"，又是指导其规范执法的"工具书"。

本书的编制完成是集体智慧的结晶。参与编制的每个成员都竭尽全力，发挥自己的优势，发扬团结协作的精神，为完成编制工作付出了心血。各章的撰写者分别是：第一章：刘海燕、全兴平、张军；第二章：刘海燕、路欣欣、王敦体；第三章：刘海燕、王敦体、屈愿；第四章：张军、刘刚、蒲珂；第五章：范恒、蒲珂、王坚；第六章：李炎峰、喻军、刘海燕、范恒；第七章：陈伟、路欣欣、梅岩；第八章：张婷、蒲珂、陈伟；第九章：梅岩、刘海燕；第十章：屈愿、全兴平、李炎峰；第十一章：王坚、张婷、刘刚；第十二章：蒲珂、刘海燕、喻军。由于时间仓促，本书可能存在疏漏之处，敬请提出宝贵意见。

本书在编写过程中还采用了一些技术标准图例和网络图片，由于作者无法一一联系，望作者见到本书后与编者联系，以便我们根据国家相关规定奉上样书和薄酬。

本书编写组

2022 年 12 月

目录 CONTENTS

第四章 消防监督执法相关工作基本流程

第五章 消防监督检查通用要求

第六章 典型消防设施检查

第七章 典型场所消防监督检查要点

第一章

消防法律法规基础知识

》内容简介

　　本章学习内容为消防法律法规的基本理论知识，包括消防法律法规体系框架及其基本组成，并从制定机关、效力级别、发布实施、制修订情况、主要内容等方面，对常用的消防法律、法规、规章、消防标准和行政规范性文件进行简要介绍。

》学习目标

1. 了解消防法律法规体系框架及其基本组成
2. 熟悉消防法律法规的法律位阶关系
3. 掌握常用的消防法律、法规、规章及其主要内容
4. 掌握常用消防标准的适用范围和主要内容
5. 了解消防行政规范性文件及其制发依据、程序等

第一节　基本体系框架

　　法律体系,是指我国现行有效的全部法律规范按照不同的法律部门分类组合而形成的一个呈体系化的有机联系的统一整体。包括法律、行政法规、司法解释、地方法规、地方规章、部门规章及其他规范性文件。其中,法律有广义、狭义两种理解。广义上讲,法律泛指一切规范性文件;狭义上讲,仅指全国人大及其常委会制定的规范性文件。在与法规等一起讨论时,法律是指狭义上的法律。法规则主要指行政法规、地方性法规、民族自治法规及经济特区法规等。

　　在学术层面,消防法律法规并不像民法或行政法那样作为法律概念有明确的界定。但是从实际运用层面来说,消防法律法规可以仅在类别的范畴内使用,是国家机关依据法定职权和程序制定的涉及调整消防安全领域社会关系的全部法律规范的总称,没有单一的指向性。消防法律法规既包括社会生产生活中应遵循的用火、防火、灭火规则,也可包括各级国家机关履行消防安全管理工作职责的权限范围、活动原则、管理制度和工作程序,是全社会消防安全方面的行为规范和准则。基本体系框架如图1-1(见下页)。

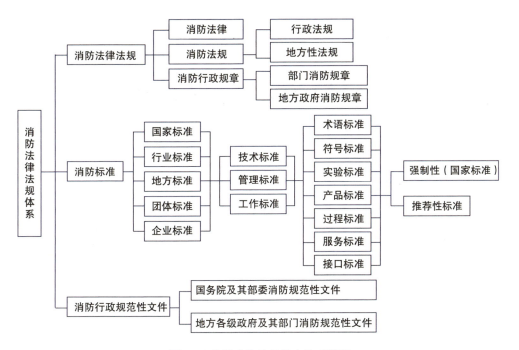

图1-1 消防法律法规基本体系框架

提示 所谓法律位阶，是指每一部规范性法律文本在法律体系中的纵向等级。下位阶的法律必须服从上位阶的法律，所有的法律必须服从最高位阶的法。 在我国，按照宪法和立法法规定的立法体制，法律效力位阶共分六级，它们从高到低依次是：根本法（宪法），基本法，普通法，行政法规，地方性法规、部门规章，地方政府规章。

第二节　消防法律、法规和规章

一、消防法律

消防法律是指由中华人民共和国全国人民代表大会常务委员会（以下简称"全国人大常委会"）制定颁发的与消防有关的各项法律，它规定了我国消防工作的宗旨、方针政策、组织机构、职责权限、活动原则和管理程序等，用以调整国家各级行政机关、企业事业单位、社会团体和公民之间消防关系的行为规范。

消防法律的效力低于宪法，但高于行政法规、地方性法规和行政规章，是制定消防行政法规、地方性法规和行政规章的主要依据。现行涉及消防监督执法方面的主要法律有：《中华人民共和国消防法》《中华人民共和国刑法》《中华人民共和国行政处罚法》《中华人民共和国行政强制法》等。

（一）《中华人民共和国消防法》（中华人民共和国主席令第八十一号）

公布日期：2021 年 4 月 29 日

施行日期：2021 年 4 月 29 日

发布机关：全国人大常委会

制修订情况：1998 年 4 月 29 日第九届全国人民代表大会常务委员会第二次会议通过；2008 年 10 月 28 日第十一届全国人民代表大会常务委员会第五次会议第一次修订，2008 年 10 月 28 日中华人民共和国主席令第六号公布，自 2009 年 5 月 1 日起施行；依据 2019 年 4 月 23 日第十三届全国人民代表大会常务委员会第十次会议《全国人民代表大会常务委员会关于修改〈中华人民共和国建筑法〉等八部法律的决定》第二次修订；根据 2021 年 4 月 29 日第十三届全国人民代表大会常务委员会第二十八次会议通过的《全国人民代表大会常务委员会关于修改〈中华人民共和国道路交通安全法〉等八部法律的决定》第三次修正。

基本内容：共 7 章 74 条，包括总则、火灾预防、消防组织、灭火救援、监督检查、法律责任和附则。

（二）其他相关法律

《中华人民共和国刑法》

《中华人民共和国行政处罚法》

《中华人民共和国行政强制法》

《中华人民共和国治安管理处罚法》

《中华人民共和国城乡规划法》

《中华人民共和国建筑法》

《中华人民共和国产品质量法》

《中华人民共和国安全生产法》

二、消防法规

消防法规包括行政法规和地方性法规。

行政法规，是国务院根据宪法和法律，为领导和管理国家各项行政工作，按照《行政法规制定程序条例》的法定程序制定出的各类法规的总称，一般以条例、办法、实施细则、规定等形式组成，发布行政法规需要国务院总理签署国务院令，如《烟花爆竹安全管理条例》《危险化学品安全管理条例》《森林防火条例》《草原防火条例》《物业管理条例》等。

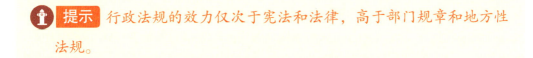

提示 行政法规的效力仅次于宪法和法律，高于部门规章和地方性法规。

（一）《烟花爆竹安全管理条例》（中华人民共和国国务院令第 455 号）

效力级别：行政法规

时效性：现行有效

公布日期：2016 年 2 月 6 日

实施日期：2016 年 2 月 6 日

发布机关：中华人民共和国国务院

制修订情况：2006 年 1 月 21 日中华人民共和国国务院令第 455 号公布，根据 2016 年 2 月 6 日《国务院关于修改部分行政法规的决定》修订。

基本内容：共 7 章 46 条，包括总则、生产安全、经营安全、运输安全、燃放安全、法律责任和附则。

（二）《危险化学品安全管理条例》（中华人民共和国国务院令第 645 号）

效力级别：行政法规

时效性：现行有效

公布日期：2013 年 12 月 7 日

实施日期：2013 年 12 月 7 日

发布机关：中华人民共和国国务院

制修订情况：2002 年 1 月 26 日中华人民共和国国务院令第 344 号公布，2011 年 2 月 16 日国务院第 144 次常务会议第一次修订通过，根据 2013 年 12 月 7 日国务院令第 645 号发布的《国务院关于修改部分行政法规的决定》第二次修订。

基本内容：共 8 章 102 条，包括总则，生产、储存安全，使用安全，经营安全，运输安全，危险化学品登记与事故应急救援，法律责任和附则。

三、地方性法规

地方性法规，是指法定的地方国家权力机关依照法定的权限，在不同宪法、法律和行政法规相抵触的前提下，制定和颁布的在本行政区域范围内实施的规范性文件。根据《中华人民共和国立法法》第 72 条的规定，省、自治区、直辖市的人民代表大会及其常务委员会根据本行政区域的具体情况和实际需要，在不同宪法、法律、行政法规相抵触的前提下，可以制定地方性法规，如《四川省消防条例》《四川省公共消防设施条例》等。设区的市的人民代表大会及其常务委员会根据本市的具体情况和实际需要，在不同宪法、法律、行政法规和本省、自治区的地方性法规相抵触的前提下，可以对城乡建设与管理、环境保护、历史文化保护等方面的事项制定地方性法规。

（一）《四川省消防条例》（四川省第九届人民代表大会常务委员会公告第 22 号）

效力级别：省级地方性法规

时效性：现行有效

公布日期：2011 年 5 月 27 日

实施日期：2011 年 8 月 1 日

发布机关：四川省人民代表大会常务委员会

制修订情况：经 1999 年 10 月 14 日四川省九届人大常委会第 11 次会议通过，根据 2002 年 5 月 30 日四川省九届人大常委会第 29 次会议《关于修改〈四川省消防条例〉的决定》第一次修正，根据 2004 年 9 月 24 日四川省十届人大常委会第 11 次会议《关于修改〈四川省消防条例〉的决定》第二次修正，2011 年 5 月 27 日四川省十一届人大常委会第 23 次会议修订。

基本内容：共 8 章 78 条，包括总则、消防安全责任、消防安全宣传教育、火灾预防、消防组织和应急救援队伍、灭火和应急救援、法律责任、附则。

（二）《四川省公共消防设施条例》（四川省第十三届人民代表大会常务委员会公告第 95 号）

效力级别：省级地方性法规

时效性：现行有效

公布日期：2021 年 9 月 29 日

实施日期：2021 年 11 月 9 日

发布机关：四川省人民代表大会常务委员会

制修订情况：经由四川省第十届人民代表大会常务委员会第 8 次会议于 2004 年 4 月 16 日通过，2021 年 9 月 29 日经四川省第十三届人民代表大会常务委员会第 30 次会议修订。

基本内容：共 28 条。适用于四川省行政区域内公共消防设施的规划、建设、维护、使用和管理。

四、消防行政规章

消防行政规章包括部门规章和地方政府规章。

部门规章是国务院主管部门根据并且为了实施法律、行政法规，在自己权限范围内依法制定的规范性文件。如：《消防监督检查规定》《火灾事故调查规定》《高层民用建筑消防安全管理规定》《社会消防技术服务管理规定》《机关、团体、企业、事业、单位消防安全管理规定》等。

（一）《消防监督检查规定》（中华人民共和国公安部令第 120 号）

效力级别：部门规章

时效性：现行有效

公布日期：2012 年 7 月 17 日

实施日期：2012 年 11 月 1 日

发布机关：中华人民共和国公安部

制修订情况：于 2009 年 4 月 30 日中华人民共和国公安部令第 107 号发布，根据 2012 年 7 月 17 日中华人民共和国公安部令第 120 号公布的《公安部关于修改〈消防监督检查规定〉的决定》修订。

基本内容：共 6 章 42 条，包括总则、消防监督检查的形式和内容、消防监督检查的程序、公安派出所日常消防监督检查、执法监督和附则。

（二）《社会消防技术服务管理规定》（中华人民共和国应急管理部令第 7 号）

效力级别：部门规章

时效性：现行有效

公布日期：2021 年 9 月 13 日

施行日期：2021 年 11 月 9 日

发布机关：中华人民共和国应急管理部

制修订情况：经 2013 年 10 月 18 日公安部部长办公会议通过，2014 年 2 月 3 日中华人民共和国公安部令第 129 号发布，2016 年 1 月 14 日公安部令第 136 号修改，2021 年 8 月 17 日应急管理部第 27 次部务会议审议通过。

基本内容：共 6 章 40 条，包括总则、从业条件、社会消防技术服务活动、监督管理、法律责任和附则。

（三）《机关、团体、企业、事业、单位消防安全管理规定》（中华人民共和国公安部令第 61 号）

效力级别：部门规章

时效性：现行有效

公布日期：2001 年 11 月 14 日

施行日期：2002 年 5 月 1 日

发布机关：中华人民共和国公安部

制修订情况：于 2001 年 10 月 19 日公安部部长办公会议通过。

基本内容：共 10 章 48 条。包括总则，消防安全责任，消防安全管理，防火检查，火灾隐患整改，消防安全宣传教育和培训，灭火、应急疏散预案和演练，消防档案、奖惩和附则。

五、地方政府规章

地方政府规章是地方省级人民政府、省级人民政府所在地的市政府，以及经国务院批准的较大的市的人民政府，根据并且为了实施法律、行政法规、地方性法规，在自己权限范围内依法制定的规范性文件。如:《四川省宗教活动场所消防安全管理规定》《四川省消防规划管理规定》《四川省消防产品监督管理办法》等。

（一）《四川省宗教活动场所消防安全管理规定》（四川省人民政府令第 312 号）

效力级别：地方政府规章

时 效 性：现行有效

公布日期：2016 年 8 月 12 日

施行日期：2016 年 11 月 1 日

发布机关：四川省人民政府

制修订情况：经 2016 年 7 月 11 日四川省人民政府第 123 次常务会议审议通过。

基本内容：共 27 条。

（二）《四川省消防规划管理规定》（四川省人民政府令第 283 号）

效力级别：地方政府规章

时 效 性：现行有效

公布日期：2014 年 10 月 16 日

施行日期：2015 年 1 月 1 日

发布机关：四川省人民政府

制修订情况：经 2014 年 10 月 14 日四川省人民政府第 63 次常务会议审议通过。

基本内容：共 6 章 34 条。包括总则、消防规划编制、消防规划实施、监督检查、法律责任和附则。

经典练习

实践练习一

消防工作的原则是（　　）。

A. 预防为主、防消结合

B. 政府统一领导、部门依法监管、单位全面负责、公民积极参与

C. 消防安全责任制

D.生命至上、安全第一

🔒 **答案**

　　B

ℹ️ **解析**

　　《中华人民共和国消防法》第二条规定，消防工作贯彻预防为主、防消结合的方针，按照政府统一领导、部门依法监管、单位全面负责、公民积极参与的原则，实行消防安全责任制，建立健全社会化的消防工作网络。

　　政府统一领导、部门依法监管、单位全面负责、公民积极参与，是《中华人民共和国消防法》确定的消防工作原则。消防工作作为公共安全的重要内容，涉及各行各业，事关千家万户，具有鲜明的社会性、群众性，需要全社会共同参与。"政府统一领导"就是政府作为公共安全的管理者，应依法担当消防安全的领导责任，从总体上规划、指挥、部署、支持和协调全国或本行政区域的消防工作。"部门依法监管"就是政府各部门应在各自职责范围内，根据本行业、本系统的特点，依据有关法律法规和政策规定，履行消防工作职责，确保本行业、本系统消防安全。"单位全面负责"就是单位作为消防安全的责任主体，应对本单位消防安全负全责，全面落实消防安全自我管理、自我检查、自我整改，确保本单位消防安全。"公民积极参与"就是公民作为消防工作的基础，是消防工作的直接参与者和监督者，应自觉遵守消防法律法规，履行维护消防安全、保护消防设施、预防火灾、报告火警等义务。因此，应选择B选项。

📣 **实践练习二**

　　在整个消防法律法规体系中具有最高法律效力的规范性法律文件是（　　）。

　　A.《中华人民共和国消防法》

　　B.《中华人民共和国宪法》

　　C.《中华人民共和国刑法》

　　D.《森林防火条例》

🔒 **答案**

　　B

解析

宪法是国家的根本大法，它规定了国家的根本制度和根本任务，是人们行为的基本法律准则。宪法作为根本法，是其他法律、法规赖以产生、存在、发展和变更的基础和前提条件，它处于一个国家独立、完整和系统的法律体系的核心，是一个国家法律制度的基石。《中华人民共和国宪法》是国家最高权力机关全国人民代表大会依照法定程序制定的具有最高法律效力的规范性法律文件，是其他法律法规立法的依据，也是消防法律法规的立法依据。因此，应选择 B 选项。

消防监督执法
入门与实践(2022年版)🔔

第三节　消防标准

按照《中华人民共和国标准化法》的定义，标准是指农业、工业、服务业、社会事业等领域需要统一的技术要求。

按照适用范围，可分为国家标准、行业标准、地方标准、团体标准、企业标准。

按标准属性，可分为强制性标准、推荐性标准。

按对象，可分为技术标准、管理标准、工作标准。

按内容，可分为术语标准、符号标准、实验标准、产品标准、过程标准、服务标准、接口标准。

具体到消防标准，是国务院有关行政主管部门，省、自治区、直辖市、设区的市级人民政府标准化行政主管部门，学会、协会、商会、联合会、产业技术联盟等社会团体和企业依据《中华人民共和国标准化法》规定的法定程序制定发布的涉及建筑消防安全、消防技术、消防产品、消防管理等领域需要统一的技术要求。

据统计，现行消防国家标准和行业标准约有400余个。为适应国际技术法规与技术标准通行规则，2016年以来，住房和城乡建设部陆续印发《深化工程建设标准化工作改革的意见》等文件，提出政府制定强制性标准、社会团体制定自愿采用性标准的长远目标，明确了逐步用全文强制性工程建设规范取代现行标准中分散的强制性条文的改革任务，逐步形成由法律、行政法规、部门规章中的技术性规定与全文强制性工程建设规范构成的"技术法规"体系。目前，已发布两部消防通用规范，分别是2023年3月1日起实施的《消防设施通用规范》（GB 55036-2022）和2023年6月1日起实施的《建筑防火通用规范》（GB 55037-2022）。常用消防标准在本书附录中做了列举，请参阅。

一、国家标准

国家标准是由国家标准化行政主管部门批准并公开发布的需要在全国范围内统一的技术要求。国家标准在全国范围内适用，其他各级别标准不得与国家标准相抵触。国家标准代号主要有GB和GB/T两种，其含义分别为强制性国家标准和推荐性国家标准。例：

（一）《建筑设计防火规范》

标准编号：GB 50016-2014

实施日期：2015 年 5 月 1 日

该标准适用于下列新建、扩建和改建的建筑：

1.厂房；2.仓库；3.民用建筑；4.甲、乙、丙类液体储罐（区）；5.可燃、助燃气体储罐（区）；6.可燃材料堆场；7.城市交通隧道。

人民防空工程、石油和天然气工程、石油化工工程和火力发电厂与变电站等的建筑防火设计，当有专门的国家标准时，宜从其规定。

（二）《人员密集场所消防安全管理》

标准编号：GB/T 40248-2021

实施日期：2021 年 12 月 1 日

该标准适用于具有一定规模的人员密集场所及其所在建筑的消防安全管理。

二、行业标准

行业标准是对没有国家标准而又需要在全国某个行业范围内统一的技术要求所制定的标准。行业标准由国务院有关行政主管部门制定，并报国务院标准化行政主管部门备案，由行业标准归口部门统一管理。当同一内容的国家标准公布后，则该内容的行业标准即行废止。行业标准为推荐性标准。例：

《消防产品现场检查判定规则》

标准编号：XF 588-2012

实施日期：2013 年 1 月 1 日

该标准适用于消防产品质量监督机构对消防产品的现场检查和判定。

三、地方标准

地方标准是由地方省级标准化行政主管部门和经其批准的设区的市级标准化行政主管部门为满足地方自然条件、风俗习惯等特殊技术要求在农业、工业、服务业以及社会事业等领域制定的在某一地区范围内统一的标准。地方标准为推荐性标准。例：

《四川省古城镇村落消防安全评估规范》

标准编号：DB51/T 2700-2020

实施日期：2020-12-01

该标准适用于四川省行政区域内的古城镇村落消防安全现状评估。

四、团体标准

团体标准是依法成立的社会团体（如具备相应专业技术能力的学会、协会、商会、联合会等社会组织和产业技术联盟）为满足市场和创新需要，协调相关市场主体按照团体确立的标准制定程序自主制定发布的标准，由本团体成员约定采用或按照本团体的规定供社会自愿采用。例：

《共享电动自行车充电站消防安全规程》

标准编号：T/CFPA004-2021

实施日期：2021 年 9 月 30 日

该标准由中国消防协会制定发布，规定了共享电动自行车充电站的选址、站内布置、建筑防火、消防设施、电气安全、充电柜、安全管理要求。

五、企业标准

企业标准是在企业范围内需要协调、统一的技术要求、管理要求和工作要求所制定的标准，是企业组织生产、经营活动的依据。企业生产的产品没有国家标准和行业标准的，应当制定企业标准，作为组织生产的依据。已有国家标准或者行业标准的，国家鼓励企业制定严于国家标准或者行业标准的企业标准，在企业内部适用。例：

《消防柜》

标准编号：Q/DQXF 006-2021

实施日期：2021-08-27

该标准由大庆油田新世纪消防有限公司制定发布，规定了该公司生产的消防柜系列产品的产品型号，技术要求，试验方法，检验规则，标志、包装、运输及贮存要求。

经典练习

🔊 实践练习一

辨识题：请分别说出下列标准属于哪类消防标准？

A.

中华人民共和国国家标准
GB
GB/T 40248—2021

人员密集场所消防安全管理
Fire safety management of assembly occupancies

2021-05-21 发布　　　2021-12-01 实施
国家市场监督管理总局
国家标准化管理委员会 发布

B.

中华人民共和国公共安全行业标准
GA
GA 1301—2016

火灾原因认定规则
Rules for fire cause determination

2016-05-07 发布　　2016-08-01 实施
中华人民共和国公安部 发布

C.

SHXF
上海市消防协会团体标准
T/SHXF 001-2019

建筑电气防火检测技术规程
Technical regulations for building electrical fire detection

2019-02-14 发布　　　2019-02-20 实施
上海市消防协会 发布

D.

DB5115
四川省（宜宾市）地方标准
DB 5115/T 79—2022

出租住房消防安全管理要求
Management requirements for fire protection of rental housing

2022-03-14 发布　　2022-04-01 实施

🔒 答案

A. 国家标准　　　　　B. 行业标准

C. 团体标准　　　　　D. 地方标准

🔖 解析

《中华人民共和国标准化法》将标准划分为国家标准、行业标准、地方标准和团体标准、企业标准。国家标准分为强制性标准、推荐性标准，行业标准、地方标准是推荐性标准。各标准层次之间有一定的依从关系和内在联系，形成一个覆盖全国又层次分明的标准体系。

📢 **实践练习二**

　　某县消防救援大队消防监督人员在对辖区某宾馆实施消防监督检查时，通常会用到下列哪些标准？（　　　）

　　A.《建筑设计防火规范》（GB 50016-2014）

　　B.《建筑灭火器配置验收及检查规范》（GB 50444-2008）

　　C.《建筑防烟排烟系统技术标准》（GB 51251-2017）

　　D.《消防产品现场检查判定规则》（XF 588-2012）

📦 **答案**

　　ABCD

📋 **解析**

　　消防标准是我国消防安全领域科学管理的重要技术基础，是建设单位、设计单位、施工单位、生产单位、消防救援机构开展工程建设、产品生产、消防监督的重要依据。对提高建筑消防安全性能及消防产品质量，合理调配资源，保护人身和财产安全，创造经济效益和社会效益都有相当重要的作用。消防标准以国家标准和行业标准较为常用，其中国家标准又分为强制性标准和推荐性标准。强制性标准是在一定范围内通过法律、行政法规等强制性手段加以实施的标准，具有法律属性。根据《消防法》第九条、第十条、第二十条、第二十三条、第二十四条、第二十六条、第二十七条等规定，其条文中表述的消防技术标准都具有法律效力，必须遵照执行。需要注意的是，标准本身并不属于法律法规，仅有行政方面的管理职能，没有法律效力。《消防法》中对消防技术标准的表述（如第九条：建设工程的消防设计、施工必须符合国家工程建设消防技术标准）并未明确为仅执行强制性标准，此时，推荐性标准（含国家标准中的推荐性标准和行业标准）由于《消防法》的援引，已经不是一个单纯的"推荐性""自愿性"的标准，而是成为法律的一部分，具有强制执行效力了。

　　具体到消防监督检查，所涉及的消防技术标准也很多，需要我们在执法实践中不断地积累和运用。一般来说，我们在开展消防监督检查时，首先应根据监督检查的对象和目的选择需要运用的国家标准，没有国家标准时选用行业标准。地方标准因为制定范围和条件的严格，且只能在某一地区范围内统一，所以通常情况下使用得较少。因此，应选择A、B、C、D选项。

第四节 消防行政规范性文件

行政规范性文件是除国务院的行政法规、决定、命令以及部门规章和地方政府规章外，由行政机关或者经法律、法规授权的具有管理公共事务职能的组织（以下统称行政机关）依照法定权限、程序制定并公开发布，涉及公民、法人和其他组织权利义务，具有普遍约束力，在一定期限内反复适用的公文。

制发行政规范性文件是行政机关依法履行职能的重要方式，直接关系群众切身利益。行政规范性文件应当严格按照法定权限履行职责，依照法定程序制发。不得增加法律、法规规定之外的行政权力事项或者减少法定职责；不得设定行政许可、行政处罚、行政强制等事项，增加办理行政许可事项的条件。不得违法减损公民、法人和其他组织的合法权益或者增加其义务，侵犯公民人身权、财产权、人格权、劳动权、休息权等基本权利；不得超越职权规定应由市场调节、企业和社会自律、公民自我管理的事项；不得违法制定含有排除或者限制公平竞争内容的措施，违法干预或者影响市场主体正常生产经营活动，违法设置市场准入和退出条件等。

提示 本书附录列举了消防领域常用的行政规范性文件。

一、《国务院办公厅关于印发消防责任制实施办法的通知》

文号： 国办发〔2017〕87 号

施行日期： 2017 年 10 月 29 日

主要内容：共 6 章 31 条。第一章：总则——将"党政同责、一岗双责、齐抓共管、失职追责"作为总体原则，明确了办法制定依据和根本目的；第二章：地方各级人民政府消防工作职责——规定了省、市、县和乡镇政府、街道办事处以及开发区、工业园区管委会消防安全职责；第三章：县级以上人民政府工作部门消防安全职责——区分不同情况，分别规定了公安、教育等 13 个具有行政管理或公共服务职能的部门的消防安全职责；第四章：单位消防安全职责——分三个层次，规定了一般单位、消防安全重点单位和火灾高危单位的消防安全职责；第五章：责任落实——规定了消防工作考核、结果应用、责任追究等内容；第六章：附则——对专有名词做了解释，明确了施行时间和要求。

二、《消防救援局关于印发＜消防安全违法行为举报投诉奖励规定＞的通知》

文号： 应急消〔2019〕162号

施行日期： 2019年7月2日

主要内容： 共20条，对消防安全违法行为的举报形式、举报内容、奖励方式等作出了规定。

三、《四川省人民政府办公厅关于印发＜四川省消防安全重点单位界定标准＞和＜四川省消防安全大型公众聚集场所界定标准＞的通知》

文号： 川办函〔2012〕214号

施行日期： 2012年10月8日

主要内容： 一是分类规定了商场（市场）、宾馆（饭店）、体育场（馆）、会堂、公共娱乐场所等公众聚集场所；医院、养老院和寄宿制的学校、托儿所、幼儿园；国家机关；广播电台、电视台和邮政、通信枢纽；客运车站、码头、民用机场；公共图书馆、展览馆、博物馆、档案馆以及具有火灾危险性的文物保护单位；发电厂（站）和电网经营企业；易燃易爆化学物品的生产、充装、储存、供应、销售单位，服装生产、制鞋等劳动密集型生产、加工企业，重要科研单位；高层公共建筑、地下铁道、地下观光隧道；粮、棉、木材、百货等物资仓库和堆场，重点工程施工现场；其他发生火灾可能性较大以及一旦发生火灾可能造成人身重大伤亡或者财产重大损失的单位和场所，界定为四川省消防安全重点单位的标准。二是分类规定了客运车站候车室、客运码头候船厅、民用机场航站楼；体育场（馆）、会堂；宾馆、饭店、商场、集贸市场；餐饮场所；电影院、剧院、演艺中心等演出放映场所；保龄球馆、桑拿浴室、茶坊等营业性健身、休闲场所；舞厅、卡拉OK厅、夜总会等歌舞娱乐场所；网吧、音乐茶座和游艺、游乐场所，界定为四川省消防安全大型公众聚集场所的标准。

经典练习

实践练习一

判断题：设区的市级消防救援支队可以制发行政规范性文件。（　　）

答案

正确

解析

设区的市级消防救援支队也是国家行政机关，可以依照法定权限和程序制发行政规范性文件。

实践练习二

下列选项中属于行政规范性文件的是（　　）。

A.县消防救援大队制发的《公众聚集场所投入使用、营业前消防安全检查意见书》

B.市消防救援支队制发的《火灾事故认定书》

C.中华人民共和国应急管理部令第5号《高层民用建筑消防安全管理规定》

D.应急管理部制发的《消防救援机构办理行政案件程序规定》（应急〔2021〕77号）

答案

D

解析

行政规范性文件是除国务院的行政法规、决定、命令以及部门规章和地方政府规章外，由行政机关或者经法律、法规授权的具有管理公共事务职能的组织依照法定权限、程序制定并公开发布，涉及公民、法人和其他组织权利义务，具有普遍约束力，在一定期限内反复适用的公文。由此，选项A、B仅针对特定对象，不具有普遍约束力。选项C为国务院组成部门颁发的行政部门规章。因此选项D正确。

第二章

消防安全标志
和图形符号

≫内容简介

消防安全标志和图形符号通常在需要设置消防安全标志的场所或者在有关建筑、工程、建筑物及其他相关设计领域的消防技术文件中使用。本章主要介绍了消防安全标志和消防设备图形符号的含义、用途、设置及使用要求。

≫学习目标

1. 认识和理解场所消防安全标志图形符号构成的含义
2. 熟悉场所消防安全标志以及消防技术文件用消防设备图形符号的分类
3. 掌握辨识场所消防安全标志和消防技术文件用消防设备图形符号

第一节 场所消防安全标志

消防安全标志由几何形状、安全色、表示特定消防安全信息的图形符号构成。标志的几何形状、安全色及对比色、图形符号色的含义见表2-1-1。

表2-1-1 标志的几何形状、安全色及对比色、图形符号色的含义

几何形状	安全色	安全色的对比色	图形符号色	含义
正方形	红色	白色	白色	标示消防设施（如火灾报警装置和灭火设备）
正方形	绿色	白色	白色	提示安全状况（如紧急疏散逃生）
带斜杠的圆形	红色	白色	黑色	表示禁止
等边三角形	黄色	黑色	黑色	表示警告

🔔 **提示** 消防安全标志的设置应严格执行《消防安全标志》（GB 13495），与周围环境有明显区分，做到醒目提醒。但在现实生产生活中，各单位场所为了装修美观，常常忽视设置消防安全标志，或者设置不符合规定，不能明显区分，需要多加注意。

一、标志分类

标志按功能可分为火灾报警装置标志、紧急疏散逃生标志、灭火设备标志、禁止和警告标志、方向辅助标志和文字辅助标志等六类。部分标志具体式样、名称和说明详见表2-1-2（见下页）。

表 2-1-2 部分标志具体式样、名称和说明

标志分类	具体式样	名称	说明
火灾报警装置标志		消防按钮	标示火灾报警按钮和消防设备启动按钮的位置
		火警电话	标示火警电话的位置和号码
紧急疏散逃生标志		安全出口	提示通往安全场所的疏散出口
紧急疏散逃生标志		击碎面板	提示需击碎面板才能取得钥匙、工具，操作应急设备或开启紧急逃生出口
灭火设备标志		手提式灭火器	标志手提式灭火器的位置
		消防软管卷盘	标志消防软管卷盘、消火栓箱、消防水带的位置
禁止和警告标志		禁止吸烟	表示禁止吸烟

续表 2-1-2

标志分类	具体式样	名称	说明
禁止和警告标志		当心爆炸物	警示来自爆炸物的危险，在爆炸物附近或处置爆炸物时应当心
方向辅助标志		疏散方向	指示安全出口的方向
		火灾报警装置或灭火设备的方位	指示火灾报警装置或灭火设备的方位
文字辅助标志		安全出口	表示安全出口

【标准链接】《消防安全标志》（GB 13495）

二、使用要求

标志的常用型号、尺寸及颜色、衬边的颜色和尺寸、标志与方向辅助标志组合使用以及标志、方向辅助标志与文字辅助标志组合使用等，应符合《消防安全标志》（GB 13495）5.1附录的规定。

标志的色度和光度属性应符合《安全色》（GB 2893）第五章的规定。

············· **经典练习** ·············

📢 **实践练习**

消防监督人员对位于某建筑 2 楼的百货商场开展了消防监督检查，除对该商场的平面布置、安全疏散通道进行了检查外，监督员还根据该商场的消防设施维保记录，核对了火灾自动报警系统、自动喷水灭火系统、室内消火栓系统的维保情况。经检查，该商场落实了消防安全主体责任，火灾防控要求切实到位，但在消防安全标志设置上存在一定瑕疵。

1.根据上述材料，该百货商场内设置的消防安全标志有哪些？

A.  B.  C.  D.

答案

ACD

解析

A标志表示消防软管卷盘、消火栓箱、消防水带的位置，该百货商场设有室内消火栓系统，因此A选项正确；B标志表示地上消火栓的位置，该标志不会出现在该百货商场内，因此B选项错误；C标志用于提示通往安全场所的疏散出口，因此C选项正确；D标志表示禁止吸烟，因此D选项正确。

2.在该百货商场的疏散门上发现 标志，该标志表示什么意义？

A.推开，指示开启方向　　　　B.推开，指示逃生方向；

C.指示火灾时紧急逃生出口　　D.指示商场购物绿色通道

答案

A

解析

 表示门需要向标志方向推开；与之对应的 ，表示门需要向标志方向拉开。

第二节　消防技术文件用消防设备图形符号

消防技术文件用消防设备图形符号主要是指新建、改建或扩建工程中，在编制消防设计、施工、维护或审核等技术文件（主要是图纸）时使用的有关防火、灭火和疏散方法的下列消防设备：

——灭火器；

——固定灭火系统；

——消防供水线；

——其他灭火设备；

——控制与指示设备；

——报警启动装置；

——火灾报警装置；

——消防通风口；

——疏散路线；

——火灾和爆炸危险区域。

消防技术文件用图形符号由基本符号、辅助符号按需要组合成不同的图形符号，也可采用单独使用的图形符号。如图 2-2-1（见下页），某建筑平面示意图（里面应包括本节中所涉及的部分符号并作引注解释）。

> **提示** 消防技术文件用消防设备图形符号作为标准化、通行化、效率化的设计语言，在《消防技术文件用消防设备图形符号》（GB/T 4327）中有明确规定。其应用范围不仅仅局限于相关设计领域。在监督执法工作中，熟练运用一定的消防设备图形符号，可提高办案效率。

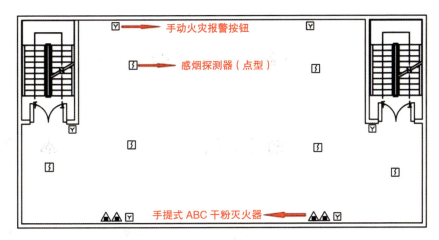

图 2-2-1 建筑平面示意图上所使用的消防设备图形符号

一、基本符号

基本符号表示消防设备的类别。表 2-2-1 列举了常见的基本符号。

表 2-2-1 常见基本符号

符号	△	△	◇	◇
名称	手提灭火器	推车式灭火器	固定灭火系统（全淹没）	固定灭火系统（局部应用）
符号	○	⬭	◠	▭
名称	消防供水干线	灭火剂罐	其他灭火设备	控制和指示设备

二、辅助符号

辅助符号一般放在基本符号内，表示消防设备的种类或性质。表 2-2-2（见下页）列举了常见的辅助符号。

表 2-2-2 常见辅助符号

符号	⊗	● ◌ ◍	⬤ ⊗ ◍	○
名称	水	泡沫或泡沫液	含有添加剂的水	无水
符号	⊠	■ ▨ ▧	△	▲ ▲ ◬
名称	BC 干粉	ABC 干粉	卤代烷	二氧化碳
符号	消防泵符号	⋈	▶	▶
名称	消防泵	阀	出口	入口
符号	发声器符号	扬声器符号	氧化剂符号	爆炸材料符号
名称	发声器	扬声器	氧化剂	爆炸材料

三、单独使用的符号

单独使用的符号为非基本符号与辅助符号合成的符号。表 2-2-3 列举了常见的单独使用的符号。

表 2-2-3 常见的单独使用符号

符号	水桶符号	砂桶符号	地上消火栓符号	地下消火栓符号
名称	水桶	砂桶	地上消火栓	地下消火栓
符号	⊠	开式喷头符号	闭式喷头符号	末端试水装置符号
名称	消防控制中心	开式喷头	闭式喷头	末端试水装置

> **提示** 单独使用的符号在规范中规定了特定的意思表示，既不能拓展，也不能缩减。因此，单独使用的符号只能表达规定的意思，不能像基本符号和辅助符号一样通过组合来表达更多的意思。

四、组合图形符号举例

根据不同的需要组合基本符号和辅助符号，表示不同品种设备的图形符号示例。基本符号和辅助符号的组合可以有很多形式，表2–2–4列举的符号仅仅是举例说明，不包括所有可能的组合。

表 2–2–4 常见的组合图形符号

符号	⊗	■ □ ◪	▲ △ ◿	⊗
名称	手提式清水灭火器	手提式 ABC 干粉灭火器	手提式二氧化碳灭火器	推车式 BC 干粉灭火器
符号	◇⊗	◆ ◉ ◈	⊗	⊗
名称	水喷淋灭火系统	泡沫灭火系统	湿式报警阀	消防水罐（池）
符号		∫		∧
名称	消防泵站（间）	感烟探测器（点型）	感温探测器（线型）	复合式感光感温探测器（点型）
符号			Y	
名称	火灾警铃	火灾应急广播扬声器	手动火灾报警按钮	含有爆炸材料的房间

"湿式报警阀"的图形符号是典型的组合图形符号，下面，我们对它进行拆解，

有助于理解本节的知识要点。

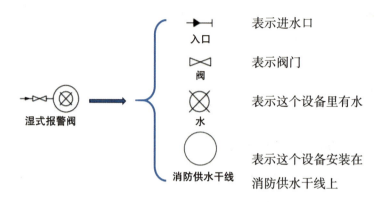

表示进水口

表示阀门

表示这个设备里有水

表示这个设备安装在
消防供水干线上

图 2-2-2 湿式报警阀组合图形符号拆解示意图

上述所有"图形符号"合起来的字面意思即"在有水的消防供水干线上的阀门"，再结合该符号是指消防专业的设备，就很形象地表达了"湿式报警阀"的含义。

在工程应用实操中，消防设计文件所标识的图形符号会偶见采用《建筑给水排水制图标准》（GB/T 50106）而不符合《消防技术文件用消防设备图形符号》（GB/T 4327）相关要求的情况。比如"湿式报警阀"在设计文件中常见的图形符号是 ➤◁➤。

· · · · · · · · · · · · · · · 经典练习 · · · · · · · · · · · · · · ·

📢 **实践练习**

某日，A市一宾馆发生火灾，经过彻夜奋战，火灾被成功扑灭，辖区消防支队迅速组织成立火灾调查工作组开展火灾事故调查，火灾事故调查员甲在对起火房间进行复原时，结合勘验笔录，绘图如下：

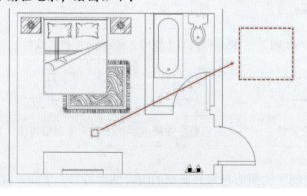

结合上述材料，回答以下问题：

1.若图中红色虚框位置处设置了一点型感烟探测器，请你采用消防设备图形符号将其补充绘制。

答案解析

根据题意，红色虚框内应补充绘制点型感烟探测器。根据《消防技术文件用消防设备图形符号》（GB/T 4327），点型感烟探测器的图形符号为 $\boxed{\text{S}}$。

2.该宾馆配置的灭火器的类型是什么？

A.手提式清水灭火器　　　　　　　B.手提式 ABC 干粉灭火器

C.手提式二氧化碳灭火器　　　　　D.推车式 BC 干粉灭火器

答案

B

解析

A 的图形符号为 ⊗（三角形内圈叉）；B 的图形符号为 ■（三角形内黑方块）；C 的图形符号为 ▲（实心三角形）；D 的图形符号为 ⊠（下方带横线三角形内叉）。故本题答案为 B。

第三章

火灾和建筑防火
基础知识

》内容简介

本章介绍了火灾的定义、分类和等级划分，列举了引发火灾的常见原因，阐释了防火、灭火的基本原理和对应方法。在此基础上，以《建筑设计防火规范》（GB 50016-2014，2018 年版）等现行国家标准为指引，对建筑防火涉及的建筑分类、总平面布局和平面布置、耐火等级、燃烧性能、防火分区与防烟分区、防火间距等基本概念和要求进行了介绍和说明，学习过程中应对照相应标准深入理解和准确把握相关知识内容。

》学习目标

1. 熟悉火灾分类和等级划分
2. 了解火灾发生的常见原因
3. 熟悉建筑的不同分类
4. 了解建筑耐火等级和建筑材料燃烧性能
5. 掌握有关建筑防火间距、防火分区、防烟分区、消防水源、消防车道等概念及要求

第一节 火灾的定义和分类

一、火灾定义

火灾是指在时间和（或）空间上失去控制的燃烧造成的灾害。

二、火灾分类

（一）根据可燃物的类型和燃烧特性分类

火灾分为A、B、C、D、E、F六大类，对应分类及示例见表3-1-1。

【标准链接】国家标准《火灾分类》（GB/T 4968-2008）第二条

表3-1-1 火灾类别及示例

火灾类别	类别特征	示例
A类火灾	固体物质火灾。这种物质通常具有有机物质性质，一般在燃烧时能产生灼热的余烬	木材及木制品、干草、煤炭、棉、毛、麻、纸张、粮食、纤维板等火灾
B类火灾	液体或可熔化的固体物质火灾	汽油、煤油、柴油、原油、甲醇、乙醇、沥青、石蜡等火灾
C类火灾	气体火灾	煤气、天然气、甲烷、乙烷、丙烷、氢气、乙炔等火灾
D类火灾	金属火灾	钾、钠、镁、钛、锆、锂、铝镁合金等火灾
E类火灾	带电火灾	变压器等设备的电气火灾
F类火灾	烹饪器具内的烹饪物火灾	烹饪器具内的动植物油脂火灾

（二）根据人员伤亡和损失大小分类

火灾等级分为特别重大火灾、重大火灾、较大火灾和一般火灾四个等级，划分标准见表3-1-2。

【文件链接】公安部办公厅《关于调整火灾等级标准的通知》（公传发【2007】245号）

表 3-1-2 火灾等级划分标准

火灾等级	死亡（人）	重伤（人）	直接财产损失（万元）
特别重大火灾	X ≥ 30	X ≥ 100	X ≥ 10000
重大火灾	10 ≤ X < 30	50 ≤ X < 100	5000 ≤ X < 10000
较大火灾	3 ≤ X < 10	10 ≤ X < 50	1000 ≤ X < 5000
一般火灾	X < 3	X < 10	X < 1000

提示 当火灾事故同时造成人员伤（亡）和直接财产损失时，应按相对应的最高值划定火灾等级。

（三）根据火灾原因分类

事故都有起因，火灾也不例外，分析火灾原因，了解火灾发生的特点，是为了更有针对性地运用技术措施防控火灾，减少火灾危害。我国现行火灾统计管理系统依据火灾的直接原因不同，将火灾原因分为电气、生产作业、生活用火不慎、吸烟、玩火、自燃、静电、雷击、放火、其他、原因不明十一种火灾类型。

【标准链接】行业标准《消防信息代码 第33部分：起火原因分类与代码》（XF/T 974.33-2011）第3条；行业标准《火灾原因认定规则》（XF 1301-2016）、《火灾原因调查指南》（XF/T 812-2008）

1. 电气

近年来电气火灾事故发生越来越频繁，始终居于各种类型火灾的首位。电气火灾按其发生在电力系统的位置不同，分为电气线路火灾、电气设备火灾、变配电所火灾等三类。发生电气火灾的主要原因是电线短路故障、过负荷用电、接触不良、电气设备老化故障等。

2. 生产作业不慎

生产作业不慎引发的火灾主要是指生产作业人员违反生产安全制度及操作规程引起的火灾。例如，在焊接、切割等作业过程中产生的高温金属火花或金属熔渣引燃可燃物发生火灾或爆炸事故；将性质相抵触的物品混存在一起，引起燃烧爆炸；化工生产中出现易燃可燃液体或气体跑、冒、滴、漏现象，遇到明火引起燃烧或爆炸等。

3. 生活用火不慎

生活用火不慎引发的火灾，主要包括照明、烘烤、炊事用火、使用蚊香不慎引发火灾，敬神祭祖、焚烧纸张和杂物引发火灾，炉具故障及使用不当引发火灾，烟囱过热串火和飞火引发火灾，油烟道油污引发火灾等。

4. 吸烟

点燃的烟头表面温度为 200~300℃，中心部位温度可达 700~800℃，而一般可燃物如纸张、棉花、布匹、松木、麦草等，其燃点大多低于烟头表面温度。因乱扔烟头、卧床吸烟、违章吸烟等引起的火灾爆炸事故也占有相当比例。

5. 玩火

玩火引发的火灾在我国每年都占有一定的比例，主要包括小孩玩火、燃放烟花爆竹或者孔明灯引发火灾。据统计，小孩玩火取乐是造成火灾的常见原因，每年春节期间 70%~80% 的火灾是由燃放烟花爆竹或者孔明灯所引起的。

6. 自燃

自燃是自燃性物质处于闷热、潮湿的环境中，经过发热、积（蓄）热、升温等过程，由于体系内部产生的热量大于向外部散失的热量，在温度达到该物质燃点后，即使无任何外来火源作用而产生的燃烧现象。在我国，因自燃引发的火灾每年都占火灾总起数的一定比例。

7. 静电

静电引发火灾是指由静电放电火花作为引火源导致可燃物起火。静电是一种处于静止状态的电荷，静电荷积累过多形成高电位后，产生放电火花。气候干燥的秋冬季节最容易产生静电。

8. 雷击

雷电是大气中的放电现象。雷电通常分为直击雷、感应雷、雷电波侵入和球雷等。雷击能在短时间内将电能转变成机械能、热能并产生各种物理效应，对建筑物、用电设备等具有巨大的破坏作用，并易引起火灾和爆炸事故。

9. 放火

放火主要是指嫌疑人为达到某种特定目的，采用人为放火的方式，导致财产损毁或人员伤亡。常见的放火动机有报复、获取经济利益、掩盖罪行、寻求精神刺激、对社会和政府不满、精神病患者放火、自焚等。

10. 其他

其他火灾原因是指能够查明火灾原因，但是不能列入上述九种原因之内的火灾原因。例如，因地震、大风天气、火山等自然灾害引发的火灾。

11. 原因不明

原因不明的火灾是指在火灾调查中，能够查清起火时间、起火部位（起火点）、起火物，但是无法查找到引起火灾的引火源。

经典练习

实践练习一

下列物质中，火灾分类属于 A 类火灾的是（　　）。

A. 煤油　　B. 沥青　　C. 钾　　D. 棉布

答案

D

解析

煤油是可燃液体，属于 B 类火灾；沥青是可熔化的固体物质，属于 B 类火灾；钾是活泼金属，属于 D 类火灾；棉布是固体物质，属于 A 类火灾。

实践练习二

某大型食品加工企业，占地面积 5000m^2，由于植物油储罐发生火灾，造成 10

人死亡，40人重伤，直接财产损失1.2亿元，关于该起火灾事故，下列说法正确的是（　　）。

  A. 该火灾属于特别重大火灾   B. 该火灾属于重大火灾

  C. 该火灾属于较大火灾   D. 该火灾是B类火灾

  E. 该火灾是F类火灾

答案

  AD

解析

  当火灾事故同时造成人员伤（亡）和直接财产损失时，应按最高值划分火灾等级，该起火灾死亡10人属于重大火灾，重伤40人属于较大火灾，直接财产损失1.2亿元属于特别重大火灾，因此应按最高值划分为特别重大火灾，故A选项说法正确，B、C选项说法错误；F类火灾是指烹饪器具内的烹饪物（如动植物油脂）火灾，该起火灾尽管燃烧物是植物油，但储存在储罐内，并不是烹饪器具内，因此属于B类火灾而不是F类火灾，故D选项说法正确，E选项说法错误。

第二节 防火和灭火的基本原理

一、防火的基本原理

根据燃烧基本理论,只要防止形成燃烧条件,或避免燃烧条件同时存在并相互作用,就可以达到防火的目的。其原理主要系破坏燃烧爆炸的基础、破坏燃烧爆炸的助燃条件、破坏燃烧的激发能源、不使新的燃烧条件生成。其对应方法和措施举例如表3-2-1所示。

表 3-2-1 防火的基本原理、对应方法和措施举例

防火原理	对应方法	措施举例
破坏燃烧爆炸的基础	控制可燃物	1.限制可燃物质储运量 2.用不燃或难燃材料代替可燃材料 3.加强通风,降低可燃气体或蒸气、粉尘在空间的浓度 4.用阻燃剂对可燃材料进行阻燃处理,以提高防火性能 5.隔离或分开存放可燃物与化学性质相抵触的其他物品
破坏燃烧爆炸的助燃条件	隔绝助燃物	1.充装惰性气体保护生产或储运有爆炸危险物品的容器、设备等 2.密闭有可燃介质的容器、设备 3.采用隔绝空气等特殊方法储运有燃烧爆炸危险的物质 4.隔离与酸、碱、氧化剂等接触能够燃烧爆炸的可燃物和还原剂
破坏燃烧的激发能源	控制和消除引火源	1.消除和控制明火源 2.安装避雷、接地设施,防止雷击、静电 3.防止撞击火星和控制摩擦生热 4.防止日光照射和聚光作用 5.防止和控制高温物
不使新的燃烧条件生成	阻止火势蔓延	1.留足防火间距,安装防火卷帘、防火门等防火分隔设施 2.在气体管道上安装阻火器、安全水封 3.有压力的容器设备,安装防爆膜(片)、安全阀 4.在能形成爆炸介质的场所,设置泄压门窗、轻质屋盖等

二、灭火的基本原理

根据燃烧基本理论，只要破坏已经形成的燃烧条件，就可使燃烧熄灭。其原理主要系降低燃烧物的温度、消除助燃物、使着火物与可燃物分离、中断燃烧链式反应。其对应方法和措施举例如表 3-2-2 所示。

表 3-2-2 灭火的基本原理、对应方法和措施举例

灭火原理	对应方法	措施举例
降低燃烧物的温度	冷却法	1. 用直流水、开花水、喷雾水等直接喷射着火物 2. 不间断地向着火物附近的未燃烧物喷水降温 3. 用二氧化碳等灭火剂喷射带电燃烧物体进行冷却降温
消除助燃物	窒息法	1. 封闭着火的空间 2. 往着火的空间充灌惰性气体、水蒸气 3. 用湿棉被、湿麻袋等捂盖已着火的物质 4. 向着火物上喷射二氧化碳、干粉、泡沫、喷雾水等
使着火物与可燃物分离	隔离法	1. 将未着火物质搬迁转移到安全处 2. 拆除毗连的可燃建（构）筑物 3. 关闭燃烧气体（液体）的阀门，切断气体（液体）来源 4. 用沙土等堵截流散的燃烧液体 5. 用难燃或不燃物体遮盖受火势威胁的可燃物质等
中断燃烧链式反应	抑制法	往着火物上直接喷射卤代烷、干粉等灭火剂，覆盖火焰，中断燃烧链式反应

经典练习

🐾 **实践练习一**

干粉灭火剂的主要灭火机理是（　　）。

A. 降低氧浓度　　　　　　　　B. 降低温度

C. 化学抑制　　　　　　　　　D. 降低氧浓度和冷却

🔥 **答案**

C

☝ **解析**

干粉灭火剂在灭火过程中，通过与火焰接触、混合，发生一系列物理和化学作用，

既有化学抑制的作用，又有物理隔离、冷却与窒息的作用，但其主要灭火机理是化学抑制作用。因此，应选择 C 选项。

实践练习二

结合防火的基本原理，思考家庭防火需要重点注意的事项有哪些？

答案

教育小孩不要玩火；吸烟时要熄灭火种，把烟头掐灭在烟缸内，不在酒后或临睡前躺在床上或沙发上吸烟；外出时、临睡前要关闭电源开关及燃气阀门；生火做饭不离人，尽量使用自动断阀燃气灶具；使用电熨斗、电热杯、电吹风、取暖器等家用电热器具时，人走必须断电；手机、充电宝充电完毕后，拔下充电器；避免使用大功率电器取暖或烘烤衣物；不要在居室内烧香拜佛或焚烧物品；不要把点燃的蚊香贴靠在床沿、窗帘等易燃物品处。

第三节 建（构）筑物分类和火灾危险性分类

一、建筑分类

（一）按使用性质分类

建筑按使用性质分为民用建筑、工业建筑、农业建筑，其中民用建筑又分为居住建筑和公共建筑，如表3-3-1所示。

表 3-3-1 建筑使用性质分类

建筑分类	民用建筑	居住建筑	供人们居住使用的建筑，如：住宅建筑、宿舍建筑
		公共建筑	供人们进行各种公共活动的建筑，如：教育建筑、办公建筑、科研建筑、商业建筑、金融建筑、文娱建筑、医疗建筑、体育建筑、交通建筑、民政建筑、司法建筑、宗教建筑、文物建筑、通信建筑、园林建筑、纪念性建筑
	工业建筑		以工业性生产为主要使用功能的建筑，如：生产车间、辅助车间、动力用房、仓储建筑等
	农业建筑		以农业性生产为主要使用功能的建筑，如：温室、畜禽饲养场、粮食与饲料加工站、农机修理站等

【标准链接】国家标准《民用建筑设计统一标准》（GB 50352-2019）第3.1.1条

（二）按照建筑主要承重结构的材料分类

建筑可分为：木结构建筑、砖木结构建筑、砖混结构建筑、钢筋混凝土结构建筑、钢结构建筑、钢与钢筋混凝土混合结构建筑、其他结构建筑。

（三）按照建设年代分类

建筑可分为：古代建筑、近代建筑、现代建筑。

（四）按结构的设计使用年限分类

建筑可分为：临时性建筑、易于替换结构构件的建筑、普通房屋和构筑物、标志性建筑和特别重要的建筑；设计使用年限分别为 5 年、25 年、50 年、100 年。

（五）按工程规模分类

建筑可分为：小型建筑、中型建筑、大中型建筑、大型建筑、特大型建筑五类。

二、民用建筑按建筑高度分类

民用建筑按建筑高度和层数分为单、多层民用建筑、高层民用建筑。高层民用建筑根据其建筑高度、使用功能和楼层的建筑面积可分为一类和二类。如表 3-3-2 所示。建筑高度大于 100m 为超高层建筑。

表 3-3-2　民用建筑的分类

名称	高层民用建筑		单、多层民用建筑
	一类	二类	
住宅建筑	建筑高度大于 54m 的住宅建筑（包括设置商业服务网点的住宅建筑）	建筑高度大于 27m，但不大于 54m 的住宅建筑（包括设置商业服务网点的住宅建筑）	建筑高度不大于 27m 的住宅建筑（包括设置商业服务网点的住宅建筑）
公共建筑	1. 建筑高度大于 50m 的公共建筑 2. 建筑高度大于 24m 以上部分任一楼层建筑面积大于 1000m² 的商店、展览、电信、邮政、财贸金融建筑和其他多种功能组合的建筑 3. 医疗建筑、重要公共建筑，独立建造的老年人照料设施 4. 省级及以上的广播电视和防灾指挥调度建筑、网局级和省级电力调度建筑 5. 藏书超过 100 万册的图书馆和书库	除一类高层公共建筑外的其他高层公共建筑	1. 建筑高度大于 24m 的单层公共建筑 2. 建筑高度不大于 24m 的其他公共建筑

【标准链接】国家标准《建筑设计防火规范》（GB 50016-2014，2018 年版）第 5.1.1 条

> **提示** 对民用建筑进行分类是一个较为复杂的问题，我国根据民用建筑的高度、功能、火灾危险性和扑救难易程度等进行了分类。相关消防标准以该分类为基础，对耐火等级、防火间距、防火分区、安全疏散、灭火设施等方面分别提出了防火要求。

三、工业建筑的火灾危险性分类

工业建筑按生产和储存物品的火灾危险性分类。

（一）按生产的火灾危险性分类

生产的火灾危险性根据生产中使用或者产生的物质性质及其数量等因素划分，可分为甲、乙、丙、丁、戊类，如表3-3-3所示。

表 3-3-3 生产的火灾危险性分类

生产的火灾 危险性类别	使用或产生下列物质 生产的火灾危险性特征	举例
甲	闪点小于28℃的液体	植物油加工厂的浸出车间，白酒液态法酿酒车间、酒精蒸馏塔，酒精度38度及以上的勾兑车间、灌装车间、酒泵房
	爆炸下限小于10%的气体，受到水或空气中水蒸气的作用能产生爆炸下限小于10%气体的固体物质	乙炔站、氢气站、液化石油气灌瓶间、电解水或电解食盐厂房
	常温下能自行分解或在空气中氧化能导致迅速自燃或爆炸的物质	硝化棉厂房及其应用部位、赛璐珞厂房、黄磷制备厂房及其应用部位
	常温下受到水或者空气中水蒸气的作用，能产生可燃气体并引起燃烧或爆炸的物质	金属钠、钾加工厂房及其应用部位，五氧化二磷厂房
	遇酸、受热、撞击、摩擦以及遇有机物或硫黄等易燃的无机物，极易引起燃烧或爆炸的强氧化剂	氯酸钠、氯酸钾厂房及其应用部位、过氧化钠、过氧化钾厂房
	受撞击、摩擦或与氧化剂、有机物接触时能引起燃烧或爆炸的物质	赤磷制备厂房及其应用部位、五硫化二磷厂房及其应用部位
	在密闭设备内操作温度不小于物质本身自燃点的生产	洗涤剂厂房石蜡裂解部位、冰醋酸裂解厂房
乙	闪点不小于28℃，但小于60℃的液体	甲酚厂房、樟脑油提取部位、煤油灌桶间
	爆炸下限不小于10%的气体	一氧化碳压缩机房及净化部位、氨压缩机房
	不属于甲类的氧化剂	发烟硫酸或发烟硝酸浓缩部位、高锰酸钾厂房
	不属于甲类的易燃固体	樟脑或松香提炼厂房、硫黄回收厂房

续表 3-3-3

生产的火灾危险性类别	使用或产生下列物质生产的火灾危险性特征	举例
乙	助燃气体	氧气站、空分厂房
	能与空气形成爆炸性混合物的浮游状态的粉尘、纤维、闪点不小于60℃的液体雾滴	铝粉或镁粉厂房、金属制品抛光部位、煤粉厂房、面粉厂的碾磨部位、谷物筒仓的工作塔
丙	闪点不小于60℃的液体	油浸变压器室、配电室（每台装油量大于69kg的设备）、沥青加工厂房、植物油加工厂的精炼部位
	可燃固体	木工厂房，竹、藤加工厂房，针织品厂房，服装加工厂房，谷物加工厂房，印刷厂的印刷车间，饲料加工厂房
丁	对不燃烧物质进行加工，并在高温或熔化状态下经常产生强辐射热、火花或火焰的生产	金属冶炼、锻造、铆焊、热轧、铸造、热处理厂房
	利用气体、液体、固体作为燃料或将气体、液体进行燃烧作其他用的各类生产	锅炉房，玻璃原料熔化厂房，陶瓷制品的烘干、烧成厂房，石灰焙烧厂房，配电室（每台装油量小于等于60kg的设备）
	常温下使用或加工难燃烧物质的生产	难燃铝塑料材料的加工厂房、酚醛泡沫塑料的加工厂房、印染厂的漂炼部位
戊	常温下使用加工不燃烧物质的生产	制砖车间，石棉加工车间，水泥厂的轮窑厂房，加气混凝土厂的材料准备、构件制作厂房

【标准链接】国家标准《建筑设计防火规范》（GB 50016—2014，2018年版）第3.1.1条、第3.1.2条

🔥 **提示** 同一座厂房或厂房的任一防火分区内有不同火灾危险性生产时，其火灾危险性类别应按火灾危险性较大的部分确定。例如，一座划分为A、B、C 3个防火分区的厂房，其中A的火灾危险性为乙类，B的火灾危险性为丙类，C的火灾危险性为丁类，则该厂房的火灾危险性应确定为乙类。

（二）按储存物品的火灾危险性分类

按照储存物品的性质和储存物品中的可燃物数量等因素，可分为甲、乙、丙、丁、戊类，如表3-3-4所示。

表3-3-4 储存物品的火灾危险性分类

储存物品的火灾危险性类别	储存物品的火灾危险性特征	举例
甲	闪点小于28℃的液体	石脑油、苯、甲苯、甲醇、乙醇、乙醚、汽油、丙酮、38度及以上白酒
	爆炸下限小于10%的气体，受到水或空气中水蒸气的作用能产生爆炸下限小于10%气体的固体物质	乙炔、氢、甲烷、水煤气、硫化氢、液化石油气、电石、碳化铝
	常温下能自行分解或在空气中氧化能导致迅速自燃或爆炸的物质	硝化棉、硝化纤维胶片、赛璐珞棉、喷漆棉、火胶棉、黄磷
	常温下受到水或者空气中水蒸气的作用，能产生可燃气体并引起燃烧或爆炸的物质	金属钾、钠、锂、钙、锶，氢化锂、氢化钠，四氢化锂铝
	遇酸、受热、撞击、摩擦以及遇有机物或硫黄等易燃的无机物，极易引起燃烧或爆炸的强氧化剂	氯酸钾、氯酸钠、过氧化钾、过氧化钠、硝酸铵
	受撞击、摩擦或与氧化剂、有机物接触时能引起燃烧或爆炸的物质	赤磷、五硫化二磷、三硫化二磷
乙	闪点不小于28℃，但小于60℃的液体	煤油、松节油、溶剂油、冰醋酸、樟脑油、蚁酸
	爆炸下限不小于10%的气体	氨气、一氧化碳
	不属于甲类的氧化剂	硝酸铜、硝酸、发烟硫酸、漂白粉
	不属于甲类的易燃固体	硫黄、镁粉、铝粉、赛璐珞板（片）、樟脑、硝化纤维漆布、硝化纤维色片
	助燃气体	氧气、氟气、氯气
	常温下与空气接触能缓慢氧化，集热不散引起自燃的物品	漆布及其制品、油布及其制品、油纸及其制品、油绸及其制品

续表 3-3-4

储存物品的火灾危险性类别	储存物品的火灾危险性特征	举例
丙	闪点不小于60℃的液体	动物油、植物油、沥青、蜡、润滑油、机油、重油、闪点大于等于60℃的柴油、白兰地成品库
丙	可燃固体	化学、人造纤维及其织物，纸张，棉、毛、麻、丝及其织物，谷物，面粉，粒径大于等于2mm的工业成型硫黄，天然橡胶及其制品，竹、木及其制品，中药材，电视机、收录机等电子产品，计算机房已录数据的磁盘储存间，冷库中的鱼、肉间
丁	难燃烧物品	自熄性塑料及其制品，酚醛泡沫塑料及其制品、水泥刨花板
戊	不燃烧物品	钢材、铝材、玻璃及其制品，搪瓷制品，陶瓷制品，不燃气体，玻璃棉，岩棉，陶瓷棉，硅酸铝纤维，矿棉，石膏及其无纸制品，水泥，石，膨胀珍珠岩

【标准链接】国家标准《建筑设计防火规范》（GB 50016-2014，2018年版）第 3.1.3 条、第 3.1.4 条、第 3.1.5 条

> **提示** 同一座仓库或仓库的任一防火分区内储存不同火灾危险性物品时，其火灾危险性类别应按火灾危险性最大的物品确定。

经典练习

实践练习一

某医院病房楼，地上15层，高48m，每层建筑面积900m²，该病房楼属于（   ）。

A. 一类高层公共建筑　　　　　B. 二类高层公共建筑

C. 一类高层住宅建筑　　　　　D. 多层公共建筑

答案

A

👉 解析

医院病房楼属于民用建筑中的公共建筑，故 C 选项错误；建筑高度大于 24m 的公共建筑属于高层建筑，故 D 选项错误；高层医疗建筑均应划分为一类高层公共建筑，故 B 选项错误，A 选项正确。

📢 实践练习二

在划分厂房火灾危险性类别时，相同物质的不同生产工艺其火灾危险性也会有所不同，下列选项中，生产的火灾危险性一致的是（　　）。

A. 植物油加工厂房的浸出车间和精炼车间

B. 金属制品厂房的抛光车间和铆焊车间

C. 小麦加工厂房的清洗车间和碾磨车间

D. 棉花加工厂房的粗加工车间和打包车间

📷 答案

D

👉 解析

植物油加工厂房的浸出车间和精炼车间的火灾危险性分别为甲类和丙类；金属制品厂房的抛光车间和铆焊车间的火灾危险性分别为乙类和丁类；小麦加工厂房的清洗车间和碾磨车间的火灾危险性分别为丙类和乙类；棉花加工厂房的粗加工车间和打包车间的火灾危险性均为丙类。因此，应选择 D 选项。

第四节 建筑材料和构件的燃烧性能

一、建筑材料燃烧性能分级

建筑材料是指在建筑工程中所应用的各种材料，包括结构材料、装饰材料以及某些专用材料。建筑材料的燃烧性能，是指材料燃烧或遇火时所发生的一切物理和化学变化，这项性能由材料表面的着火性和火焰传播性、发热、发烟、炭化、失重以及毒性生成物的产生等特性来衡量，可分为 A、B_1、B_2、B_3 四个等级，见表 3-4-1 所示。

表 3-4-1 建筑材料及制品燃烧性能等级

燃烧性能等级	名称	举例
A	不燃材料（制品）	在空气中遇明火或高温作用下不起火、不微燃、不碳化，如大理石、玻璃、钢材、混凝土石膏板、铝塑板、金属复合板等
B_1	难燃材料（制品）	在空气中遇明火或高温作用下难起火、难微燃、难炭化，如水泥刨花板、矿棉板、难燃木材、难燃胶合板、难燃聚氯乙烯塑料、硬 PVC 塑料地板等
B_2	可燃材料（制品）	在空气中遇明火或高温作用下会立即起火或发生微燃，火源移开后继续保持燃烧或微燃，如天然木材、胶合板、人造革、墙布、半硬质 PVC 塑料地板等
B_3	易燃材料（制品）	在空气中很容易被低能量的火源或电焊渣等点燃，火焰传播速度极快，如聚氨酯泡沫等

【标准链接】国家标准《建筑材料及制品燃烧性能分级》（GB 8624-2012）第 4 节

二、建筑构件的燃烧性能分级

建筑构件是指用于组成建筑物的梁、板、柱、墙、楼梯、屋顶承重构件、吊顶等，其燃烧性能取决于组成建筑构件材料的燃烧性能，根据建筑材料的燃烧性能不同，建筑构件分为不燃性构件、难燃性构件和可燃性构件，见表3-4-2所示。

表3-4-2 建筑构件的燃烧性能分级

燃烧性能等级	举例
不燃性构件	用不燃材料做成的构件，如混凝土柱、混凝土楼板、砖墙、混凝土楼梯等
难燃性构件	用难燃材料做成的构件或用可燃材料做成而用非燃烧性材料做保护层的构件，如水泥刨花复合板隔墙、木龙骨两面钉石膏板隔墙等
可燃性构件	用可燃材料做成的构件，如木柱、木楼板、竹制吊顶等

经典练习

实践练习一

下列建筑材料中，燃烧性能为 B_3 级的是（　　）。

A. 　　B.

C. 　　D.

答案

B

解析

A、D 选项分别为阻燃胶合板和石膏板，燃烧性能为 B_1 级，C 选项为混泥土石膏板，燃烧性能为 A 级，B 选项为聚氨酯泡沫，燃烧性能为 B_3 级，故应选择 B 选项。

🔔 实践练习二

下列建筑构件中，燃烧性能为 A 级的是（　　）。

A.

B.

C.

D.

⊙ 答案

C

🎁 解析

A、B 选项为木制材料做成的楼梯和隔墙，为可燃构件，其燃烧性能为 B_2 级；C 选项为混凝土楼梯，为不燃性构件，燃烧性能为 A 级；D 选项为木龙骨加石膏板做成的吊顶，燃烧性能为 B_1 级。故应选择 C 选项。

第五节 建筑的耐火等级

一、耐火等级的划分

我国按照建筑设计、施工及常用的建筑材料、构件的实际情况，并参考苏联、日本、美国等国建筑规范和相关消防标准的规定，将建筑耐火等级从高到低划分为一、二、三、四级。

建筑耐火等级划分的目的，是为了便于根据建筑自身结构的防火性能来确定该建筑的其他防火要求，如确定防火分区面积、最多允许层数、疏散距离和宽度等；同时，也可以根据建筑的不同使用性质、火灾扑救难度、重要程度、高度和规模等提出相应的耐火等级要求，如一类高层民用建筑耐火等级不应低于一级，高层厂房和甲、乙类厂房的耐火等级应不低于二级，地下或半地下民用建筑的耐火等级不应低于一级。

二、耐火等级的确定

建筑耐火等级是衡量建筑物耐火程度的标准，它是由组成建筑物的墙体、柱、梁、楼板等主要构件的燃烧性能和最低耐火极限决定的。不同耐火等级的建筑物其构件不但需要满足最低耐火极限的要求，而且燃烧性能也有相应要求。

国家标准《建筑设计防火规范》（GB 50016-2014，2018年版）第3.2.1条、第5.1.2条分别对不同耐火等级的工业建筑和民用建筑主要构件的最低燃烧性能和耐火极限进行了明确，见表3-5-1和3-5-2（见下页）所示。由于建筑的形式多样、功能不一，火灾荷载及其分布与火灾类型等在不同的建筑中均有较大差异，我国相关规范中对某些建筑的构件燃烧性能和耐火极限还有专门的规定与调整，在学习和实践过程中应注意了解与掌握。

表 3-5-1 不同耐火等级厂房和仓库建筑构件的燃烧性能和耐火极限（h）

构件名称		耐火等级			
		一级	二级	三级	四级
墙	防火墙	不燃性 3.00	不燃性 3.00	不燃性 3.00	不燃性 3.00
	承重墙	不燃性 3.00	不燃性 2.50	不燃性 2.00	难燃性 0.50
	楼梯间和前室的墙 电梯井的墙	不燃性 2.00	不燃性 2.00	不燃性 1.50	难燃性 0.50
	疏散走道两侧的隔墙	不燃性 1.00	不燃性 1.00	不燃性 0.50	难燃性 0.25
	非承重外墙房间隔墙	不燃性 0.75	不燃性 0.50	难燃性 0.50	难燃性 0.25
柱		不燃性 3.00	不燃性 2.50	不燃性 2.00	难燃性 0.50
梁		不燃性 2.00	不燃性 1.50	不燃性 1.00	难燃性 0.50
楼板		不燃性 1.50	不燃性 1.00	不燃性 0.75	难燃性 0.50
屋顶承重构件		不燃性 1.50	不燃性 1.00	难燃性 0.50	可燃性
疏散楼梯		不燃性 1.50	不燃性 1.00	不燃性 0.75	可燃性
吊顶（包括吊顶搁栅）		不燃性 0.25	难燃性 0.25	难燃性 0.15	可燃性

注：二级耐火等级建筑内采用不燃材料的吊顶，其耐火极限不限。

【标准链接】国家标准《建筑设计防火规范》（GB 50016-2014, 2018年版）第3.2.1条、第5.1.2条

表 3-5-2 不同耐火等级民用建筑构件的燃烧性能和耐火极限（h）

构件名称		耐火等级			
		一级	二级	三级	四级
墙	防火墙	不燃性 3.00	不燃性 3.00	不燃性 3.00	不燃性 3.00
	承重墙	不燃性 3.00	不燃性 2.50	不燃性 2.00	难燃性 0.50

续表 3-5-2

构件名称		耐火等级			
		一级	二级	三级	四级
墙	非承重外墙	不燃性 1.00	不燃性 1.00	不燃性 0.50	可燃性
	楼梯间和前室的墙 电梯井的墙 住宅建筑单元之间的墙和分户墙	不燃性 2.00	不燃性 2.00	不燃性 1.50	难燃性 0.50
	疏散走道两侧的隔墙	不燃性 1.00	不燃性 1.00	不燃性 0.50	难燃性 0.25
	房间隔墙	不燃性 0.75	不燃性 0.50	难燃性 0.50	难燃性 0.25
柱		不燃性 3.00	不燃性 2.50	不燃性 2.00	难燃性 0.50
梁		不燃性 2.00	不燃性 1.50	不燃性 1.00	难燃性 0.50
楼板		不燃性 1.50	不燃性 1.00	不燃性 0.50	可燃性
屋顶承重构件		不燃性 1.50	不燃性 1.00	不燃性 0.50	可燃性
疏散楼梯		不燃性 1.50	不燃性 1.00	不燃性 0.50	可燃性
吊顶(包括吊顶搁栅)		不燃性 0.25	难燃性 0.25	难燃性 0.15	可燃性

注：以木柱承重且墙体采用不燃材料的建筑，其耐火等级应按四级确定；住宅建筑构件的耐火极限和燃烧性能可按《住宅建筑规范》（GB 50368）规定执行。

• • • • • • • • • • • • • • • • • • **经典练习** • • • • • • • • • • • • • • • • •

📣 **实践练习一**

下列建筑中，防火墙的耐火极限不应低于 4.00h 的是（　　）。

A. 木工厂房　　　　　　　　　B. 金属轮毂抛光车间

C. 酚醛泡沫塑料仓库　　　　　D. 建筑高度 138m 的商业综合体

📷 **答案**

B

👉 **解析**

防火墙系防止火灾蔓延至相邻建筑或相邻水平防火分区且耐火极限不低于 3.00h

的不燃性墙体,根据《建筑设计防火规范》(GB 50016-2014,2018 年版)第 3.2.9 条规定,甲、乙类厂房和甲、乙、丙类仓库内的防火墙,其耐火极限不应低于 4.00h。金属轮毂抛光车间是乙类厂房,其耐火极限不应低于 4.00h,故 B 选项正确;木工厂房为丙类厂房、酚醛泡沫塑料仓库是丁类仓库、建筑高度 138m 的商业综合体是民用建筑,其耐火极限不应低于 3.00h,故 A、C、D 选项错误。

📢 **实践练习二**

下列建筑的耐火等级可以采用二级的是( )。

A. 高层厂房
B. 建筑高度 37m 的医院门诊楼
C. 建筑面积 15000m² 的地下超市
D. 高层汽车库

🔶 **答案**

A

🔶 **解析**

高层厂房的耐火等级不应低于二级,因此 A 选项正确;建筑高度 37m 的医院门诊楼是一类高层公共建筑,耐火等级不应低于一级,因此 B 选项错误;地下、半地下建筑的耐火等级不应低于一级,因此 C 选项错误;根据《汽车库、修车库、停车场设计防火规范》(GB 50067-2014)第 3.0.3 条规定,高层汽车库的耐火等级应为一级,因此 D 选项错误。

📢 **实践练习三**

某商业综合楼,建筑高度 36 米,单层面积 2000m²,该综合楼的楼板耐火极限应为( )。

A.1.5 h　　B.1.0 h　　C.0.5 h　　D. 可燃性

🔶 **答案**

A

🔶 **解析**

根据《建筑设计防火规范》(GB 50016-2014,2018 年版)第 5.1.1 条规定,建筑高度 24 m 以上任一楼层建筑面积大于 1000 m² 的商店和其他多种功能组合的建筑为一类高层民用建筑,按照《建筑设计防火规范》(GB 50016-2014,2018 年版)第 5.1.3 条规定,一类高层建筑的耐火等级不应低于一级,见表 3-5-1 所示,一级耐火等级民用建筑楼板的耐火极限为 1.5h。因此应选择 A 选项。

第六节 建筑的总平面布局

建筑的总平面布局一般应根据建筑的使用性质、规模特点、火灾危险性等，综合考虑其所处的环境、地形、风向等因素，合理确定建筑位置、防火间距、消防车道和消防水源。

一、建筑位置

（一）周边环境

各类建筑在规划建设时，要考虑周围环境的相互影响。特别是工厂、仓库选址时，既要考虑本单位的安全，又要考虑邻近的企业和居民的安全。生产、储存和装卸易燃易爆危险物品的工厂、仓库和专用车站、码头，必须设置在城市的边缘或者相对独立的安全地带。易燃易爆气体和液体的充装站、供应站、调压站，应当设置在合理的位置，符合防火防爆要求。

（二）地势条件

要充分考虑和利用自然地形、地势条件。甲、乙、丙类液体的仓库宜布置在地势较低的地方，以免火灾对周围环境造成威胁；若布置在地势较高处，则应采取防止液体流散的安全防护措施。乙炔站等遇水产生可燃气体，容易发生火灾爆炸，严禁布置在可能被水淹没的地方。液化石油气储罐区宜布置在地势平坦、开阔等不易积存液化石油气的地带。生产和储存爆炸物品的企业应选择多面环山、附近没有建筑的地方。

（三）主导风向

散发可燃气体、可燃蒸汽和可燃粉尘的车间、装置等，宜布置在明火或散发火花地点的常年主导风向的下风或侧风向。液化石油气储罐区宜布置在本单位或本地区全年最小频率风向的上风侧，并选择通风良好的地点独立设置。易燃材料的露天堆场宜设置在天然水源充足的地方，并宜布置在本单位或本地区的全年最小频率风向的上风侧。

（四）其他方面

规模较大的企业，要根据实际需要，合理划分生产区、储存区、生产辅助设施区、行政办公和生活福利区。同一企业内，若有不同火灾危险的生产建筑，则应尽量将火灾危险性相同或相近的建筑集中布置，以利采取防火防爆措施，便于安全管理。易燃、易爆的工厂、仓库的生产区、储存区内不得修建办公楼、宿舍等民用建筑。不宜将民用建筑布置在甲、乙类厂（库）房，甲、乙、丙类液体储罐，可燃气体储罐和可燃材料堆场的附近。

【标准链接】国家标准《建筑设计防火规范》（GB 50016-2014，2018年版）第4.1.1条、第4.1.4条、第5.2.1条

二、防火间距

防火间距是不同建筑间的空间间隔，既是防止火灾在建筑之间发生蔓延的间隔，也是保证灭火救援行动既方便又安全的空间。

（一）确定防火间距的原则

影响防火间距的因素较多，条件各异。在确定建筑间的防火间距时，主要考虑飞火、热对流和热辐射等的作用。其中，火灾的热辐射作用是主要方式，热辐射强度与灭火救援力量、火灾延续时间、可燃物的性质和数量、相对外墙开口面积的大小、建筑物的长度和高度以及气象条件等都有关系。此外，还需综合考虑灭火救援需要、防止火势向邻近建筑蔓延扩大、节约用地等因素以及灭火救援力量、火灾实例和灭火救援的经验教训。对于周围存在露天可燃物堆放场所时，还应考虑飞火的影响。

（二）防火间距的计算方法

1. 建筑物之间的防火间距应按相邻建筑外墙的最近水平距离计算，当外墙有凸出的可燃或难燃构件时，应从其凸出部分外缘算起。如图示3-6-1所示。

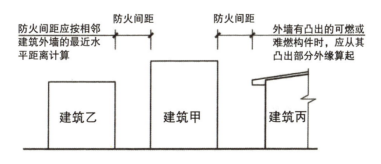

图 3-6-1 建筑物之间的防火间距计算方法

2. 建筑物与储罐、堆场的防火间距，应为建筑外墙至储罐外壁或堆场中相邻堆垛外缘的最近水平距离。储罐之间的防火间距应为相邻两储罐外壁的最近水平距离。储罐与堆场的防火间距应为储罐外壁至堆场中相邻堆垛外缘的最近水平距离。如图 3-6-2 所示。

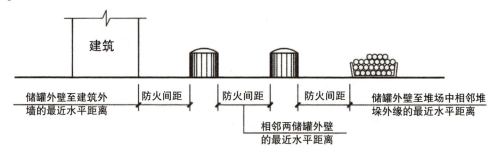

图 3-6-2　建筑物与储罐、储罐之间、储罐与堆场之间防火间距计算方法

【标准链接】国家标准《建筑设计防火规范》(GB 50016-2014，2018 年版) 附录 B

（三）防火间距的具体要求

不同耐火等级的厂房、仓库和民用建筑的防火间距在《建筑设计防火规范》（GB 50016-2014，2018 年版）及其他相关规范中作了详细规定，具体工作实践中应对照适用，尤其是对于相关防火间距不限或减少的特殊规定，应当着重了解与掌握。

【标准链接】国家标准《建筑设计防火规范》（GB 50016-2014，2018 年版）第 3.4.1 条、第 3.5.1 条、第 3.5.2 条、第 5.2.2 条

三、消防车道

设置消防车道的目的是确保发生火灾时，消防车能够及时到达火灾现场开展火灾扑救和人员救援。消防车道的设置应根据当地消防救援机构使用的消防车辆的外形尺寸、荷载量、转弯半径等技术参数，以及建筑物的规模大小、周围环境等因素综合确定。当城乡、厂区道路等能够满足消防车通行、转弯和停靠的要求时，可以利用该道路作为消防车道。

（一）几种常见的消防车道

1. 环形消防车道。表 3-6-1（见下页）所列建筑应设环形消防车道，环形消防车道至少应有两处与其他车道连通。确有困难时，可沿建筑的两个长边设置消防车道。如图 3-6-3 所示（见下页）。

表 3-6-1 周围应设置环形消防车道的建筑

建筑类型		设置条件
民用建筑	单、多层公共建筑	超过 3000 个座位的体育馆
		超过 2000 个座位的会堂
		占地面积大于 3000m² 的商店建筑、展览建筑
	高层建筑	均应设置
厂房	单、多层厂房	占地面积大于 3000m² 的甲、乙、丙类厂房
	高层厂房	均应设置
仓库		占地面积大于 1500m² 的乙、丙类仓库

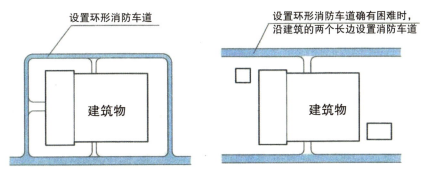

图 3-6-3 环形消防车道示意图

2. 穿过建筑的消防车道。对于总长度和沿街的长度过长的沿街建筑，当 a > 150m（长条形建筑），或 a+b > 220m（L 形建筑），或 a+b+c > 220m（U 形建筑）时，应设置穿过建筑物的消防车道。如图 3-6-4 所示（见下页）。

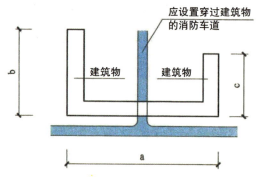

图 3-6-4 穿过建筑的消防车道示意图

3.尽头式消防车道。当建筑受周边地形环境条件限制，难以设置环形消防车道或与其他道路连通的消防车道时，可设置尽头式消防车道。尽头式消防车道应设置回车道或回车场，回车场的面积不应小于 12m×12m；对于高层建筑，不宜小于 15m×15m；供重型消防车使用时，不宜小于 18m×18m。

4.消防水源地消防车道。供消防车取水的天然水源和消防水池应设置消防车道，以方便消防车应急取水供应火场。消防车道的边缘距离取水点不宜大于 2m。

（二）消防车道的设置要求

1.车道的净宽度和净空高度均不应小于 4.0m；

2.转弯半径应满足消防车转弯的要求；

3.消防车道与建筑之间不应设置妨碍消防车操作的树木、架空管线等障碍物；

4.消防车道靠建筑外墙一侧的边缘距离建筑外墙不宜小于 5m；

5.消防车道的坡度不宜大于 8%；

6.消防车道的路面、救援操作场地、消防车道和救援操作场地下面的管道和暗沟等，应能承受重型消防车的压力；

7.消防车道不宜与铁路正线平交，确需平交时，应设置备用车道，且两车道的间距不应小于一列火车的长度。

【标准链接】国家标准《建筑设计防火规范》（GB 50016-2014，2018 年版）第 7.1 条

四、消防水源

消防水源是指向水灭火设施、车载或手抬等移动消防水泵、固定消防水泵等提供消防用水的水源，包括市政给水、消防水池、高位消防水池和天然水源等形式。消防

水源水质应满足水灭火设施的功能要求。

（一）市政给水

市政给水是指可供灭火取水使用的市政消防水源设施，如市政消火栓、消防水鹤等。市政给水是取用最方便的消防水源，受季节和维修等因素影响较小，应优先选用。

在城乡规划区域范围内，市政消防给水应与市政给水管网同步规划、设计与实施。当市政给水管网连续供水时，消防给水系统可采用市政给水管网直接供水。用作两路消防供水的市政给水管网应符合国家标准《消防给水及消火栓系统技术规范》（GB 50974-2014）第4.2条要求。

（二）消防水池

消防水池是指人工建造的供固定或移动消防水泵吸水的储水设施。消防水池是天然水源、市政给水的一种重要补充手段。消防水池可以单独储存消防用水，也可生产、生活和消防用水合用。消防用水与其他用水共用的水池，应采取确保消防用水量不作他用的技术措施。雨水清水池、中水清水池、水景和游泳池也可作为备用消防水源，但应有保证在任何情况下均能满足消防给水系统所需的水量和水质的技术措施。严寒、寒冷等冬季结冰地区的消防水池、水塔和高位消防水池等应采取防冻措施。

储存室外消防用水的消防水池或供消防车取水的消防水池，应符合国家标准《消防给水及消火栓系统技术规范》（GB 50974-2014）第4.3条要求。

高位消防水池是指设置在高处，直接向水灭火设施重力供水的储水设施。高位消防水池的最低有效水位应能满足其所服务的水灭火设施所需的工作压力和流量，且其有效容积应满足火灾延续时间内所需消防用水量。

（三）天然水源

天然水源是指由地理条件自然形成，可供灭火取水的场所，如江、河、湖泊等地面水和井水等地下水。天然水源具有分布广、水量足的特点。其作为消防水源时，应符合国家标准《消防给水及消火栓系统技术规范》（GB 50974-2014）第4.4条要求。

【标准链接】国家标准《消防给水及消火栓系统技术规范》（GB 50974-2014）第4.1、4.2、4.3、4.4条

······· 经典练习 ·······

🐂 **实践练习一**

当防火间距不足时，下列措施不符合规定的是（　　）。

A.拆除部分耐火等级低、占地面积小，使用价值低且与新建筑物相邻的原有旧建筑物

B.设置独立的室外防火墙

C.改变建筑物的生产和使用性质，尽量降低建筑物的火灾危险性

D.在普通外墙上涂刷厚型防火涂料提高其耐火性能

🎯 **答案**

D

👆 **解析**

防火间距不足时，可根据具体情况采取以下相应的措施：

（1）改变建筑物的生产和使用性质，尽量降低建筑物的火灾危险性，改变房屋部分结构的耐火性能，提高建筑的耐火等级。

（2）调整生产厂房的部分工艺流程，限制库房内储存物品的数量，提高部分构件的耐火极限和燃烧性能。

（3）将建筑物的普通外墙改造为防火墙或减少相邻建筑的开口面积。

（4）拆除部分耐火等级低、占地面积小、使用价值低且与新建筑物相邻的原有旧建筑物。

（5）设置独立的室外防火墙。

因此应选择D选项。

🐂 **实践练习二**

某消防救援机构工作人员在对某高层建筑的环形消防车道进行检查时，获取的下列信息中符合要求的是（　　）。

A.该消防车道部分路段的坡度为9%

B.小区入口处消防车道的净空高度为4.2m

C.该消防车道共有一处与其他车道连通　　D.该消防车道的净宽度为3.7m

🔒 **答案**

B

🔓 **解析**

消防车道的坡度不宜大于 8%，故 A 选项错误；消防车道的净宽度和净空高度均不应小于 4m，故 B 选项正确，D 选项错误；环形消防车道至少应有两处与其他车道连通，故 C 选项错误。

📢 **实践练习三**

以下图例中，属于市政给水消防水源的是（　）。

A.

B.

C.

D.

🔒 **答案**

B

🔓 **解析**

根据消防水源分类为市政给水、消防水池和天然水源。A 选项和 C 选项为江、河，属于天然水源；D 选项为埋地水池，属于消防水池；B 选项为室外消火栓，属于市政给水。故本题应选择 B 选项。

第七节 防火分区与防烟分区

一、防火分区

防火分区是在建筑内部采用防火墙、楼板及其他防火分隔设施分隔而成，能在一定时间内防止火灾向同一建筑的其余部分蔓延的局部空间。从防火的角度看，防火分区划分得越小，越有利于保证建筑物的防火安全；但如果划分得过小，则势必会影响建筑物的使用功能。因此，建筑设计中应合理划分防火分区，以确保一旦发生火灾时，有效地把火势限制在一定的局部区域内（在一定时间内），防止火灾的扩大，减少火灾损失，同时为人员疏散和消防扑救提供有利条件。

防火分区可分为水平防火分区和竖向防火分区。水平防火分区是指用防火分隔设施将建筑各楼层在水平方向分隔出的防火区域。防火分区之间应采用防火墙分隔，确有困难时，可采用防火卷帘等防火分隔设施分隔。竖向防火分区是指用满足耐火性能要求的楼板及窗间墙，在建筑物的垂直方向进行的防火分隔，用以防止建筑物层与层之间发生竖向火灾蔓延。

根据建筑物的使用性质、重要性、火灾危险性、建筑物高度、消防扑救能力以及火灾蔓延的速度等因素，《建筑设计防火规范》（GB 50016-2014，2018年版）及其他相关规范对民用建筑、厂房、仓库等的防火分区分别作了具体的规定。

【标准链接】国家标准《建筑设计防火规范》（GB 50016-2014，2018年版）第3.3.1条、第3.3.2条、第5.3.1条

二、防烟分区

设置防烟分区的目的是将烟气控制在着火区域所在的空间范围内，并限制烟气从储烟仓内向其他区域蔓延。设置排烟系统的场所或部位应采用挡烟垂壁、结构梁及隔墙等划分防烟分区，且防烟分区不应跨越防火分区。

火灾发生时，烟气层高度需控制在储烟仓下沿以上一定高度内，以保证人员安全

疏散及消防救援。防烟分区过大时（包括长边过长），烟气水平射流的扩散中，会卷吸大量冷空气而沉降，不利于烟气的及时排出；而防烟分区的面积过小，又会使储烟能力减弱，使烟气过早沉降或蔓延到相邻的防烟分区。综合考虑火源功率、顶棚高度、储烟仓形状、温度条件等主要因素对火灾烟气蔓延的影响，并结合建筑物类型、建筑面积和高度，《建筑防烟排烟系统技术标准》（GB 51251–2017）规定了防烟分区的最大允许面积及其长边最大值。

安装挡烟垂壁做防烟分隔

利用结构梁做防烟分隔

图 3-7-1 防烟分区划分示意图

【标准链接】国家标准《建筑防烟排烟系统技术标准》（GB 51251–2017）第 4.2.1 条、第 4.2.4 条

经典练习

实践练习一

某建筑高度 24.2m 的医疗建筑，设有两层裙房，裙房与主体建筑之间采用防火墙分隔，并按规范要求设置了相应消防设施，则该裙房的防火分区最大允许建筑面积为（　　）。

A.2500m^2　　　　　　　　　　B.3000m^2

C.5000m^2　　　　　　　　　　D.4000m^2

答案

C

解析

根据《建筑设计防火规范》（GB 50016–2014，2018 年版）中关于防火分区的相关规定，见下表 3-7-1，裙房与高层建筑主体之间设置防火墙时，裙房的防火分区可按单、多层建筑的要求确定。建筑高度 24.2m 的医疗建筑为一类高层公共建筑，其耐火等级不低于一级，且需设自动喷水灭火系统。一、二级单、多层民用建筑防火分区最大允许建筑面积为 2500m^2，当设有自动喷水灭火系统时，可增加 1 倍，即 5000m^2，故本题答案为 C 选项。

表 3-7-1 民用建筑的防火分区相关规定

名称	耐火等级	允许建筑高度或层数	防火分区的最大允许建筑面积（m^2）	备注
高层民用建筑	一、二级	按规范确定	1500	对于体育馆、剧场的观众厅，防火分区的最大允许建筑面积可适当增加
单、多层民用建筑	一、二级	按规范确定	2500	
	三级	5 层	1200	
	四级	2 层	600	
地下室或半地下建筑（室）	一级	—	500	设备用房的防火分区最大允许建筑面积不应大于 1000m^2

注：1.表中规定的防火分区最大允许建筑面积，当建筑内设置自动灭火系统时，可按本表的规定增加1.0倍；局部设置时，防火分区的增加面积可按该局部面积的1.0倍计算。

2.裙房与高层建筑主体之间设置防火墙时，裙房的防火分区可按单、多层建筑的要求确定。

📢 实践练习二

下列不属于划分防烟分区的设施是（　　）。

A.挡烟垂壁　　　　　　B.网状隔断

C.隔墙　　　　　　　　D.结构梁

🔒 答案

B

☝ 解析

根据《建筑防烟排烟系统技术标准》（GB 51251-2017）第 4.2.1 条，设置排烟系统的场所或部位应采用挡烟垂壁、结构梁及隔墙等划分防烟分区。网状隔断有孔洞，无法阻止烟火蔓延，不能用来划分防烟分区，故应选择 B 选项。

第四章

消防监督执法相关
工作基本流程

》内容简介

    本章主要介绍具体的消防监督执法工作，包括消防监督检查、公众聚集场所投入使用营业前消防安全检查、消防产品监督管理、消防技术服务与注册、消防工程师管理、火灾事故调查、消防行政处罚、行政强制措施，以及消防监督执法档案建设、窗口受理、火灾隐患举报投诉受理和核查等相关工作的流程、依据和基本要求。

》学习目标

1. 熟悉消防监督执法工作的基本要求
2. 掌握执法工作中各具体环节的时间规定
3. 能够进行辅助执法工作

第一节 消防监督检查

一、执法依据

《中华人民共和国消防法》《四川省消防条例》《消防监督检查规定》（公安部令第120号）。

二、任务来源

"双随机、一公开"消防监管系统、举报投诉、转办交办、重点监管。

三、执法流程

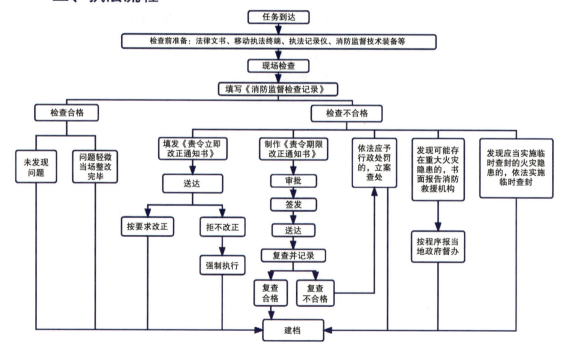

图 4-1-1 消防监督检查流程图

四、时间节点

（一）检查时间

1. 对于"双随机、一公开"消防监管系统生成的任务应在任务当月完成检查。

2. 对于来源于举报投诉的任务，应区分以下两种情况确定核查时限：

（1）举报投诉占用、堵塞、封闭疏散通道、安全出口或者其他妨碍安全疏散行为，以及擅自停用消防设施的，应当在接到举报投诉后 24 小时内进行核查；

（2）举报投诉其他消防安全违法行为的，应当在接到举报投诉之日起 3 个工作日内进行核查。

3. 对于转办交办和重点监管的任务，应在要求的时间内开展检查。

（二）文书填写时间

1.《消防监督检查记录》《责令立即改正通知书》当场填写，当场签字确认。

2《责令限期改正通知书》自检查结束之日起 3 个工作日内填写并送达。

3. 整改期限届满或收到当事人复查申请之日起 3 个工作日内进行复查，填写《消防监督检查记录（其他形式消防监督检查适用）》。

4. 依法应予以行政处罚的，当场填写《当场行政处罚决定书》或者及时填写《立案审批表》（快速办理程序填写《立案登记表》）。（具体流程见本章第七节）

5. 发现应当实施临时查封的火灾隐患，应自检查之日起 3 个工作日内制作、送达《临时查封决定书》；情况紧急、不当场查封可能严重威胁公共安全的，应在临时查封后 24 小时内组织集体研究，并制作、送达《临时查封决定书》。（具体流程见本章第八节）

五、实施检查

（一）检查前准备

1. 了解拟检查单位情况。查阅拟检查单位有关台账、档案资料或火灾预案；了解单位的地址、建筑、生产经营、消防安全管理及以往消防监督检查等情况。

2. 准备检查的文书和消防监督检查装备。

（1）准备《消防监督检查记录》《责令立即改正通知书》或利用移动执法终端现场录入并打印。

（2）准备消防监督检查所需装备：执法记录仪、移动执法终端，按照《消防监督技术装备配备》（GB 25203–2010）的要求携带消防监督检查装备，进入危险场所的还需携带个人防护类装备。

3.通知被检查的单位。告知检查的时间、重点内容等,并要求其做好有关配合工作。举报投诉根据实际情况决定是否提前告知。

(二)现场检查

实施现场检查的消防检查人员不得少于2人,并应出示执法身份证件。消防检查人员实施现场检查时,应通过查看、查阅、功能测试、询问、组织演练等方式进行检查,并填写《消防监督检查记录》。

> **提示** 双人执法是消防监督执法的最基本要求,必须严格遵守。

1.检查内容:

(1)对单位履行法定消防安全职责情况的监督抽查,应当按照《消防监督检查规定》第十条的内容结合单位的实际情况进行检查;

(2)对消防安全重点单位履行法定消防安全职责情况的监督检查,应当按照《消防监督检查规定》第十条、第十一条的内容结合单位的实际情况进行检查;

(3)对于举报投诉应当按照举报投诉的内容进行核查;

(4)对于重点监管应按照专项检查的内容开展;

(5)对于转办交办应按具体转办交办内容进行检查;

(6)对于复查应按照《责令限期改正通知书》《重大火灾隐患整改通知书》中要求被检查单位整改消除的消防安全违法行为或火灾隐患进行复查。

2.检查要求:

(1)对单位履行法定消防安全职责情况的监督抽查应按照检查内容逐项实施抽查,不得有选择地抽查部分项目;

(2)抽查的数量和比例应能全面反映被检查单位建筑物整体的消防安全状况;

(3)对于在检查过程中发现的火灾隐患和消防安全违法行为要做好相关取证工作。

(三)检查后的处理

1.向被检查单位反馈检查情况,并填写《消防监督检查记录》,由被检查单位参加检查人员签字确认。

> **提示** 被检查单位的消防安全责任人或者消防安全管理人应当参加检查。特殊情况不能参加的，由消防安全责任人委托一名单位负责人参加。

2.违法行为轻微并当场整改完毕的，在《消防监督检查记录》的"备注"一栏中予以注明。

3.发现下列消防安全违法行为，应当填写《责令立即改正通知书》，并依法予以处罚：

（1）消防设施、器材或者消防安全标志的配置、设置不符合标准；

（2）消防设施、器材或者消防安全标志未保持完好有效；

（3）损坏、挪用消防设施、器材；

（4）擅自拆除、停用消防设施、器材；

（5）占用、堵塞、封闭疏散通道、安全出口；

（6）埋压、圈占、遮挡消火栓，占用防火间距；

（7）违反消防安全规定进入生产、储存易燃易爆危险品场所；

（8）违反规定使用明火作业；

（9）在具有火灾、爆炸危险的场所吸烟、使用明火；

（10）占用、堵塞、封闭消防车通道，妨碍消防车通行；

（11）人员密集场所外墙门窗上设置影响逃生、灭火救援的障碍物；

（12）其他应当责令立即改正的消防安全违法行为和火灾隐患。

4.发现下列消防安全违法行为，应当填写《责令限期改正通知书》，并依法予以处罚：

（1）消防设施、器材或者消防安全标志配置、设置不符合标准或者未保持完好有效，无法立即改正的；

（2）损坏、挪用消防设施、器材，无法立即改正的；

（3）占用、堵塞、封闭疏散通道、安全出口，无法立即改正的；

（4）埋压、圈占、遮挡消火栓或者占用防火间距，无法立即改正的；

（5）占用、堵塞、封闭消防车通道或者妨碍消防车通行，无法立即改正的；

（6）人员密集场所外墙门窗上设置影响逃生、灭火救援的障碍物,无法立即改正的;

（7）使用不符合市场准入、不合格、国家明令淘汰的消防产品；

（8）电器产品、燃气用具的安装、使用及其线路、管路的设计、敷设、维护保养、检测不符合消防技术标准和管理规定；

（9）不履行《中华人民共和国消防法》第十六条、第十七条、第十八条、第二十一条第二款规定的其他消防安全职责；

（10）其他应当责令限期改正的消防安全违法行为和火灾隐患；

（11）对依法责令限期改正的，应当根据改正违法行为的难易程度合理确定改正期限。

（四）文书审批

《责令立即改正通知书》可以由承办人员直接制发并送达；《责令限期改正通知书》《临时查封决定书》《重大火灾隐患整改通知书》《受案登记表》应当由消防救援机构负责人审批。

消防救援局《消防救援机构法制审核审批和集体议案工作规范》规定：审批一般应当在3个工作日内完成，特殊、复杂事项应当在5个工作日内完成；重大、疑难事项，经消防救援机构负责人批准可以延长至7个工作日。

🧯 **提示** 各地可以对审批时限作出更加严格的规定。以四川为例，四川省内各级消防救援机构负责人审批以上法律文书时，应当按照《四川省消防救援机构法制审核、审批规则》的规定，在1个工作日内完成，特殊、复杂事项在3个工作日内完成；重大、疑难事项，经消防救援机构负责人批准可以延长至5个工作日。

· **经典练习** ·

📣 **实践练习一**

消防救援机构接到对安全出口上锁、疏散通道堵塞的举报、投诉，应当在（ ）内进行核查。

A.12 小时　　　　B.24 小时

C.3 个工作日　　　D.4 个工作日

答案

B

解析

根据《消防监督检查规定》第十八条第一款第一项规定，消防救援机构对举报投诉占用、堵塞、封闭疏散通道、安全出口或者其他妨碍安全疏散行为，以及擅自停用消防设施的，应当在接到举报投诉后 24 小时内进行核查。故应选择 B 选项。

实践练习二

某消防救援大队监督检查人员在检查中发现某 KTV 的火灾自动报警系统未保持完好有效，无法当场整改。检查人员正确的做法是：（　）。

A.责令立即改正　　　　　B.责令限期改正

C.责令立即改正，并依法予以处罚　　D.责令限期改正，并依法予以处罚

答案

D

解析

根据《消防监督检查规定》第十九条规定，在消防监督检查中，消防救援机构对发现的依法应当责令立即改正的消防安全违法行为，应当当场制作、送达责令立即改正通知书，并依法予以处罚；对依法应当责令限期改正的，应当自检查之日起 3 个工作日内制作、送达责令限期改正通知书，并依法予以处罚。故应选择 D 选项。

第二节　公众聚集场所投入使用、营业前的消防安全检查

一、执法依据

《中华人民共和国行政许可法》《中华人民共和国消防法》、应急管理部《关于贯彻实施新修改＜中华人民共和国消防法＞全面实行公众聚集场所投入使用营业前消防安全检查告知承诺管理的通知》（应急〔2021〕34 号）。

二、公众聚集场所定义

根据《中华人民共和国消防法》第七十三条第三项规定，公众聚集场所是指宾馆、饭店、商场、集贸市场、客运车站候车室、客运码头候船厅、民用机场航站楼、体育场馆、会堂以及公共娱乐场所等。其中，公共娱乐场所是指向公众开放的下列室内场所：影剧院、录像厅、礼堂等演出、放映场所；舞厅、卡拉 OK 厅等歌舞娱乐场所；具有娱乐功能的夜总会、音乐茶座和餐饮场所；游艺、游乐场所；保龄球馆、旱冰场、桑拿浴室等营业性健身、休闲场所。

三、办理方式

公众聚集场所投入使用、营业前消防安全检查办理方式包括采用告知承诺和不采用告知承诺两种方式，申请人可自主选择办理。

四、办理流程

（一）采用告知承诺方式

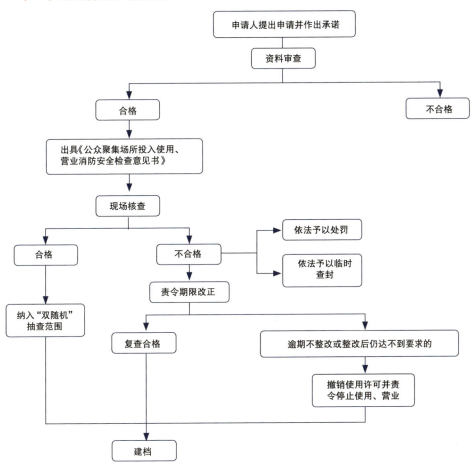

图 4-2-1 采用告知承诺方式流程图

（二）不采用告知承诺方式

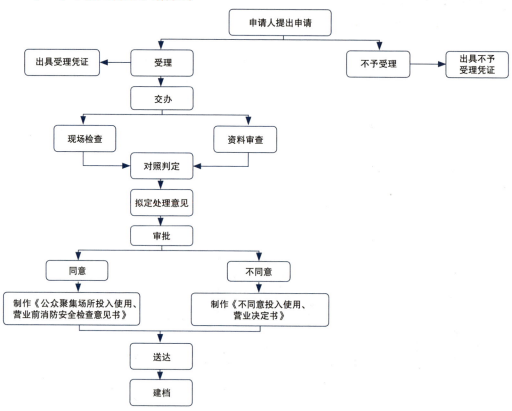

图 4-2-2 不采用告知承诺方式流程图

五、时间节点

（一）采用告知承诺方式

1. 对到消防业务受理窗口提出申请的，应当当场作出决定；对通过消防在线政务服务平台提出申请的，应当自收到申请之日起 1 个工作日内办结。

2. 消防救援机构对取得许可的公众聚集场所应当自作出许可之日起 20 个工作日内进行核查。

（二）不采用告知承诺方式

消防救援机构应当自受理申请之日起 10 个工作日内对该场所进行检查，自检查之日起 3 个工作日内作出决定。

> **提示** 当地有缩短办理、审批时限等"放管服"要求的，应当遵守相关规定。以四川为例，根据《四川消防"放管服"改革十五条措施》及其释义，公众聚集场所投入使用、营业前消防安全检查的承诺办理时限为5个工作日内检查，检查之日起2个工作日内作出决定。各地政务服务中心有更高要求的，需从其规定。

六、现场核（检）查

公众聚集场所申请投入使用、营业前消防安全检查的，消防救援机构对作出承诺的公众聚集场所进行核查，以及对申请不采用告知承诺方式办理的公众聚集场所进行检查，应当按照《公众聚集场所投入使用、营业消防安全检查规则》进行。

（一）检查内容

检查人员应当对公众聚集场所的消防安全责任、消防安全技术条件、消防安全管理等有关事项进行抽查。公众聚集场所设置在建筑局部的，对场所消防安全技术条件的检查，包括场所设置位置、场所内部消防安全技术条件，以及场所所在建筑中与场所安全疏散、消防设施联动控制、灭火救援直接相关的消防安全技术条件。

（二）文书填写

检查人员应根据现场情况填写《公众聚集场所投入使用、营业消防安全检查记录表》，并由单位（场所）负责人签字确认。

（三）结论判定

消防救援机构检查人员对消防安全责任、消防安全技术条件、消防安全管理等有关事项进行检查时，逐项记录情况，有一项以上(含本数)重要事项的，判定为消防安全不合格，其他情形判定为消防安全合格。

【文件链接】应急管理部《关于贯彻实施新修改＜中华人民共和国消防法＞全面实行公众聚集场所投入使用营业前消防安全检查告知承诺管理的通知》（应急〔2021〕34号）

（四）后续处理

1.对判定为消防安全合格的场所，应当纳入"双随机"抽查范围。

2.对判定为消防安全不合格的场所，应根据申请人采用的办理方式分别实施后续工作。

采用告知承诺方式的，应当依法予以处罚、查封，并制作送达《公众聚集场所消防安全检查责令限期改正通知书》，对逾期不整改或整改后仍达不到要求的，依照《中华人民共和国行政许可法》第六十九条撤销许可，并责令停止使用、营业。

不采用告知承诺方式的，制作送达《不同意投入使用、营业决定书》。

3.对判定为消防安全合格的场所,但存在其他消防安全事项的,应当口头责令改正,并在《公众聚集场所投入使用、营业消防安全检查记录表》中注明。

（五）文书审批

采用告知承诺方式的，许可或不予受理的决定由消防救援机构指定的窗口工作人员直接作出，并出具《公众聚集场所投入使用、营业前消防安全检查意见书》或《公众聚集场所投入使用、营业消防安全许可申请不予受理凭证》；《公众聚集场所消防安全检查责令限期改正通知书》《撤销公众聚集场所投入使用、营业消防安全许可的决定书》应当由消防救援机构负责人审批。

不采用告知承诺方式的，应当在承办人员拟定处理意见后，通过消防监督检查管理系统报消防救援机构行政负责人审批《公众聚集场所投入使用、营业前消防安全检查意见书》或《不同意投入使用、营业决定书》。

经典练习

📢 实践练习一

下列关于公众聚集场所投入使用营业前消防安全检查告知承诺管理流程的说法正确的是：（   ）。

A.告知承诺管理的流程包含申请、受理、许可、现场核查四个步骤

B.告知承诺管理的流程包含申请、受理、许可三个步骤

C.告知承诺管理的流程包含申请、受理及许可、现场核查三个步骤

D.告知承诺管理的流程包含申请、受理、检查、许可四个步骤

⊕ 答案

C

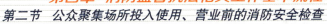

🔖 **解析**

根据应急管理部《关于贯彻实施新修改＜中华人民共和国消防法＞全面实行公众聚集场所投入使用营业前消防安全检查告知承诺管理的通知》（应急〔2021〕34号），告知承诺管理的流程包含申请、受理及许可、现场核查三个步骤。因此，C选项的说法是正确的。

📢 **实践练习二**

申请人不采用告知承诺方式办理公众聚集场所投入使用营业前消防安全检查的，消防救援机构应当自受理申请之日起（ ）个工作日内对该场所进行检查，自检查之日起（ ）个工作日内作出决定。

A.10，3   B.7，3   C.10，1   D.7，1

🔒 **答案**

A

🔖 **解析**

根据应急管理部《关于贯彻实施新修改＜中华人民共和国消防法＞全面实行公众聚集场所投入使用营业前消防安全检查告知承诺管理的通知》（应急〔2021〕34号），申请人选择不采用告知承诺方式办理的，消防救援机构应当自受理申请之日起10个工作日内，按照《公众聚集场所投入使用、营业消防安全检查规则》对该场所进行检查，自检查之日起3个工作日内作出决定。故应选择A选项。

第三节 消防产品监督管理

一、执法依据

《中华人民共和国消防法》《四川省消防条例》《消防产品监督管理规定》（公安部令第 122 号）、《消防产品身份信息管理》（XF 846-2009）、《消防监督技术装备配备》（GB 25203-2010）、《消防产品消防安全要求》（XF 1025-2012）、《消防产品现场检查判定规则》（XF 588-2012）、《消防产品一致性检查要求》（XF 1061-2013）、《关于取消部分消防产品强制性认证的公告》（应急消评〔2019〕20 号）。

二、任务来源

"双随机、一公开"消防监管系统、举报投诉、行政许可、火灾延伸调查。

三、执法程序

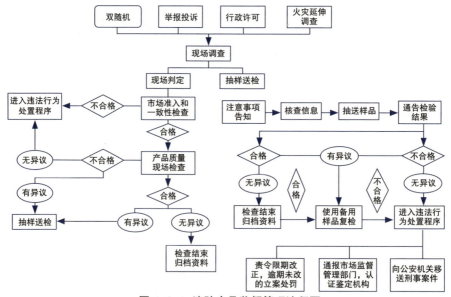

图 4-3-1 消防产品监督管理流程图

四、时间节点

（一）检查时间

1. 对于"双随机、一公开"消防监管系统生成的任务应在任务期限内完成检查。

2. 对于来源于举报投诉的任务应当在接到举报投诉任务之日起 3 个工作日内进行核查。

3. 对于火灾延伸调查产生的任务，应在要求的时间内开展检查。

4. 对于来源于行政许可的任务，应当在行政许可检查的同时进行检查。

（二）文书填写时间

1.《消防监督检查记录》《消防产品监督检查记录》在开展消防产品现场检查时当场填写，当场签字确认。

2.《责令限期改正通知书》《消防产品现场检查判定不合格通知书》自检查结束之日起 3 个工作日内填写并送达。

3.《消防产品质量监督抽查抽样单》，当场填写，当场签字确认。

4.《消防产品质量检验 / 复检结果通知书》需在收到检测结果后，3 个工作日内填写并送达。

5. 整改期限届满或收到当事人复查申请之日起 3 个工作日内进行复查，填写《消防产品监督检查记录》《消防监督检查记录》（其他形式）。

6. 依法应予以行政处罚的，自复查不合格之日起及时填写《立案审批表》。（具体流程见本章第七节）

> 🛈 **提示** *《消防救援机构办理行政案件程序规定》第九十二条第三款规定：为了查明案情进行鉴定、检验的期间，不计入办案期限。据此，消防救援机构为判断消防产品是否合格而进行抽样检验时，其期间不计入行政处罚办案期限。*

五、执法实施

（一）事前准备

1. 检查前准备：

（1）准备相关文书（《消防监督检查记录》《责令限期改正通知书》《消防产品监督检查记录》《消防产品现场检查判定不合格通知书》《消防产品质量监督抽查抽样单》）及封条，或者利用移动执法终端现场录入并打印。

（2）检查所需器材主要有：执法记录仪、移动执法终端，按照《消防监督技术装备配备》（GB 25203–2010）的要求携带消防产品现场检测装备，进入危险场所的还需携带个人防护类装备。

2.了解拟检查单位情况，可通过查阅拟检查单位有关台账或档案资料，了解单位的地址、建筑、生产经营、消防安全管理及以往消防监督检查等情况。

3.通知被检查的单位，告知检查的时间、重点内容等，并要求其做好有关配合工作。举报投诉根据实际情况决定是否提前告知。

4.火灾延伸调查根据工作安排进行。

（二）现场检查内容

实施现场检查的消防检查人员不得少于2人，并应出示执法身份证件。消防检查人员实施现场检查时，应通过查看、查阅、功能测试、询问等方式进行检查，并填写相关文书，检查内容为：

1.市场准入检查。对公共场所、住宅使用的火灾报警产品、灭火器、避难逃生产品，应当查验是否具备强制性产品认证证书，是否加施强制性产品认证标志；对新研制的尚未制定国家标准、行业标准的消防产品，应查验是否具备消防产品技术鉴定证书。产品的外观、标志、规格型号、结构部件、材料、性能参数、生产厂名、厂址与产地、产品实物等与强制性产品认证证书、技术鉴定证书及其型式检验报告中的描述是否一致。

2.产品质量检查。消防产品质量应当按照相关法律法规、强制性国家标准或者行业标准的规定，经型式检验和出厂检验合格，并具备型式检验合格的检验报告和出厂检验合格的证明文件。对已列入《消防产品现场检查判定规则》第六章的消防产品，应当按照规定现场查验消防产品关键性能。对尚未列入或者不适宜进行现场检查判定的消防产品，可在现场随机抽取样品，送法定检验机构检验。

【标准链接】《消防产品现场检查判定规则》（XF 588–2012）

（三）后续处理

1.向被检查单位反馈检查情况，填写《消防监督检查记录》《消防产品监督检查记录》，被检查单位陪同人员签字确认，检查合格的，建档结案。

2. 检查不合格，填写《责令限期改正通知书》《消防产品现场检查判定不合格通知书》。

3. 对现场判定有异议的，告知被检查单位，现场填写《消防产品质量监督抽查抽样单》并抽样封存送检。

4. 送检结果合格的，被检查人收到《消防产品质量检验结果通知书》或《消防产品质量复检结果通知书》后，建档结案。

5. 送检结果不合格，被检查人有异议，且按时填报了《消防产品复检申请表》的，应填发《消防产品复检受理凭证》，并将复检产品送检，复检以一次为限。

6. 送检结果不合格，被检查人无异议或复检结果不合格的，制发《关于通报涉嫌生产不合格消防产品的函》与《关于通报涉嫌违法生产/销售消防产品案件的函》。

7. 整改期限届满或收到当事人复查申请之日起进行复查，复查合格，建档结案；复查不合格的，立案处罚。

（四）文书审批

《消防产品现场检查判定不合格通知书》《消防产品质量监督抽查抽样单》可以由承办人员直接制发并送达；《责令限期改正通知书》《消防产品质量检验结果通知书》《消防产品质量复检结果通知书》《通报涉嫌违法生产/销售消防产品的函》《通报涉嫌生产不合格消防产品的函》《立案审批表》应当由消防救援机构负责人审批。根据《四川省消防救援机构法制审核、审批规则》，违法行为构成犯罪，需要移送司法机关依法追究刑事责任的，应当由消防救援机构主要负责人审批。

经典练习

实践练习一

以下哪种文书可以由承办人员直接制发并送达：（　　）。

A.《消防产品质量复检结果通知书》

B.《消防产品现场检查判定不合格通知书》

C.《消防产品质量检验结果通知书》

D.《通报涉嫌生产不合格消防产品的函》

答案

B

解析

《消防产品质量复检结果通知书》《消防产品质量检验结果通知书》应当由承办部门负责人审批后制发并送达；未设承办部门的，应当由消防救援机构负责人审批后制发并送达。《通报涉嫌生产不合格消防产品的函》应当由消防救援机构负责人审批后制发并送达。因此，应选择B选项。

实践练习二

以下哪类产品不需要进行强制性产品认证：（　　）。

A.公共场所、住宅使用的火灾报警产品

B.公共场所、住宅使用的灭火器

C.公共场所、住宅使用的避难逃生产品

D.消防防烟排烟设备产品

答案

D

解析

根据《关于取消部分消防产品强制性认证的公告》（应急消评〔2019〕20号），消防防烟排烟设备产品被调整出强制性认证目录，改为自愿性认证。因此，应选择D选项。

第四节 社会消防技术服务机构与注册消防工程师监督管理

一、执法依据

《中华人民共和国消防法》《社会消防技术服务管理规定》（应急管理部令第7号）、《注册消防工程师管理规定》（公安部令第143号）、《建筑消防设施的维护管理》（GB 25201–2010）、《建筑消防设施检测规范》（DB 51/T2049–2015）。

二、任务来源

日常消防监督检查、专项检查、火灾事故调查、举报投诉和交办移送核查。

三、执法流程

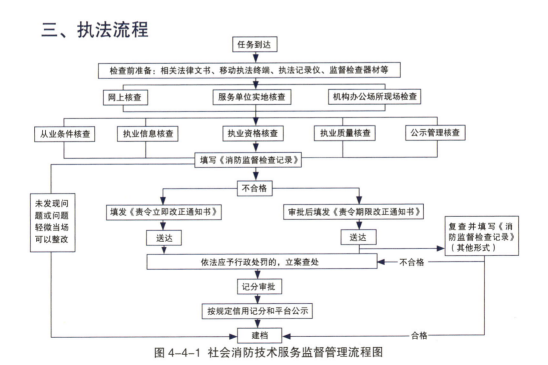

图 4–4–1 社会消防技术服务监督管理流程图

四、时间节点

（一）检查时间

1. 对于日常消防监督检查和专项检查，应当按照"双随机、一公开"消防监管系统生成的任务，在要求的时间内完成。

2. 对于举报投诉和交办移送的任务，应当在接到任务之日起3个工作日内进行核查。

3. 对于火灾事故调查中涉及的检查任务，应当在要求的时间内开展检查。

（二）文书填写时间

1.《消防监督检查记录》（一般形式或其他形式）、《责令立即改正通知书》应当在检查时当场填写，当场签字确认。

2.《责令限期改正通知书》自检查之日起3个工作日内制作、送达，并依法予以处罚。

3. 责令限期改正期限届满或收到当事人复查申请之日起3个工作日内进行复查，当场填写《消防监督检查记录》（其他形式）。

4. 依法应予以行政处罚的，当场填写《当场行政处罚决定书》或者及时填写《立案审批表》/《立案登记表》。（具体流程见本章第七节）

五、实施检查

（一）事前准备

1. 检查前准备：

（1）准备检查的文书：《消防监督检查记录》（一般形式及其他形式）、《责令立即/限期改正通知书》（具体格式详见消防监督检查法律文书式样及注册消防工程师监督管理法律文书式样），或利用移动执法终端现场录入并打印。

（2）检查所需装备主要有：执法记录仪、移动执法终端，按照《消防监督技术装备配备》（GB 25203–2010）中的要求携带建筑消防设施检测装备，进入危险场所的还需携带个人防护类装备。

2. 了解拟检查单位情况，可通过查阅拟检查单位有关台账或档案资料，了解单位的地址、建筑、生产经营、消防安全管理及以往消防监督检查等情况。

3. 通知被检查的单位。告知检查的时间、重点内容等，并要求其做好有关配合工作。举报投诉根据实际情况决定是否提前告知。

4. 通过互联网登录"全国社会消防技术服务信息系统"和各地建立的消防技术服

务机构管理平台，查询被检查对象是否登记备案以及服务类型、地址、法定代表人、注册消防工程师、消防设施操作员、服务项目有关情况等基本信息。

（二）现场检查内容

实施检查的消防检查人员不得少于2人，并应出示执法身份证件。消防检查人员实施现场检查时，可以根据实际需要，通过网上核查、服务单位实地核查、机构办公场所现场检查等方式实施，并填写相关法律文书。

1. 对消防技术服务机构实施监督检查：

（1）消防救援机构组织日常消防监督检查，可以对为该单位（场所）提供服务的消防技术服务机构的服务质量实施监督抽查，抽查内容为：是否冒用其他消防技术服务机构名义从事社会消防技术服务活动；从事相关社会消防技术服务活动的人员是否具有相应资格；是否按照国家标准、行业标准维护保养、检测建筑消防设施，经维护保养的建筑消防设施是否符合国家标准、行业标准；消防设施维护保养检测机构的项目负责人或者消防设施操作员是否到现场实地开展工作；是否出具虚假、失实文件；出具的书面结论文件是否由技术负责人、项目负责人签名、盖章，并加盖消防技术服务机构印章；是否与委托人签订消防技术服务合同；是否在经其维护保养的消防设施所在建筑的醒目位置公示消防技术服务信息。

（2）消防救援机构可以对辖区内从业的消防技术服务机构进行专项检查，可以抽查下列内容：是否具备从业条件；所属注册消防工程师是否同时在两个以上社会组织执业；从事相关社会消防技术服务活动的人员是否具有相应资格；是否转包、分包消防技术服务项目；是否出具虚假、失实文件；是否设立技术负责人、明确项目负责人，出具的书面结论文件是否由技术负责人、项目负责人签名、盖章，并加盖消防技术服务机构印章；是否与委托人签订消防技术服务合同；是否在经营场所公示营业执照、工作程序、收费标准、从业守则、注册消防工程师注册证书、投诉电话等事项；是否建立、保管消防技术服务档案。

（3）消防救援机构在开展火灾事故调查时需对消防技术服务机构和消防技术服务活动进行检查的，依照日常消防监督检查和专项检查的内容实施。

2. 对注册消防工程师实施监督检查：

检查其聘用单位是否符合要求；是否具备注册证、执业印章；是否存在消防技术咨询、消防安全评估、火灾事故技术分析等书面结论文件、消防安全重点单位年度消防工作综合报告、消防设施维护保养检测书面结论文件；法律、法规规定的其他消防安全技术文件是否以注册消防工程师聘用单位的名义出具，并是否由担任技术负责人、项目负责人或者消防安全管理人的注册消防工程师签名，加盖执业印章；是否存在修改经注册消防工程师签名盖章的消防安全技术文件，未由原注册消防工程师进行；因特殊情况，原注册消防工程师不能进行修改的，是否存在未由其他相应级别的注册消防工程师修改，并签名、加盖执业盖章，对修改部分承担相应的法律责任；是否存在同时在两个以上消防技术服务机构，或者消防安全重点单位执业；是否以个人名义承接执业业务、开展执业活动；是否在聘用单位出具的虚假、失实消防安全技术文件上签名、加盖执业印章；是否变造、倒卖、出租、出借，或者以其他形式转让资格证书、注册证或者执业印章；是否超出本人执业范围或者聘用单位业务范围开展执业活动；是否不按照国家标准、行业标准开展执业活动，减少执业活动项目内容、数量，或者降低执业活动质量等。

（三）后续处理

1. 向被检查单位反馈检查情况，并填写《消防监督检查记录》，被检查单位随同检查人员签字确认，检查合格的，建档结案。

2. 违法行为轻微并当场整改完毕的，在《消防监督检查记录》的"备注"一栏中予以注明。

3. 检查不合格，根据具体问题填写《责令立即/限期改正通知书》，并立案处罚。

4. 未在全国社会消防技术服务信息系统备案的，应责令改正并依法查处；未在各地消防技术服务机构管理平台录入的，应依法提醒消防技术服务机构及时录入；发现其他违法行为应依法立案查处。

5. 按照相关办法对消防技术服务机构及其从业人员实施积分信用管理；发现存在应暂停执业或符合从业限制、行业禁入情形的，及时抄送当地信用监管机构实施信用惩戒。

（四）文书审批

《责令立即改正通知书》可以由承办人员直接制发并送达；《责令限期改正通知书》《立案审批表》应当由消防救援机构负责人审批。

经典练习

实践练习一

以下说法正确的是：（ ）。

A. 注册消防工程师可以同时在两个以上社会组织执业

B. 消防技术服务机构可以分包消防技术服务项目

C. 消防技术服务机构应当设立技术负责人、明确项目负责人

D. 消防技术服务机构承接业务，可以不与委托人签订消防技术服务合同

答案

C

解析

《社会消防技术服务管理规定》第十一条规定：消防技术服务机构应当依法与从业人员签订劳动合同，加强对所属从业人员的管理。注册消防工程师不得同时在两个以上社会组织执业。《社会消防技术服务管理规定》第十三条规定：消防技术服务机构承接业务，应当与委托人签订消防技术服务合同，并明确项目负责人。项目负责人应当具备相应的注册消防工程师资格。消防技术服务机构不得转包、分包消防技术服务项目。因此，C选项说法正确。

实践练习二

从事消防设施维护保养检测的消防技术服务机构，注册消防工程师不少于（ ）人，其中一级注册消防工程师不少于（ ）人。

A.2，1 　B.3，1 　C.4，1 　D.3，2

答案

A

解析

《社会消防技术服务管理规定》第五条规定：从事消防设施维护保养检测的消防技术服务机构，应当具备下列条件：（一）取得企业法人资格；（二）工作场所建筑面积不少于200平方米；（三）消防技术服务基础设备和消防设施维护保养检测设备配备符合有关规定要求；（四）注册消防工程师不少于2人，其中一级消防注册工程师不少于1人；（五）取得消防设施操作员国家职业资格证书的人员不少

于6人，其中中级技能等级以上的不少于2人；（六）健全的质量管理体系。因此，应该选择A选项。

📣 **实践练习三**

取得下图证书的人员，是否可以立即以注册消防工程师的名义执业？

 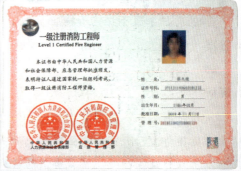

A. 可以　　　　　B. 不可以

🔒 **答案**

B

📖 **解析**

题中图示为注册消防工程师资格证书。《注册消防工程师管理规定》第八条规定：取得注册消防工程师资格证书的人员，必须经过注册，方能以相应级别注册消防工程师的名义执业。未经注册，不得以注册消防工程师的名义开展执业活动。完成注册的人员持有注册证（见下图）和执业印章。因此，应该选择B选项。

第五节 火灾事故调查

一、执法依据

《中华人民共和国消防法》《火灾事故调查规定》（公安部令第 121 号）、《消防救援机构与公安机关刑侦部门火灾调查协作规定》（应急〔2021〕6 号）、消防救援局《关于开展火灾延伸调查强化追责整改的指导意见》（应急消〔2019〕266 号）。

二、任务来源

警情受理平台推送、上级消防救援机构指定、当事人申请。

三、执法程序

同时具有没有人员伤亡、直接财产损失 5 万元以下、当事人对火灾事故事实没有异议、没有放火嫌疑 4 个条件的，消防救援机构可以适用简易程序开展火灾事故调查。其他情况适用一般程序。

（一）简易程序

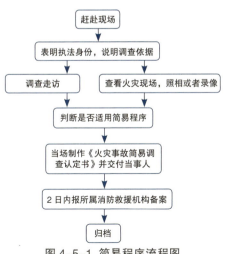

图 4-5-1 简易程序流程图

（二）一般调查程序

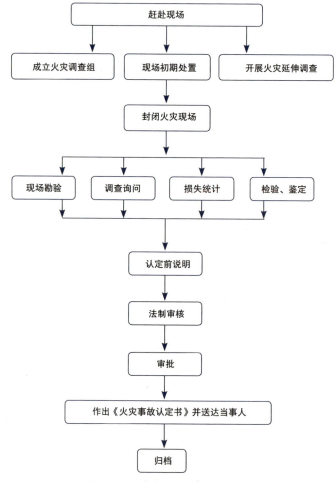

图 4-5-2 一般调查程序流程图

四、时间节点

（一）火灾事故认定

简易程序应当场制作《火灾事故简易调查认定书》。

一般程序应当自接到火灾报警之日起 30 日内作出火灾事故认定；情况复杂、疑难的，经上一级消防救援机构批准，可以延长 30 日。

火灾事故调查中需要进行检验、鉴定的，检验、鉴定时间不计入调查期限。

（二）火灾事故复核

当事人对火灾事故认定有异议的，可以自火灾事故认定书送达之日起 15 日内，向上一级消防救援机构提出书面复核申请；复核机构应当自收到复核申请之日起 7 日内作出是否受理的决定并书面通知申请人。

原认定机构应当自接到通知之日起 10 日内，向复核机构作出书面说明，并提交火灾事故调查案卷。

复核机构应当自受理复核申请之日起 30 日内，作出复核决定；对需要向有关人员进行调查取证或者火灾现场复核勘验的，经复核机构负责人批准，复核期限可以延长 30 日。

原认定机构接到重新作出火灾事故认定的复核决定后，应当重新调查，在 15 日内重新作出火灾事故认定。

（三）送达期限

消防救援机构应当自作出《火灾事故认定书》或者《火灾事故复核认定书》之日起 7 日内送达当事人，并告知当事人申请复核的权利。无法送达的，可以在作出火灾事故认定或火灾事故复核认定之日起 7 日内公告送达，公告期为 20 日，公告期满即视为送达。

五、实施火灾事故调查

（一）事前准备

1. 调查前准备：

（1）准备火灾事故调查文书（《火灾现场勘验笔录》《火灾痕迹物品提取清单》《火灾事故简易调查认定书》《火灾直接财产损失申报统计表》《封闭火灾现场公告》《询问笔录》等），或者使用移动执法终端现场录入并打印。

（2）准备火灾事故调查所需器材：执法记录仪、移动执法终端，按照《消防监督技术装备配备》（GB 25203-2010）中的要求携带火灾事故调查装备；绘图工具、印泥等用品；警戒带、警戒标志等现场封闭器材；照相机、摄像机等拍摄器材；以及火灾现场勘验工具和个人防护装备。

2. 根据火灾现场情况，排除现场险情，保障现场调查人员的安全，并初步划定现场封闭范围，设置警戒标志，禁止无关人员进入现场，控制火灾肇事嫌疑人。

3.了解拟调查单位情况，可通过查阅档案、调查走访，了解单位所在建筑基本情况、生产经营情况、消防安全管理情况、用火用电情况、邻里关系等。

（二）现场调查

1.现场询问：

火灾事故调查人员应当根据调查需要，对发现、扑救火灾人员，熟悉起火场所、部位和生产工艺人员，火灾肇事嫌疑人和被侵害人等知情人员进行询问。必要时，可以要求被询问人到火灾现场进行指认。

询问应当制作笔录，由火灾事故调查人员和被询问人签名或者捺指印。被询问人拒绝签名和捺指印的，应当在笔录中注明。

2.现场勘验：

勘验火灾现场应当遵循火灾现场勘验规则，按照环境勘验、初步勘验、细项勘验和专项勘验的步骤进行，或者由火灾现场勘验负责人根据现场实际情况确定勘验步骤。采取现场照相或者录像、录音，制作现场勘验笔录和绘制现场图等方法记录现场情况。

对有人员死亡的火灾现场进行勘验的，火灾事故调查人员应当对尸体表面进行观察并记录，对尸体在火灾现场的位置进行调查。

现场勘验笔录应当由火灾事故调查人员、证人或者当事人签名。证人、当事人拒绝签名或者无法签名的，应当在现场勘验笔录上注明。现场图应当由制图人、审核人签字。

3.物证提取：

现场提取痕迹、物品，应当按照下列程序实施：

（1）量取痕迹、物品的位置、尺寸，并进行照相或者录像；

（2）填写《火灾痕迹物品提取清单》，由提取人、证人或者当事人签名；证人、当事人拒绝签名或者无法签名的，应当在清单上注明；

（3）封装痕迹、物品，粘贴标签，标明火灾名称和封装痕迹、物品的名称、编号及其提取时间，由封装人、证人或者当事人签名；证人、当事人拒绝签名或者无法签名的，应当在标签上注明。

4.损失统计：

受损单位和个人应当于火灾扑灭之日起7日内向火灾发生地的县级消防救援机构如实申报火灾直接财产损失，并附有效证明材料。消防救援机构应当根据受损单位和个人的申报、依法设立的价格鉴证机构出具的火灾直接财产损失鉴定意见以及调查核实情况，按照有关规定，对火灾直接经济损失和人员伤亡进行如实统计。

（三）后续处理

1.消防救援机构作出火灾事故认定后，当事人可以申请查阅、复制、摘录火灾事故认定书、现场勘验笔录和检验、鉴定意见，消防救援机构应当自接到申请之日起7日内提供，但涉及国家秘密、商业秘密、个人隐私或者移交公安机关其他部门处理的依法不予提供，并说明理由。

2.消防救援机构在火灾事故调查过程中，应当根据下列情况分别作出处理：

（1）涉嫌犯罪的，及时移送公安机关办理；

（2）涉嫌消防安全违法行为的，依法立案调查处理；涉嫌其他违法行为的，及时移送有关主管部门调查处理；

（3）依照有关规定应当给予处分的，移交有关主管部门处理；

（4）对经过调查不属于火灾事故的，消防救援机构应当告知当事人处理途径并记录在案。

（四）文书审批

《火灾事故简易调查认定书》《火灾事故认定复核申请材料收取凭证》可以由承办人员直接制发并送达；《封闭火灾现场公告》《火灾事故认定书》《火灾事故重新认定书》《火灾事故认定复核申请受理通知书》《火灾事故认定复核申请不予受理通知书》《火灾事故认定复核终止通知书》《火灾事故认定复核决定书》应当由消防救援机构负责人审批。

> **提示** 各地对审批人的规定有所不同，如根据《四川省消防救援机构法制审核、审批规则》，较大以上火灾事故的《火灾事故认定书》《火灾事故认定复核决定书》《火灾事故重新认定书》应当由消防救援机构主要负责人审批。

（五）火灾事故延伸调查

火灾事故延伸调查是火灾发生后，消防救援机构对因人的行为、物的状态、责任落实等存在的违法违规情节和有关问题，造成火灾发生、蔓延扩大和伤亡损失的结果开展的延伸性调查活动。涉及违法违规的应依法依规作出处理，对存在的问题和不足提出整改意见和建议措施。

【文件链接】消防救援局《关于开展火灾延伸调查强化追责整改的指导意见》（应急消〔2019〕266号）

> 🔔 **提示** 对于火灾事故延伸调查，各地也有相应的法律法规或者规范性文件进行专门的规定。如四川省消防救援总队规定具有下列情形之一的火灾事故，应当开展延伸调查：（1）造成人员死亡的；（2）造成十人以上重伤的；（3）造成直接经济损失一百万元以上的；（4）人员密集以及重要、敏感场所发生火灾，引起群众和社会舆论广泛关注的；（5）总队及以上领导作出批示指示的。

六、其他注意事项

（一）管辖

火灾事故因其发生地、损失程度、单位列管级别以及社会影响等因素，负责管辖的消防救援机构有所不同，具体管辖权详见第九章第一节。

（二）流程确定

1.适用简易调查程序的，可以由1名火灾事故调查人员调查。

2.实施简易程序调查火灾的过程中，发现有不应适用简易程序调查情形的，或当事人对适用简易程序提出异议的火灾，应当采用一般程序调查。

（三）与公安刑侦部门之间的协作

消防救援机构在火灾调查中发现具有下列情形之一的，应当及时通知具有管辖权的公安机关派员协助调查：

1.疑似放火的。

2.受伤人数、受灾户数或直接经济损失预估达到相关刑事案件立案追诉标准的。

3.有人员死亡的。

4.国家机关、广播电台、电视台、学校、医院、养老院、托儿所、幼儿园、文物保护单位、宗教活动场所等重点场所和公共交通工具发生火灾,造成重大社会影响的。

5.其他火灾需要协助的。

【文件链接】《消防救援机构与公安机关刑侦部门火灾调查协作规定》(应急〔2021〕6号)

经典练习

实践练习一

一般程序火灾原因调查应当自接到火灾报警之日起( )日内作出火灾事故认定;情况复杂、疑难的,经上一级消防救援机构批准,可以延长( )日。

A.20,10 　B.20,20 　　C.30,10 　D.30,30

答案

D

解析

根据《火灾事故调查规定》第十八条规定:消防救援机构应当自接到火灾报警之日起30日内作出火灾事故认定;情况复杂、疑难的,经上一级消防救援机构批准,可以延长30日。因此,应该选择D选项。

实践练习二

适用简易调查程序的,至少由( )名火灾事故调查人员开展调查;火灾事故调查人员应当在( )日内将火灾事故简易调查认定书报所属消防救援机构备案。

A.1,2 　B.2,2 　　C.2,3 　D.1,3

答案

A

解析

根据《火灾事故调查规定》第十三条规定:适用简易调查程序的,可以由1名火灾事故调查人员调查。火灾事故调查人员应当在2日内将火灾事故简易调查认定书报所属消防救援机构备案。因此,应该选择A选项。

第六节 消防安全违法行为
举报投诉受理和核查

一、工作依据

《中华人民共和国消防法》《消防监督检查规定》（公安部第 120 号令）、消防救援局《关于印发 < 消防安全违法行为举报投诉奖励规定 > 的通知》（应急消〔2019〕162 号）等。

> 📢 **提示** 消防安全违法行为举报投诉的受理和核查属于执法行为，注意与其他信访项目办理的区别。

二、任务来源

电话、网络、来信来访、现场举报、转交转办。

三、工作流程

图 4-6-1 消防安全违法行为举报投诉受理和核查工作流程图

四、时间节点

（一）受理登记

消防救援机构对接到对消防安全违法行为的举报投诉,应当及时受理、登记,在《消防违法行为举报、投诉查处情况记录》上记录举报投诉人的姓名（名称）、联系方式、举报投诉的事实、理由，并分别作出以下处理：

1. 属于本单位管辖范围内的，应当及时调查处理。

2. 对不属于本单位管辖的，应当移送有管辖权的消防救援机构，并告知举报投诉人。

3. 对不属于消防救援机构职责范围内的举报投诉，应当告知当事人向其他有关主管机关举报投诉。

（二）实地核查

消防救援机构应当按照下列时限，对举报投诉的消防安全违法行为进行实地核查：

1. 对举报投诉占用、堵塞、封闭疏散通道、安全出口或者其他妨碍安全疏散行为，以及擅自停用消防设施的，应当在接到举报投诉后 24 小时内进行核查。

2. 对其他举报投诉应当在接到举报投诉之日起 3 个工作日内进行核查。

五、实施核查

（一）核查前准备

参考本章第一节。

（二）实施检查

参考本章第一节。

（三）后续处理

1. 消防救援机构进行实地核查后，对确认属于火灾隐患或者消防安全违法行为的，应当依法做出相应处理。（相应工作流程参考本章第一、七、八节）

2. 负责办理举报投诉的消防救援机构应当将核查、处理情况及时告知举报投诉人；无法告知的，应当在受理登记中注明。

3. 举报投诉奖励的落实：

（1）根据《消防安全违法行为举报投诉奖励规定》（应急消〔2019〕162 号），消防救援机构应当按照方便群众、分级负责、适当奖励的原则，对举报人实施奖励。对举报投诉的消防安全违法行为，经核查属实并符合奖励条件的，由负责核查处理的消防救援机构给予举报人奖金、颁发证书等奖励。大队及以上消防救援机构可以依照此规定，结合本地实际，制定具体实施办法，明确奖励范围、条件、标准和程序，并向社会公告。

（2）下列情形不予奖励：

①举报投诉的消防安全违法行为已被立案查处；

②举报人未提供有效联系方式的；

③举报人未提供有效证件及证件号码的；

④举报人是消防救援机构工作人员及其直系亲属的；

⑤其他不适合予以奖励的情况。

（3）消防救援机构应当在核查处理完毕后15个工作日内向举报人反馈办理结果，并及时实施奖励。受奖励的举报人应当自接到领奖通知之日起30日内领取奖励，逾期未领取的，视为放弃。

（4）举报人领取奖励时，应当携带本人居民身份证或者其他有效证件原件，并签署本人真实姓名和填写居民身份证或者其他有效证件号码。

举报人无法现场领取奖金的，可以书面委托他人代为现场领取。也可以说明情况并提供举报人身份证明、银行账号，由消防救援机构将奖金汇至指定账户，或者采取将奖励金额作为电话费充值至举报人手机号码等方式发放。

（5）同一消防安全违法行为有两名以上举报人的，只奖励先举报的人，并告知其他举报人奖励情况。对两名以上举报人联名举报的，奖励由举报第一署名人领取。

经典练习

📢 实践练习一

消防监督员接到举报投诉称某场所未按规定设置消防设施应如何处理？

🔒 答案解析

针对所举报内容，消防救援部门应派2名执法人员，携带证件、佩戴执法记录仪及已盖章的相关法律文书，于3个工作日（或24小时）内到现场核查，并告知举报人核查情况。若举报属实，依据相关法律法规进行后续处理。

📢 实践练习二

某市消防救援支队某日（星期五）接到举报投诉称辖区内一网吧消防设施停用，3日后（星期一）赶赴现场核实，处理是否超期？

🔒 答案解析

已超期。根据《消防监督检查规定》（公安部第120号令），应当按照下列时限，对举报投诉的消防安全违法行为进行实地核查：

（一）对举报投诉占用、堵塞、封闭疏散通道、安全出口或者其他妨碍安全疏散行为，以及擅自停用消防设施的，应当在接到举报投诉后 24 小时内进行核查；

（二）对举报投诉本款第一项以外的消防安全违法行为，应当在接到举报投诉之日起 3 个工作日内进行核查。

核查后，对消防安全违法行为应当依法处理。处理情况应当及时告知举报投诉人；无法告知的，应当在受理登记中注明。

第七节　行政处罚

一、执法依据

《中华人民共和国行政处罚法》《中华人民共和国行政强制法》《中华人民共和国消防法》《四川省消防条例》《消防救援机构办理行政案件程序规定》（应急〔2021〕77号）等。

二、任务来源

消防监督检查、举报投诉、火灾事故调查、消防产品监督管理、消防技术服务监督管理、其他部门移送、上级交办。

三、执法程序

根据《消防救援机构办理行政案件程序规定》（应急〔2021〕77号），有三种办理程序，见表4-7-1。

表4-7-1 消防救援机构办理行政案件程序

程序名称	适用范围	流程图
简易程序	违法事实确凿并有法定依据，对公民处以200元以下、对法人或其他组织处以3000元以下罚款或者警告的行政处罚。	如图4-7-1
快速办理程序	不适用简易程序，但事实清楚，当事人自愿认错认罚，且对违法事实和法律适用没有异议	如图4-7-2
普通程序	除适用简易程序外的其他消防行政处罚	如图4-7-3

🧯 **提示** 办理行政案件应当以事实为依据，遵循合法、公正、公开、及时的原则，尊重和保障人权，保护公民的人格尊严。在适用范围内充分尊重当事人意愿进行选择适当程序。

（一）简易程序

适用简易程序必须同时符合以下三个条件：

1.违法事实确凿。即案情简单、违法事实清楚、证据确凿，无需进一步调查取证。

2.有法定依据。即消防法律、法规、规章有明确规定，对当事人的消防安全违法行为应当给予行政处罚。

3.符合《中华人民共和国行政处罚法》所规定的处罚种类和幅度。即对公民处以200元以下罚款或警告，对法人或者其他组织处以3000元以下罚款或者警告的行政处罚。

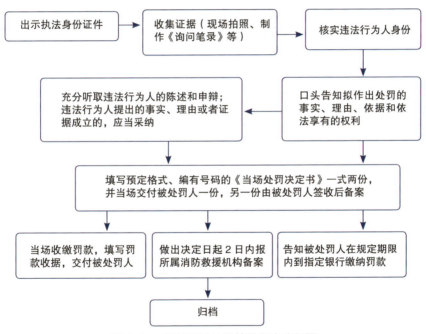

图 4-7-1 消防行政处罚简易程序流程图

（二）快速办理

适用条件：不适用简易程序，但事实清楚，当事人自愿认错认罚，且对违法事实和法律适用没有异议。

行政处罚案件具有下列情形之一的，不适用快速办理：

1.对个人处2000元以上罚款的，对单位处10000元以上罚款的。

2.当事人系盲、聋、哑人，未成年人或者疑似精神病人、智力残疾人的。

3. 依法适用听证程序的。

4. 依法可能没收违法所得的。

5. 其他不宜快速办理的。

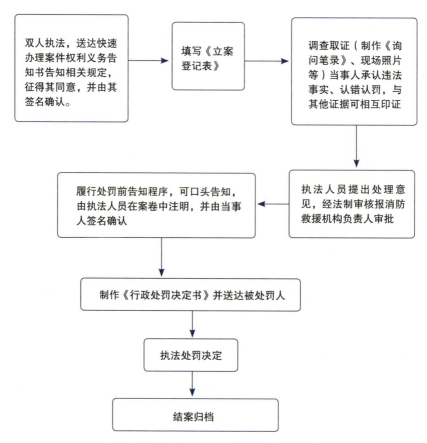

图 4-7-2 消防行政处罚快速办理程序流程图

（三）普通程序

适用条件：除适用简易程序外的其他消防行政处罚。

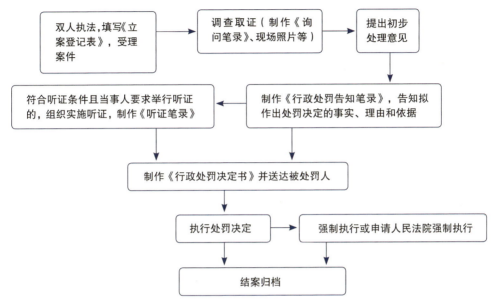

图 4-7-3 消防行政处罚普通程序流程图

四、时间节点

（一）办案期限

消防救援机构办理消防行政处罚案件的期限，自立案之日起不得超过 60 日（当场作出行政处罚的应按规定及时报所属行政机关备案）；案情复杂、期限届满不能终结的案件，经上一级消防救援机构批准可以延长 30 日。

（二）听证期限

1.违法嫌疑人要求听证的，应当在消防救援机构告知后 5 日内提出申请。

2.消防救援机构收到听证申请后，对符合听证条件的，应当自收到申请之日起 10 日内举行。

3.消防救援机构应当在举行听证的 7 日前将举行听证通知书送达听证申请人，并将举行听证的时间、地点通知其他听证参加人。

（三）送达期限

1.被处罚人在场的，应当在宣告后将《当场处罚决定书》或《行政处罚决定书》当场交付被处罚人。

2.被处罚人不在场的，应当在作出决定的 7 日内将《行政处罚决定书》送达被处罚人。

3.采用公告送达的,以最后张贴或刊登日期为准,经过60日公告期满,即视为送达。

（四）执行期限

1.消防救援机构作出罚款的行政处罚决定,除法律规定可以当场收缴罚款的情形外,应当要求被处罚人自收到行政处罚决定书之日起15日内到指定的银行缴纳罚款。

2.对于责令"三停"的行政处罚,应当要求被处罚人在处罚决定书规定的期限内停止生产、经营、施工、使用。

> 💡 **提示** "三停"是指《中华人民共和国消防法》第五十八条所规定的责令停止施工、停止使用或停产停业的行政处罚。

（五）文书审批

《当场处罚决定书》可以由承办人员直接制发并送达;《立案审批表》《行政处罚决定书》应当由消防救援机构负责人审批;《不予行政处罚决定书》、罚款或没收违法所得金额超过10万元的《行政处罚决定书》应当由消防救援机构主要负责人审批。

审核、审批一般应当分别在1个工作日内完成,特殊、复杂事项应当分别在3个工作日内完成;重大、疑难事项,经消防救援机构负责人批准可以延长至5个工作日内审结。法律、法规、规章对审核时限另有规定的从其规定。（以四川省为例）

五、处罚实施

详见本书第八章第一节。

·············· **经典练习** ··············

📢 **实践练习一**

对某单位实施一千元的行政处罚能否直接当场处罚?

⚕ **答案解析**

不能直接当场处罚。当场处罚属于简易程序,适用于违法事实确凿并有法定依据,对公民处以200元以下、对法人或其他组织处以3000元以下罚款或者警告的行政处罚。本案虽然金额在简易程序适用范围内,但是否违法事实确凿、有法定依据、当事人是否有异议等要素题目未给出，因此不能直接当场处罚，还要判断其他适用条件。

📢 **实践练习二**

某日，消防监督员在双随机检查中发现某场所消防设施未保持完好有效，该如何处理？

📷 **答案解析**

双人执法，检查前出示执法证件，用执法记录仪录制整个执法过程，并拍照固定证据，填写监督检查记录并录入系统，下发责令限期改正通知书，并填写《立案登记表》，报请审批后调取证据(包括现场拍照、询问相关人员等)。其行为违反了《中华人民共和国消防法》第十六条第一款第（二）项之规定，根据《中华人民共和国消防法》第六十条第一款第（一）项之规定处 5000 元以上 50000 元以下罚款，根据裁量规则计算出该场所及隐患对应的罚款金额，提出初步处理意见，制作《行政处罚告知笔录》，告知拟作出处罚决定的事实、理由和依据，符合听证条件且当事人要求举行听证的，组织实施听证，制作《听证笔录》。法制审核后制作《行政处罚决定书》，送达被处罚人，执行完毕后归档结案。整个办案过程在 60 日内完成。

第八节 临时查封

一、执法依据

《中华人民共和国行政强制法》《中华人民共和国消防法》《消防监督检查规定》（公安部第 120 号令）等。

二、任务来源

消防监督检查。

三、执法程序

临时查封适用的执法流程如表 4-8-1 所示。

表 4-8-1 临时查封程序分类

执法程序	适用情形	流程图
一般程序	消防救援机构在消防监督检查中发现火灾隐患不及时消除可能严重威胁公共安全的，应当对危险部位或者场所予以临时查封。	如图 4-8-1
即时查封程序	发现应当实施临时查封的违法行为且情况紧急、不当场查封可能严重威胁公共安全。	如图 4-8-2

（一）一般程序

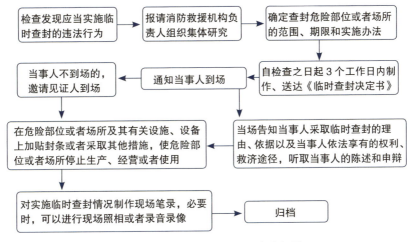

图 4-8-1 消防临时查封一般程序流程图

（二）即时查封程序

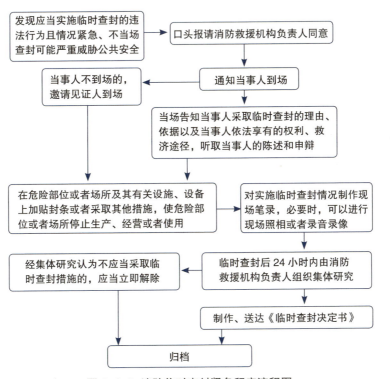

图 4-8-2 消防临时查封紧急程序流程图

四、时间节点

（一）临时查封期限

临时查封期限不得超过 30 日。临时查封期限届满后，当事人仍未消除火灾隐患的，消防救援机构可以再次依法予以临时查封。

（二）制作、送达《临时查封决定书》

一般情况，应自检查之日起 3 个工作日内制作、送达《临时查封决定书》；情况紧急、不当场查封可能严重威胁公共安全的，应在当场实施临时查封后 24 小时内组织集体研究，并制作、送达《临时查封决定书》。

（三）解除临时查封

消防救援机构应当自收到申请之日起 3 个工作日内进行检查，自检查之日起 3 个工作日内制作《同意 / 不同意解除临时查封决定书》，并送达当事人。

（四）文书审批

《临时查封决定书》《同意 / 不同意解除临时查封决定书》应当由消防救援机构负责人审批。当场临时查封在 24 小时内补齐审核、审批手续。

审核、审批一般应当分别在 1 个工作日内完成，特殊、复杂事项应当分别在 3 个工作日内完成；重大、疑难事项，经消防救援机构负责人批准可以延长至 5 个工作日内审结。法律、法规、规章对审核时限另有规定的从其规定。（以四川省为例）

五、实施查封

详见本书第八章第二节。

● ● ● ● ● ● ● ● ● ● ● ● ● ● ● ● ● ● ● **经典练习** ● ● ● ● ● ● ● ● ● ● ● ● ● ● ● ●

📣 **实践练习一**

某日，消防监督员接到举报投诉称某场所装修时将原建筑内设置的火灾探测器封堵在吊顶内，该如何处理？

⚙ **答案解析**

针对所举报内容，消防救援部门应派 2 名执法人员，携带证件、佩戴执法记录仪及已盖章的相关法律文书，于 3 个工作日内到现场核查，填写监督检查记录并告

知举报人核查情况。若核查属实，该行为不符合《建筑内部装修设计防火规范》（GB 50222-2017）第 4.0.1 条的规定，下发责令立即改正通知书。根据《中华人民共和国消防法》第五十四条和《消防监督检查规定》第二十二条第一款第（五）项之规定，应当依法对该场所进行临时查封，口头报请负责人同意，当场告知当事人采取临时查封的理由、依据以及当事人依法享有的权利、救济途径，听取当事人的陈述和申辩，在危险部位或者场所及其有关设施、设备上加贴封条或者采取其他措施，使危险部位或者场所停止生产、经营或者使用，对实施临时查封情况制作现场笔录，必要时，可以进行现场照相或者录音录像，临时查封后 24 小时内由消防救援机构负责人组织集体研究，制作、送达《临时查封决定书》，待查封日期届满或该场所已整改完成火灾隐患主动申请解封时，3 个工作日内现场核查是否符合解封条件，若符合则予以解封；若不符合，继续查封。

📢 实践练习二

临时查封经集体研究、审批完成后，该如何实施？

🔶 答案解析

当场告知当事人权利并听取陈述和申辩。通知当事人到场，当场告知当事人采取临时查封的理由、依据以及当事人依法享有的权利、救济途径；听取当事人的陈述和申辩；当事人不到场的，邀请见证人到场，由见证人和消防监督检查人员在现场笔录上签名；在危险部位或者场所及其有关设施、设备上加贴封条或者采取其他措施，使危险部位或者场所停止生产、经营或者使用；对实施临时查封情况制作现场笔录，使用执法记录仪或者其他摄录设备全程同步进行录音录像；现场笔录由当事人和消防监督检查人员签名，当事人拒绝签名的，在笔录中予以注明。

第九节 消防监督执法档案建设与管理

一、工作依据

《公安消防执法档案管理规定》（公消〔2012〕336号）。

《四川省公安机关消防机构、消防执法档案建设管理规定》（川公消〔2016〕79号）。

二、工作流程

消防监督执法档案管理应当遵循客观、科学、完整、安全、有效利用的原则，落实逐级责任制和岗位责任制，实行集中统一管理，严格定期和离任移交。档案建设工作流程如图4-9-1所示。

三、工作要求

（一）立卷（以四川省为例）

消防执法活动结束后，执法活动承办人、执法部门内勤人员应当及时完成对案卷资料的立卷装订工作。

1.消防行政许可卷、重大火灾隐患卷、火灾事故调查卷、火灾事故认定复核卷、消防行政处罚卷、消防行政强制卷、消防执法救济卷应当由承办人自执法活动结束之日起10日内完成立卷工作。

2.火灾事故简易调查卷、消防简易行政处罚卷以及其他消防监督检查卷应当按季度立卷，在每季度首月10日前完成上一季度相关案卷的立卷工作。

3.消防安全重点单位确定后，应当在15日内完成组卷工作。已建立的消防安全重点单位卷，应当每季度进行一次归档检查。

4.有关消防安全重点单位消防监督检查的文书以及消防行政处罚、火灾事故调查等文书复印件应当在执法活动结束后10日内完成归档。

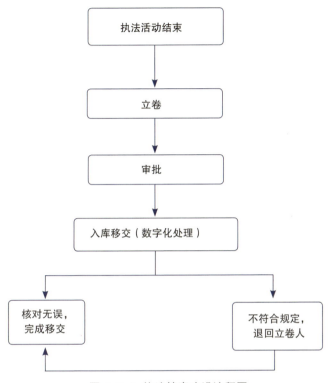

图 4-9-1 执法档案建设流程图

（二）组卷管理

1. 执法档案的组卷内容和装订顺序严格按照《公安消防执法档案管理规定》的规定执行。

2. 执法档案封面应当按照《公安消防执法档案管理规定》制作，若各地有当地执法档案相关规定则从其规定，如：《四川省公安机关消防机构消防执法档案建设管理规定》第六条。

3. "备考表"填写卷内文书缺损、修改、补充、移出、销毁及其他需要说明的情况。

4. 案卷归档时，由立卷人和检查人签名并注明立卷日期。

图 4-9-2 消防执法档案封面

（三）入库管理

执法档案入库包括纸质档案入库存放和档案数字化处理。

1.纸质档案入库存放：

（1）执法档案入库移交前应当经承办部门负责人审核同意。

（2）立卷人应当自执法案卷组卷结束之日起10日内完成呈请审核和入库移交工作。

（3）执法档案入库移交工作应当在执法档案业务工作室内进行。

（4）档案管理员应当对移交档案进行清点、核对；确认无误后，经交接双方办理登记、履行签名或盖章手续后完成移交工作。对执法档案不符合规定的，档案室管理员应当提出检查意见，登记后退回立卷人5日内完善。

（5）未经档案管理人员检查、签名，执法档案不得入库。档案入库登记一式两份，由档案管理员和入库移交人分别留存。

（6）纸质档案入库后，应当按照年度、类别分别集中摆放，并在明显位置标注存放档案类别、所属年度和起止卷（件）号，档案管理员应当制作归档执法档案纸质台账。

2.档案数字化处理：

执法档案数字化处理应当遵从各地相关规定，以四川为例，档案数字化处理应遵从以下规定：

（1）档案管理员应当在档案入库移交后3日内完成纸质档案的数字化处理，将法律文书、证明材料、声像材料、电子证据、工程图纸等全部要素录入消防执法档案管理系统。

（2）档案管理员应当在纸质档案完成数字化处理后1日内将其存放入库，存放工作应由2名档案管理员共同完成。

（3）应当制作归档执法档案电子台账，按照案卷类别分别建立登记目录，并依照列、节、格的方式注明存放位置，实现执法档案在消防执法档案管理系统中分级存储管理、保密维护和检索查询等保存和利用功能。

（4）档案数字化过程应注意以下几点：

① 保持全宗、目录、案卷等档案组成单位的完整性，不应孤立地抽取个别重要文件而失去与一组文件的内在联系，不宜进行随意分割，从而破坏档案的整体价值；

② 应确定档案数字化的顺序，宜根据实际情况，优先处理重要的、利用频率高的、需要抢救的档案；

③ 在档案数字化过程中，应避免或减少对档案实体的破坏，最大限度地维持档

案的原貌，加强安全保密管理，防止涉密或不开放的档案信息泄露，确保档案实体和数字信息的安全；

④ 档案数字化的各个环节均应进行详细的登记，填写流程跟踪单，并及时整理、汇总，装订成册，在数字化工作完成的同时建立起完整、规范的记录。

（四）借阅、摘抄、复制

档案管理人员应当严格落实执法档案借阅、查阅制度，查阅、摘抄、复制执法档案，应当按照有关规定和必须经消防救援机构负责人批准；涉及国家秘密、商业秘密、个人隐私等依法予以批准的，应当说明理由。负责人、执法人员离任、离岗时，应当将执法档案纳入工作交接内容。档案管理人员离岗时，应当移交全部档案和台账，办理工作交接。

（五）保管期限

消防执法档案保管期限分为永久、长期和短期。长期为16年至50年，短期为2年至15年，具体期限如表4-9-1所示。

表4-9-1 消防执法档案保管期限

档案分类	卷宗名称	期限
消防行政许可类	公众聚集场所使用营业前消防安全检查卷	16年
	其他	长期
消防监督检查类	建设工程消防设计备案、验收备案	长期
	其他	16年
消防安全重点单位档案		5年
火灾事故调查档案	火灾事故简易调查卷	5年
	较大以上火灾事故调查卷	50年
	其他	长期
消防行政处罚档案	简易行政处罚卷	16年
	其他	长期
消防行政强制档案		长期
消防行政救济档案		长期
消防刑事档案		永久

•••••••••••••••••• **经典练习** ••••••••••••••••••

📢 **实践练习一**

纠错题：请找出下图执法档案封面中有几处错误？

📖 **答案解析**

该封面有 5 处错误。

1. 立卷机构：XXX 消防救援支队

2. 档案类别：消防行政许可档案

3. 档案类型：公众聚集场所使用／营业前消防安全
   检查卷

4. 保管期限：16 年

5. 类 别 号：Z1.3

　　执法档案封面应当采用专用案卷封皮，按照以下要求统一制作："全宗名称"填写执法单位全称；"类别名称"填写各类执法档案名称；"案卷题名"由立卷人自拟，应当做到语句通顺，简明扼要，准确地概括和反映卷内内容和特征；"立卷单位"填写"某消防救援支队某某科"或大队简称；"起止日期"填写卷内文书、材料形成的起止时间；"共　页"填写除目录和备考表外的卷内文书、材料总页数；

"保管期限"按照《公安消防执法档案管理规定》的规定填写具体期限；"全宗号"填写立卷单位的代码，该代码由单位简称的拼音首字母组成；"目录号"以专业类别号 Z 后加公元纪年号编制；"案卷号"用四位阿拉伯数字按排列次序流水编号。

📣 **实践练习二**

外单位或个人因工作需要查阅档案是否允许？该如何实施？

📂 **答案解析**

有关单位、人员因工作需要查阅已归档的执法档案，应当提出书面申请，填写查阅原因和查阅内容，经本级消防救援机构负责人批准后，方可查阅。涉及国家秘密、商业秘密、个人隐私依法不予批准，并说明理由。外单位及人员查阅执法档案，须持有单位介绍信、本人有效证件，经本级消防救援机构负责人审批后，在档案管理员的陪同下进行。

查阅人应当在执法档案业务工作室内办理查阅登记手续并优先查阅相关电子档案；如有特殊需要的，在履行审批手续后可以查阅纸质档案，查阅期间不得将执法档案带出执法档案业务工作室。

查阅电子档案或者纸质档案时，摘抄、复制执法档案内容应当严格按照有关规定和申请查阅权限、范围执行。经批准抄录、复印、扫描的执法档案材料，经由档案管理员核对无误后，加盖"档案证明专用章"，可与执法档案原件享有同等效力。

因灭火救援、执法检查、纪检督察等工作需要借阅执法档案的，应当填写借阅原因和借阅内容，经本级消防救援机构负责人批准后，严格履行借阅登记手续，并确定执法档案借阅责任人，方可借阅。纪检、监察、司法机关等部门调取执法档案的，按照有关规定执行。

档案管理员应当严格履行查借阅批准登记手续，对所查借阅的档案负有督促归档和检查责任；收卷时要认真检查核对，做好被查借阅档案核查情况记录。

第十节 消防受理窗口工作

一、工作依据

《中华人民共和国行政许可法》《中华人民共和国消防法》《消防监督检查规定》（公安部令第 120 号）、《深化消防执法改革的意见》（厅字〔2019〕34 号）、《消防受理窗口工作规范》（公消〔2014〕57 号）、应急管理部消防局《关于办理批复公众聚集场所投入使用、营业消防安全检查有关问题的答复》（应急消函〔2019〕171 号）等。

二、工作职责

根据各省对窗口的任务指派来确定工作职责，一般而言应包括下列内容：

（一）接收申请人提交的申请材料后，依法进行登记、形式审查。

（二）对申请材料齐全，符合法定形式的，依法进行受理；对不符合要求的申请材料，应当当场或者在 5 个工作日内一次告知申请人需要补正的全部内容，出具不予受理凭证或者材料补正通知书。

（三）受理申请材料后，应当于两个工作日内移送给相关承办部门。

（四）在法定期限内依法送达消防法律文书。

（五）负责公众聚集场所投入使用营业前消防安全检查业务及其他相关事项咨询和答疑。

（六）建立消防行政审批受理工作台账。

三、岗位设置

具有消防岗位资格的消防救援机构人员（指国家综合性消防救援队伍干部），一般不少于 2 人。配备 2 名消防机构人员确有困难的，支队可配备 1 名消防救援机构人员、1 名消防文员；大队可明确 1 名消防救援机构人员负责，配备 1 名消防文员。消防文员应当经所属消防救援机构培训合格，协助开展信息录入、登记、查询、统计和计算机操作等辅助工作。

【文件链接】应急管理部消防救援局《消防文员协助开展消防监督管理工作规定》（应急消〔2020〕231号）

四、工作制度

（一）受理窗口工作人员要求

1.严格遵守有关管理规定，按规定着装，举止端庄、作风严谨、纪律严明。

2.严格落实一次告知制度，按照规定的程序、要求、时限受理办事申请、公告审批及办理结果、送达相关法律文书。

3.每日及时录入申请材料，建立健全工作台账，交班时做好交接。

4.接待群众使用文明、规范用语，热情接待，不得态度冷漠，语言生硬，行为蛮横，办事推诿、拖拉，刁难群众。

5.严格遵守廉政勤政纪律，不得接受服务对象任何财物以及宴请、娱乐、健身等活动安排。

6.按时上、下班，不得迟到、早退或中途擅自离开工作岗位，工作时间不得从事与工作无关的活动。

7.保持受理窗口环境卫生整洁，各类物品放置有序。

8.消防受理窗口设在当地政府行政服务中心的，还应当遵守当地政府的相关规定。

（二）公开制度

1.公开行政审批办理相关法律法规依据，申请条件、审批流程、办理时限等。

2.监督举报、业务咨询电话。

3.受理窗口工作人员姓名、职位、职责分工和联系电话。

4.受理窗口反馈意见地址、联系电话。

（三）一次告知制度

1.一次性告知申请人办事程序、要求、时限，以及办理结果查询方法。

2.对群众疑问或提供手续不全的，应当予以一次性明确告知，杜绝发生群众一次咨询或一次申请分多次告知的问题。

五、工作流程

（一）办理时限

1.一级注册工程师注册审批由省级窗口受理，法定时限为 20 个工作日。

2.公众聚集场所投入使用、营业前消防安全检查由省级以下窗口受理，由办事人自主选择办理形式，承诺告知形式当场办理，一般形式法定时限为 13 个工作日，承诺时限各地根据工作实际自行确定。

> 🚒 **提示** 为全面深化消防行政领域"放管服"改革，提高消防行政服务能力，各地出台便民措施缩短办理时限，遵照各地规定执行。以四川为例，公众聚集场所投入使用、营业前消防安全检查时限为自受理之日起5个工作日内办结。

（二）办理流程

1.一级注册工程师注册审批：

（1）申请：申请人登录"社会消防技术服务信息系统"进行注册申报，待网上预审通过后， 到省政务服务中心消防窗口提交纸质材料。

（2）受理：窗口工作人员收到申请材料当场或者规定工作日内作出受理或不予受理决定，并出具凭证。材料不齐全或不符合法定形式的，办理机关应在规定工作日内一次性告知申请人需要补正的全部内容，对不属于受理范围的，出具不予受理通知书。

（3）审查：办理人员对申请人提交的材料进行审查，提出初步审查意见。

（4）决定：办理机关负责人依据审查意见签署审批结果。对予批准办理的，由办理机关向申请人核发办理结果，不予批准的，由办理机关书面通知申请人并说明理由，并告知申请人对结果有异议的，可依法申请行政复议或者提起行政诉讼。

（5）制证：制证部门完成制证。

（6）颁发和送达：申请人凭个人身份证明（有效的身份证、临时居住证、户口簿等）和受理通知书到申办窗口领取办理结果，并同步进行人像采集工作。

> 🚒 **提示** 根据"放管服"政策，各省对注册工程师事项办理的程序、提交资料式样以及时间要求等均有不同，需要结合本地有关政策掌握执行。

2. 公众聚集场所投入使用、营业前消防安全检查：

（1）申请人备齐资料向窗口工作人员提出申请，由申请人自主选择告知承诺办理或一般形式办理。

（2）若选择告知承诺办理，对申请人提交的《公众聚集场所投入使用、营业消防安全告知承诺书》及相关材料进行审查。申请材料齐全、符合法定形式的，应当予以许可，并出具《公众聚集场所投入使用、营业前消防安全检查意见书》；依法不予受理的，出具不予受理凭证。对到消防业务受理窗口提出申请的，应当当场作出决定；对通过消防在线政务服务平台提出申请的，应当自收到申请之日起1个工作日内办结。

（3）若选择一般形式办理，由窗口工作人员审查资料。若资料齐全，将资料移交消防救援机构承办部门领导分工交办，若资料不齐，当场向申请人出具材料补正通知书；分工后消防救援机构组织相关人员进行现场检查、核查；按程序审批后制作《公众聚集场所投入使用、营业前消防安全检查意见书》或《不同意投入使用、营业决定书》；按要求送达《公众聚集场所投入使用、营业前消防安全检查合格证》或《不同意投入使用、营业决定书》。

经典练习

实践练习一

群众到窗口选择承诺告知方式办理某公众聚集场所营业前消防安全检查，窗口受理人员该如何办理？

答案解析

受理人员对申请人提交的《公众聚集场所投入使用、营业消防安全告知承诺书》及相关材料进行审查。申请材料齐全、符合法定形式的，应当予以许可，并出具《公众聚集场所投入使用、营业前消防安全检查意见书》；依法不予受理的，出具不予受理凭证。对到消防业务受理窗口提出申请的，应当当场作出决定；对通过消防在线政务服务平台提出申请的，应当自收到申请之日起一个工作日内办结。

实践练习二

群众选择一般程序办理公众聚集场所营业前消防安全检查，未携带营业执照可否先受理登记后补交材料？

答案解析

不可以。根据《四川消防"放管服"改革十五条措施》，暂未提供设计、施工、工程监理、检测单位的合法身份证明和资质等级证明文件，其他申报材料齐全且符合法定形式的，申请人在限期内补正材料，消防机构提供"容缺后补"服务，预先办理申报事项相关工作，加快审批速度。但营业执照不在上述材料范围内，未带齐所需材料，应当场向申请人出具材料补正通知书，一次性告知需要补办的手续、材料、办理时限等，待资料齐全后办理。

第五章

消防监督检查通用要求

≫内容简介

　　消防监督检查是消防执法工作的重要内容之一，为便于熟悉消防监督检查通用要求并应用于工作实践，本章以制式文书《消防监督检查记录》所列内容为指引，对消防许可、消防安全管理、建筑防火、安全疏散、消防控制室、消防设施器材和其他消防安全管理等知识板块进行清单式列举。在具体实施过程中，需要根据实际把知识点相互关联，防止检查漏项。

≫学习目标

1. 掌握消防监督检查的主要内容
2. 熟悉各项检查内容的基本要求
3. 了解相关政策规定的历史变革，判定相关文书的合法性
4. 能够按照《消防监督检查记录》的填制指引完成基础的工作任务

第一节 消防许可及验收备案

一、检查内容

（一）单位（场所）所在建筑是否依法通过消防验收或者进行竣工验收消防备案。

（二）公众聚集场所是否依法通过投入使用、营业前消防安全检查。

二、检查要点

（一）检查法律文书

查询消防监督管理系统、调阅执法档案、现场核查许可文书或者函询住建部门等。

（二）一致性检查

对建筑或场所实际使用情况是否与许可文书记载情况一致进行现场核查。重点包括：使用性质、规模大小、是否改（扩）建、总平面图布局、防火分区和层数、平面布置、安全疏散。

三、相关要求

（一）建设工程消防验收（备案）

1. 对建筑（场所）的竣工及改建（含装修、用途变更）工程消防验收或者进行竣工验收消防备案手续办理情况核查按表 5-1-1 执行。

表 5-1-1 消防验收（备案）办理情况核查

时间跨度	相关手续		相关文书类别（式样名称见图）		
	办理部门机构	印章	建设工程消防验收	建设工程竣工验收	
				未抽中	抽中
1998 年 08 月 31 日前	—	—	—	—	—
1998 年 09 月 01 日至 2009 年 04 月 30 日	公安机关消防机构	公安消防支（大）队	图 5-1-1	图 5-1-2	图 5-1-3

续表 5-1-1

时间跨度	相关手续		相关文书类别（式样名称见图）		
	办理部门机构	印章	建设工程消防验收	建设工程竣工验收	
				未抽中	抽中
2009 年 05 月 01 日至 2018 年 10 月 08 日	公安机关消防机构	公安消防支（大）队	图 5-1-1	图 5-1-2	图 5-1-3
2018 年 10 月 09 日至 2018 年 11 月 09 日	消防机构	公安消防支（大）队	图 5-1-1	图 5-1-2	图 5-1-3
2018 年 11 月 09 日至 2019 年 04 月 22 日	消防救援机构				
2019 年 04 月 23 日至 2019 年 06 月 30 日	【提示 1】				
2019 年 07 月 01 日至今	住建部门	住房和城乡主管部门	图 5-1-4	图 5-1-5	图 5-1-6图 5-1-7

> 💡 **提示** 2019年4月23日《中华人民共和国消防法》明确消防审验由住建部门办理，因各地移交及相关衔接时间各有不同，以各地的省政府文件或相关规定为准。以四川为例，规定各地最迟不超过至2019年6月30日，此时段期间文书办理式样、办理等，参考图5-1-1至5-1-7。此外，"放管服"改革中四川还曾规定，自2018年8月26日起，工程投资额在30万以下或建筑面积在300平方米以下的建设工程，以及其他住建部门明确不需取得施工许可的建设工程经申报人承诺后，可不再进行消防设计、消防验收（备案）。

（二）公众聚集场所在投入使用、营业前消防安全检查

1. 对公众聚集场所在投入使用、营业前消防安全检查的核查按表 5-1-2 执行。

表 5-1-2 公众聚集场所在投入使用、营业前消防安全检查办理情况核查

时间跨度	相关手续		相关文书名称（式样见图）
	办理部门机构	印章	
1998 年 08 月 31 日前	——	——	——

续表 5-1-2

<table>
<tr><th rowspan="2">时间跨度</th><th colspan="2">相关手续</th><th rowspan="2">相关文书名称（式样见图）</th></tr>
<tr><th>办理部门机构</th><th>印章</th></tr>
<tr><td>1998 年 09 月 01 日
至 2009 年 04 月 30 日</td><td rowspan="2">公安机关
消防机构</td><td rowspan="2">公安消防
支（大）
队</td><td>消防安全检查意见书　图 5-1-7</td></tr>
<tr><td>2009 年 05 月 01 日
至 2018 年 10 月 08 日</td><td>公众聚集场所
投入使用、营业前检查合格证　图 5-1-8</td></tr>
<tr><td>2018 年 10 月 09 日
至 2018 年 11 月 09 日</td><td>消防机构</td><td rowspan="2">公安消防
支（大）
队</td><td rowspan="2">公众聚集场所
投入使用、营业前检查合格证　图 5-1-8</td></tr>
<tr><td>2018 年 11 月 09 日
至 2020 年 06 月 30 日</td><td rowspan="3">消防救援机构</td></tr>
<tr><td>2020 年 07 月 01 日
至 2021 年 05 月 15 日</td><td rowspan="2">消防救援
支（大）
队</td><td>公众聚集场所
投入使用、营业前检查合格证　图 5-1-9</td></tr>
<tr><td>2021 年 05 月 16 日
至今</td><td>公众聚集场所
投入使用、营业前消防安全检查意见书
图 5-1-10</td></tr>
</table>

提示 2015年5月12日，国务院召开全国推进简政放权放管结合职能转变工作电视电话会议，提出了“放管服”改革，全国各地各部门相继出台放管服措施。以四川为例，根据《四川消防“放管服”改革十五条措施》，从2018年8月26日起，建筑面积50平方米以下的公共娱乐场所和建筑面积300平方米以下的其他公众聚集场所，可不再申请公众聚集场所投入使用、营业前消防安全检查。

XX 市消防支队
建设工程消防验收意见书

X 公消验字〔XXXX〕第 XX 号

______________：

我支队对你单位申报的 XXXXXXXXXXXX 新建工程（受理凭证文号：X 公消验凭字〔XXXX〕第 XX 号，工程位于 XX 市 XX 区 XX 街 XX 号，建筑面积为：XXXX 平方米，地上 X 层，建筑高度为 XX 米）进行了消防验收，经审查资料及现场检查测试，意见如下：

1. 综合评定该工程消防验收合格；
2. 对建筑消防设施应当定期维护保养，保证完好有效。
3. 该工程如扩建、改建（含室内外装修、建筑保温、用途变更），应依法向我大队申报建设工程消防设计审核和消防验收；
4. 该工程商业部分属于公众聚集场所，投入使用、营业前应依法申请消防安全检查。

年　月　日
（消防机构印章）

建设单位签收：　　　　年　月　日

一式两份，一份交建设单位，一份存档。

图 5-1-1　建设工程消防验收意见书（消防机构出具）

建设工程消防设计备案受理凭证

xxxxxxxxxxxxxxxxx：

你单位于 xxxx 年 x 月 xx 日经网上备案受理系统进行了 xxxxxxxxxxxxxxx 工程消防设计备案。

备案号：xxxxxxxxxxxxxxxxx。

根据《建设工程消防监督管理规定》的规定，该工程未被确定为抽查对象。

图 5-1-2 建设工程消防设计备案受理
凭证式样（未抽中，消防机构出具）

建设工程竣工验收消防备案情况登记表

建设单位		法定代表人/主要负责人	/	联系电话	
工程名称		联系人		联系电话	
工程地址			备案审查日期		
类别	□新建 □扩建 □改建 □装修 □建筑保温 □改变用途				
使用性质					
建设工程质量监督机构			消防设计备案凭证文号		
单位类别	单位名称	资质等级	法定代表人/主要负责人	联系人	联系电话
设计单位					
施工单位					
监理单位					
单体建筑名称	结构类型	耐火等级	层数	建筑高度	占地面积(m²)	建筑面积(m²)
			地上 地下	(m)	(m²)	地上 地下
□装修部位	装修部位	□顶棚 □墙面 □地面 □隔断 □固定家具 □装饰织物 □其他			
	装修面积(m²)			装修层数	
	使用性质			原有用途	
验收备案时间	备案时间		备案号		
	是否确定为抽查对象	是 □ 否 □	抽查是否合格	是 □ 否 □
消防窗口确认	消防窗口加盖相关印章				

图 5-1-3 建设工程竣工验收消防备案
情况登记表式样（抽中，消防机构出具）

特殊建设工程消防验收意见书（式样）

XX 消验字〔XXXX〕XX 号

_____：

根据《中华人民共和国建筑法》《中华人民共和国消防法》《建设工程质量管理条例》《建设工程消防设计审查验收管理暂行规定》《四川省建设工程消防设计审查工作实施细则（试行）》等有关规定，你单位于 XX 年 XX 月 XX 日申请 XX 建设工程（施工单位：XX；技术服务机构：XX；地址：XX 市 XX 路 XX 号；总建筑面积 XX m²，其中地下 XX 层，建筑面积 XX m²，为 XX 用房；X 楼地上 X 层 X 层建筑高度 XXm。建筑面积 XX m²，X 至 X 层为 XX 用房，属于 XX 建筑；……）消防验（特殊建设工程消防验收申请受理凭证文号：XX 消验凭〔XX〕XX 号），按照国家工程建设消防技术标准和建设工程消防验收有关规定，根据申请材料及建设工程现场评定情况，结论为：合格。

（住房和城乡建设主管部门印章）

年 月 日

建设单位签收：

年 月 日

备注：本意见书一式两份，一份交建设单位，一份存档。

图 5-1-4 特殊建设工程消防验收意见
书 式样（住建部门出具）

建设工程消防验收备案凭证（式样）

XX 备凭〔XXXX〕XX 号

_____：

根据《中华人民共和国建筑法》《中华人民共和国消防法》《建设工程质量管理条例》《建设工程消防设计审查验收管理暂行规定》《四川省建设工程消防设计审查工作实施细则（试行）》等有关规定，你单位于 XX 年 XX 月 XX 日申请 XX 建设工程（施工单位：XX；技术服务机构：XX；地址：XX 市 XX 路 XX 号；总建筑面积 XX m²，其中地下 X 层，建筑面积 XX m²，为 XX 用房；X 楼地上 X 层建筑高度 XX m，建筑面积 XX m²，X 至 X 层为 XX 用房，属于 XX 建筑；……）消防验收备案，提交的下列备案材料：

☑ 1. 消防验收备案表；
☑ 2. 工程竣工验收报告（含消防查验文件）；
☑ 3. 涉及消防的建设工程图工图纸。
备案材料齐全，准予备案。
☑ 该工程未被确定为检查对象。
□ 该工程被确定为检查对象，我单位将在十五个工作日内进行检查，请做好准备。

（住房和城乡建设部门印章或理专用印章）

年 月 日

建设单位签收：

年 月 日

备注：本通知书一式两份，一份交建设单位，一份存档。

图 5-1-5 建设工程消防验收备案凭证
式样（未抽中，住建部门出具）

建设工程消防验收备案抽查结果通知书（式样）

XX 备抽 [XXXX]XX 号

_____:

根据《中华人民共和国建筑法》《中华人民共和国消防法》《建设工程质量管理条例》《建设工程消防设计审查验收管路规定》《四川省建设工程消防设计审查验收工作实施细则（试行）》等有关规定，你单位中请消防验收备案的 XX 建设工程（施工单位：XX；技术服务机构：XX；地址：XX 市 XX 路 XX 号；总建筑面积 XX m²，其中地下 X 层，建筑面积 XX，为 XX 用房；X 楼地上 X 层建筑高度 XXm，建筑面积 XX，X 至 x 层为 XX 用房，属于 XX 建筑；……备案凭证文号：XX 备凭[XXXX]XX 号）被确定为检查对象，经检查该工程符合建设工程消防验收有关规定。

（住房和城乡建设部门印章）

年 月 日

建设单位签收：

年 月 日

备注：本通知书一式两份，一份交建设单位，一份存档。

建设工程消防验收备案抽查复查结果通知书（式样）

XX 备复〔XXXX]XX 号

_____:

根据《中华人民共和国建筑法》《中华人民共和国消防法》《建设工程质量管理条例》《建设工程消防设计审查验收管理暂行规定》《四川省建设工程消防设计审查验收工作实施细则（试行）》等有关规定，你单位申请消防验收备案抽查复查的 XX 建设工程（施工单位：XX；技术服务机构：XX；地址：XX 市 XX 路 XX 号；总建筑面积 XX m²，其中地下 X 层，建筑面积 XX m²，为 XX 用房；X 楼地上 X 层建筑高度 XX m 建筑面积 XX m²，x 至 X 层为 XX 用房，属于 XX 建筑；……；备案凭证文号：XX 备凭(XX XX 号)，经复查：该工程符合建设工程消防验收有关规定。

（住房和城乡建设部门印章）

年 月 日

建设单位签收：

年 月 日

备注：本通知书一式两份，一份交建设单位，一份存档。

图 5-1-6 建设工程消防验收备案抽查及复查结果通知书式样（抽中，住建部门出具）

XX 市公安消防支队

消防安全检查意见书

X 公消检字 [XXXX] 第 X 号

XXXXXXXXXXXXXX：

根据你单位关于 （单位）的申请，我（支）大队于 XXXX 年 XX 月 XX 日派员进行了消防安全检查。经检查，同意(不同意)开业，并提出以下意见：

1、落实本单位的防火安全责任制；

2、针对本单位的特点对员工进行消防安全宣传教育和培训，定期开展消防演练；

3、按时开展防火巡查，及时消除火灾隐患；

4、按照国家有关规定确保消防设施器材和各类消防安全标志完好有效；

5、确保疏散通道、安全出口畅通；

6、严格用火、用电、用气管理，防止火灾事故发生；

7、严格履行消防法律法规规定的其他消防安全职责。

本《消防安全检查意见书》只对检查当时的辖而安全状况负责。

年 月 日（单位印章）

经办人：　　　　复核人：　　　　签发人：

被检查单位主管人员（签字）：　　　年 月 日

此份附卷存档。

图 5-1-7 消防安全检查意见书（2009 年 05 月 01 日之前文书式样）

图 5-1-8 公众聚集场所投入使用、营业前消防安全检查合格证
（2009 年 05 月 01 日—2020 年 06 月 30 日文书式样）

图 5-1-9 公众聚集场所投入使用、营业前消防安全检查合格证
（2020 年 07 月 01 日—2021 年 05 月 15 日文书式样）

XX市消防救援支队

公众聚集场所投入使用、营业前消防安全检查意见书

X 消安检字〔 〕第 号

_____：

根据你单位（场所）关于（场所名称）_____
（地址：_____）投入使用、营业前消防安全检查的
申请我___于___月___日进行了材料审查／消防安全检查，
意见如下：

一、决定对你单位（场所）准予行政许可。

二、你单位（场所）应当遵守《中华人民共和国消防法》
及其他有关消防法规、规章的规定，保证消防安全。

三、如场所名称、地址、消防安全责任人、使用性质等
事项发生变化的，应当重新申请消防安全检查。

（消防救援机构印章）
年 月 日

签收人： 年 月 日

一式两份，一份交当事人，一份存档。

图 5-1-10 公众聚集场所投入使用、营业前消防安全检查意见书
（2021 年 5 月 16 日至今文书式样）

······················ **经典练习** ······················

📣 实践练习一

2022 年某月消防监督员对一健身房进行检查，该健身房已于 2019 年 5 月取得了《公众聚集场所投入使用、营业前消防安全检查合格证》，检查中发现该健身房的消防安全责任人已经更换，但该情况应如何处理？

🏛 答案解析

根据《公共娱乐场所消防安全管理规定》(公安部 39 号令) 相关规定，消防安全责任人变更时，应当向当地消防机构备案。应急管理部《关于贯彻实施新修改〈中华人民共和国消防法〉全面实行公众聚集场所投入使用营业前消防安全检查告知承诺管理的通知》（应急〔2021〕34 号）要求，场所名称、地址、消防安全责任人、使用性质等事项发生变化的，应当重新申请消防安全检查，该行为违反《中华人民共和国消防法》第十六条第一款第（七）项之规定，消防救援大队应根据《中华人民共和国消防法》第六十七条之规定责令限期改正，逾期未改的对其直接的主管人员或其他责任人予以警告处罚。

📢 **实践练习二**

2022年某月消防监督员对设置在一建筑1层正在营业的歌城进行检查,该歌城共4个出口,其中3个出口未发现火灾隐患及违法行为,符合安全出口条件,其第4个出口外被大量酒瓶等杂物严重堵塞,该歌城负责人称,此处是歌城的进出货物口,发现该情况应如何处理?

🏥 **答案解析**

应对照该歌城的公众聚集场所在投入使用、营业前消防安全检查手续及平面布置图,核对该安全出口数量及位置,是否与现场数量、位置一致。如果发现该歌城行政许可中描述其有4个安全出口,则该歌城违反《中华人民共和国消防法》第二十八条之规定,应责令改正,并依据《中华人民共和国消防法》第六十条进行处罚,因第4个安全出口严重堵塞,已不具备安全疏散条件,其符合《消防监督检查规定》(公安部令第120号)第二十二条描述的情形,应按程序对该歌城不符合疏散条件的部位进行临时查封。

第二节　消防安全管理

一、消防安全制度

（一）检查内容

消防安全制度和保障消防安全的操作规程。

（二）检查要点

消防安全教育、培训制度；防火巡查、检查制度；安全疏散设施管理制度；消防(控制室)值班制度；消防设施、器材维护管理制度；火灾隐患整改制度；用火、用电安全管理制度；易燃易爆危险物品和场所防火防爆制度；专职和义务消防队的组织管理制度；灭火和应急疏散预案演练制度；燃气和电气设备的检查和管理(包括防雷、防静电)制度；消防安全工作考评和奖惩制度；其他必要的消防安全制度。

（三）相关要求

消防安全制度应当以单位正式文件，或者其他在本单位具有约束力、并能够为员工广泛知晓并遵照执行的形式在本单位公布。核查执行情况时，应当结合制度执行中留存的相关台账资料进行判定，比如通过检查动火审批手续、防火巡查、检查记录来判断是否落实动火审批制度和防火巡查检查制度。

二、员工消防安全培训

（一）检查内容

员工消防安全培训记录和实际消防安全常识掌握情况。

（二）检查要点

1. 单位（场所）应当组织全体员工进行岗前和日常消防安全培训（培训形式如图5-2-1，见下页）。消防安全重点单位应当至少每年对每名员工进行一次消防安全培训，公众聚集场所应当至少每半年进行一次对员工的消防安全培训。宣传教育和培训内容应当包括：有关消防法规、消防安全制度和保障消防安全的操作规程，本单位、本岗位的火灾危险性和防火措施，有关消防设施的性能、灭火器材的使用方法，消防安全"四个能力"等。

2.采取查阅消防安全培训记录（式样如图5-2-2），随机抽查不同岗位员工是否掌握本岗位火灾隐患、扑救初期火灾、疏散逃生的知识和技能。对于人员密集场所的员工还应当抽查是否掌握引导人员疏散的知识和技能。

图5-2-1 消防安全培训形式

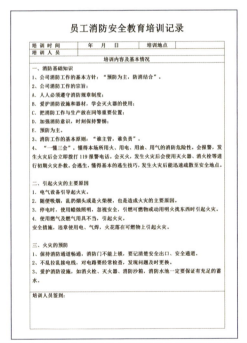

图5-2-2 单位开展员工消防安全培训记录式样

三、灭火和应急疏散预案及消防演练

（一）检查内容

1.检查灭火和应急疏散预案文本。

2. 检查单位（场所）是否按要求开展消防演练。

（二）检查要点

1. 查阅单位消防演练预案（式样如图 5–2–3），预案应当包括：组织灭火和应急疏散的组织机构、人员职责分工，报警和接警处置程序，应急疏散的组织程序和措施，扑救初起火灾的程序和措施，通讯联络、安全防护救护等保障程序和措施等。基本要素应齐全完整，相关信息应准确，预案应具有较强的针对性、实效性。

灭火和应急疏散预案

单位（场所）及部位名称					
灭火应急救援组织	总指挥				
	灭火行动组	组长		成员	
	通讯联络组	组长		成员	
	疏散引导组	组长		成员	
	安全救护组	组长		成员	
报警和接警处置程序					
应急疏散组织程序和措施					
扑救初期火灾的程序和措施					
通讯联络程序和措施					
安全救护程序和措施					

解释：消防安全重点单位制定的灭火和应急疏散预案应当包括下列内容：（一）组织机构，包括：灭火行动组、通讯联络组、疏散引导组、安全防护救护组；（二）报警和接警处置程序；（三）应急疏散的组织程序和措施；（四）扑救初起火灾的程序和措施；（五）通讯联络、安全防护救护的程序和措施。消防安全重点单位应当按照灭火和应急疏散预案，至少每半年进行一次演练，并结合实际，不断完善预案。

图 5–2–3 灭火和应急疏散预案式样

2. 查阅单位消防演练记录、照片等资料（相关记录式样如图 5–2–4）。

微型站拉动演练总结

序号	项目		要点
1	演练时间		
2	参演人员	总指挥	
3		消控中心值守人员	
4		微型消防站队员	
5	模拟地点		
6	存在问题		
7	问题的整改方案		
8	演练负责人签字		

图 5–2–4 消防应急演练相关记录式样

3.对单位员工进行抽问，了解开展情况，视情随机设定火情，要求单位按照灭火和应急疏散预案演练。

（三）相关要求

消防安全重点单位应当按照灭火和应急疏散预案，至少每半年进行一次演练（演练场景如图5-2-5）。其他单位应当结合本单位实际，参照制定相应的应急方案，至少每年组织一次演练。

【标准链接】《社会单位灭火和应急疏散预案编制及实施导则》（GB/T 38315–2019）、《人员密集场所消防安全管理》（GB/T 40248–2021）

图 5-2-5 单位（场所）开展消防演练场景

四、消防安全管理人员及职责

（一）检查内容

明确单位消防安全责任人、管理人及相应工作职责，消防安全管理人员是否具备履行其消防工作职责的能力。

（二）检查要点

1.消防安全管理人应以正式文件予以确定。

2.应当在单位（场所）醒目位置公示消防安全管理人及其职责。

3.抽查消防安全管理人对自身职责的掌握情况及工作开展情况。

五、防火检查、巡查

（一）检查内容

单位开展防火巡查、检查时，应做好相关记录（记录式样如后图5-2-6、图5-2-7）。

【标准链接】《人员密集场所消防安全管理》（GB/T 40248–2021）

每日防火巡查记录表

巡查时间：20___ 年 __ 月 ___ 日　　　　　　　　检查部门：________

巡查时间		巡查内容	情况说明	处置情况	巡查人	检查部门负责人签字
1	00:00-02:00	危险火源情况□疏散通道情况□电器设备□ 电器线路情况□消防设施、器材情况□其他情况□				
2	02:00-04:00	危险火源情况□疏散通道情况□电器设备□ 电器线路情况□消防设施、器材情况□其他情况□				
3	04:00-06:00	危险火源情况□疏散通道情况□电器设备□ 电器线路情况□消防设施、器材情况□其他情况□				
4	06:00-08:00	危险火源情况□疏散通道情况□电器设备□ 电器线路情况□消防设施、器材情况□其他情况□				
5	08:00-10:00	危险火源情况□疏散通道情况□电器设备□ 电器线路情况□消防设施、器材情况□其他情况□				
6	10:00-12:00	危险火源情况□疏散通道情况□电器设备□ 电器线路情况□消防设施、器材情况□其他情况□				
7	12:00-14:00	危险火源情况□疏散通道情况□电器设备□ 电器线路情况□消防设施、器材情况□其他情况□				
8	14:00-16:00	危险火源情况□疏散通道情况□电器设备□ 电器线路情况□消防设施、器材情况□其他情况□				
9	16:00-18:00	危险火源情况□疏散通道情况□电器设备□ 电器线路情况□消防设施、器材情况□其他情况□				
10	18:00-20:00	危险火源情况□疏散通道情况□电器设备□ 电器线路情况□消防设施、器材情况□其他情况□				
11	20:00-22:00	危险火源情况□疏散通道情况□电器设备□ 电器线路情况□消防设施、器材情况□其他情况□				
12	22:00-24:00	危险火源情况□疏散通道情况□电器设备□ 电器线路情况□消防设施、器材情况□其他情况□				

检查内容	1. 用火、用电有无违规情况；2. 安全出口、疏散通道是否畅通，安全疏散指示标志、应急照明是否完好；3. 消防设施、器材和消防安全标志是否在位、完整；4. 常闭式防火门是否出于关闭状态，卷帘门下是否堆放物品影响使用；5. 其他消防安全情况。	
对不能当场改正的火灾隐患（包括消防设施、器材未保持完好有效）	**采取的整改方案、期限、负责整改的部门、人员、防范措施**。	消防安全责任人或者消防安全管理人（签名）：　年　月　日
	整改情况	消防安全责任人或者消防安全管理人（签名）：　年　月　日
备注：1、防火巡查人员巡查时应及时纠正违章行为，妥善处置火灾危险，无法当场处置的，应当立刻报告。 2、每日巡查时均应填写巡查记录，无异常的在对应问题的□栏中打 √，并在情况说明栏、处置情况栏内填写正常。对存在隐患问题的，要在对应问题的□栏中打 ×，并在情况说明栏、处置情况栏中表述清楚。3、每日巡查记录表由巡查人员及主管人员签名确认，每月成册，交消防归口管理部门存档。		

图 5-2-6 每日防火巡查记录式样

月度/重要节日前日期安全检查记录表

检查时间：20   年   月   日

联合检查组成员：

物业部：   工程部：   运营部：   保安部：

序号	租户名称	检查存在问题说明	整改期限	负责人	联系电话	整改情况	复查时间	复查结果	复查人签字
1									
2									
3									
4									
5									
6									
7									
8									
9									
10									
11									
12									
检查内容	1. 用火、用电有无违规情况； 2. 安全出口、疏散通道是否畅通，安全疏散指示标志、应急照明是否完好； 3. 消防设施、器材和消防安全标志是否在位、完整； 4. 常闭式防火门是否处于关闭状态，卷帘门下是否堆放物品影响使用； 5. 其他消防安全情况。								

图 5-2-7 防火检查记录式样

（二）检查要点

查阅防火检查、巡查等相关档案资料的完整性，抽查其内容的真实性。

（三）相关要求

机关、团体、事业单位应当至少每季度进行一次防火检查，其他单位应当至少每月进行一次防火检查。防火检查应当填写检查记录，检查人员和被检查部门负责人应当在检查记录上签名。

单位应当定期开展防火巡查。消防安全重点单位应当进行每日防火巡查。公众聚集场所在营业期间的防火巡查应当至少每2小时一次，营业结束时应当对营业现场进行检查，消除遗留火种。医院、养老院、寄宿制学校、托儿所、幼儿园应当加强夜间防火巡查，其他消防安全重点单位可以结合实际组织夜间防火巡查。

六、消防设施、器材、消防安全标志定期组织保养维护检测

单位（场所）设置的消防设施、器材、消防安全标志的保养维护检测包括日常保养和专门维护及检测。前者主要针对消防设施、器材的外观及使用环境进行保养，一般人员需通过培训考试取得《建筑消防设施操作员证》，不论其职业方向及级别，均可以实施，相对简单；后者主要针对建筑消防设施、器材进行专门的维护、检测，具有较强的专业性，从事该类业务需符合相应执业条件，如果本单位（场所）无法达到相应的执业条件，需与有执业条件的消防技术服务机构签订相关合同，由消防技术服务机构按照相关规定及合同进行维护、检测。消防员实施检查时，应注意加以区分，一是应督促单位（场所）积极认真开展消防设施、器材、消防安全标志的保养，二是检查场所消防设施、器材、消防安全标志的维护、检测是否由具有从业条件的单位及相应资格人员依法开展。

（一）检查内容

消防设施、器材、消防安全标志保养维护检测记录。

（二）检查要点

1.向相关人员询问了解，并查阅保养维护检测记录（式样如图5-2-8，见下页）。

建筑消防设施维护保养记录

维护保养内容：排烟系统

维保项目	测试方法和要求		测试记录	检测结果	备注
电动排烟窗	外观，测试电动排烟窗直接启动和联动开启功能	外观完好，开启与复位操作灵活可靠，关闭时严密，反馈信号正确。		无此项	
控制柜	外观及工作状态，按钮启动、停止风机	标志清晰，仪表、指示灯显示正常，开关及控制按钮灵活可靠，手动、自动切换装置在自动位置。		合格	
排烟阀及其控制装置	外观，测试排烟阀手动/自动开启功能	安装牢固，开启与复位操作灵活可靠，关闭时严密，反馈信号正确。		合格	
系统功能	测试自动、手动排烟功能	能自动和手动启动相应区域的排烟阀、排烟风机，并向火灾报警控制器反馈信号；设有补风的系统，在启动排烟风机的同时启动送风机；排烟口的风速不大于10m/s，排烟量符合设计要求；通风与排烟合用风机时能自动切换到高速运行状态。		合格	
排烟机	外观及工作状态，测试手动/自动启动、停止功能	排烟机的铭牌标志清晰，启动运转平稳，叶轮旋转方向正确，无异常振动与声响。		合格	
挡烟垂壁及其控制装置	外观及工作状况，测试电动挡烟垂壁的释放功能	外观完好，标牌牢固，标识清楚，收到消防控制中心的控制信号后能下降至挡烟工作位置。		无此项	

现场检测人：　　　　　　　项目负责人：　　　　　　　　　批准人：

维护保养内容：应急照明

维保项目	测试方法和要求	测试记录	检测结果	备注
应急照明	测试照度，电源切换、充电、放电功能	切断正常供电电源后，应急工作状态的持续时间符合GA503-2004第4.11.1.2条的要求；照度符合GA503-2004第4.11.1.3条的要求。		合格	
	外观和工作状态	牢固、无遮挡，状态指示灯正常。		合格	

现场检测人：　　　　　　　项目负责人：　　　　　　　　　批准人：

维护保养内容：疏散指示标志

维保项目	测试方法和要求	测试记录	检测结果	备注
疏散指示标志	测试照度和应急工作状态持续时间	符合GA503-2004第4.11.2.2条和第4.11.2.3条的要求。		合格	
	外观和工作状态	牢固、无遮挡，疏散方向的指示正确清晰。		合格	

现场检测人：　　　　　　　项目负责人：　　　　　　　　　批准人：

图 5-2-8 维护保养记录式样

2. 查看单位（场所）设置的消防设施、器材、消防安全标志已存在的故障和隐患是否及时进行处理，是否还有尚未发现的故障和隐患。

3. 检查单位（场所）是否按照法规对消防设施、器材、消防安全标志进行保养，是否有相关从业条件的单位及相应资格人员（其资格证书式样如图5-2-9）按时进行维护、检测。

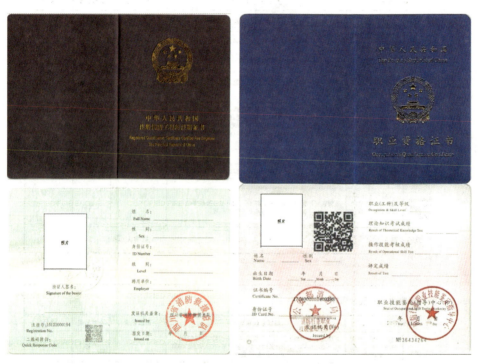

一级注册工程师执业资格证　　建筑消防设施操作员证（中级四级）

图5-2-9 从业资格证书式样

【标准链接】《建筑消防设施检测技术规程》XF 503、《建筑消防设施的维护管理》（GB 25201）

七、消防档案

（一）检查内容

消防安全重点单位应建立健全消防档案，式样如图5-2-10至5-2-13（见下页）。

档案号：000X

消防安全重点单位
档　案

单位（场所）名称 ＿＿＿＿＿＿＿＿＿＿＿＿

单位（场所）地址 ＿＿＿＿＿＿＿＿＿＿＿＿

电 话 号 码　＿＿＿＿＿＿＿＿＿＿＿＿

建 档 部 门　＿＿＿＿＿＿＿＿＿＿＿＿

档 案 管 理 人　＿＿＿＿＿＿＿＿＿＿＿

建（换）档日期　＿＿＿＿＿＿＿＿＿＿＿

XX 市消防救援支队 制

图 5-2-10 重点单位档案封面图

消防安全重点单位确定告知书

_____:

　　你单位已被确定为消防安全重点单位,请你单位按照《中华人民共和国消防法》《四川省消防条例》《机关、团体、企业、事业单位消防安全管理规定》等规定,切实履行以下消防安全职责:

　　(一)落实消防安全责任制,制定本单位的消防安全制度、消防安全操作规程,制定灭火和应急疏散预案;

　　(二)按照国家标准、行业标准配置消防设施、器材,设置消防安全标志,并定期组织检验、维修,确保完好有效;

　　(三)对建筑消防设施每年至少进行一次全面检测,确保完好有效,检测记录应当完整准确,存档备查;

　　(四)保障疏散通道、安全出口、消防车通道畅通,保证防火防烟分区、防火间距符合消防技术标准;

　　(五)组织防火检查,及时消除火灾隐患;

　　(六)组织进行有针对性的消防演练;

　　(七)确定消防安全管理人,组织实施本单位的消防安全管理工作;

　　(八)建立消防档案,确定消防安全重点部位,设置防火标志,实行严格管理;

　　(九)实行每日防火巡查,并建立巡查记录;

　　(十)对职工进行岗前消防安全培训,定期组织消防安全培训和消防演练;

　　(十一)法律、法规规定的其他消防安全职责。

　　你单位名称、性质、规模等以及消防安全责任人、消防安全管理人等情况如有变化,请及时告知消防救援机构。

2022 年 3 月 21 日

图 5-2-11 消防安全重点单位确定告知书式样

消防安全重点单位申报表

单位名称						联系电话	
地 址	区〔县〕		路		号	邮 编	
是否原消防重点单位	□否	□区、县消防重点单位				□市消防重点单位	

申报单位属性	□建筑面积≥1000m² 经营可燃物品的商场、商店．市场
	□客房数 50 间以上的宾馆、旅馆、饭店 □公共的体育场（馆）、会堂
	□建筑面积≥200m' 的公共娱乐场所
	□住院、住宿床≥50 张的医院、养老院、托儿所、幼儿园 □学生住宿床位数≥100 张的学校
	□县级以上的党委、人大、政府、致协、人民检察院、人民法院
	□广播电台、电视台 □城镇的邮政和通信枢纽单位
	□候车厅、候船厅的建筑面积≥500m' 的客运站站、客运码头 □民用机场
	□建筑面积≥2000m² 的公共图书馆、展览馆 □博物馆、档案馆
	□具有火灾危险性的县级以上文物保护单位 □发电厂（站）和电网经营企业
	□生产易燃易爆化学物品的工厂 □易燃易爆化学气体和液体的灌装站、调压站
	□储存易燃易爆化学物品的专用仓库（堆场、储罐场所）□易燃易爆化学物品的专业运输单位
	□营业性汽车加油站、加气站、液化石油气供应站（换瓶站）
	□经营易燃易爆化学物品营业场所面积≥120m² 的化工商店
	□生产车间员工数≥100 人的服装、鞋帽、玩具、木制品、家具、塑料、食品加工和纺织、印染、印刷等具有火灾危险性的劳动密集型企业
	□在川市（州）级以上常设专用科研机构
	□仪器设备价值≥1000 万元的科研机构 □总人数≥100 人的常设科研机构
	□高层公共建筑的高层办公楼（写字楼）、公寓楼等
	□城市地下铁道、地下观光隧道等地下公共建筑和城市重要的交通隧道
	□国家储备粮库、总储量≥10000 吨的其他粮库 □总储量≥500 吨的棉库
	□总储量≥10000 立方米的木材堆场 □总储存值≥1000 万元的可燃物品仓库、堆场
	□国家和省级等重点工程的施工现场
	□总数在 300 户、1000 人以上有物业管理单位的居民住宅小区
	□车位总数≥300 辆的大型停车场（库）
	□建筑总面积≥300m² 的非娱乐性质的餐饮或休闲茶坊及场所
	□在川省级以上司法部门直属监狱和劳教单位
	□固定资产（建筑、设备、原材料等）价值在≥5000 万元的电子、汽车、钢铁、造船、烟草、航天纺织、造纸工业等企业
	□营业厅≥500m² 的证券交易所 □支行级以上的银行
	□国家级、省级旅游风景区

　　根据《机关、团体、企业，事业单位消防安全管理规定》〔公安部第 61 号令〕，我单位属第十三条所列范围内，现申报为消防安全重点单位。

　　　　　　　　　　　　　　　单位（盖章）

　　　　　　　　　　　　　　　法定代表人（签名）：

　　　　　　　　　　　　　　　2022 年 03 月 01 日

注：各单位自行对照，并在申报单位属性栏内选择一项打"√"。

图 5-2-12 消防安全重点单位申报表式样

卷内文件目录

序号	档案材料名称	页码	备注
1	消防安全重点单位申报告知书		
2	消防安全重点单位申报表		
3	消防安全重点单位确定告知书		
5	单位的工商营业执照等身份证明文件		
6	四川省消防安全重点单位〔场所〕登记卡		
7	单位消防安全责任人、消防安全管理人情况登记表		
8	单位主要建筑消防基本情况登记表		
9	单位消防安全重点部位情况		
10	单位易燃易爆危险物品登记表		
11	单位专职（志愿）消防队基本登记表		
12	单位专职（志愿）消防队消防装备配备情况登记表		
13	灭火和应急疏散预案		
14	单位消防安全制度		

图 5-2-13 消防安全重点单位档案目录式样

（二）检查要点

主要进行纸质档案和电子文档检查。重点检查消防档案是否翔实，是否全面反映单位消防工作的基本情况，是否根据情况变化及时更新。

（三）相关要求

消防安全基本情况应当包括单位基本概况和消防安全重点部位情况；建筑物或者场所施工、使用或者开业前的消防设计审核、消防验收以及消防安全检查的文件、资料；消防管理组织机构和各级消防安全责任人；消防安全制度；消防设施、灭火器材情况；专职消防队、义务消防队人员及其消防装备配备情况；与消防安全有关的重点工种人员情况；新增消防产品、防火材料的合格证明材料；灭火和应急疏散预案。消防安全管理情况应当包括消防机构填发的各种法律文书；消防设施定期检查记录、自动消防设施全面检查测试的报告以及维修保养的记录；火灾隐患及其整改情况记录；防火检查、巡查记录；有关燃气、电气设备检测（包括防雷、防静电）等记录资料；消防安全培训记录；灭火和应急疏散预案的演练记录；火灾情况记录；消防奖惩情况记录。

八、消防重点部位

（一）检查内容

消防安全重点单位应将单位内部人员集中、物资集中、容易发生火灾或者发生火灾后影响全局的部位和场所确定为消防重点部位。

（二）检查要点

1.查阅纸质资料或电子文档，检查是否确定消防安全重点部位，相关档案资料和内容要素是否完整、真实。

2.现场实地检查，重点查看消防重点部位的确定是否切合实际，是否实行标识化管理。

九、承担灭火和组织疏散任务的人员

（一）检查内容

单位（场所）应按要求建立专职或志愿消防队、微型消防站，或者通过其他形式明确承担灭火和组织疏散任务的人员。图 5-2-14 所示（见下页）为某微型消防站演练实景，图 5-2-15 所示（见下页）为演练方案式样。

图 5-2-14 微型消防站演练实景

一、演练名称

XXXXXXXX 2022 年 3 月微型消防站演练。

二、演练目的

为了预防火灾，减少火灾危害，强化全员消防安全意识，掌握火灾疏散及基础消防设施使用方法，提高自救逃生及初起火灾扑救能力，检验广场消防设施运行情况，最大限度降低各类突发事故造成的损失，特制定本方案。

三、演练原则

模拟实战、快速响应、高效处置、力保安全。

四、演练时间

（1）时间：拟定于 2022 年 3 月 23 日上午 9:10 时至 9:40 时（2）时长：0.5 小时

五、演练地点

火灾事故模拟点：6F 洽谈室

六、演练参加的人数

总指挥 XXX　微型消防站：10 人

七、演练的科目

演练包括：发生火灾时如何报警，广场初期火灾扑救

八、模拟火灾类型及火灾模拟方式：

（1）火灾类型：A 类火灾

（2）火灾模拟方式：手报报警

九、演练组织架构及职责

十四、演练流程

阶段	时间	演练内容
准备阶段	9 时 05 分	各演练人员到指定位置集合待命，总指挥对演练进行部署，各小组组长组织做好本组演练前的准备工作。
	9 时 05 分	各演练人员按照部署进入预定位置待命。
	9 时 11 分	总指挥宣布演习开始。
火情发生、报警阶段	9 时 13 分	当火灾事故发生后，附近最早发现事故的工作人员，就近按下手动报警按钮，并采取其他有效方式及时报告消控室。
	9 时 14 分	消控室值班员在火灾自动报警系统报警后，应立即通知跑点人员跑点，并及时跟踪确认结果。
	9 时 16 分	跑点人员确认火灾后，应当立即通过对讲机报告消控室，报告内容包括：火灾事故位置、着火物质、火势情况等。
	9 时 16 分	消控室值班员收到火灾确认后，应当立即根据相应专项灭火预案启动微型消防站，同时报告总指挥，根据总指挥的命令及时报 119 火警。
	9 时 16 分	跑点人员在报告消控室后，应根据现场情况立即使用灭火器或消防软管扑救火灾；当发现现场火势较大，一人明显无法控制时，应展开集中灭火器（不少于 8 具）、铺设水带等准备工作，做好现场警戒等待支援，并注意个人安全。
应急响应处置阶段	9 时 17 分	消控室值班员应实时掌握火势发展情况，视情启动相应的建筑固定消防设施
	9 时 18 分	总指挥应立即赶往事故现场：指挥员、水枪手、供水员应立即往最近器材点穿着或携带个人防护装备、灭火器材，随后迅速赶往事故现场；消控室值班员一人在消控室值守处置，一人立即前往消防水泵房现场操作；强电安全员应立即到达相应电井或变配电室。当值消防员（不少于 3 人）应当在 3 分钟内到达事故现场，形成第一批灭火救援力量；全部当值消防员应当在 5 分钟内按照预案分工到达指定位置。并通过对讲机报告就位情况，在总指挥指挥下展开灭火救援。

图 5-2-15 微型消防站演练方案式样

（二）检查要点

1. 查阅纸质资料或电子文档，检查相关档案资料和内容要素是否完整、真实。

2. 实地检查装备配备情况。

3. 模拟现场紧急情况处置，检查相关人员是否掌握应具备的消防安全知识和技能。

······ 经典练习 ······

实践练习一

消防监督员对易燃易爆企业进行检查，发现该单位达到重点单位规模，未被消防救援机构确定成为消防安全重点单位并上报政府备案，未按照消防重点单位管理要求进行管理，应该如何处理？

答案解析

该易燃易爆企业行为不符合《机关、团体、企业、事业单位消防安全管理规定》第十四条规定，违反《中华人民共和国消防法》第十六条第一款第（七）项及第十七条规定，根据《中华人民共和国消防法》第六十七条规定，可向该易燃易爆企业发出《责令限期改正通知书》，要求其在期限内到消防救援机构进行申报，并按照消防安全重点单位管理要求确定消防安全管理人，组织实施本单位的消防安全管理工作；建立消防档案，确定消防安全重点部位，设置防火标志，实行严格管理；实行每日防火巡查，并建立巡查记录；对职工进行岗前消防安全培训，定期组织消防安全培训和消防演练。

实践练习二

某地消防监督员对某幼儿园进行检查，该幼儿园未达到重点单位规模，检查中发现其对消防设施的巡查每周一次，遂向该幼儿园发出《责令限期改正通知书》要求单位整改。幼儿园管理人员当场提出异议，认为单位未达到消防重点单位标准，无需依据消防法第十七条要求进行每日巡查，请判断是否需要发出《责令限期改正通知书》要求单位整改该行为？

答案解析

需要。该幼儿园虽未达到消防安全重点单位规模，但该场所属于人员密集场所，依据《人员密集场所消防安全管理》（GB/T 40248-2021）第 7.3.4 条规定需进行每日巡查，其行为违反《中华人民共和国消防法》第十六条第一款第（七）项规定，根据《中华人民共和国消防法》第六十七条规定，需发出《责令限期改正通知书》要求其整改。

第三节　建筑防火

一、生产、储存、经营易燃易爆危险品（其他物品）的场所与居住场所设置在同一建筑物内

（一）检查内容

1.生产、储存、经营易燃易爆危险品的场所是否与居住场所设置在同一建筑物内。

2.生产、储存、经营其他物品的场所是否与居住场所设置在同一建筑内。

（二）检查要点

主要采取实地查看和询问的方式进行。

（三）相关要求

1.生产、储存、经营易燃易爆危险品的场所不得与居住场所设置在同一建筑物内，并应当与居住场所保持安全距离。

2.对生产、储存、经营其他物品的场所与居住场所设置在同一建筑内，还应当考虑住宿与非住宿部分的分隔和独立疏散，应采用向疏散方向开启的平开门，灭火、照明、报警等消防设施设备，火源控制和其他要求。

合用场所不应设置在下列建筑内：

（1）有甲、乙类火灾危险性的生产、储存、经营的建筑；

（2）建筑耐火等级为三级及三级以下的建筑；

（3）厂房和仓库；

（4）建筑面积大于 2500m² 的商场市场等公共建筑；

（5）地下建筑。

【标准链接】《住宿与生产储存经营合用场所消防安全技术要求》（XF 703）

二、人员密集场所外墙门窗上设置影响逃生、灭火救援的障碍物

（一）检查内容

人员密集场所的外墙门窗上是否设置有影响逃生或灭火救援的障碍物，图 5-3-1 所示为人员密集场所外窗上设置金属栅栏影响逃生或灭火救援。

图 5-3-1 人员密集场所外窗上设置金属栅栏影响逃生或灭火救援

（二）检查要点

主要通过外部观察，检查是否在外墙门窗上设置诸如金属栅栏、广告牌等影响逃生、灭火救援的障碍物。图 5-3-2 为人员密集场所外窗上设置广告牌影响逃生或灭火救援。

图 5-3-2 人员密集场所外窗上设置广告牌影响逃生或灭火救援

三、消防车道

（一）检查内容

检查建筑物周围消防车道是否畅通，有无被占用、堵塞、封闭，或其他影响消防

车通行的情形。

（二）检查要点

1.通过查阅资料，了解建筑物的性质、高度、沿街长度和规模，确定是否需要设置消防车道以及消防车道的形式，并开展现场检查。图5-3-3所示为消防车道标识化管理示范。

2.测量时选择车道路面相对较窄部位以及车道4.0m净空高度内两侧突出物的最近距离处进行测量，将最小宽度确定为消防车道宽度。图5-3-4所示为消防车道被占用和堵塞的实景。

3.选择消防车通道正上方距车道相对较低的突出物进行测量，将突出物与车道的垂直高度确定为消防车通道净高。

图 5-3-3 消防车道标识化管理示范

图 5-3-4 消防车道被占用和堵塞

（三）相关要求

详见本书第六章第九节。

四、防火间距

（一）检查内容

检查单位（场所）所在建筑与周围建筑物的防火间距是否符合相关技术标准，是否存在占用防火间距的违法行为。

（二）检查要点

查阅消防设计说明、总平面图等资料，了解建筑类别确定应满足的防火间距，核对是否与验收时防火间距一致。

（三）相关要求

1. 建筑物之间的防火间距按相邻建筑外墙的最近水平距离计算，当外墙有凸出的可燃或难燃构件时，从其凸出部分外缘算起。建筑物与储罐、堆场的防火间距，为建筑外墙至储罐外壁或堆场中相邻堆垛外缘的最近水平距离。

2. 储罐之间的防火间距为相邻两储罐外壁的最近水平距离；储罐与堆场的防火间距为储罐外壁至堆场中相邻堆垛外缘的最近水平距离。

3. 堆场之间防火间距为两堆场中相邻堆垛外缘的最近水平距离。

4. 变压器之间的防火间距为相邻变压器外壁的最近水平距离。变压器与建筑物、储罐或堆场的防火间距，为变压器外壁至建筑外墙、储罐外壁或相邻堆垛外缘的最近水平距离。

5. 建筑物、储罐或堆场与道路、铁路的防火间距，为建筑外墙、储罐外壁或相邻堆垛外缘距道路最近一侧或铁路线中心线的最小水平距离。

6. 厂房、仓库的防火间距按照《建筑设计防火规范》（GB 50016-2014，2018 年版）第 3.4 条、第 3.5 条进行测量判定。

7. 甲、乙、丙储罐（区）和可燃材料堆场按照《建筑设计防火规范》（GB 50016-2014，2018 年版）第 4 章要求进行测量判定。

8. 民用建筑防火间距按照《建筑设计防火规范》（GB 50016-2014，2018 年版）第 5.2 条进行测量判定。

9. 对于加油加气站，石油化工企业、石油天然气工程、石油库等建设工程，应同时检查建设工程与周围居住区、相邻厂矿企业、设施，以及建设工程内部建筑物、构筑物、设施之间的防火间距。

【标准链接】《建筑设计防火规范》（GB 50016-2014，2018 年版）附录 B 防火

间距的计算方法

五、防火分区

（一）检查内容

检查防火分区是否改变，面积是否扩大，防火分隔措施是否有效，是否符合标准规定。

（二）检查要点

通过查阅消防设计文件、建筑平面图、施工记录等资料，了解建筑分类、耐火等级、建筑平面布局等基本要素，确定防火分区划分的标准后开展现场检查。

（三）相关要求

建筑防火分区的面积和层数等应按照下列规定进行判定：

1. 对于功能复杂的建筑，检查时要注意涵盖不同使用功能的楼层，其中歌舞娱乐放映游艺场所必须检查。防火分区建筑面积测量值的允许误差不得大于规定值的5%。

2. 工业建筑检查时，根据火灾危险性类别、建筑物耐火等级、建筑层数等因素确定每个防火分区的最大允许建筑面积，在同一座库房或同一个防火墙间内如储存数种火灾危险性不同的物品时，其库房或隔间的最大允许建筑面积按其中火灾危险性最大的物品确定。

3. 民用建筑检查时，根据建筑物耐火等级、建筑高度或层数、使用性质等确定每个防火分区的最大允许建筑面积。当裙房与高层建筑主体之间设置防火墙时，裙房的防火分区可按单、多层建筑的要求确定。

4. 人防工程检查时，对于溜冰馆的冰场、游泳馆的游泳池、射击馆的靶道区、保龄球馆的球道区等，其面积可不计入溜冰馆、游泳馆、射击馆、保龄球馆的防火分区建筑面积；水泵房、污水泵房、水库、厕所、盥洗间等无可燃物的房间面积可不计入防火分区的建筑面积；设置的避难走道无须划分防火分区。

5. 建筑内设置自动扶梯、敞开楼梯、传送带、中庭等开口部位时，其防火分区的建筑面积应将上下相连通的建筑面积叠加计算；同样，对于敞开式、错层式、斜楼板式的汽车库，其上下连通层的防火分区面积也需要叠加计算。

6. 对于一些有特殊功能要求的区域，其防火分区最大允许建筑面积在最大限度提高建筑消防安全水平并进行充分论证的基础上，可以根据专家评审纪要中的评审意见适当放宽。

7. 对防火分区间代替防火墙分隔的防火卷帘，耐火极限不得低于所设置部位墙体的耐火极限要求，并检查防火卷帘与楼板、梁、墙、柱之间的空隙是否采用防火封堵材料封堵严实（如图 5-3-5）。

图 5-3-5　防火封堵示例

8. 对设在变形缝处附近的防火门，检查是否设置在楼层较多的一侧，且防火门开启后不得跨越变形缝。

9. 对建筑内的隔墙，包括房间隔墙和疏散走道两侧的隔墙、住宅分户墙和单元之间的墙，检查是否从楼地面基层隔断砌至顶板底面基层。

【标准链接】《建筑设计防火规范》（GB 50016-2014，2018 年版）第 5.3 条

六、人员密集场所装饰装修材料

（一）检查内容

检查装修材料是否满足建筑内部装修设计防火的要求，是否存在改变装修材料、增设装饰材料的情况。

（二）检查要点

查验防火性能证明文件等资料，对现场判定不合格或不确定的进行抽验送检。

（三）相关要求

1. 对提交的装饰装修材料的防火性能是否符合消防技术标准的证明文件和出厂合格证等进行核实。

2. 对没有证明文件和出厂合格证的，经现场判定不合格或无法判断其材质等应现场取样送具有资质的检测机构进行防火性能检测。

3. 对检查的建筑顶棚、墙面、地面、隔断等装饰装修材料的燃烧性能等级应满足《建筑内部装修设计防火规范》（GB 50222-2017）的要求。

•••••••••••••••••• 经典练习 ••••••••••••••••••

📢 **实践练习一**

住宿不应与下列生产储存经营场所合用设置的是:(　　)。

A. 有甲、乙类火灾危险性的生产、储存、经营的建筑

B. 建筑耐火等级为三级的建筑

C. 厂房　　　　　　　　　　　　D. 仓库

E. 建筑面积 2000m² 的商场市场内　　F. 半地下室

🏠 **答案**

ABCDF

📢 **解析**

根据《住宿与生产储存经营合用场所消防安全技术要求》(XF 703-2007)第4.1条规定,合用场所不应设置在:(1)有甲、乙类火灾危险性的生产、储存、经营的建筑内;(2)建筑耐火等级为三级及三级以下的建筑内;(3)厂房和仓库内;(4)建筑面积大于 2500m² 的商场市场等公共建筑内;(5)地下建筑内。因此,应选择A、B、C、D、F选项。

📢 **实践练习二**

如图A、B两栋建筑,检查中群众现场举报B建筑属于高层公共建筑,A.B两栋建筑间防火间距不足,经了解A建筑(左)为村民自建房,B建筑(右)为商业与住宅的组合建筑,两建筑各自内部消防

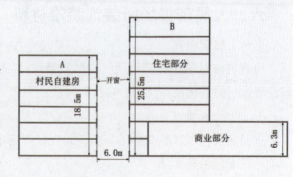

安全条件均符合规范要求,群众举报问题是否属实,说明理由?

🏠 **答案解析**

B建筑高25.5m属于高层民用建筑,A建筑高18.5m属于多层民用建筑,依据《建筑设计防火规范》(GB 50016-2014)第5.2.2条,高层民用建筑和多层民用建筑防火间距不应小于9m;由于两栋建筑正对开窗,防火间距不能减少。AB两建筑实际间距为6m,因此不满足防火间距不小于9m的规定,举报问题属实。

第四节　安全疏散

一、疏散通道

（一）检查内容

检查疏散通道的布置以及设置是否符合规范要求。

（二）检查要点

疏散通道的畅通性、安全性。

（三）相关要求

1.查看疏散走道、前室（合用前室）、楼梯间等是否增设影响人员安全疏散的障碍物，图5-4-1所示为疏散走道被占用，图5-4-2所示为疏散楼梯被堵塞，影响人员安全疏散。

2.查看疏散门开启的方向是否正确。

3.查看疏散通道是否被堵塞、占用、封闭等。

4.查看是否擅自改变疏散通道的防火条件。

5.对检查的疏散通道应满足《建筑设计防火规范》（GB 50016-2014，2018年版）第5.5条的规定要求。

图 5-4-1　疏散走道被占用

图 5-4-2　疏散楼梯被堵塞

二、安全出口

（一）检查内容

依据《中华人民共和国消防法》第十六条和《机关、团体、企业、事业单位消防安全管理规定》第二十一条的要求，检查该单位（场所）安全出口的数量、形式、布置，抽查其设置是否符合《建筑设计防火规范》（GB 50016-2014，2018 年版）安全疏散和避难的有关要求。

【标准链接】《建筑设计防火规范》（GB 50016-2014，2018 年版）第 5.5 条

（二）检查要点

根据被检查单位建筑层数和面积，现场随机抽查安全出口。

（三）相关要求

1. 检查场所内安全出口和疏散门是否分散布置，必要时核查原始档案中平面布置图，核查安全出口数量。

2. 现场查看每个防火分区或一个防火分区的每个楼层、每个住宅单位单元每层相邻两个安全出口以及每个房间相邻两个疏散门最近边缘之间的水平距离是否不小于 5m。

3. 检查安全出口疏散门的设置形式是否为平开门方式，不应采用推拉门、卷帘门、吊门、转门和折叠门；图 5-4-3 所示采用卷帘门、图 5-4-4 所示采用推拉门均不符合安全疏散的基本要求。

图 5-4-3 安全出口疏散门采用卷帘门

图 5-4-4 安全出口疏散门采用推拉门

4. 检查疏散门的开启方向是否朝着疏散的方向开启。

5. 检查安全出口是否设置封闭的金属栅栏，如必须设置时是否有从内部易于开启的装置。

6. 检查安全出口是否被堵塞、占用、封闭。

三、应急照明

（一）检查内容

检查应急照明灯具外观、功能、照度和工作时间。

（二）检查要点

供配电方式和照度要求。

（三）相关要求

详见本书第六章第八节。

四、疏散指示标志

（一）检查内容

检查疏散指示标志的设置、外观、功能和工作时间。

（二）检查要点

供配电方式和设置位置。

（三）相关要求

详见本书第六章第八节。

五、避难层

（一）检查内容

检查避难层（间）的设置形式（如图5-4-5），核对竣工验收图纸避难层（间）使用面积，查看是否作为其他功能使用。

图5-4-5　避难层

（二）检查要点

设置位置和消防设施器材。

（三）相关要求

1. 检查避难层（间）的设置是否符合《建筑设计防火规范》的规定。

2. 实地查看避难层（间）是否作为其他功能使用。

3. 通过测试查看避难层（间）消防设施联动功能是否正常。

4. 实地查看避难层（间）及兼作设备层的防火分隔是否符合要求。

【标准链接】《建筑设计防火规范》（GB 50016–2014，2018 年版）第 5.5.23 条

六、应急广播

（一）检查内容

检查测试消防广播系统的组件和系统功能。

（二）检查要点

设置位置和声级。

（三）相关要求

1. 检查系统各组件是否齐全，有无处于故障运行状态。

2. 按下应急广播按钮,检查收听系统是否预先录制了广播内容,广播内容是否清晰、准确,是否具有多语种循环播放功能。

3. 检查使用数字声级测量声响效果，环境噪音大于 60dB 的场所，应急广播应高于背景噪音 15dB。

4. 将火灾报警控制器或消防联动控制器置于"自动"状态，模拟产生启动消防应急广播系统的条件，检查消防广播系统是否能向指定区域播放预先录制的广播内容。

5. 将播放方式切换至话筒，测试话筒的播音效果是否正常。

•••••••••••••••••• 经典练习 ••••••••••••••••••

📢 **实践练习一**

消防监督员对一 600m² 网吧进行检查，经测试火灾自动报警系统，发现场所内两只探测器动作后，疏散指示标志灯全部亮起，非消防电源除普通照明外全部切断，该设置是否正确？

答案解析

该设置不正确。火灾确认后，只要不是供电线路发生的火灾，都可以先不切断电源，尤其是正常照明电源，如果发生火灾时正常照明正处于点亮状态，则应予以保持，因为正常照明的照度较高，有利于人员的疏散。正常照明、生活水泵供电等非消防电源只要在水系统动作前切断，就不会引起触电事故及二次灾害。其他在发生火灾时没必要继续工作的电源或切断后也不会带来损失的非消防电源，可以在确认火灾后立即切断。火灾时应切断的非消防电源用电设备和不应切断的非消防电源用电设备如下：

（1）火灾时可立即切断的非消防电源有：普通动力负荷、自动扶梯、排污泵、空调用电、康乐设施、厨房设施等。

（2）火灾时不应立即切掉的非消防电源有：正常照明、生活给水泵、安全防范系统设施、地下室排水泵、客梯和Ⅰ～Ⅲ类汽车库作为车辆疏散口的提升机。

实践练习二

某建筑地上5层，消防监督员检查其第二层面积1500m² 的歌舞娱乐场所，场所设有火灾自动报警、自动喷水灭火、机械排烟、应急照明等相关消防设施，检查中发现该歌舞娱乐场所按《建筑设计防火规范》（GB 50016-2014，2018年版）的最低要求，设置了固定救援窗并作为排烟设施使用，该场所设置的固定窗面积是否符合要求？

答案解析

不符合要求。因该歌舞娱乐场所面积大于1000 m²，且设有机械排烟设施，依据《建筑防烟排烟系统技术标准》（GB 51251-2017）第4.1.4和4.4.15条要求，应在外墙设置固定窗，且供消防救援人员进入的救援窗口面积不计入固定窗面积，所以该场所固定窗面积不符合要求，需增设。

第五节　消防控制室

消防控制室（如图 5-5-1）作为预防建筑火灾发生、扑救建筑火灾及指挥火灾现场人员疏散的重要信息、指挥中心，也是消防救援人员了解火灾发生、发展、蔓延情况及利用其内部已有消防设施进行人员疏散、物资抢救和火灾扑救的重要场所。其功能主要表现为：平时，控制室能够显示消防安全管理情况，并向城市远程监控中心传输相关信息；紧急情况时，能够控制消防泵、消防广播、各类灭火系统等设施设备启停，并显示它们的运行状态。

图 5-5-1 消防控制室

一、检查内容

值班操作人员、值班记录、消防联动控制设备运行情况。

二、检查要点

（一）值班操作人员

《消防法》第二十一条中规定，进行电焊、气焊等具有火灾危险作业的人员和自动消防系统的操作人员，必须持证上岗，并遵守消防安全操作规程。

《建筑设计防火规范》（GB 50016-2014，2018 年版）中规定：具有消防联动功能的火灾自动报警系统的保护对象中应设置消防控制室。《消防控制室通用技术要求》

（GB 25506）对人员值守的相关规定：应实行每日 24h 专人值班制度，每班不应少于 2 人，值班人员应持有消防控制室操作职业资格证书。《建筑消防设施的维护管理》（GB 25201）对人员值守的相关规定：实行每日 24h 值班制度，每班工作时间应不大于 8h，每班人员应不少于 2 人。

> **知识关联** 持证上岗中的"证"，是指经职业技能鉴定考核合格取得的资格证书。国家职业技能标准《消防设施操作员》〔人力资源社会保障部办公厅、应急管理部办公厅印发，职业编码：4-07-05-04，替代《建（构）筑物消防员》，于2020年1月1日起实施〕根据职业就业实际，设立了"消防设施监控操作"和"消防设施检测维修保养"两个职业方向（在职业资格证书上标明），前者可从事消防设施的监控、操作、日常保养和技术管理与培训等工作；后者可从事消防设施的操作、保养、维修、检测和技术管理与培训等工作。《消防设施操作员》新标准实施后，依据原《建（构）筑物消防员》职业技能标准考核取得的国家职业资格证书依然有效，与同等级相应职业方向的《消防设施操作员》证书通用。持初级（五级）证书的人员可监控、操作不具备联动控制功能的区域火灾自动报警系统及其他消防设施；监控、操作设有联动控制设备的消防控制室和从事消防设施检测维修保养的人员，应持中级（四级）及以上等级证书。

（二）值班记录

消防控制室内应保存值班情况、消防安全检查情况及巡查情况的记录。值班人员对火灾报警控制器进行日常检查、接班、交班时，应填写《消防控制室值班记录表》（如表 5-5-1，见下页）的相关内容，值班期间每 2h 记录一次消防控制室内消防设备的运行情况，及时记录消防控制室内消防设备的火警或故障情况。

【标准链接】《消防控制室通用技术要求》（GB 25506）、《建筑消防设施的维护管理》（GB 25201）

消防控制室值班记录表

火灾报警控制器运行情况						控制室内其他消防系统运行情况					值班情况				
火警			故障报警	监督报警	漏报	报警、故障部位、原因及处理情况	消防系统及其相关设备名称	控制状态		运行状态		报警、故障部位、原因及处理情况	值班员 时段	值班员 时段	值班员 时段	检查人	故障及处理情况
正常	火警	误报						自动	手动	正常	故障						

火灾报警控制器检查情况记录	火灾报警控制器型号	检查内容					检查时间
		自检	复位	语音	主电源	备用电源	

注1. 交接班时，接班人员对火灾报警控制器进行日检查，填写检查内容，在相应项目栏中打"√"；存在问题的，在报警、故障部位、原因及处理情况栏中填写详细信息。对发现的问题应及时处理，当场不能处置的要填报（建筑消防设施故障维修记录表），将处理记录表序号写入"故障及处理情况"栏。值班期间按规定时限，异常情况出现时间如实填写运行情况栏内相应内容。

注2. 本表为样表，使用单位可根据火灾报警控制器数量、其他消防系统相关设备数量及值班时段制表。

表5-5-1 消防控制室值班记录表样表

（三）消防联动控制设备运行情况

消防联动控制设备运行包括两个方面：一是指消防联动控制器本身的完好情况，二是指应当经过消防联动控制器联动的设备是否能够按照规定联动运行。《火灾自动报警系统设计规范》（GB 50116-2013）中规定：消防联动控制器应能按设定的控制逻辑向各相关的受控设备发出联动控制信号，并接受相关设备的联动反馈信号；消防水泵、防烟和排烟风机的控制设备，除应采用联动控制方式外，还应在消防控制室设置手动直接控制装置。

（四）消防电话

消防电话包括消防专用电话和外线电话，消防专用电话包括总机（如图5-5-2）和分机（如图5-5-3，见下页）。消防控制室应设置消防专用电话总机，消防控制室、消防值班室或企业消防站等处应设置可直接报警的外线电话。还规定消防专用电话网络应为独立的消防通信系统，多线制消防专用电话系统中的每个电话分机应与总机单独连接。

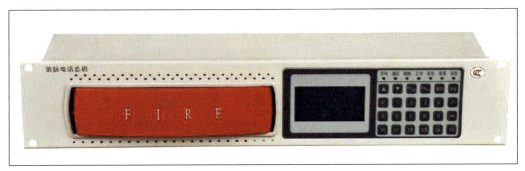

图 5-5-2 消防电话总机

有关电话分机或电话插孔（如图5-5-4，见下页）的设置，重点注意：消防水泵房、发电机房、配变电室、计算机网络机房、主要通风和空调机房、防排烟机房、灭火控制系统操作装置处或控制室、企业消防站、消防值班室、总调度室、消防电梯机房及其他与消防联动控制有关的且经常有人值班的机房应设置消防专用电话分机。消防专用电话分机，应固定安装在明显且便于使用的部位，并应有区别于普通电话的标识。电话插孔在墙上安装时，其底边距地面高度宜为 1.3m ~ 1.5m。

图 5-5-3 消防电话分机　　　　图 5-5-4 消防电话插孔

【标准链接】《火灾自动报警系统设计规范》（GB 50116-2013）第 6.7 节

经典练习

📢 实践练习一

消防监督员对某物业公司管理的建筑进行检查，该建筑物按规范配置多种自动消防设施，并设消防控制室，检查消防控制室时，其 2 名值班人员中均配有《建（构）筑物消防员》证书，其中一名《建（构）筑物消防员》证书为初级/五级证书，该单位消防控制室值班人员配置是否符合规定？

🏠 答案解析

不符合。依据《建筑设计防火规范》（GB 50016-2014，2018 年版）第 8.1.7 条，设置火灾自动报警系统和需要联动控制消防设备的建筑（群）应设置消防控制室，《消防控制室通用技术要求》（GB 25506）中规定消防控制室值守人员应持有操作职业资格证书。国家职业技能标准《消防设施操作员》(人力资源社会保障部办公厅、应急管理部办公厅印发，职业编码：4-07-05-04）规定持初级（五级）证书的人员可监控、操作不具备联动控制功能的区域火灾自动报警系统及其他消防设施；监控、操作设有联动控制设备的消防控制室和从事消防设施检测维修保养的人员，应持中级（四级）及以上等级证书。

📢 **实践练习二**

消防监督员对某办公大楼消防控制室进行检查，通过对火灾自动报警控制器的操作查询及对消防控制室图形显示装置显示的故障信息查询，了解到该建筑有个别火灾探测器长期存在故障，经查阅《消防控制室值班记录》发现该大楼物业公司派驻的消防控制室值班人员在记录中均未对故障信息进行记录，经查阅该物业企业《防火检查记录》其未对消防（控制室）值班情况和设施运行、记录情况进行检查，此行为该如何处理？

📀 **答案解析**

根据《建筑消防设施的维护管理》（GB 25201-2010）第五章要求，值班期间每2h记录一次消防控制室内消防设备的运行情况，及时记录消防控制室内消防设备的火警或故障情况；《机关、团体、企业、事业单位消防安全管理规定》（公安部令第61号）第二十六条规定，机关、团体、事业单位应当至少每季度进行一次防火检查，其他单位应当至少每月进行一次防火检查。该物业为企业属于其他单位，应每月进行一次防火检查，检查内容应当包括消防控制室值班情况和设施运行、记录情况。根据检查中发现的问题，其违反《中华人民共和国消防法》第十六条第一款第（五）项之规定，消防部门应根据《中华人民共和国消防法》第六十七条之规定进行处理。

第六节　消防设施器材

消防设施器材包含知识点众多,且与建筑防火等相互关联,是消防监督检查的重点、难点,应重点加以学习掌握和综合运用。对消防设施器材的检查内容除本节外,详见第六章。

一、抽查部位

抽查部位的选取应能全面反映被检查单位（建筑物）整体的消防安全状况。关于抽查部位,包含三层意思:一是抽查哪些部位进行检查,二是消防设施器材设置部位是否正确,三是在此部位的消防设施器材具体设置是否正确。

> **实践参考**　单层建筑,只有1个防火分区的全数检查,3个防火分区(含)以上的,抽查防火分区数不少于总数的二分之一。多层或者高层建筑,18层(含)以下的,抽查楼层数不少于总层数的三分之一,18层以上的,抽查楼层数不少于总层数的五分之一;其中首层、顶层、标准层和地下层必查。

二、抽查数量

关于消防设施器材的抽查数量或比例,应对影响功能运转的主要器部件进行全数检查,例如消防水泵、湿式报警阀、报警控制器等,对末端点位的器部件可以实施抽查,例如火灾探测器、喷淋试水阀、室内消火栓等,具体比例可参照验收类技术标准规定选取。在监督检查时,应本着实事求是原则,如实记录消防设施器材的抽查点位和检查情况。

・・・・・・・・・・・・・・・ 经典练习 ・・・・・・・・・・・・・・・

实践练习一

某单位的建筑消防设施的维护、管理情况,不符合要求的有（　　）。

A.为防止水枪水带被挪用,将室内消火栓箱上锁

B.为避免消防水泵误启动，将消防水泵控制柜设置在手动位置

C.在常闭式防火门上设置明显标识，提示保持常闭状态

D.与具备从业条件的消防技术服务机构签订维保合同，定期对建筑消防设施进行维护保养

答案

AB

解析

室内消火栓箱不应上锁，箱内设备应齐全、完好，其正面至疏散通道处，不得设置影响消火栓正常使用的障碍物，A选项不符合要求；消防水泵、防排烟风机、防火卷帘等消防用电设备的配电柜、控制柜开关应处于接通和自动位置，B选项不符合要求；常闭防火门应在其明显位置设置"保持防火门关闭"等提示标识，C选项符合要求；建筑消防设施维护管理单位应与消防设备生产厂家、消防设施施工安装企业等有维修、保养能力的单位签订消防设施维修、保养合同，消防设施维护保养检测、消防安全评估等消防技术服务机构应当符合从业条件，D选项符合要求。

实践练习二

监督检查员对某单位检查发现，该单位刚开展完气体灭火系统季度检查，请问下列哪些情况不符合要求？（ ）

A.可燃物的种类、分布情况，防护区的开口情况，符合设计规定

B.储存装置间的设备、灭火剂输送管道和支、吊架的固定，无松动

C.连接管无变形、裂纹及老化

D.各喷嘴孔口无堵塞

E.对高压二氧化碳储存容器逐个进行称重检查，灭火剂净重小于设计储存量的85%

答案

E

解析

根据《气体灭火系统施工及验收规范》（GB 50263-2007）第8.0.7条规定，每季度应对气体灭火系统进行1次全面检查，并应符合相关规定。其中，对高压二氧化碳储存容器逐个进行称重检查，灭火剂净重不得小于设计储存量的90%。故E选项错误。

第七节 其他消防安全管理

因火灾发生原因的多样性,消防安全管理也包含多个方面,常见的有用火、用电、用气、用油管理。

一、电器产品的线路定期维护、检测和燃气用具的管路定期维护、检测

《消防法》第二十七条规定:"电器产品、燃气用具的产品标准,应当符合消防安全的要求。电器产品、燃气用具的安装、使用及其线路、管路的设计、敷设、维护保养、检测,必须符合消防技术标准和管理规定。"

"电器产品"是指接通和断开电路或控制、调节以及保护电路和设备的电工器具或装置,如开关、变阻器、镇流器等和日常生活中用电作能源的器具,如电视机、电冰箱、电饭煲等。要经常对使用的器具、线路和插座、插头进行检查维修,使之始终处于良好运行状态;在使用中,发现有烧焦、冒烟和异常声响等异常现象时,应立即停止运行,及时检查维修,排除故障。

"燃气用具"主要是指燃气灶具,公用燃气炊事器具,燃气烘烤器具,燃气热水、开水器具,燃气取暖器具,燃气交通运输工具,燃气冷暖机及燃气计量器、钢瓶及调压器等。根据规定,城市燃气生产、储存、输配经营单位应当对燃气管道设施定期进行检查,发现管道和设施有破损、漏气等情况时,必须及时修理或更换等。

> **提示** "消防技术标准和管理规定",包括消防安全技术标准和其他技术标准中关于消防安全的规定,主要分布于国家标准之中,需要较长时间的学习积累和工作实践才能熟练掌握。

二、违反规定使用明火作业或在具有火灾、爆炸危险的场所吸烟、使用明火

《消防法》第二十一条规定："禁止在具有火灾、爆炸危险的场所吸烟、使用明火。因施工等特殊情况需要使用明火作业的，应当按照规定事先办理审批手续，采取相应的消防安全措施；作业人员应当遵守消防安全规定。进行电焊、气焊等具有火灾危险作业的人员和自动消防系统的操作人员，必须持证上岗，并遵守消防安全操作规程。"

"具有火灾、爆炸危险的场所"是指使用、存放易燃易爆品的特殊场所，如汽车加油加气站、甲乙丙厂房仓库、甲乙气罐油罐区等。对在这些具有火灾、爆炸危险场所使用明火的，法律作了特别规定，即：（一）必须是因特殊情况需要。这里所说的"因特殊情况需要"，是指由于生产、保养、修理等工作需要必须使用明火作业的情况。（二）事先必须按照规定经过批准后才可以使用明火。这里的审批，是指部门内部所规定的审批程序。（三）作业人员必须遵守消防安全规定，并采取相应的消防安全措施。这既是申请动用明火时所必备的条件，也是作业人员在动用明火时必须履行的义务。根据法律规定，只有在以上这三个条件都具备的条件下，才可以在这些具有火灾、爆炸危险的场所使用明火，否则即是违法。

> **提示** 对于这类可能造成重大火灾事故的行为，应坚决依法纠正与查处。但应注意对规范概念的准确理解，不可贸然把一切火灾高发、多发的单位（场所）理解为具有火灾、爆炸危险的场所。

三、违反消防安全规定进入生产、储存易燃易爆危险物品场所和违反有关消防技术标准和管理规定生产、储存、运输、销售、使用、销毁易燃易爆危险品

《消防法》第二十三条规定："生产、储存、运输、销售、使用、销毁易燃易爆危险品，必须执行消防技术标准和管理规定。进入生产、储存易燃易爆危险品的场所，必须执行消防安全规定。"

生产、储存、运输、销售或者使用、销毁易燃易爆危险物品的单位、个人，必须执行消防技术标准和管理规定的规定。为了保证易燃易爆危险物品的安全生产、储存、

运输、销售、使用或销毁，国家颁布了一系列有关的消防安全的规定，如《危险化学品安全管理条例》《民用爆炸物品安全管理条例》《烟花爆竹安全管理条例》《中华人民共和国城市燃气管理办法》《仓库防火安全管理规定》《仓库防火安全管理规则》《仓储场所消防安全管理通则》（XF 1131）、《运输船舶消防管理规定》等，对单位或个人在生产、储存、运输、销售、使用、销毁易燃易爆危险物品过程中，应当遵守的消防安全规定作了明确具体的规定，必须严格执行。

进入生产、储存易燃易爆危险品的场所，必须执行消防安全规定。由于易燃易爆危险物品的极端危险性，国家对进入生产、储存易燃易爆危险物品的场所，有严格的消防安全规定。如进入生产、储存易燃易爆危险物品的场所的人员，必须登记，并交出携带的火种；机动车辆必须安装防火罩；蒸汽机车应当关闭灰箱和送风器，并不得在该场所清炉；进入该场所的电瓶车、生产车必须是防爆型的；各种机动车辆装卸物品后，不准在库区、库房、货场内停放和修理；装卸易燃易爆危险物品时，操作人员不得穿戴易产生静电的工作服、帽和使用易产生火花的工具，严防震动、撞击、重压、摩擦和倒置，对易产生静电的装卸设备要采取消除静电的措施；禁止携带火种进入生产、储存易燃易爆危险物品的场所。

> **提示** 对生产、储存易燃易爆危险品的场所进行检查时，通常不会直接发现违规进入此类场所的"现行"行为，可以结合巡查记录等重点检查是否建立健全制度，是否履行相关防范措施，也可以结合预案演练，检查其是否严格、熟练执行；关于生产、储存、运输、销售、使用、销毁易燃易爆危险品，必须执行消防技术标准和管理规定，监督检查中发现有上述行为的，应予以纠正，并及时提请公安机关根据《中华人民共和国治安管理处罚法》处理。

经典练习

实践练习一

下列关于人员密集场所用火、动火安全管理的说法，错误的有（　　）。

A. 电气焊等明火作业前，只要按要求配置了灭火器材，就无须再办理动火审批手续

B.宾馆、餐饮场所、医院、学校的厨房烟道应每年清洗一次

C.人员密集场所在营业时间进行动火作业时，必须进行防火分隔

D.人员密集场所动火审批应经消防安全责任人签字同意方可进行

答案

ABC

解析

根据《人员密集场所消防安全管理》（GB/T 40248-2021），电气焊等明火作业前，实施动火的部门和人员应按照制度规定办理动火审批手续，清除可燃、易燃物品，配置灭火器材，落实现场监护人和安全措施，在确认无火灾、爆炸危险后方可动火作业，A选项错误；宾馆、餐饮场所、医院、学校的厨房烟道应至少每季度清洗一次，B选项错误；人员密集场所禁止在营业时间进行动火作业，C选项错误；人员密集场所动火审批应经消防安全责任人签字同意方可进行，D选项正确。

实践练习二

消防监督员对某酒店的检查情况中，下列哪些情况不符合用电防火安全管理？（　　）

A.酒店管理人员将电动自行车停放在过道上充电

B.酒店从消防配电柜上接出一路临时用电供二期建设施工

C.酒店营业结束后，切断了营业场所内的非必要电源

D.因春节临近举办大型节庆活动，酒店电工对电气线路全面检修后，临时增加了用电负荷

答案

ABD

解析

根据《人员密集场所消防安全管理》（GB/T 40248-2021），人员密集场所内严禁电动自行车停放、充电，A选项错误；不得随意乱接电线，擅自增加用电设备，B选项错误；商场、餐饮场所、公共娱乐场所营业结束时，应切断营业场所内的非必要电源，C选项正确；涉及重大活动临时增加用电负荷时，应委托专业机构进行用电安全检测，检测报告应存档备查，D选项错误。

第六章

典型消防设施
检查

≫**内容简介**

　　消防设施是火灾防范技术措施的重要内容之一，规范设置建筑消防设施并保持完好有效，可以有效防范和减低火灾风险，但是因其涉及的专业知识广、技术标准多，历来是消防监督管理的重点和难点。为便于初学者快速入门，基于工作实践中的知识利用率，本章由浅至深提供基本的学习指引，着重介绍各类消防设施组成、工作运行原理和监督检查要点。

≫**学习目标**

1. 了解消防设施基础知识的整体框架
2. 熟悉典型消防设施的工作原理和基本设置配置要求
3. 掌握典型消防设施的消防监督检查重点并熟悉相关消防技术标准

第一节 消防设施概述

一、消防设施的概念

广义的消防设施通常是指一切具有防灭火功能的设施、设备、器材,狭义的消防设施特指固定设置的、具有一定联动控制的设施系统,也称作"建筑消防设施"。

《中华人民共和国消防法》第七十三条第一项规定,消防设施是指火灾自动报警系统、自动灭火系统、消火栓系统、防烟排烟系统以及应急广播和应急照明、安全疏散设施等。

《消防词汇第1部分:通用术语》(GB/T 5907.1–2014)第2.63条规定,消防设施是指专门用于火灾预防、火灾报警、灭火以及发生火灾时用于人员疏散的火灾自动报警系统、自动灭火系统、消火栓系统、防烟排烟系统以及应急广播和应急照明、防火分隔设施、安全疏散设施等固定消防系统和设备。

《建筑设计防火规范》(GB 50016–2014,2018年版)的规定中,将灭火器、消火栓系统、自动灭火系统、火灾自动报警系统、防烟和排烟设施等归入消防设施一章;将消防车道、消防车登高操作场地、消防电梯、消防救援窗等归入灭火救援设施一章;将防火门窗、防火卷帘等归入建筑构造一章;将消防应急照明和疏散指示标志归纳入电气一章。

(一)消防设施与消防器材

工作实践中,通常把建筑内固定设置的称为"设施",如火灾自动报警系统、自动灭火系统等;把移动设置的称为"器材",如灭火器、灭火毯等。

(二)消防设施与消防产品

《消防词汇第1部分:通用术语》(GB/T 5907.1–2014)第2.64条规定,消防产品是指专门用于火灾预防、灭火救援和火灾保护、避难、逃生的产品。可见,消防产品比消防设施包含的类型更广、内容更多。如消防车、灭火药剂、消防员的个人装备等。

（三）消防设施与公共消防设施

公共消防设施通常有两种理解，一种是多产权或多业主共同使用的建筑消防设施，突出设施的共有和公用属性；一种是灭火和应急救援所需的消防站、消防通信设施、消防供水设施、消防车通道等的统称。在《城市消防规划规范》（GB 51080-2015）和《消防词汇第 2 部分：火灾预防》（GB/T 5907.2-2014）中，公共消防设施是指保障消防安全的必要公共设施，通常包括消防站、消防通信指挥系统、火警瞭望台、消防供水设施和消防车通道等。

区分消防设施广义、狭义之说和区分消防设施、消防器材、消防产品的主要目的不在于划定界限，而在于建立对消防设施整体上的认知，并注意与建筑防火等知识的有机结合，本书其他章节也会涉及消防设施知识，应注意综合理解和把握。

二、相关技术标准

对消防设施进行检查时，重点要检查保护对象是否应当设置、已设置的是否符合标准要求、是否完好有效等三个方面，通俗讲就是要检查该不该设、怎么设、维护管理得如何。要做到全面有效检查，需要掌握与其关联的大量消防技术标准，实非易事。建议初学者，首先基于逻辑对消防设施有关的技术标准进行整体框架式的了解和掌握。

（一）消防设施的设置范围

消防设施的设置既要考虑安全这个核心要素，同时也要考虑保护价值与经济合理等相关因素，关于某种保护对象达到什么条件应当设置何种消防设施，通常在《建筑设计防火规范》（GB 50016-2014，2018 年版）这一标准有明确规定，一些特定领域还会作专门规定，例如地铁、石油库、人防、汽车库工程等。消防设施的设置范围需要根据保护对象的性质功能特征，结合建筑高度、面积、体积、耐火等级等因素综合考虑，如下页图 6-1-1 所示。考量这些因素时应着重把握两个方面的内容，一是要注意区分建筑和场所，二是要注意区分规范条文中列举设置范围之间的逻辑关系，不同情形应不同对待。例如：歌舞娱乐放映游艺场所在设置火灾自动报警系统问题上，《建筑设计防火规范》（GB 50016-2014，2018 年版）第 8.4.1 条第 8 项作出了规定，表示只要是歌舞娱乐放映游艺场所不论规模大小或设置在任何建筑内，均应设火灾自动报警系统。再如：地下或半地下商店设置火灾自动报警系统问题上，当地下或半地下商店总建筑面积大于 $500m^2$ 时，应按照《建筑设计防火规范》（GB 50016-2014，2018 年版）第 8.4.1 条第 3 项规定设置火灾自动报警系统；当地下或半地下商店设置在一类高层公共建筑时，无论其面积大小，均应按照《建筑设计防火规范》（GB 50016–2014，2018年版）第8.4.1条第12项规定设置火灾自动报警系统。

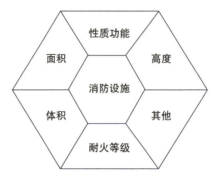

图 6-1-1 消防设施设置范围需要考虑的因素

（二）消防设施的设置要求

在确定保护对象应该设置哪些消防设施后，则需要掌握消防设施的具体配置要求，包括各部件的型号、位置、数量等参数指标。通常一类消防设施包含的部件会很多，例如湿式自动喷水灭火系统包括系统侧与供水侧，各侧各部位设有不同的专用部件，其中湿式报警阀组又包括若干个小部件，各个部件又有不同的配置要求。关于消防设施配置要求有专门的国家标准、行业标准或地方标准等作技术支持，常用标准有《消防给水及消火栓系统技术规范》（GB 50974–2014）、《火灾自动报警系统设计规范》（GB 50116–2013）、《火灾自动报警系统施工及验收标准》（GB 50166–2019）、《自动喷水灭火系统设计规范》（GB 50084–2017）、《自动喷水灭火系统施工及验收规范》（GB 50261–2017）、《建筑防烟排烟系统技术标准》（GB 51251–2017）、《建筑灭火器配置设计规范》（GB 50140–2005）、《建筑灭火器配置验收及检查规范》（GB 50444–2008）、《泡沫灭火系统技术标准》（GB 50151–2021）、《自动跟踪定位射流灭火系统技术标准》（GB 51427–2021）等。

（三）消防设施的维护保养

建筑（场所）投入使用后，确保消防设施的完好性，使其时刻处于待命和准工作状态，并在火灾紧急情况下能发挥其应有的工作效能是预防火灾和降低火灾风险的重要课题，关于消防设施维护保养和检测有专门的规定，例如：《既有建筑维护与改造通用规范》（GB 55022–2021）第3.4.9条，火灾自动报警系统、消防栓系统、自动喷水灭火系统、气体灭火系统、防排烟系统、应急照明疏散指示等消防设施设备应每年至少进行1次全面检查及评定。消防设施维护保养通常由具备从业条件的消防技术服务机构实施。

相较消防设施的设置配置，关于维护保养和检测的技术规定相对分散，除《建筑消防设施的维护管理》（GB 25201-2010）、《建筑消防设施检测技术规程》（XF 503-2004）、《人员密集场所消防安全管理》（GB/T 40248-2021）、《仓储场所消防安全管理通则》（XF 1131-2014）等标准分别作出原则性规定外，各类消防设施相关标准〔上页（二）中所提到的标准〕中更加具体和具有操作性的规定，通常在维护管理章节进行细项规定，主要表现在不同时间周期内采用不同方式对不同部位实施检查、检测、维护和保养。例如：《消防给水及消火栓系统技术规范》（GB 50974-2014）标准中规定对消防水泵应每月手动启动运转一次，并应检查供电电源的情况；对消防水泵的出流量和压力应每季度进行一次试验等。

三、相关法律法规

消防法律法规为确保消防设施的相关利益和秩序不被侵害，对其设置、配置、使用、维保、检测等作出了专门规定，明确了相应义务和责任。

（一）法律义务

《消防法》中规定，机关、团体、企业、事业等单位应当按照国家标准、行业标准配置消防设施、器材，设置消防安全标志，并定期组织检验、维修，确保完好有效；对建筑消防设施每年至少进行一次全面检测，确保完好有效，检测记录应当完整准确，存档备查。同一建筑物由两个以上单位管理或者使用的，应当明确各方的消防安全责任，并确定责任人对共用的疏散通道、安全出口、建筑消防设施和消防车通道进行统一管理。住宅区的物业服务企业应当对管理区域内的共用消防设施进行维护管理，提供消防安全防范服务。任何单位、个人不得损坏、挪用或者擅自拆除、停用消防设施、器材，不得埋压、圈占、遮挡消火栓或者占用防火间距，不得占用、堵塞、封闭疏散通道、安全出口、消防车通道。人员密集场所的门窗不得设置影响逃生和灭火救援的障碍物。消防设施维护保养检测、消防安全评估等消防技术服务机构应当符合从业条件，执业人员应当依法获得相应的资格；依照法律、行政法规、国家标准、行业标准和执业准则，接受委托提供消防技术服务，并对服务质量负责。

《社会消防技术服务管理规定》中规定，消防设施维护保养检测机构应当按照国家标准、行业标准规定的工艺、流程开展维护保养检测，保证经维护保养的建筑消防设施符合国家标准、行业标准。

（二）法律责任

《消防法》第六十条规定：单位违反本法规定，有下列行为之一的，责令改正，处五千元以上五万元以下罚款：

1. 消防设施、器材或者消防安全标志的配置、设置不符合国家标准、行业标准，或者未保持完好有效的；

2. 损坏、挪用或者擅自拆除、停用消防设施、器材的。

《消防法》第六十九条规定：消防设施维护保养检测、消防安全评估等消防技术服务机构，不具备从业条件从事消防技术服务活动或者出具虚假文件的，由消防救援机构责令改正，处五万元以上十万元以下罚款，并对直接负责的主管人员和其他直接责任人员处一万元以上五万元以下罚款；不按照国家标准、行业标准开展消防技术服务活动的，责令改正，处五万元以下罚款，并对直接负责的主管人员和其他直接责任人员处一万元以下罚款；有违法所得的，并处没收违法所得；给他人造成损失的，依法承担赔偿责任；情节严重的，依法责令停止执业或者吊销相应资格；造成重大损失的，由相关部门吊销营业执照，并对有关责任人员采取终身市场禁入措施。

前款规定的机构出具失实文件，给他人造成损失的，依法承担赔偿责任；造成重大损失的，由消防救援机构依法责令停止执业或者吊销相应资格，由相关部门吊销营业执照，并对有关责任人员采取终身市场禁入措施。

> **提示** 在一些地方法规中也对消防设施相关法律责任有所规定，如《四川省消防条例》第七十一条规定，个人经营的场所消防设施、器材或者消防安全标志的配置、设置不符合消防技术标准或者未保持完好有效的，责令改正，处警告或者五百元以下罚款。

经典练习

实践练习一

根据《中华人民共和国消防法》有关规定，下列属于消防设施的有（ ）。

A. 火灾自动报警系统　　　　B. 防烟排烟系统

C. 应急照明　　　　　　　　D. 安全疏散设施

答案

ABCD

解析

《消防法》第七十三条第一项规定，消防设施是指火灾自动报警系统、自动灭火系统、消火栓系统、防烟排烟系统以及应急广播和应急照明、安全疏散设施等。实务中容易遗漏应急照明和安全疏散设施，尤其是容易忽略安全疏散设施，将其单纯视作建筑防火措施。因此，应选择A、B、C、D选项。

实践练习二

检查发现某歌舞厅（有限责任公司）应配已配的火灾自动报警系统和机械排烟系统无法正常工作，根据《中华人民共和国消防法》规定可给予多少的罚款（ ）。

A.500 元以下　　　　　　　B.5000-50000 元

C.50000-100000 元　　　　D.5000 元以下

答案

B

解析

本题中歌舞厅为有限责任公司，按规定应视作单位处理，应承担单位为责任主体的法律后果；火灾自动报警系统和机械排烟系统均属于消防设施，无法正常工作属于消防设施未保持完好有效；根据《消防法》第六十九条规定，应责令改正，处五千元以上五万元以下罚款。因此，应选择B选项。

第二节 消火栓系统

消火栓系统是最常见的消防设施，相对自动化程度较低、操作简便，广泛运用于各类保护对象。其动作运行基本原理，简单来说就是通过一定方式将水灭火剂有效运送至出水终端（消火栓），进而作用于起火对象扑灭火灾。如图 6-2-1 所示，消火栓系统主要包括存水、供水、出水三个部分，A 处主要需要考虑消防水池、用水量等存水，水灭火剂从 A 处至 B 处主要需要考虑水泵、管道、水流水压等供水，B 处到 C 处主要需要水流水压和消火栓布置等出水，即要在经济合理且安全可靠的前提下，使用符合一定流量和压力范围的水达到扑灭火灾的目的。本节主要介绍最为常见的临时高压室内消防给水系统。

图 6-2-1 消火栓系统作用示意图

一、主要的技术标准

《建筑设计防火规范》（GB 50016-2014，2018 年版）。

《消防给水及消火栓系统技术规范》（GB 50974-2014）。

《室内消火栓》（GB 3445-2018）。

《室外消火栓》（GB 4452-2011）。

二、设置范围

保护对象是否需要设置室内外消火栓系统，主要需要考量耐火等级、性质功能、规模（高度、面积、体积、座位数）等因素。例如《建筑设计防火规范》（GB 50016-2014，2018 年版）中要求：民用建筑、厂房、仓库、储罐（区）和堆场周围应设置室外消火栓系统。要求下列建筑或场所应设置室内消火栓系统：建筑占地面积大于 300m² 的厂房和仓库；高层公共建筑和建筑高度大于 21m 的住宅建筑；体积大于 5000m³ 的车站、码头、机场的候车（船、机）建筑、展览建筑、商店建筑、旅馆建筑、医疗建筑、老年人照料设施和图书馆建筑等单、多层建筑；特等、甲等剧场，超过 800 个座位的其他等级的剧场和电影院等以及超过 1200 个座位的礼堂、体育馆等单、多层建筑；建筑高度大于 15m 或体积大于 10000m³ 的办公建筑、教学建筑和其他单、多层民用建筑。

【标准链接】《建筑设计防火规范》（GB 50016–2014，2018 版）第 8.1.2 条、第 8.2.1 条

三、系统分类

（一）按供水压力分类

消防给水系统按照供水压力的不同，可分为三类，如表 6-2-1 所示。

表 6-2-1 消防给水系统分类（按照供水压力）

系统名称	满足水灭火设施所需的工作压力和流量情况	火灾时是否需要消防水泵加压供水
高压消防给水系统	始终保持	无须
临时高压消防给水系统	平时不能满足	火灾时能自动启动消防水泵
低压消防给水系统	能满足车载或手抬移动消防水泵等取水所需	——

（二）按设置位置分类

分为室内消防给水系统和室外消防给水系统。

四、系统构成和工作原理

室内消火栓系统设置于建构筑物内部，在火灾发生时，可以立即就近连接水带、水枪、栓口出水灭火，主要供消防员和接受过培训的人员使用。当室内消火栓系统由市政给水管网直接提供常高压消防水源时，室内消火栓的构成主要包括倒流防止器、室内消火栓管网、阀门、室内消火栓箱等。而临时高压室内消防给水系统则需要依靠

外部动力使原本压力和流量不符合要求的水"达标",可以理解为其构成增加了存水部分、动力部分、控制部分等。通常包括消防水源(消防水池)、消防水泵(含水泵控制柜)、室内消火栓箱(含消火栓、水带、水枪、软管卷盘)、高位消防水箱、流量开关、低压压力开关、试验消火栓、稳压设施、水泵结合器、管网、阀门、消防联动控制设备、报警按钮、电气线路等。

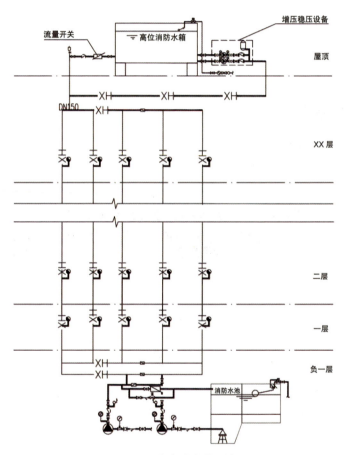

图 6-2-2 室内消火栓示意图

临时高压室内消火栓系统准工作状态时管道内充满了一定的有压水,打开消火栓栓口,水流射出进入工作状态,随着水的流动和管网内压力降低,流量开关、压力开关等动作获取电信号并传输至消防水泵控制柜,进而直接启动消防水泵,将消防水池中的存水输送至系统管网,使水的压力和流量满足规定要求,在相应时间范围内持续作用于保护对象。启动消防水泵主要有三种方式:一是手动启动消防水泵(手动启动又分远程启动和现场启动），二是自动启动消防水泵，三是机械应急启动消防水泵。自动启动消防水泵示意图如下：

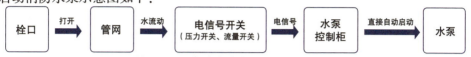

图 6-2-3 自动启动消防水泵示意图

建筑室外消火栓系统包括水源、水泵接合器、室外消火栓、供水管网和相应的控制阀门等，系统设置于建构筑物户外临近部位，在必要时可以直接连接水带、水枪进行灭火，主要是火灾发生时专供消防车取水，保证灭火战斗中有足够的消防用水。通常市政消火栓满足标准规定时可以兼作建构筑物室外消火栓，但要注意的是，两者并不能直接对等。市政消火栓侧重保护某个区域（街区）；室外消火栓直接保护某个建筑。在《建筑设计防火规范》（GB 50016-2014，2018 年版）中规定了市政消火栓和室外消火栓的设置范围，在《消防给水及消火栓系统技术规范》（GB 50974-2014）中规定了市政消火栓和室外消火栓的设置配置要求，且室外消火栓应符合市政消火栓的设置配置要求。

保护对象规定的保护距离内设有一定数量的、符合两路供水要求的、满足一定要求的市政消火栓时，可直接在市政消火栓取水。若达不到这些要求，则需要动力设备把消防水源里的水传输至消防系统管网中。

【标准链接】《建筑设计防火规范》（GB 50016-2014，2018 年版）第 8.1.2 条；《消防给水及消火栓系统技术规范》（GB 50974-2014）第 4.2.1 条、第 4.2.2 条、第 7.2 条

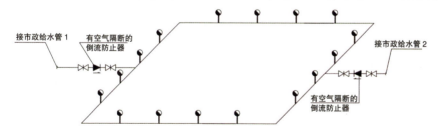

图 6-2-4 室外消火栓示意图

在消防供水系统中，如何保障火灾时用水是最关键的环节。基于最不利条件原则，临时高压室内消火栓系统通常同时考虑三个方面的系统用水，一是消防水池，二是高位消防水箱，三是水泵接合器。即尽量保证在任何情况下，系统始终有"第二种"方式提供有效水用于火灾不同阶段的扑救。例如消防水箱设置在高位，供给建筑初期火灾时的消防用水水量，可以利用自然高差保证相应的水压要求；消防水泵接合器设置

在建筑外便于操作的部位,供消防车向系统供水。

不同防护对象的消防用水量需要经过计算确定。根据《消防给水及消火栓系统技术规范》(GB 50974-2014)的规定,要结合防护对象的高度、层数、体积、性质功能、火灾危险性等因素综合考量,纳入计算的主要参数包括火灾延续时间、设计流量和水灭火系统数量,延续时间与流量相乘的结果即为某灭火系统的用水量,每种灭火系统用水量相加则为总用水量。

【标准链接】《消防给水及消火栓系统技术规范》(GB 50974-2014)第3章

> **提示** 临时高压室内消火栓系统准工作状态时管道内充满了一定的有压水,因建筑布置和管道泄漏等原因,仅靠高位消防水箱则可能无法维持准工作状态时的静水压力,因此便需要增设一种专门的设施——稳压设施(稳压泵、气压罐),用以维持系统管网内的压力。临时高压室内消火栓系统在工作状态时,消火栓栓口出水压应该位于合理的区间内,对于一些大体量建筑(或建筑群共用)的临时高压室内消火栓系统,不同部位的水压差值较大,为了兼顾经济和调整不同高度的压力所需,就还会涉及另一领域——分区供水和减压装置。

五、监督检查要点

(一)系统适配性检查

根据保护对象的性质规模等情况,检查保护对象与消火栓系统之间的适配性。例如保护对象为10000m²的多层旅馆建筑,则该建筑应当设置室内消火栓系统;当室内环境温度不低于4℃且不高于70℃时,采用湿式室内消火栓系统;当平时不能满足水灭火设施所需的工作压力和流量时,应采用临时高压消防给水系统。

【标准链接】《建筑设计防火规范》(GB 50016-2014,2018年版)第8.1.2条、第8.2.1条;《消防给水及消火栓系统技术规范》(GB 50974-2014)第7.1.2条

(二)部件完整性检查

根据消火栓系统的形式检查其主要部件是否完整。以湿式临时高压室内消防给水

系统为例，应着重检查是否按标准设置配置有消防水池、消防水泵及控制柜、室内消火栓、高位消防水箱、电气开关、试验消火栓、水泵结合器、管网阀门、消防联动控制设备等。例如：室内消火栓应配置公称直径 65 有内衬里的消防水带，长度不宜超过 25m；消防软管卷盘应配置内径不小于 φ19 的消防软管，其长度宜为 30m；轻便水龙应配置公称直径 25 有内衬里的消防水带，长度宜为 30m。消防水池应设置就地水位显示装置，并应在消防控制中心或值班室等地点设置显示消防水池水位的装置，同时应有最高和最低报警水位。水泵接合器处应设置永久性标志铭牌，并应标明供水系统、供水范围和额定压力。

【标准链接】《消防给水及消火栓系统技术规范》（GB 50974–2014）第 7.4 条

（三）设置规范性检查

根据消火栓系统各个组成部件，结合建筑防火情况检查各部件的具体设置配置是否符合标准要求。例如：建筑室内消火栓栓口的安装高度应便于消防水龙带的连接和使用，其距地面高度宜为 1.1m；其出水方向应便于消防水带的敷设，并宜与设置消火栓的墙面成 90° 角或向下。室内消火栓安装消火栓水龙带，水龙带与消防水枪和快速接头绑扎好后，应根据箱内构造将水龙带放置。室内消火栓箱的安装应平正、牢固，暗装的消火栓箱不应破坏隔墙的耐火性能。

【标准链接】《消防给水及消火栓系统技术规范》（GB 50974–2014）第 7.4 条

（四）系统功能性检查

根据消火栓系统的功能作用进行检查。例如：检查消防水泵控制柜控制按钮是否处于自动状态；检查消防水泵是否能手动启停和自动启动；检查能否通过消防控制柜多线控制盘直接远程启动消防水泵；检查通过试验消火栓持续放水是否能够自动启动消防水泵。

（五）常见问题

1. 室内消火栓箱内未按标准配置水带、水枪，如图 6-2-5。

图 6-2-5　室内消火栓箱内无水带水枪等

【标准链接】《消防给水及消火栓系统技术规范》（GB 50974-2014）第 7.4.2 条

2.消防水池未按标准设置就地水位显示装置，如图 6-2-6。

图 6-2-6　消防水池无就地水位显示装置

【标准链接】《消防给水及消火栓系统技术规范》（GB 50974-2014）第 4.3.9.2 条

3.水泵接合器处未按标准设置永久性标志铭牌，如图 6-2-7。

图 6-2-7　水泵接合器处无永久性标志铭牌

4.水泵接合器设置不符合标准要求，如图 6-2-8。

图 6-2-8　水泵接合器与消火栓间距不符合标准要求

【标准链接】《消防给水及消火栓系统技术规范》（GB 50974-2014）第 5.4.7 条

5. 室内消火栓设置不符合标准要求，如图6-2-9。

图6-2-9 室内消火栓安装高度不符合标准要求

【标准链接】《消防给水及消火栓系统技术规范》（GB 50974-2014）第7.4.8条

6. 室外消火栓设置不符合标准要求，如图6-2-10。

图6-2-10 室外消火栓设置位置与建筑物外墙间距不符合标准要求

【标准链接】《消防给水及消火栓系统技术规范》（GB 50974-2014）第7.2.6条

7. 消防水泵控制柜在平时未使消防水泵处于自动启泵状态，如图6-2-11。

图6-2-11 消防水泵控制柜控制按钮处于手动状态

【标准链接】《消防给水及消火栓系统技术规范》（GB 50974-2014）第11.0.1.1条

8. 无法通过消防控制柜多线控制盘直接远程启动消防水泵,如图 6-2-12。

图 6-2-12 多线控制盘远程启动按钮损坏

【标准链接】《消防给水及消火栓系统技术规范》(GB 50974-2014)第 11.0.7.1 条

9. 无法通过试验消火栓持续放水自动启动消防水泵,如图 6-2-13。

图 6-2-13 试验消火栓持续放水后无法启泵致充实水柱不达标

【标准链接】《消防给水及消火栓系统技术规范》(GB 50974-2014)第 11.0.4 条

六、系统维护保养

检查是否由具备资格的机构和人员进行年度检测和日常维保;检查是否按照有关规定建立消防设施维护保养、检测的操作规程和档案资料;检查是否按照《消防给水及消火栓系统技术规范》(GB 50974-2014)第 14 章和附录 G(如表 6-2-2,见下页)的规定要求完成每天、每周、每月、每季度、每年度的全要素维护管理,包括但不限于下列内容:

1. 每月应手动启动消防水泵运转一次,并应检查供电电源的情况。

2. 每周应模拟消防水泵自动控制的条件自动启动消防水泵运转一次,且应自动记录自动巡检情况，每月应检测记录。

3. 系统上所有的控制阀门均应采用铅封或锁链固定在开启或规定的状态，每月应对铅封、锁链进行一次检查，当有破坏或损坏时应及时修理更换。

4. 每季度应对消火栓进行一次外观和漏水检查，发现有不正常的消火栓应及时更换。

5. 每季度应对消防水泵接合器的接口及附件进行一次检查，并应保证接口完好、无渗漏、闷盖齐全。

6. 每年应对系统过滤器进行至少一次排渣，并应检查过滤器是否处于完好状态，当堵塞或损坏时应及时检修。

7. 每年应检查消防水池、消防水箱等蓄水设施的结构材料是否完好，发现问题时应及时处理。

表 6-2-2 消防给水及消火栓系统维护管理工作检查项目

部 位		工作内容	周期
水源	市政给水管网	压力和流量	每季
水源	河湖等地表水源	枯水位、洪水位、枯水位流量或蓄水量	每年
	水井	常水位、最低水位、出流量	每年
	消防水池（箱）、高位消防水箱	水位	每月
	室外消防水池等	温度	冬季每天
供水设施	电源	接通状态，电压	每日
	消防水泵	自动巡检记录	每周
		手动启动试运转	每月
		流量和压力	每季
	稳压泵	启停泵压力、启停次数	每日
	柴油机消防水泵	启动电池、储油量	每日
	气压水罐	检测气压、水位、有效容积	每月

续表 6-2-2

部 位		工作内容	周期
减压阀		放水	每月
减压阀		测试流量和压力	每年
阀门	雨淋阀的附属电磁阀	每月检查开启	每月
	电动阀或电磁阀	供电、启闭性能检测	每月
	系统所有控制阀门	检查铅封、锁链完好状况	每月
	室外阀门井中控制阀门	检查开启状况	每季
	水源控制阀、报警阀组	外观检查	每天
	末端试水阀、报警阀的试水阀	放水试验，启动性能	每季
	倒流防止器	压差检测	每月
喷头		检查完好状况、清除异物、备用量	每月
消火栓		外观和漏水检查	每季
水泵接合器		检查完好状况	每月
		通水试验	每年
过滤器		排渣、完好状态	每年
储水设备		检查结构材料	每年
系统联锁试验		消火栓和其他水灭火系统运行功能	每年
消防泵水房、水箱间、报警阀间、减法阀间等供水设备间		检查室温	（冬季）每天

经典练习

🛎 **实践练习一**

每（　）应对消火栓进行一次外观和漏水检查，发现有不正常的消火栓应及时更换。

A.周　　　　B.月　　　　C.季度　　　　D.年度

答案

C

解析

根据《消防给水及消火栓系统技术规范》（GB 50974-2014）第 14.0.7 条可知，每季度应对消火栓进行一次外观和漏水检查，发现有不正常的消火栓应及时更换。故应选择 C 选项。

实践练习二

根据《消防给水及消火栓系统技术规范》（GB 50974-2014）规定，下列说法正确的有（ ）。

A. 水泵接合器应设在室外便于消防车使用的地点，且距室外消火栓或消防水池的距离不宜小于 15m，并不宜大于 40m。

B. 室内消火栓应设置在楼梯间及其休息平台和前室、走道等明显易于取用，以及便于火灾扑救的位置。

C. 室内消火栓栓口的安装高度应便于消防水龙带的连接和使用，其距地面高度宜为 1.1m；其出水方向应便于消防水带的敷设，并宜与设置消火栓的墙面成 90° 角或向下。

D. 消防控制柜或控制盘应能显示消防水池、高位消防水箱等水源的高水位、低水位报警信号，以及正常水位。

答案

ABCD

解析

答案选项中均为标准中规定的基本设置要求。规定水泵接合器与室外消火栓或消防水池之间的距离以及规定消火栓栓口高度等，均是为了便于操作；规定要求能显示水位高度，是为了及时排水和补水。因此，A、B、C、D 选项的说法正确。

第三节 自动喷水灭火系统

自动灭火系统是指火灾时能通过电气、机械等方式控制从而实现自动灭火的消防设施。通常以自动灭火系统所采用的灭火剂区分为水灭火系统、气体灭火系统、干粉灭火系统、泡沫灭火系统等四大类，具体包括自动喷水、水喷雾、七氟丙烷、二氧化碳、泡沫、干粉、细水雾、自动跟踪定位射流灭火系统等，对扑救初起火灾、防止火势扩大有十分明显的作用。其中，湿式自动喷水灭火系统最为常见。

一、主要的技术标准

《建筑设计防火规范》（GB 50016–2014，2018 年版）。

《自动喷水灭火系统设计规范》（GB 50084–2017）。

《自动喷水灭火系统施工及验收规范》（GB 50261–2017）。

《自动喷水灭火系统第 1–22 部分》（GB 5135.1–22）。

《自动喷水灭火系统第 1 部分：洒水喷头》（GB 5135.1–2019）。

二、设置范围

保护对象是否需要设置自动喷水灭火系统，需要考虑性质功能、建筑规模等因素。《建筑设计防火规范》（GB 50016–2014，2018 年版）第 8.3.1 条至第 8.3.4 条，按照厂房、仓库、民用（高层与多层）等分类，规定了应设置自动灭火系统的保护对象，且优先采用自动喷水灭火系统。例如：占地面积大于 1500m² 或总建筑面积大于 3000m² 的单、多层制鞋、制衣、玩具及电子等类似生产的厂房；占地面积大于 1500m² 的木器厂房；泡沫塑料厂的预发、成型、切片、压花部位；高层乙、丙类厂房；建筑面积大于500m² 的地下或半地下丙类厂房；一类高层公共建筑（除游泳池、溜冰场外）及其地下、半地下室；二类高层公共建筑及其地下、半地下室的公共活动用房、走道、办公室和旅馆的客房、可燃物品库房、自动扶梯底部；高层民用建筑内的歌舞娱乐放映游艺场所；

建筑高度大于 100m 的住宅建筑；大、中型幼儿园，老年人照料设施；总建筑面积大于 500m² 的地下或半地下商店；设置在地下或半地下或地上四层及以上楼层的歌舞娱乐放映游艺场所（除游泳场所外），设置在首层、二层和三层且任一层建筑面积大于 300m² 的地上歌舞娱乐放映游艺场所（除游泳场所外）。

【标准链接】《建筑设计防火规范》（GB 50016-2014，2018 年版）第 8.3 条

> **提示** 通常技术标准规定某种场所或建筑应当设置自动喷水灭火系统，是指根据功能需求设置整个系统，当没有特别注明时，整个场所或建筑均应当在适当部位设置洒水喷头。

三、系统分类

自动喷水灭火系统按照喷头的形式分为闭式系统和开式系统。

闭式系统包括：湿式系统、干式系统、预作用系统、重复启闭预作用系统、保护冷却系统。

开式系统包括：雨淋系统、水幕系统（防火分隔水幕、保护冷却水幕）。

闭式系统中按准工作状态时配水管道内充满用于启动系统的有压水或气体区分湿式系统和干式系统。

自动喷水灭火系统作出上述分类是由保护对象的建筑特征、环境条件和火灾特点等因素决定的。例如：环境温度不低于 4℃且不高于 70℃的场所，应采用湿式系统；环境温度低于 4℃或高于 70℃的场所，应采用干式系统；灭火后必须及时停止喷水的场所，应采用重复启闭预作用系统。这些系统形式有其自身特点和优缺点，相对来说，湿式系统因其准工作状态时管道内充满了一定压力的水，喷头处的热敏元件（通常为玻璃珠）一旦破裂或融化后水即可喷出灭火，灭火效率较高，因此综合条件允许时宜优先采用。

【标准链接】《自动喷水灭火系统设计规范》（GB 50084-2017）第 2.1 条、第 4.2 条

四、系统构成和工作原理

湿式自动喷水灭火系统由闭式喷头、水流指示器、湿式报警阀组，以及管道、供水

设施和末端试水装置等组成，其核心组件是湿式报警阀组，如图 6-3-1 和图 6-3-2（见下页）所示。

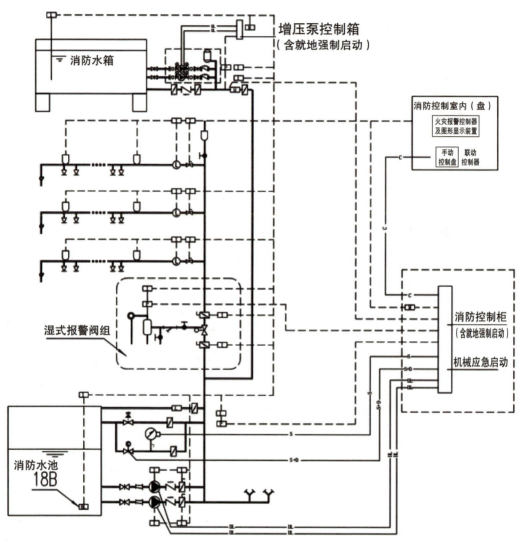

图 6-3-1 湿式自动喷水灭火系统示意图

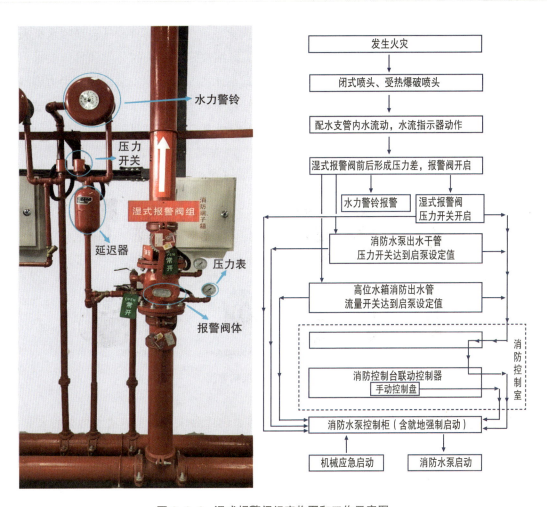

图 6-3-2　湿式报警阀组实物图和工作示意图

准工作状态时，湿式自动喷水灭火系统管道内充满了用于启动系统的有压水，并由消防水箱或稳压设施维持管道内水的压力。火灾发生时，起火部位处的闭式喷头热敏元件在高温作用下融化、破裂，喷头立即开始喷水，管道内水开始流动，设置于配水管上的水流指示器动作发出信号向控制器报告起火区域，随着持续喷水导致湿式报警阀上腔水压低于下腔，在压力差作用下，报警阀内的阀瓣开启，压力水通过报警阀流向管网，水流打开通向水力警铃的通道，压力水通过延迟器延迟后冲击水力警铃并发出声响警报，同时压力开关动作输出启动消防水泵的信号，消防水泵随之投入运行并向管网供水。

洒水喷头（如图 6-3-3 所示）是自动喷水灭火系统的重要部件，《自动喷水灭火系统第 1 部分：洒水喷头》（GB 5135.1-2019）详细规定了喷头的分类和具体要求。根据热敏感元件分为易熔元件洒水喷头、玻璃球洒水喷头；根据安装位置分为边墙型洒水喷头、下垂型洒水喷头、直立型洒水喷头。常见的玻璃球洒水喷头是指通过玻璃球内充装的液体受热膨胀使玻璃球爆破而开启的洒水喷头，最常见的红色玻璃球公称动作温度为 68℃。

【标准链接】《自动喷水灭火系统第 1 部分：洒水喷头》（GB 5135.1-2019）第 4.5.2 条

易熔元件洒水喷头　　玻璃球洒水喷头　　　　　　边墙型洒水喷头

下垂型洒水喷头　　直立型洒水喷头　　干式洒水喷头　　嵌入式水喷头　　隐蔽式水喷头

图 6-3-3 洒水喷头实物图

💡 **提示** 自动喷水灭火系统部件的部分参数设计和设置要求取决于场所的火灾危险等级，场所的火灾危险等级划分为轻危险级、中危险级（Ⅰ级、Ⅱ级）、严重危险级（Ⅰ级、Ⅱ级）和仓库危险级（Ⅰ级、Ⅱ级、Ⅲ级），危险等级越高的要求越严格。例如：湿式系统的洒水喷头不宜选用隐蔽式洒水喷头；确需采用时，应仅适用于轻危险级和中危险级Ⅰ级场所。

【标准链接】《自动喷水灭火系统设计规范》（GB 50084-2017）附录 A

五、监督检查要点

（一）系统适配性检查

根据保护对象的性质规模等情况，检查保护对象与自动喷水灭火系统之间的适配性。例如保护对象为总建筑面积为 10000m² 的多层旅馆建筑，则该建筑应当设置自动喷水灭火系统，当室内环境温度不低于 4℃且不高于 70℃时，应采用湿式自动喷水灭火系统。

【标准链接】《建筑设计防火规范》（GB 50016-2014，2018 年版）第 8.3 条、《自动喷水灭火系统设计规范》（GB 50084-2017）第 4.2 条

（二）部件完整性检查

根据自动喷水灭火系统的形式检查其主要部件是否完整。以湿式自动喷水灭火系统为例，应着重检查是否按标准设置配置有消防水池、消防水泵及控制柜、高位消防水箱、洒水喷头、报警阀组、水流报警装置等组件和末端试水装置等。包括但不限于下列内容：

1.除报警阀组控制的洒水喷头只保护不超过防火分区面积的同层场所外，每个防火分区、每个楼层均应设水流指示器。

2.每个报警阀组控制的最不利点洒水喷头处应设末端试水装置，其他防火分区、楼层均应设直径为 25mm 的试水阀。

> 🔔 **提示** 末端试水装置与试水阀的区别：一是数量的不同；二是功能的不同；三是安装位置的不同。末端试水装置用于测试系统，其设置于每个报警阀组的供水最不利点处，安装在其他防火分区和楼层最不利点附近或次不利点处的具有类似功能的称之为试水阀。

（三）设置规范性检查

检查主要部件的设置和管理是否规范，包括但不限于下列内容：

1.末端试水装置和试水阀应有标识，距地面的高度宜为 1.5m，并应采取不被他用的措施。末端试水装置的出水，应采取孔口出流的方式排入排水管道，排水立管宜设伸顶通气管，且管径不应小于 75mm。

2.不做吊顶的场所，当配水支管布置在梁下时，应采用直立型洒水喷头。

3.吊顶下布置的洒水喷头，应采用下垂型洒水喷头或吊顶型洒水喷头。

4.报警阀组宜设在安全及易于操作的地点，报警阀距地面的高度宜为 1.2m。设置报警阀组的部位应设有排水设施。

5.连接报警阀进出口的控制阀应采用信号阀。当不采用信号阀时，控制阀应设锁

定阀位的锁具。控制阀均应锁定在常开位置。

6. 水力警铃的工作压力不应小于 0.05MPa，并应设在有人值班的地点附近或公共通道的外墙上，报警阀连接的管道，其管径应为 20mm，总长不宜大于 20m。

7. 装设网格、栅板类通透性吊顶的场所，当通透面积占吊顶总面积的比例大于 70%时，喷头应设置在吊顶上方。

【标准链接】《自动喷水灭火系统设计规范》（GB 50084–2017）第 6、7 章

（四）系统功能性检查

湿式自动喷水灭火系统的功能性检查与消火栓系统有相似之处，例如通过多线控制盘远程启动喷淋泵和就地手动启动喷淋泵。在测试湿式自动喷水灭火系统自动灭火功能时，应着重包括但不限于下列内容：

1. 开启系统中的末端试水装置和试水阀，水流指示器、压力开关等信号装置的功能应均符合设计要求。湿式自动喷水灭火系统的最不利点做末端放水试验时，自放水开始至水泵启动时间不应超过 5min。

2. 打开末端试（放）水装置，当流量达到报警阀动作流量时，湿式报警阀和压力开关应及时动作，带延迟器的报警阀应在 90s 内压力开关动作，不带延迟器的报警阀应在 15s 内压力开关动作。

3. 湿式系统、干式系统应由消防水泵出水干管上设置的压力开关、高位消防水箱出水管上的流量开关和报警阀组压力开关直接自动启动消防水泵。

【标准链接】《自动喷水灭火系统施工及验收规范》（GB 50261–2017）第 8.0.6 条、第 8.0.7 条

（五）常见问题

1. 喷头的选择和安装方式错误，如图 6–3–4 。

图 6–3–4　不做吊顶的场所违规采用下垂型喷头

【标准链接】《自动喷水灭火系统设计规范》（GB 50084–2017）第 6.1.3 条

2. 末端试水装置设置不符合标准要求，如图 6–3–5。

图 6–3–5　末端试水装置无保护装置且未采用孔口出流排水

【标准链接】《自动喷水灭火系统设计规范》（GB 50084–2017）第 6.5 条

3. 湿式报警阀组通向压力延迟器（压力开关）的常开阀门被关闭，如图 6–3–6 。

图 6–3–6　湿式报警阀组常开阀门关闭且无保护装置（铅封）

【标准链接】《自动喷水灭火系统施工及验收规范》（GB 50261–2017）第 8.0.7 条、第 9.0.7 条

4. 喷淋泵控制柜处于手动状态导致无法自动启泵，如图 6–3–7。

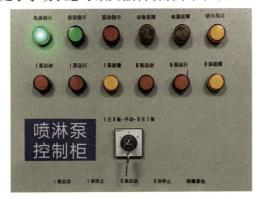

图 6–3–7　喷淋泵控制柜处于手动状态

【标准链接】《自动喷水灭火系统施工及验收规范》(GB 50261-2017)第 11.0.1.1 条

六、系统维护保养

自动喷水灭火系统应具有管理、检测、维护规程,并应保证系统处于准工作状态。维护管理工作,应按《自动喷水灭火系统施工及验收规范》(GB 50261-2017)附录 G (如表6-3-1)的要求进行。维护管理人员应经过消防专业培训,应熟悉自动喷水灭火系统的原理、性能和操作维护规程。维护保养应包括但不限于下列内容:

1. 每个季度应对系统所有的末端试水阀和报警阀旁的放水试验阀进行一次放水试验,检查系统启动、报警功能以及出水情况是否正常。

2. 系统上所有的控制阀门均应采用铅封或锁链固定在开启或规定的状态。每月应对铅封、锁链进行一次检查,当有破坏或损坏时应及时修理更换。

3. 维护管理人员每天应对水源控制阀、报警阀组进行外观检查,并应保证系统处于无故障状态。

4. 每月应对喷头进行一次外观及备用数量检查,发现有不正常的喷头应及时更换;当喷头上有异物时应及时清除。

【标准链接】《自动喷水灭火系统施工及验收规范》(GB 50261-2017)第 9 章和附录 G

表 6-3-1 自动喷水灭火系统维护管理工作检查项目

部 位	工作内容	周期
水源控制阀、报警控制装置	目测巡检完好状况及开闭状态	每日
电源	接通状态、电压	每日
内燃机驱动消防水泵	启动试运转	每月
喷头	检查完好状况、清除异物、备用量	每月
系统所有控制阀门	检查铅封、锁链完好状况	每月
电动消防水泵	启动试运转	每月
稳压泵	启动试运转	每月
消防气压给水设备	检测气压、水位	每月

续表 6-3-1

部 位	工作内容	周期
蓄水池、高位水箱	检测水位及消防储备水不被他用的措施	每月
电磁阀	启动试验	每季
信号阀	启闭状态	每月
水泵接合器	检查完好状况	每月
水流指示器	试验报警	每手
室外阀门井中控制阀门	检查开启状况	每季
报警阀、试水阀	放水试验，启动性能	每月
泵流量检测	启动、放水试验	每年
水源	测试供水能力	每年
水泵接合器	通水试验	每年
过滤器	排渣、完好状态	每月
储水设备	检查完好状态	每年
系统联动试验	系统运行功能	每年
内燃机	油箱油位，驱动泵运行	每月
设置储水设备的房间	检查室温	每天（寒冷季节）

经典练习

🔊 **实践练习一**

对湿式自动喷水灭火系统进行消防监督检查时，下列做法正确的有（　　）。

A. 在消防控制室无法通过多线控制盘远程直接启动喷淋泵，检查结果为不合格

B. 打开末端试水装置，1分钟后才自动启动喷淋泵，检查结果为不合格

C. 部分喷头的玻璃球被白色油漆包裹，检查结果为不合格

D. 湿式报警阀组的常开控制阀门未采用铅封或锁链固定在开启状态，检查结果为不合格

📥 **答案**

ACD

📢 **解析**

喷淋泵应具有远程直接启泵控制功能；湿式自动喷水灭火系统的最不利点做末端放水试验时，自放水开始至水泵启动时间不应超过5min；喷头上有异物时应及时清除；系统上所有的控制阀门均应采用铅封或锁链固定在开启或规定的状态。

📢 **实践练习二**

下列关于喷头的安装设置，说法正确的有（　　）。

A. 吊顶下布置的洒水喷头，应采用直立型洒水喷头

B. 不做吊顶的场所，当配水支管布置在梁下时，应采用下垂型洒水喷头或吊顶型洒水喷头

C. 湿式系统的洒水喷头不宜选用隐蔽式洒水喷头；确需采用时，应仅适用于轻危险级和中危险级Ⅰ级场所

D. 装设网格、栅板类通透性吊顶的场所，当通透面积占吊顶总面积的比例大于70%时，喷头应设置在吊顶上方

📥 **答案**

CD

📢 **解析**

要正确认识各种喷头的喷水形式并采取正确方式安装设置，否则起不到应有的喷水（溅水）效果。下垂式喷头安装在有吊顶处，其装饰盘与吊顶面层相平，溅水盘露出吊顶。直立式喷头安装在无吊顶处或吊顶内净空大于800mm时，喷头溅水盘距顶板低7.5-150mm处安装。A、B选项中的喷头颠倒了。因此应选择C、D选项。

第四节 火灾自动报警系统

火灾自动报警系统能实现火灾早期探测、发出火灾报警信号并向各类消防设备发出控制信号完成各项消防功能，一般由火灾触发器件、火灾警报装置、火灾报警控制器、消防联动控制系统等组成，如图 6-4-1 所示。

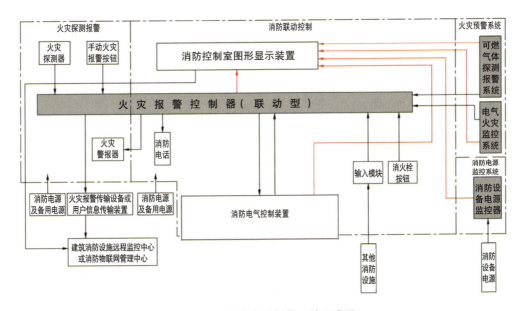

图 6-4-1 火灾自动报警系统组成图

一、主要的技术标准

《建筑设计防火规范》（GB 50016-2014，2018 年版）。

《火灾自动报警系统设计规范》（GB 50116-2013）。

《火灾自动报警系统施工及验收标准》（GB 50166-2019）。

《消防联动控制系统》（GB 16806-2006）。

《火灾报警控制器》（GB 4717-2005）。

二、设置范围

保护对象是否需要设置火灾自动报警系统主要考量三个方面的因素：一是同一时间停留人数较多，发生火灾容易造成人员伤亡需及时疏散的场所或建筑；二是可燃物较多，火灾蔓延迅速，扑救困难的场所或建筑；三是不易及时发现火灾且性质重要的场所或建筑。

《建筑设计防火规范》（GB 50016–2014，2018年版）等技术标准对设置范围作出了强制性要求，规定以下保护对象应设置火灾自动报警系统：任一层建筑面积大于1500m²或总建筑面积大于3000m²的制鞋、制衣、玩具、电子等类似用途的厂房；每座占地面积大于1000m²的棉、毛、丝、麻、化纤及其制品的仓库，占地面积大于500m²或总建筑面积大于1000m²的卷烟仓库；任一层建筑面积大于1500m²或总建筑面积大于3000m²的商店、展览、财贸金融、客运和货运等类似用途的建筑，总建筑面积大于500m²的地下或半地下商店；特等、甲等剧场，座位数超过1500个的其他等级的剧场或电影院，座位数超过2000个的会堂或礼堂，座位数超过3000个的体育馆；大、中型幼儿园的儿童用房等场所，老年人照料设施，任一层建筑面积大于1500m²或总建筑面积大于3000m²的疗养院的病房楼、旅馆建筑和其他儿童活动场所，不少于200床位的医院门诊楼、病房楼和手术部等；歌舞娱乐放映游艺场所；二类高层公共建筑内建筑面积大于50m²的可燃物品库房和建筑面积大于500m²的营业厅；其他一类高层公共建筑；设置机械排烟、防烟系统，雨淋或预作用自动喷水灭火系统，固定消防水炮灭火系统、气体灭火系统等需与火灾自动报警系统联锁动作的场所或部位；建筑高度大于54m但不大于100m的住宅建筑，其公共部位应设置火灾自动报警系统，套内宜设置火灾探测器；建筑高度不大于54m的高层住宅建筑，其公共部位宜设置火灾自动报警系统，当设置需联动控制的消防设施时，公共部位应设置火灾自动报警系统。此外，《建筑设计防火规范》（GB 50016–2014，2018年版）8.4.3规定建筑内可能散发可燃气体、可燃蒸气的场所应设置可燃气体报警装置。

【标准链接】《建筑设计防火规范》（GB 50016–2014，2018年版）第8.4.1至8.4.3条

> 🛎 **提示** 火灾探测器是火灾自动报警系统的部件之一，是直接探测发现火灾的关键部件。通常技术标准规定某种场所或建筑应当设置火

灾自动报警系统，是指根据功能需求设置整个系统。当没有特别注明时，整个场所或建筑均应当在适当部位设置火灾探测器。

三、系统形式与构成

火灾自动报警系统主要有区域报警系统、集中报警系统、控制中心报警系统三种形式，系统的构成、配置、功能呈梯次丰富。

（一）区域报警系统

仅需要报警，不需要联动自动消防设备的保护对象宜采用区域报警系统。区域报警系统主要适用于规模小的保护对象，且设置的其他消防设施不需要通过联动控制，"九小"场所多采用这种报警系统。主要由火灾探测器、手动火灾报警按钮、火灾声光警报器及火灾报警控制器等组成，如图6-4-2所示。其中，火灾探

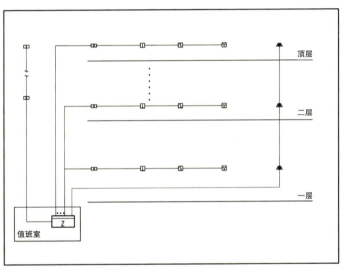

图 6-4-2 区域报警系统示意图

测器和手动火灾报警按钮用于探测发现报告火灾，火灾声光警报器用于声光警示发生了火灾，火灾报警控制器用于信息储存、信号传输和功能控制。

（二）集中报警系统

不仅需要报警，同时需要联动自动消防设备，且仅设置一台具有集中控制功能的火灾报警控制器和消防联动控制器的保护对象，应采用集中报警系统，并应设置一个消防控制室。集中报警系统是普遍采用的系统形式，常见于商店、旅馆等建筑和歌舞娱乐场所。系统由火灾探测器、手动火灾报警按钮、火灾声光警报器、消防应急广播、消防专用电话、消防控制室图形显示装置、火灾报警控制器、消防联动控制器等组成，如图6-4-3所示（见下页）。

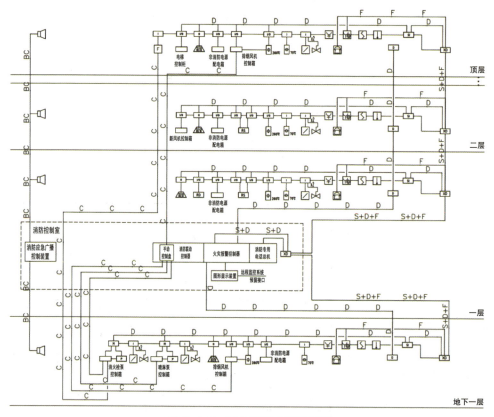

图 6-4-3　集中报警系统示意图

采取集中报警系统的保护对象火灾危险性更大，因此要求系统中的火灾报警控制器、消防联动控制器和消防控制室图形显示装置、消防应急广播的控制装置、消防专用电话总机等起集中控制作用的消防设备，应设置在消防控制室内。

> 🧯 **提示** 相较区域报警，集中报警系统增加了三个警示火灾和准确传达火灾信息的部件（消防应急广播、消防专用电话、消防控制室图形显示装置），最重要的是增加了用于联动控制各类消防设施的消防联动控制器。设置区域报警系统的保护对象通常不需要设置或未设置消防控制室，但火灾报警控制器仍需要由人员操作，因此要求区域报警系统的火灾报警控制应设置在有人值班的场所。

> **提示** 消防控制室是重要的消防设备专门用房，是各类消防设施的中枢控制中心，是开展消防管理工作的"集散地"，相关知识见第五章第五节。

（三）控制中心报警系统

设置两个及以上消防控制室的保护对象，或已设置两个及以上集中报警系统的保护对象，应采用控制中心报警系统，如图 6-4-4 所示。控制中心报警系统一般适用于建筑群或体量很大的保护对象，这些保护对象中可能设置几个消防控制室，也可能由于分期建设而采用了不同企业的产品或同一企业不同系列的产品，或者由于系统容量限制而设置了多个起集中作用的火灾报警控制器等情况，这些情况下均应选择控制中心报警系统。简单来说，就是多个集中报警系统的集合。

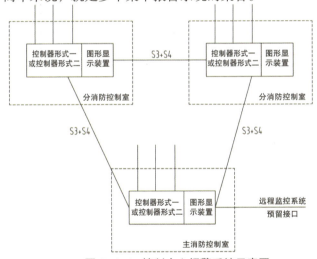

图 6-4-4　控制中心报警系统示意图

> **提示** 有两个及以上消防控制室时，应确定一个主消防控制室。主消防控制室应能显示所有火灾报警信号和联动控制状态信号，并应能控制重要的消防设备；各分消防控制室内消防设备之间可互相传输、显示状态信息，但不应互相控制。

四、工作原理

火灾自动报警系统主要包括报警和控制功能。

报警功能的工作原理如图6-4-5所示，火灾发生后，不同物质在不同环境下会呈现不同的初起燃烧特征，主要有烟、热、光等现象，根据实际需要设置在保护对象的感烟、感温、感光等火灾探测器能灵敏判断烟、热、光是否异常，并将探测出的相关信息传输至报警控制器，报警控制器进而控制火灾声光警报器工作实现火灾报警功能。相较探测器自动探测火灾，手动火灾报警按钮既可以供巡查或工作人员第一时间发现报告火灾，也能够防止火灾探测器失效时而作为手动备用。

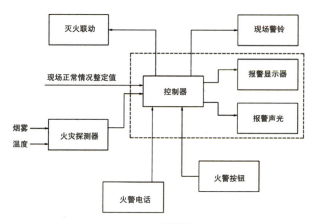

图6-4-5　区域报警工作原理

采用集中报警系统设防的保护对象发生火灾后，实现火灾报警功能同时，重点需要启动联动控制的消防设施，其原理如图6-4-6所示。通常情况下，当联动控制器接收到两个独立的报警触发装置报警信号的"与"逻辑组合后，便向特定的消防设施按时序发出启动信号，进而消防设施动作。通过消防电话可以更方便快捷传达火灾现场情况；消防应急广播可以自动播放预先设置好的疏散提示信息（和声光警报交替播放）；消防控制室图形显示装置可以准确显示火灾点位、楼层疏散指示图和消防设施布置图等。

> **提示**　每种消防设施的联动控制逻辑组合不尽相同，主要由《火灾自动报警系统设计规范》（GB50116-2013）消防联动控制设计一章规定。

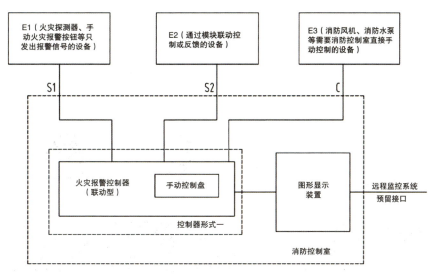

图 6-4-6 集中报警工作原理图

自动联动控制是集中报警系统的核心功能，为了提高系统可靠性和便于紧急情况下控制室值班人员和消防救援人员操作，对于重要消防设施（消防水泵、防烟和排烟风机等）还强制要求设置有远程直接启动按钮，即在消防控制室设置手动直接控制装置。这些直接控制装置集中设置在联动控制器的多线控制盘上，采取的是"点对点"直接连线方式。

【标准链接】《火灾自动报警系统设计规范》（GB 50116-2013）第 4.1.4 条

五、监督检查要点

（一）系统适配性检查

根据保护对象的性质规模和消防设施联动控制情况，检查保护对象与系统之间的适配性。以总建筑面积为 3500m² 的多层商店建筑为例，设有自动喷水灭火系统、机械排烟系统等自动消防设施。根据《建筑设计防火规范》（GB 50016-2014，2018 年版）第 8.4.1 条第 3 项和第 13 项规定，该商店建筑应设置火灾自动报警系统；根据《火灾自动报警系统设计规范》（GB 50116-2013）第 3.2.1 条规定，该商店建筑设置的火灾自动报警系统形式应为集中报警系统。

（二）部件完整性检查

根据保护对象选择的系统形式，检查其是否按照《火灾自动报警系统设计规范》

（GB 50116-2013）第 3.2.2 条等规定配置相关的系统部件，主要部件如图 6-4-7 所示。即区域报警系统应当包括火灾探测器、手动火灾报警按钮、火灾声光警报器及火灾报警控制器；集中报警系统应当包括火灾探测器、手动火灾报警按钮、火灾声光警报器、消防应急广播、消防专用电话、消防控制室图形显示装置、火灾报警控制器、消防联动控制器。

点型光电感烟火灾探测器　　　点型感温火灾探测器　　　火灾报警按钮　　　火灾声光报警器

消防广播控制盘　　应急广播消防电话总机　　图形显示器　　火灾报警控制器　　联动控制器

图 6-4-7　火灾自动报警系统主要功能部件实物图

（三）设置规范性检查

根据保护对象布置布局等具体情况，检查系统主要部件是否按照标准进行设置配置。此外，供配电和布线是火灾自动报警系统的重要组成部分，应着重进行检查。规范性检查包括但不限于下列内容：

1. 点型探测器至墙壁、梁边的水平距离，不应小于 0.5m。点型探测器周围 0.5m 内，不应有遮挡物。

2. 从一个防火分区内的任何位置到最邻近的手动火灾报警按钮的步行距离不应大于 30m。手动火灾报警按钮应设置在明显和便于操作的部位。当采用壁挂方式安装时，其底边距地高度宜为 1.3m ~ 1.5m，且应有明显的标志。

3. 每个报警区域内应均匀设置火灾警报器，其声压级不应小于 60dB；在环境噪声大于 60dB 的场所，其声压级应高于背景噪声 15dB。当火灾警报器采用壁挂方式安装时，其底边距地面高度应大于 2.2m。

4. 民用建筑内扬声器应设置在走道和大厅等公共场所。每个扬声器的额定功率不应小于 3W，其数量应能保证从一个防火分区内的任何部位到最近一个扬声器的直线距离不大于 25m，走道末端距最近的扬声器距离不应大于 12.5m。

5. 每个报警区域内的模块宜相对集中设置在本报警区域内的金属模块箱中。模块严禁设置在配电（控制）柜（箱）内。

6. 消防控制室应设置消防专用电话总机。消防水泵房、发电机房、配变电室、防排烟机房及其他与消防联动控制有关的且经常有人值班的机房应设置消防专用电话分机。消防专用电话分机，应固定安装在明显且便于使用的部位，并应有区别于普通电话的标识。

7. 火灾自动报警系统的供电线路、消防联动控制线路应采用耐火铜芯电线电缆，报警总线、消防应急广播和消防专用电话等传输线路应采用阻燃或阻燃耐火电线电缆。

8. 线路暗敷设时，应采用金属管、可挠（金属）电气导管或 B1 级以上的刚性塑料管保护，并应敷设在不燃烧体的结构层内，且保护层厚度不宜小于 30mm；线路明敷设时，应采用金属管、可挠（金属）电气导管或金属封闭线槽保护。矿物绝缘类不燃性电缆可直接明敷。

9. 从接线盒、线槽等处引到探测器底座盒、控制设备盒、扬声器箱的线路，均应加金属保护管保护。

【标准链接】《火灾自动报警系统设计规范》（GB 50116–2013）第 5、6、11 章

（四）系统功能性检查

火灾自动报警系统的功能性检查，应包括但不限于下列内容：

1. 多线控制盘远程直启：

按下多线控制盘上集中设置的控制装置（按钮），检查是否能够直接远程启停消火栓泵、喷淋泵、防烟风机、排烟风机等重要消防设施。将直接手动控制单元设置为"手动允许"状态，按下启动按钮，该按钮对应的启动指示灯点亮，而后反馈指示灯随即点亮。同时控制器应能接收启动和反馈信号，并显示信息准确。

2. 自检、界面指示灯和历史记录查询：

按下控制器自检按钮，检查系统自检功能是否正常；查看控制器界面各指示灯，检查是否有无故障、屏蔽、火警等显示；进入控制器相关功能界面，查看系统历史工作运行状态，对照控制室值班记录或火灾隐患记录，检查是否如实记载隐患、是否违规屏蔽探测报警点位、是否及时排查消除故障。

3. 探测火灾功能检查：

利用发烟器等消防监督执法装备触发火灾探测器（宜选择人员密集的房间、可燃物多的房间、厨房、疏散楼梯间、管道井等处的探测器），检查探测器是否能及时准确探测火灾并向控制器传输信号；按下手动火灾报警按钮，检查是否能向控制器传输信号。

（1）对火灾探测器进行测试，模拟产生火灾信号，探测器火警确认灯应点亮红色，或由绿色闪亮变为红色常亮。

（2）火灾报警控制器应收到其输出的火警信号，显示信息准确。

（3）其报警确认灯应能保持至火灾报警控制器实施复位操作。

4.火灾警报和火灾信息传达：

（1）检查火灾声光警报器能否正常发出警报提示。并应在确认火灾后启动建筑内的所有火灾声光警报器。火灾声警报器单次发出火灾警报时间宜为8s～20s，同时设有消防应急广播时，火灾声警报应与消防应急广播交替循环播放。

（2）检查消防应急广播喊话器和自动播放功能是否正常。消防应急广播系统的联动控制信号应由消防联动控制器发出。当确认火灾后，应同时向全楼进行广播。

（3）检查消防电话通话功能是否正常。多线制消防专用电话系统中的每个电话分机应与总机单独连接。通过总机按下编号可与相应分机直接通话，到水泵房、风机房等拿起分机可与总机直接通话。

（4）检查消防控制室图形显示装置能否正常显示相关信息。图形显示装置与火灾报警控制器、消防联动控制器、电气火灾监控器等消防设备之间，应采用专用线路连接。

5.重要设施联动控制检查：

根据不同消防设施联动控制逻辑触发启动信号，检查需要联动控制的自动消防设施是否正常启动运行。

> 🔴 **提示** 重要设施的联动控制检查是监督检查的重中之重，尤其对于大体量公共建筑，必须采取适当方式进行系统性功能测试，以检查火灾自动报警系统和与之联动控制的自动消防设施的完好状况。

（五）常见问题

1.点型火灾探测器设置不符合标准，如图6-4-8（见下页）。

图 6-4-8 点型火灾探测器周边 0.5 米范围内有遮挡物

【标准链接】《火灾自动报警系统设计规范》（GB 50116-2013）第 6.2.6 条

2.线路敷设不符合标准，如图 6-4-9。

图 6-4-9 线路明敷设时采用 PVC 管

【标准链接】《火灾自动报警系统设计规范》（GB 50116-2013）第 11.2.3 条

六、系统维护保养

系统应按《火灾自动报警系统施工及验收标准》（GB 50166-2019）附录 F 规定的巡查项目和内容进行日常巡查，巡查的部位、频次应符合《建筑消防设施的维护管理》（GB 25201）的规定，并按《火灾自动报警系统施工及验收标准》（GB 50166–2019）附录 F 的规定填写记录。每年应按《火灾自动报警系统施工及验收标准》（GB 50166–2019）表 6.0.5 规定的检查项目、数量对系统设备的功能、各分系统的联动控制功能进行检查，包括但不限于下列内容：

1. 应保证每年对每一只探测器、报警按钮至少进行一次火灾报警功能检查。

2. 月、季检查数量应保证每年对每一台区域显示器至少进行一次火灾报警显示功能检查。

3. 应保证每年对每一只火灾警报器至少进行一次火灾警报功能检查。

4. 应保证每年对每一只扬声器至少进行一次应急广播功能检查。

5. 应保证每年对每一个报警区域至少进行一次联动控制功能检查。

6. 应保证每年对每一台防火门监控器及其配接的现场部件至少进行一次启动、反馈功能，常闭防火门故障报警功能检查。

【标准链接】《火灾自动报警系统施工及验收标准》（GB 50166–2019）第 6 章和附录 F

••••••••••••••••••• 经典练习 •••••••••••••••••••

🔈 **实践练习一**

区域报警系统可不设置以下哪些部件（   ）。

A. 手动火灾报警按钮   B. 消防电话   C. 图形显示装置   D. 消防应急广播

🔒 **答案**

BCD

📜 **解析**

区域报警系统是火灾自动报警系统的基本形式，主要包括火灾探测装置（火灾探测器、手动火灾报警按钮）、警报装置（火灾声光警报器）和控制装置（火灾报警控制器），消防电话、图形显示装置和消防应急广播是集中报警系统的必要组成部分。因此，应选择B、C、D选项。

🔈 **实践练习二**

关于火灾自动报警系统的技术规定，下列说法错误的有（   ）。

A. 需要进行穿管保护的线路明敷设时，可采用 B_1 级以上的刚性塑料管保护

B. 疏散楼梯间等没有可燃物的部位可以不设置火灾探测器

C. 为防止火灾探测器进入灰尘造成故障，平时应采用防护罩盖住探测器

D. 为方便统一安装和管理，模块可设置在配电控制柜箱内

答案

ABCD

解析

为提高可靠性，当火灾自动报警系统的线路需要进行穿管保护，在明敷时应采用金属管、可挠（金属）电气导管或金属封闭线槽保护；疏散楼梯间的安全性应得到充分保障，及时发现楼梯间内的火灾更为重要，且疏散楼梯间应当单独划分探测区域，所以应当设置火灾探测器；火灾探测器 0.5m 范围内不能有遮挡，其本身更不能采用固定物遮蔽，对于有大量粉尘的场所可采用点型感温火灾探测器，关于火灾探测器的选型和设置等技术规定，详见《火灾自动报警系统设计规范》（GB 50166-2019）第 5 章；模块属于重要的信号传输转换设备，不能受干扰，规定要求严禁设置在配电（控制）柜（箱）内，每个报警区域内的模块宜相对集中设置在本报警区域内的金属模块箱中。因此，A、B、C、D 选项的说法错误。

第五节 防烟排烟系统

为了保障起火建筑内人员的安全疏散和消防救援行动的顺利开展,需要阻止烟气进入前室、楼梯间、避难层(间)、避难走道等疏散路径,将烟气控制在着火区域所在的空间范围内以限制其蔓延扩散,并通过安全、合理的方式将烟气排出建筑外。因此,建筑设置防烟排烟系统并确保其正常发挥作用十分重要。

一、主要的技术标准

《建筑设计防火规范》(GB 50016-2014,2018 年版)。

《建筑防烟排烟系统技术标准》(GB 51251-2017)。

《建筑通风和排烟系统用防火阀门》(GB 15930-2007)。

《电动采光排烟天窗》(GB/T 28637-2012)。

《挡烟垂壁》(XF 533-2012)。

二、设置范围

建筑或场所是否需要设置防烟排烟系统应兼顾安全性与经济性的原则,综合考虑火灾的规模以及起火建筑的高度、结构、消防设施设置等因素及其相互作用对火灾烟气的蔓延发展的影响,结合实际确定防烟系统与排烟系统的设置范围。

(一)防烟系统

防烟系统主要用于确保火场被困人员的疏散逃生路径和临时避难场所不被高温、有毒烟气侵入,因此主要设置于防烟楼梯间及其前室、消防电梯前室或合用前室以及避难走道的前室和避难层、避难间等位置。

对于建筑高度不大于 50m 的公共建筑、厂房、仓库和建筑高度不大于 100m 的住宅建筑,由于受外部风压作用影响较小,当其防烟楼梯间的前室或合用前室满足一定条件时,利用建筑自身的自然通风即可阻止火灾烟气进入防烟楼梯间,因此其楼梯间无需再单独设置防烟系统。

【标准链接】《建筑设计防火规范》（GB 50016-2014，2018年版）第8.5.1条

（二）排烟系统

排烟系统主要用于将火灾烟气和热量及时有效排出，防止火灾进一步蔓延扩大，并尽量减少火灾烟气对灭火救援和人员逃生的影响。因此，排烟系统的设置不但要考虑建筑或场所的使用性质、建筑规模、平面布置等因素，还要考虑空气对流条件、人员密度、可燃物荷载等。

《建筑设计防火规范》《汽车库、修车库、停车场设计防火规范》《人民防空工程设计防火规范》等均对排烟系统的设置范围做了强制性规定，包括但不限于下列内容：

对于厂房或仓库，应在下列场所或部位设置排烟设施：人员或可燃物较多的丙类生产场所，丙类厂房内建筑面积大于300m²且经常有人停留或可燃物较多的地上房间；建筑面积大于5000m²的丁类生产车间；占地面积大于1000m²的丙类仓库；高度大于32m的高层厂房（仓库）内长度大于20m的疏散走道，其他厂房（仓库）内长度大于40m的疏散走道。

对于民用建筑，应在下列场所或部位设置排烟设施：设置在一、二、三层且房间建筑面积大于100m²的歌舞娱乐放映游艺场所，设置在四层及以上楼层、地下或半地下的歌舞娱乐放映游艺场所；中庭；公共建筑内建筑面积大于100m²且经常有人停留的地上房间；公共建筑内建筑面积大于300m²且可燃物较多的地上房间；建筑内长度大于20m的疏散走道。

> **提示** 地下、半地下建筑以及地上建筑内的无窗房间，由于空气对流条件和自然通风条件都相对较差，可燃物在燃烧过程中缺乏充足的空气补充，可燃物燃烧慢、产烟量大、温升快、能见度差，不仅增加人员的恐慌心理，而且对安全疏散和灭火救援十分不利。因此，对此类建筑或场所的排烟设置要求应更加严格，当总建筑面积大于200m²或一个房间建筑面积大于50m²，且经常有人停留或可燃物较多时，即应要求设置排烟设施。

【标准链接】《建筑设计防火规范》（GB 50016-2014，2018 年版）第 8.5.2 ~ 8.5.4 条；《汽车库、修车库、停车场设计防火规范》（GB 50067-2014）第 8.2.1 条；《人民防空工程设计防火规范》（GB 50098-2009）第 6.1.2 条

三、系统形式与构成

根据控烟机理的不同，防烟排烟系统可以分为防烟系统和排烟系统。防烟系统按照送风方式的不同，可以分为自然通风系统和机械加压送风系统；排烟系统按照排烟方式的不同，可以分为自然排烟系统和机械排烟系统，如图 6-5-1 所示。

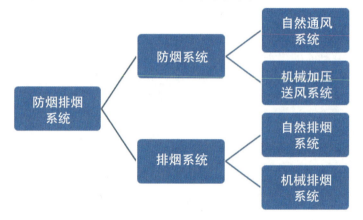

图 6-5-1 防烟排烟系统分类示意图

自然通风设施通常指设置在防烟楼梯间及其前室、消防电梯前室或合用前室、避难层（间）外墙上的开口或者可开启外窗，设在高处的可开启外窗还应设置远程手动开启装置。

机械加压送风系统由送风机、送风管道、送风口（阀）以及相关控制设备等组成。

自然排烟系统主要指设置在排烟区域顶部或外墙上的可开启外窗，设在高处的可开启外窗还应设置远程手动开启装置；对于专为高大空间场所设置的自动排烟窗，还应设置相关信号传输、反馈和手动、自动控制设施。

机械排烟系统由排烟风机、排烟管道、排烟口以及排烟防火阀、挡烟垂壁、补风系统以及相关控制设备等组成。

四、工作原理

（一）防烟系统

1. 自然通风系统：

利用建筑物受到的热压、风压的作用，通过建筑外围防护结构上的门窗孔洞形成的内外压差，控制火灾烟气的流动和蔓延。优点是简单易行、经济适用，对于高度较低的建筑应优先采用；但对于高度较大的建筑，由于建筑本身的密闭性降低以及自然风向、风速导致的风压不稳定等因素，自然通风方式难以保证防烟效果，需要采用机械加压送风系统来确保系统的可靠性。

2. 机械加压送风系统：

通过送风机所产生的气流和压力，使室内压力按照"着火区域＜疏散走道＜前室＜楼梯间"的顺序呈递增分布，以防止火灾烟气侵入疏散路径，确保被困人员及时、安全疏散逃生。同时，为避免各部位之间压差过大影响门的正常开启，还需通过设置余压阀、控制余压值等措施对压差进行调整。

（二）排烟系统

1. 自然排烟系统：

利用火灾产生的热气流和外部风力，通过冷热空气对流的方式将火灾烟气排出建筑室外。具有操作简单、经济适用的特点，在综合考虑建筑的使用性质、平面布局等因素后应优先采用。

2. 机械排烟系统：

采用挡烟垂壁、结构梁、隔墙等挡烟设施形成防烟分区，限制烟气流动并形成储烟仓，通过手动或自动方式启动能在高温环境下持续工作一定时间的排烟风机，将火灾烟气排至建筑室外。同时，通过补风系统保持空气的持续流动，以实现快速有效排出烟气的目的。

五、监督检查要点

（一）系统适配性检查

通过查询建筑档案、实地踏勘测量、现场询问等形式，检查防烟排烟系统的设置范围和设置形式是否与检查对象的使用性质和建筑规模等相适应。以某地上二层的KTV包间为例，为确保隔音效果将窗户全部封闭，包间面积$50m^2$ ～ $100m^2$不等。根据《建筑设计防火规范》有关规定，地上建筑内的无窗房间，当房间建筑面积大于 $50m^2$，且经常有人停留或可燃物较多时，应设置排烟设施。由于该 KTV 窗户封闭无法实现自然排烟，应采用机械排烟形式。

【标准链接】《建筑设计防火规范》（GB 50016–2014，2018 年版）第 8.5.4 条

（二）部件完整性检查

根据检查对象防烟排烟系统设置形式的不同,检查相应系统的组件设置是否齐全。包括但不限于：对于自然通风和自然排烟系统，应注意检查设置在高处不便于直接开启的可开启外窗是否在适当位置设置远程手动开启装置；对于设置机械加压送风系统的封闭楼梯间、防烟楼梯间，除了检查是否设置送风机、送风管道、送风口（阀）以及相关控制设备外，还应检查是否在楼梯间顶部及外墙上设置固定窗；对于设置排烟系统的场所，除地上建筑的走道或建筑面积小于 $500m^2$ 的房间外，还应检查是否设置补风系统，补风系统可以采用机械补风，也可以利用疏散门、可开启外窗等自然补风，但防火门、窗不得用作补风设施。

（三）设置规范性检查

防烟排烟系统的规范设置对系统功能的正常发挥具有至关重要的影响，如果设置不当，不但起不到控制火灾烟气流动的作用，反而可能将高温有毒烟气送往楼梯间、前室等安全区域，威胁人员疏散安全。检查时，应侧重于对系统组件的设置位置、材质及阻燃性能、管道的严密性等方面开展检查。包括但不限于：

1. 防（排）烟风机应设置在专用机房内，且风机外壳至墙壁或其他设备的距离不应小于 600mm。

2. 送风机的进风口不应与排烟风机的出风口设在同一面上。当确有困难时，送风机的进风口与排烟风机的出风口应分开布置，且竖向布置时，送风机的进风口应设置在排烟出口的下方，其两者边缘最小垂直距离不应小于 6.0m；水平布置时，两者边缘最小水平距离不应小于 20.0m。

3. 除直灌式加压送风方式外，楼梯间宜每隔 2 层～3 层设一个常开式百叶送风口；前室应每层设一个常闭式加压送风口，并应设手动开启装置。

4. 机械防（排）烟系统应采用管道送风或排烟，且不应采用土建风道。送风或排烟管道应采用不燃材料制作且内壁应光滑。

5. 当风管穿越隔墙或楼板时，风管与隔墙之间的空隙应采用水泥砂浆等不燃材料严密填塞。

6. 吊顶内的排烟管道应采用不燃材料隔热，并应与可燃物保持不小于150mm的距离。

7. 防烟分区内任一点与最近的排烟口之间的水平距离不应大于30m。

8. 常闭送风口、排烟阀或排烟口的手动驱动装置应固定安装在明显可见、距楼地面1.3m～1.5m之间便于操作的位置，预埋套管不得有死弯及瘪陷，手动驱动装置操作应灵活。

9. 活动挡烟垂壁与建筑结构（柱或墙）面的缝隙不应大于60mm，由两块或两块以上的挡烟垂帘组成的连续性挡烟垂壁，各块之间不应有缝隙，搭接宽度不应小于100mm；活动挡烟垂壁的手动操作按钮应固定安装在距楼地面1.3m～1.5m之间便于操作、明显可见处。

10. 排烟窗的手动开启机构或按钮应固定安装在距楼地面1.3m～1.5m之间，并应便于操作、明显可见。

【标准链接】《建筑防烟排烟系统技术标准》（GB 51251–2017）第3.3.5条～3.3.7条、第4.4.12条、第6.3.4条、第6.4.3条～6.4.5条

（四）系统功能性检查

根据防烟排烟系统的功能作用进行检查，包括但不限于下列内容：

1. 分别通过现场手动启动、火灾自动报警系统联动启动、消防控制室手动远程启动和开启系统中任一常闭加压送风口或排烟口四种方式启动风机，观察风机启动运转情况。

2. 在风机运行状态下手动关闭排烟防火阀，观察排烟风机和补风机是否能连锁关闭。

3. 测试自动排烟窗能否在火灾自动报警系统发出火警信号后联动开启到符合要求的位置。

4. 观察活动挡烟垂壁能否在火灾报警后联动下降到设计高度。

5. 查看消防控制设备是否能正常接收并显示送风口、送风机、排烟口、排烟风机、自动排烟窗等设备的动作信号。

6. 使用风速仪测试送风口或排烟口的风速是否符合要求，一般送风口不宜大于7m/s，排烟口不宜大于10m/s。

（五）常见问题

1. 防（排）烟风机设置不规范，如图6-5-2（见下页）。

图 6-5-2 防（排）烟风机未设置在专用机房内

【标准链接】《建筑防烟排烟系统技术标准》（GB 51251-2017）第 3.3.5 条、第 4.4.5 条

2. 送风口、排烟口损坏变形，如图 6-5-3。

图 6-5-3 送风口、排烟口变形、叶片缺损

【标准链接】《建筑防烟排烟系统技术标准》（GB 51251-2017）第 6.4.2 条

3. 自然排烟窗无法正常开启，如图 6-5-4。

图 6-5-4 排烟窗设置限位器无法完全开启

【标准链接】《建筑防烟排烟系统技术标准》（GB 51251-2017）第 6.4.5 条第 2 项

4. 无机玻璃钢风管表面明显泛霜、结露，如图 6-5-5。

图 6-5-5　无机玻璃钢风管表面泛霜

【标准链接】《建筑防烟排烟系统技术标准》（GB 51251-2017）第 6.3.2 条第 4 项

5. 风管与隔墙之间的空隙未采用水泥砂浆等不燃材料严密填塞，如图 6-5-6。

图 6-5-6　风管与隔墙之间的空隙未填塞严密

【标准链接】《建筑防烟排烟系统技术标准》（GB 51251-2017）第 6.3.4 条第 6 项

六、系统维护保养

检查是否制定维护保养管理制度及操作规程，并由具备资格的机构和人员进行年度检测和日常维保，保证系统处于准工作状态；是否按照表 6-5-1 的要求完成每周、每季度、每半年、每年的全要素维护管理和巡查；是否按照要求比例和数量留存温控释放装置和易熔片等易耗品的备用件。

表 6-5-1　防烟排烟系统维护保养周期表

检查周期	检查部位	检查内容
每周	风管（道）及风口等部件	目测巡检完好状况，有无异物变形

续表 6-5-1

检查周期	检查部位	检查内容
每周	室外进风口、排烟口	巡检进风口、出风口是否通畅
	系统电源	巡查电源状态、电压
每季度	防烟、排烟风机	手动或自动启动试运转,检查有无锈蚀、螺丝松动
	挡烟垂壁	手动或自动启动、复位试验,有无升降障碍
每季度	排烟窗	手动或自动启动、复位试验,有无开关障碍
	供电线路	检查供电线路有无老化,双回路自动切换电源功能等
每半年	排烟防火阀	手动或自动启动、复位试验检查,有无变形、锈蚀及弹簧性能,确认性能可靠
	送风阀或送风口	手动或自动启动、复位试验检查,有无变形、锈蚀及弹簧性能,确认性能可靠
	排烟阀或排烟口	手动或自动启动、复位试验检查,有无变形、锈蚀及弹簧性能,确认性能可靠
每年	系统联动试验	检验系统的联动功能及主要技术性能能参数
	无机玻璃钢风管	当防烟排烟系统采用无机玻璃钢风管时,对该风管质量检查,检查面积应不少于风管面积的30%;风管表面应光洁、无明显泛霜、结露和分层现象

【标准链接】《建筑防烟排烟系统技术标准》(GB 51251-2017)第 9.0.1 ~ 9.0.7 条及附录 G

· · · · · · · · · · · · · · · · **经典练习** · · · · · · · · · · · · · · · ·

📢 **实践练习一**

下列关于机械加压送风的防烟设施的说法,错误的是（　　）。

A. 加压送风管道应采用不燃材料制作

B. 常闭式送风口采用手动或电动开启,常用于前室或合用前室

C. 自垂百叶式送风口平时靠百叶重力自行关闭,加压时自行开启,常用于防烟楼梯间

D. 机械加压送风的防烟设施包括加压送风机、加压送风管道、加压送风口、挡

烟垂壁

答案

D

解析

机械加压送风系统应采用管道送风，且不应采用土建风道。送风管道应采用不燃材料制作且内壁应光滑，A选项正确；加压送风口分为常开式、常闭式和自垂百叶式，其中常闭式送风口采用手动或电动开启，常用于前室或合用前室，自垂百叶式送风口平时靠百叶重力自行关闭，加压时自行开启，常用于防烟楼梯间，B、C选项正确；挡烟垂壁是排烟设施不是防烟设施，D选项错误。

实践练习二

下列设备需要每季度进行检查的是（　　）。

A.防烟排烟风机　　　　　B.送风口

C.排烟防火阀　　　　　　D.排烟口

答案

A

解析

根据《建筑防烟排烟系统技术标准》（GB 51251-2017）第9.0.3条规定，每季度应对防烟、排烟风机、活动挡烟垂壁、自动排烟窗进行一次功能检测启动试验及供电线路检查，A选项正确；每半年应对全部排烟防火阀、送风阀或送风口、排烟阀或排烟口进行自动和手动启动试验一次，B、C、D选项错误。

第六节 防火分隔设施

为了防止火灾在建筑之间或者建筑内部蔓延，需要利用建筑构件对相邻建筑进行隔离或者将建筑内部空间划分成若干较小空间，此类建筑构件被称为防火分隔设施。根据结构形式，防火分隔设施可分为两类：防火墙、防火隔墙、楼板等固定式防火分隔设施，以及防火门、防火窗、防火卷帘、防火分隔水幕等活动式防火分隔设施，如图 6-6-1 所示。本节重点介绍防火门和防火卷帘。

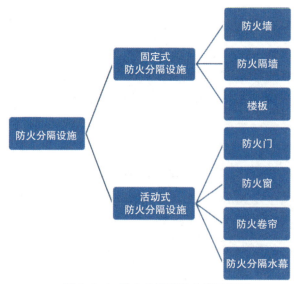

图 6-6-1 防火分隔设施分类示意图

一、主要的技术标准

《建筑设计防火规范》（GB 50016-2014，2018 年版）。

《防火卷帘、防火门、防火窗施工及验收规范》（GB 50877-2014）。

《防火门》（GB 12955-2008）。

《防火窗》（GB 16809-2008）。

《防火卷帘》（GB 14102–2005）。

《建筑防火封堵应用技术标准》（GB/T 51410–2020）。

《外墙外保温用防火分隔条件》（JG/T 577–2022）。

《消防产品现场检查判定规则》（XF 588–2012）。

二、设置范围

防火门一般设置在封闭楼梯间或防烟楼梯间及其前室的入口处、重要设备用房、火灾危险性较大的部位与其他部位连通处、管井开口以及防火墙上需要开设洞口的部位。

防火卷帘一般设置在中庭与楼层走道、过厅相通的开口处，自动扶梯周围，以及防火墙上需要开设较大面积洞口的部位，但不应设置于封闭楼梯间、防烟楼梯间及其前室、消防电梯前室或合用前室。

防火分隔设施的设置，既要考虑建筑防火分隔整体的完整性，又要考虑建筑使用功能的实用性，还要兼顾火灾条件下人员开启疏散的有效性。实践中往往采用两种或多种防火分隔设施组合的形式设置，且在特定情况下不同防火分隔设施之间可以替代选择，例如《建筑设计防火规范》要求防火分区之间应采用防火墙分隔，确有困难时，可采用防火卷帘等防火分隔设施分隔。

【标准链接】《建筑设计防火规范》（GB 50016–2014，2018 年版）第 5.3.3 条、第 6.4.1 条、第 7.3.5 条

三、构成和分类

防火门主要由门框、门扇、闭门器、顺序器、防火五金配件、密封胶条、防火门监控器等组件构成，如图 6-6-2 所示（见下页）。

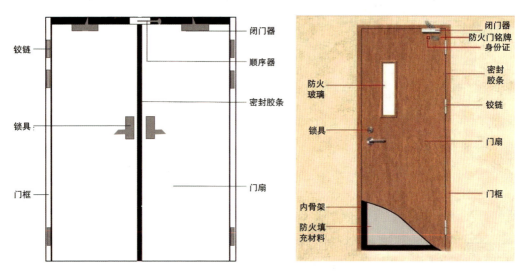

图 6-6-2 防火门组件示意图

防火门按材质，可分为木质、钢质、钢木质和其他材质防火门；按门扇数量，可分为单扇、双扇、多扇防火门；按结构形式，可分为带防火玻璃、带亮窗、带防火玻璃带亮窗、无玻璃防火门；按所处启闭状态，可分为常开型、常闭型防火门；按耐火性能，可分为隔热防火门（A类）、部分隔热防火门（B类）和非隔热防火门（C类）。

【标准链接】《防火门》（GB 12955-2008）第 4 章

不同的防火门由于门扇数量、结构形式、启闭状态、设置部位等方面存在差异，具体的构成组件也会有所不同，例如防火门通常应设置闭门器以实现自行关闭功能，但管井检修门和住宅的户门可以除外；双扇防火门应设置顺序器实现按顺序自行关闭的功能，单扇防火门则无需设置。

防火卷帘通常由帘面、导轨、座板、门楣、箱体、卷门机和控制箱等组成，如图6-6-3所示（见下页）。

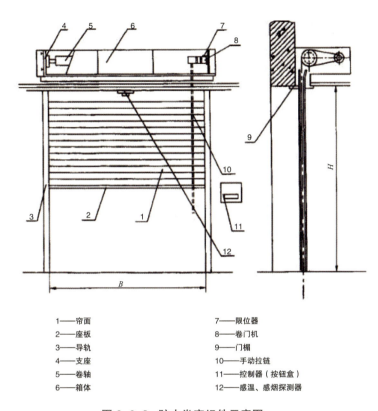

1——帘面　　　　　　　7——限位器
2——座板　　　　　　　8——卷门机
3——导轨　　　　　　　9——门楣
4——支座　　　　　　　10——手动拉链
5——卷轴　　　　　　　11——控制器（按钮盒）
6——箱体　　　　　　　12——感温、感烟探测器

图6-6-3　防火卷帘组件示意图

防火卷帘按帘面数量，可分为单面和双面防火卷帘；按启闭方式，可分为垂直卷、侧向卷、水平卷防火卷帘；按材质，可分钢质、复合、无机等；按耐火性能，可分耐火完整性和耐火隔热性两种。

【**标准链接**】《防火卷帘》（GB 14102–2005）第 5.2 条 ~ 5.4 条

四、工作原理

防火门通过闭门器、顺序器保持常闭状态或者通过释放器在火灾时关闭不燃或难燃材质的门扇，在规定时间内保持耐火隔热性和完整性，从而起到阻止火势蔓延和烟气流动的作用。

防火卷帘平时多为卷升状态，火灾发生时，通过手动、联动或温控方式释放卷帘降落，与设置部位的防火墙、防火隔墙一道，在一定时间内起到阻火、隔热以及防烟的作用。

五、监督检查要点

（一）设施适配性检查

结合需要进行防火分隔的建筑部位的使用性质、位置、开口大小等情况，检查防火分隔设施的选择及其耐火极限是否能满足防火分隔的需要。例如甲、乙类仓库内的防火分区之间进行防火分隔，根据《建筑设计防火规范》第3.3.2条注1的规定，必须采用防火墙，且防火墙上不应开设门、窗、洞口；根据《建筑设计防火规范》第3.2.9条的规定，该防火墙的耐火极限不应低于4.00h。

防火门设置在建筑内经常有人通行处的防火门宜采用常开防火门。除允许设置常开防火门的位置外，其他位置的防火门均应采用常闭防火门。

【标准链接】《建筑设计防火规范》（GB 50016-2014，2018年版）第6.5.1条

防火卷帘能够有效阻止火势蔓延，但存在着防烟效果差、可靠性低等问题，在实践中对防火卷帘的设置宽度也有相关规定。

【标准链接】《建筑设计防火规范》（GB 50016-2014，2018年版）第6.5.3条

（二）部件完整性检查

防火分隔设施各相关组件均有其特定作用，如果缺失或损坏，就可能对整体性能产生影响。监督检查中，一方面应对照设计图纸和相关技术规范，结合现场实际检查相关组件是否设置，例如部分防火门未装或漏装闭门器、顺序器，将会导致防火门无法自动有效关闭；另一方面，应检查相关组件在日常使用过程中是否因维护保养不当等原因导致缺损、变形，例如防火门密封胶条脱落、缺损导致关闭后防烟性能变差等。关于防火门及防火卷帘产品质量的判定，详见《消防产品现场检查判定规则》（XF 588-2012）第6.12.1条、第6.12.2条。

（三）设置规范性检查

防火分隔设施的设置应确保设施的正常启闭和阻火隔烟功能的实现，监督检查中需重点围绕这两方面开展。包括但不限于下列：

1. 常闭防火门应在其明显位置设置"保持防火门关闭"等提示标识。

2. 除管井检修门和住宅的户门外，防火门应具有自行关闭功能。双扇防火门应具有按顺序自行关闭的功能。

3. 除特殊情况外，防火门应向疏散方向开启，防火门在关闭后应从任何一侧手动开启。

4. 设置在建筑变形缝附近时，防火门应设置在楼层较多的一侧，并应保证防火门开启时门扇不跨越变形缝。

5. 防火门关闭后应具有防烟性能。

6. 钢质防火门门框内应充填水泥砂浆。门框与墙体应用预埋钢件或膨胀螺栓等连接牢固，其固定点间距不宜大于600mm。

7. 除特殊情况外，防火门门扇的开启力不应大于80N。

8. 防火卷帘应具有火灾时靠自重自动关闭功能。

9. 防火卷帘应具有防烟性能，与楼板、梁、墙、柱之间的空隙应采用防火封堵材料封堵。

10. 防火卷帘控制器及手动按钮盒的安装应牢固可靠，其底边距地面高度宜为1.3m ~ 1.5m。

【标准链接】《建筑设计防火规范》（GB 50016–2014，2018年版）第6.5.1条、第6.5.3条；《防火卷帘、防火门、防火窗施工及验收规范》（GB 50877–2014）第5.2.10条、第5.3.8条、第5.3.12条

（四）设施功能性检查

根据防火分隔设施的功能作用进行检查，包括但不限于下列内容：

1. 在处于最大开启角度情况下，释放门扇，观察门扇是否能自动关闭；同时释放双、多扇防火门，观察门扇是否能实现顺序关闭，并保持严密。

2. 按下（拨动）常开式防火门释放器手动按钮，观察防火门是否能顺利关闭且严密性良好，闭门信号能否反馈至消防控制室。

3. 通过防火门监控器或者消防联动控制器手动发出远程关闭常开式防火门的信号，观察防火门动作情况及消防控制室信号反馈情况。

4. 模拟产生火灾报警信号，观察防火门动作情况及消防控制室信号反馈情况。

5. 按下防火卷帘手动按钮盒内的"向下"按钮，观察卷帘向下运行状态是否正常，限位器能否确保帘面下降到地面时自动停止；卷帘运行过程中按下"停止"按钮，观察卷帘是否停止向上或向下运行；按下"向上"按钮，观察卷帘向上运行状态是否正常，限位器能否确保帘面到达上限位时自动停止。

6. 在消防控制室手动操作消防控制设备上的防火卷帘控制装置，观察防火卷帘的动作情况以及信号反馈情况。

7. 拉动手动速放装置，观察防火卷帘是否能够依靠自重恒速下降；使用测力计测

量操作臂力是否大于70N。

8. 切断防火卷帘电源，加热温控释放装置，当释放装置的感温元件周围温度达到73℃±0.5℃时，观察感温元件和防火卷帘动作情况。测试完成后，应重新安装备用的温控元件。

9. 疏散通道上设置的防火卷帘，防火卷帘控制器接收到感烟火灾探测器的报警信号后，观察防火卷帘是否自动降至距楼板地面1.8m处，并在接收到感温火灾探测器的报警信号后下降至地面；非疏散通道上设置的防火卷帘，当防火卷帘控制器接收到两个独立的火灾探测器的报警信号后，观察防火卷帘是否直接下降到地面。

【标准链接】《防火卷帘、防火门、防火窗施工及验收规范》（GB 50877–2014）第6.2.1～6.2.3条，《火灾自动报警系统设计规范》（GB 50116–2013）第4.6.3条、第4.6.4条

（五）常见问题

1. 常闭式防火门无法自行关闭，如图6-6-4、图6-6-5。

图 6-6-4 常闭式防火门闭门器损坏导致无法自行关闭

图 6-6-5 常闭式防火门使用障碍物保持开启状态

【标准链接】《建筑设计防火规范》（GB 50016-2014，2018 年版）第 6.5.1 条第 3 项

2. 钢质防火门门框内未充填水泥砂浆，如图 6-6-6。

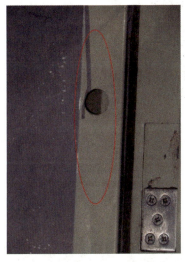

图 6-6-6 钢质防火门门框未填充

【标准链接】《防火卷帘、防火门、防火窗施工及验收规范》（GB 50877-2014）第 5.3.8 条

3. 常闭式防火门未在明显位置设置"保持防火门关闭"等提示标识，如图 6-6-7。

图 6-6-7 常闭式防火门未设置提示标识

【标准链接】《建筑设计防火规范》（GB 50016-2014，2018 年版）第 6.5.1 条第 2 项

4. 防火卷帘与楼板、梁、墙、柱之间的空隙未采用防火封堵材料封堵，如图 6-6-8（见下页）。

图 6-6-8 防火卷帘与建筑构件之间的空隙未封堵完全

【标准链接】《建筑设计防火规范》（GB 50016-2014，2018 年版）第 6.5.3 条第 4 项

5. 防火卷帘卷门机手动拉链不便于操作、无明显标志，如图 6-6-9。

图 6-6-9 防火卷帘卷门机手动拉链隐藏在箱体内

【标准链接】《建筑设计防火规范》（GB 50016-2014，2018 年版）第 6.5.3 条第 4 项

六、系统维护保养

检查是否制定维护保养管理制度及操作规程，并由具备资格的机构和人员进行年度检测和日常维保，是否按照表 6-6-1（见下页）的要求完成每日、每季度、每年的全要素维护管理和巡查。对检查和试验中发现的问题应及时解决，对损坏或不合格的设备、零配件应立即更换，并应恢复正常状态。

表 6-6-1 防火分隔设施维护保养周期表

检查周期	检查部位	检查内容
每日	防火卷帘下部	清除妨碍设备启闭的物品
	常开式防火门门口处	清除妨碍设备启闭的物品
	活动式防火窗窗口处	清除妨碍设备启闭的物品
每季度	防火卷帘内外两侧控制器或按钮盒上的控制按钮	手动启动，检查防火卷帘上升、下降、停止功能
	防火卷帘手动速放装置	手动操作，检查防火卷帘依靠自重恒速下降功能
	防火卷帘的手动拉链	手动操作，检查防火卷帘升、降功能，且无滑行撞击现象
	常闭式防火门	手动启动，检查防火门开关功能，且无卡阻现象
	活动式防火窗上的控制装置	手动启动，检查防火窗开关功能且无卡阻现象
每年	防火卷帘控制器	火灾报警功能、自动控制功能、手动控制功能、故障报警功能、备用电源转换功能
	常开式防火门	火灾报警联动控制功能、消防控制室手动控制功能、现场手动控制功能
	活动式防火窗	火灾报警联动控制功能、消防控制室手动控制功能、现场手动控制功能

【标准链接】《防火卷帘、防火门、防火窗施工及验收规范》（GB 50877–2014）第 8.0.5 条 ~ 8.0.8 条

• • • • • • • • • • • • • • • 经典练习 • • • • • • • • • • • • • • •

🔊 **实践练习一**

消防监督人员对某商城的防火卷帘进行检查,结果如下,其中不符合要求的有(   )。

A. 垂直卷帘的电动启闭运行速度为 2m/min

B. 卷帘的自重下降速度为 7m/min

C. 卷门机具有依靠自重恒速下降的功能，操作臂力为 80N

D. 使用声级计在距离卷帘表面的垂直距离 1m、距离地面的垂直距离 1.5m 处水平测量，卷帘启闭运行的平均噪音为 90dB

🧰 **答案**

CD

⬆️ **解析**

垂直卷帘的电动启闭运行速度应为 2m/min ~ 7.5m/min；其自重下降速度不应大于 9.5m/min，故 A、B 选项符合要求；启动防火卷帘自重下降的臂力不应大于 70N，故 C 选项不符合要求；卷帘启闭运行的平均噪音不应大于 85dB，故 D 选项不符合要求。

📢 **实践练习二**

某医院同时设置有常开和常闭式防火门，下列检查结果中，不符合国家现行消防技术标准的有（ ）。

A.为方便人员通行，将走廊上原来的常闭式甲级防火门改为常开式甲级防火门

B.为避免人员频繁出入楼梯间损坏常闭式防火门，使用灭火器箱挡住门扇使其保持常开状态

C.消防设备房设置的防火门未设置闭门器

D.钢质防火门门框内使用水泥砂浆填充

🧰 **答案**

BC

⬆️ **解析**

设置在建筑内经常有人通行处的防火门宜采用常开式防火门，因此 A 选项符合要求；常闭式防火门应保持常闭状态，B 选项不符合要求；除管井检修门和住宅的户门外，防火门应具有自行关闭功能，双扇防火门还应具有按顺序自行关闭的功能，因此 C 选项不符合要求；钢质防火门门框内应充填水泥砂浆，D 选项符合要求。

第七节 灭火器

灭火器结构简单、便于操作、应用广泛，是扑救初起火灾的重要消防设施。灭火器按照灭火剂种类，可分为水基型灭火器、干粉灭火器、二氧化碳灭火器和洁净气体灭火器；按照驱动灭火器的动力来源，可分为储气瓶式灭火器和储压式灭火器；按照移动方式，可分为手提式灭火器和推车式灭火器，如图 6-7-1 所示。目前常见的灭火器主要有水基型灭火器、干粉灭火器、二氧化碳灭火器和洁净气体灭火器等。

图 6-7-1 灭火器分类示意图

一、主要的技术标准

《建筑设计防火规范》（GB 50016–2014，2018 年版）。

《建筑灭火器配置设计规范》（GB 50140–2005）。

《建筑灭火器配置验收及检查规范》（GB 50444–2008）。

《灭火器维修》（XF 95–2015）。

《消防产品现场检查判定规则》（XF 588–2012）。

二、设置范围

灭火器广泛应用于各类工业建筑和民用建筑中，《建筑设计防火规范》规定：高层住宅建筑的公共部位和公共建筑内应设置灭火器，其他住宅建筑的公共部位宜设置灭火器；厂房、仓库、储罐（区）和堆场，应设置灭火器。

【标准链接】《建筑设计防火规范》（GB 50016–2014，2018 年版）第 8.1.10 条

三、构成组件

灭火器的种类不同，其相应的结构构成也有所差别，如手提式灭火器与推车式灭火器之间、干粉灭火器与二氧化碳灭火器之间均有明显不同。以最常见的手提式干粉灭火器为例，如图6-7-2所示，主要由筒体、阀门、灭火剂、虹吸管、保险插销、压力表、喷射软管、间歇喷射装置等构成。

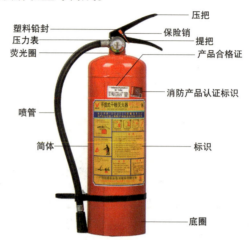

图 6-7-2　手提式干粉灭火器结构示意图

四、工作原理

根据所充装灭火剂的种类和灭火器所适用的火灾类型，不同灭火器也分别有冷却、窒息、隔离、化学抑制等灭火机理。关于火灾类型和灭火机理的介绍详见本书第三章第二节。

五、监督检查要点

（一）灭火器适配性检查

灭火器的选择是否正确与初起火灾扑救效果有直接关系，如果选择不合适的灭火器不仅有可能灭不了火，而且还有可能引起灭火剂对燃烧的逆化学反应，甚至会发生事故。灭火器的选型应综合考虑配置场所的火灾种类（表6-7-1，见下页）、危险等级、灭火器的灭火效能和通用性、灭火剂对保护物品的污损程度、灭火器设置点的环境温度以及使用灭火器人员的体能等因素。例如：500m² 的公共娱乐场所属于严重危险级的 A 类场所，单具灭火器的最小灭火级别应为 3A，配置干粉灭火器时应选择 5kg 及以上的规格型号。

表 6-7-1　不同种类火灾场所灭火器选型

配置场所火灾种类	灭火器选型	备注
A 类	水型灭火器	
	磷酸铵盐干粉灭火器	
	泡沫灭火器	
	卤代烷灭火器	
B 类	泡沫灭火器	极性溶剂的 B 类火灾场所应选择灭 B 类火灾的抗溶性灭火器
	碳酸氢钠干粉灭火器	
	磷酸铵盐干粉灭火器	
	二氧化碳灭火器	
	灭 B 类火灾的水型灭火器	
	卤代烷灭火器	
C 类	磷酸铵盐干粉灭火器	
	碳酸氢钠干粉灭火器	
	二氧化碳灭火器	
	卤代烷灭火器	
D 类	扑灭金属火灾的专用灭火器	
E 类	磷酸铵盐干粉灭火器	不得选用装有金属喇叭喷筒的二氧化碳灭火器
	碳酸氢钠干粉灭火器	
	卤代烷灭火器	
	二氧化碳灭火器	

【标准链接】《建筑灭火器配置设计规范》（GB 50140-2005）第 4.1.1 条

此外，当同一灭火器配置场所选用两种或两种以上类型灭火器时，还应考虑不同灭火器采用的灭火剂是否相容（表6-7-2）。

表6-7-2　不相容的灭火剂举例

灭火剂类型	不相容的灭火剂	
干粉与干粉	磷酸铵盐	碳酸氢钠、碳酸氢钾
干粉与泡沫	碳酸氢钠、碳酸氢钾	蛋白泡沫
泡沫与泡沫	蛋白泡沫、氟蛋白泡沫	水成膜泡沫

（二）部件完整性检查

根据配置场所的灭火器类型，检查其相关组件是否齐全并符合规范要求。常见的问题有：充装量大于3kg（L）的手提式灭火器未配喷射软管或软管长度小于400mm；保险装置的铅封损坏或脱落；压力指示器种类与灭火器的种类不一致，如图6-7-3所示，若为干粉灭火器，则压力指示器表盘字母应为"F"。

图6-7-3　压力指示器种类与干粉灭火器的种类不一致

【标准链接】《消防产品现场检查判定规则》（XF 588-2012）第6.7.1.1条

（三）设置规范性检查

灭火器的设置既要明显、醒目，又要便于取用，还要考虑环境条件对灭火器使用性能的影响。检查包括但不限于下列内容：

1. 灭火器应设置在位置明显和便于取用的地点，且不得影响安全疏散。

2. 对有视线障碍的灭火器设置点，应设置指示其位置的发光标志。

3.灭火器的摆放应稳固,其铭牌应朝外。手提式灭火器宜设置在灭火器箱内或挂钩、托架上,其顶部离地面高度不应大于1.50m;底部离地面高度不宜小于0.08m。灭火器箱不得上锁。

4.灭火器不宜设置在潮湿或强腐蚀性的地点,当必须设置时,应有相应的保护措施;灭火器设置在室外时,应有相应的保护措施。

5.灭火器不得设置在超出其使用温度范围的地点。

6.推车式灭火器宜设置在平坦场地,不得设置在台阶上。在没有外力作用下,推车式灭火器不得自行滑动。

【标准链接】《建筑灭火器配置设计规范》(GB 50140-2005)第5.1.1条~5.1.5条,《建筑灭火器配置验收及检查规范》(GB 50444-2008)第3.3.1条

(四)灭火器性能检查

灭火器的性能主要通过对所充装的灭火剂的压力和筒体的完好性开展检查,包括但不限于:

1.检查灭火器的筒体是否有明显的损伤、划痕、锈蚀、变形,涂层是否脱落。

2.除二氧化碳灭火器外,检查灭火器压力指示器指针是否指示在绿色区域范围内。

3.检查推车式灭火器的行驶机构的通过性能,灭火器整体(除轮子外)与地面之间的间距不小于100mm。

(五)常见问题

1.灭火器配置选型不当,如图6-7-4所示,场所为木工厂房,应配置水型灭火器、泡沫灭火器或磷酸铵盐干粉灭火器,实际配置二氧化碳灭火器则选型不当。

图6-7-4 灭火器配置选型不当

【标准链接】《建筑灭火器配置设计规范》(GB 50140-2005)第4.2.1条

2.灭火器设置在室外未采取相应的保护措施,如图 6-7-5。

图 6-7-5 室外设置的灭火器未采取保护措施导致筒体锈蚀

【标准链接】《建筑灭火器配置设计规范》(GB 50140-2005)第 5.1.4 条

3.灭火器箱上锁,如图 6-7-6。

图 6-7-6 灭火器箱上锁

【标准链接】《建筑灭火器配置设计规范》(GB 50140-2005)第 5.1.3 条

4.灭火器压力指示器指针未指示在绿色区域范围内,如图 6-7-7。

图 6-7-7 压力指示器指示在黄色区域范围内

【标准链接】《消防产品现场检查判定规则》（XF 588–2012）第 6.7.1.1 条

六、灭火器维护保养

灭火器的检查与维护应由相关技术人员定期开展，并如实记录检查情况，留档备查，灭火器的维护保养周期如表 6–7–3 所示。

表 6–7–3　灭火器维护保养周期表

检查周期	检查场所	检查内容
每日巡检	所有场所	发现灭火器被挪动，缺少零部件，或灭火器配置场所的使用性质发生变化等情况时，应及时处置
每半月	候车（机、船）室、歌舞娱乐放映游艺等人员密集的公共场所，堆场、罐区、石油化工装置区、加油站、锅炉房、地下室等场所	配置检查和外观检查
每月	除半月检外的其他场所	

【标准链接】《建筑灭火器配置验收及检查规范》（GB 50444–2008）第 5.2.1 条 ~ 5.2.4 条及附录 C

对于存在机械损伤、明显锈蚀、灭火剂泄漏、被开启使用过或超过维修期限的灭火器应及时进行维修；对符合报废条件或超过报废期限的灭火器应及时报废，灭火器维修、报废年限如表 6–7–4 所示。

表 6–7–4　灭火器维修、报废年限

灭火器类型		维修期限	报废期限
水基型灭火器	手提式水基型灭火器	出厂期满 3 年首次维修以后每满 1 年	6
	推车式水基型灭火器		
干粉型灭火器	手提式（储压式）干粉型灭火器	出厂期满 5 年首次维修以后每满 2 年	10

续表 6-7-4

灭火器类型		维修期限	报废期限
干粉型灭火器	手提式（储气瓶式）干粉型灭火器	出厂期满5年 首次维修以后每满2年	10
	推车式（储压式）干粉型灭火器		
	推车式（储气瓶式）干粉型灭火器		
洁净气体灭火器	手提式洁净气体灭火器		
	推车式洁净气体灭火器		
二氧化碳灭火器	手提式二氧化碳灭火器	出厂期满5年 首次维修以后每满2年	12
	二氧化碳灭火器		

每次送修的灭火器数量不得超过计算单元配置灭火器总数量的1/4。超出时，应选择相同类型和操作方法的灭火器替代，替代灭火器的灭火级别不应小于原配置灭火器的灭火级别。灭火器报废后，也应按照等效替代的原则进行更换。

【标准链接】《建筑灭火器配置验收及检查规范》（GB 50444-2008）第5.1.2条、第5.3.2条、第5.4.3条、第5.4.4条

•••••••••••••••••• 经典练习 ••••••••••••••••••

📢 **实践练习一**

消防监督人员在"3·15消防产品专项检查"中，对某幼儿园配置的干粉灭火器进行了检查，不合格的有哪些情况（ ）。

A. 压力指示器表盘上的字母为"S"

B. 经现场测量，喷射软管的长度为380mm

C. 压力指示器指针指示在黄色区域范围

D. 经仔细检查，筒体表面平整光滑，未发现钢印、损伤等痕迹

📷 **答案**

ABCD

📋 **解析**

干粉灭火器的压力指示器表盘上的字母应为"F"，喷射软管的长度不应小于

400mm，压力指示器的指针应指示在绿色范围区域，在灭火器不受内压的底圈或颈圈等处，应有该灭火器的水压试验压力、出厂年月的钢印，故A、B、C、D选项描述的情况均为不合格。

📢 实践练习二

某加油站共配置了12具5kg磷酸铵盐手提式干粉灭火器，经某技术服务机构检查维护后发现问题，提出了整改意见，该加油站下列整改措施中正确的是（ ）。

A.3具灭火器在消防演练中被使用过，及时购置了6具4kg磷酸铵盐干粉灭火器替换

B.将2具出厂期满5年的灭火器送修

C.重新购置了6具5kg碳酸氢钠干粉灭火器与原有灭火器混用

D.经某培训机构介绍购买了一批水基灭火器，但不能扑救B类火灾

🔒 答案

B

📖 解析

根据《建筑灭火器配置设计规范》（GB 50140-2005）第6.6.2条及附录A.附录D，加油站属于严重危险级的B类火灾场所，单具灭火器的最小配置灭火级别为89B，而4kg磷酸铵盐干粉灭火器的灭火级别为55B，故A选项错误；每次送修的灭火器数量不得超过计算单元配置灭火器总数量的1/4，该加油站共配置12具灭火器，12×1/4=3具，送修2具符合要求，故B选项正确；同一灭火器配置场所选用两种或两种以上类型灭火器时，不同灭火器采用的灭火剂应相容，碳酸氢钠与磷酸铵盐不相容，故C选项错误；B类场所选用的水基型灭火器应能扑救B类火灾，故D选项错误。

第八节 消防应急照明和疏散指示系统

消防应急照明和疏散指示系统是一种辅助人员安全疏散的建筑消防设施，由消防应急照明灯具、消防应急标志灯具及相关装置构成，其主要功能是在火灾等紧急情况下，为人员的安全疏散和灭火救援行动提供必要的照度条件及正确的疏散指示信息。

一、主要的技术标准

《建筑设计防火规范》（GB 50016–2014，2018 年版）。

《消防应急照明和疏散指示系统技术标准》（GB 51309–2018）。

《消防应急照明和疏散指示系统》（GB 17945–2010）。

《消防产品现场检查判定规则》（XF 588–2012）。

二、设置范围

疏散照明的设置范围主要为人员安全疏散必须经过的重要节点部位和建筑内人员相对集中、人员疏散时易出现拥堵情况的场所。除建筑高度小于 27m 的住宅建筑外，民用建筑、厂房和丙类仓库的下列部位应设置疏散照明：封闭楼梯间、防烟楼梯间及其前室、消防电梯间的前室或合用前室、避难走道、避难层（间）；观众厅、展览厅、多功能厅和建筑面积大于 200m² 的营业厅、餐厅、演播室等人员密集的场所；建筑面积大于 100m² 的地下或半地下公共活动场所；公共建筑内的疏散走道；人员密集的厂房内的生产场所及疏散走道。

合理设置疏散指示标志能更好地帮助人员快速、安全地进行疏散。公共建筑、建筑高度大于 54m 的住宅建筑、高层厂房（库房）和甲、乙、丙类单、多层厂房，应设置灯光疏散指示标志。此外，对于空间较大的场所，人们在火灾时依靠疏散照明的照度难以看清较大范围的情况，为便于及时识别疏散位置和方向，缩短到达安全出口的时间，应在此类场所内部疏散走道和主要疏散路线的地面上增设能保持视觉连续的疏散指示标志，这些场所包括：总建筑面积大于 8000m² 的展览建筑；总建筑面积大于

5000m² 的地上商店；总建筑面积大于 500m² 的地下或半地下商店；歌舞娱乐放映游艺场所；座位数超过 1500 个的电影院、剧场，座位数超过 3000 个的体育馆、会堂或礼堂；车站、码头建筑和民用机场航站楼中建筑面积大于 3000m² 的候车、候船厅和航站楼的公共区。

对于避难间（层）及配电室、消防控制室、消防水泵房、自备发电机房等发生火灾时仍需工作、值守的区域，应同时设置备用照明、疏散照明和疏散指示标志。

【标准链接】《建筑设计防火规范》（GB 50016–2014，2018 年版）第 10.3.1 条、第 10.3.5 条、第 10.3.6 条，《消防应急照明和疏散指示系统技术标准》（GB 51309–2018）第 3.8.1 条

三、系统形式与构成

消防应急照明和疏散指示系统根据灯具蓄电池电源供电方式的不同，可分为集中电源供电方式的系统和灯具自带蓄电池供电方式的系统；根据灯具控制方式的不同，可分为集中控制型系统和非集中控制型系统，如图 6-8-1 所示。系统形式不同，系统构成也有所不同。

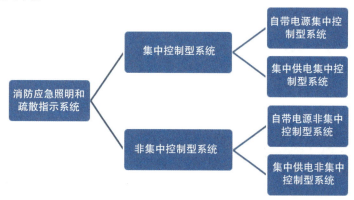

图 6-8-1 消防应急照明和疏散指示系统分类示意图

自带电源集中控制型系统由应急照明控制器、应急照明配电箱和自带电源集中控制型消防应急灯具组成，如图 6-8-2（见下页）所示；集中电源集中控制型系统由应急照明控制器、应急照明集中电源和集中电源集中控制型消防应急灯具组成，如图 6-8-3（见下页）所示。

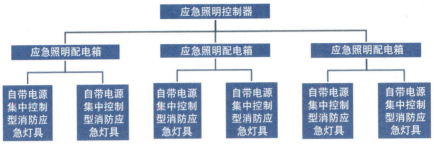

图 6-8-2　自带电源集中控制型系统

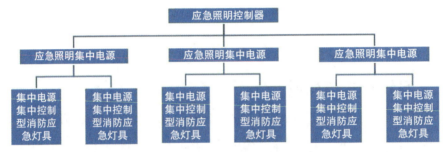

图 6-8-3　集中电源集中控制型系统

非集中控制系统不设置应急照明控制器，自带电源非集中控制型系统由应急照明配电箱和自带电源非集中控制型消防应急灯具组成，如图 6-8-4 所示；集中电源非集中控制型系统由应急照明集中电源和集中电源集中控制型消防应急灯具组成，如图 6-8-5 所示。

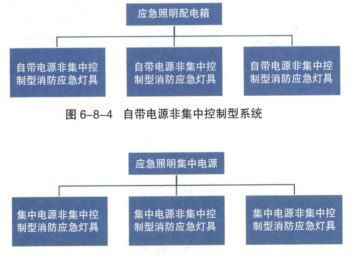

图 6-8-4　自带电源非集中控制型系统

图 6-8-5　集中电源非集中控制型系统

四、工作原理

集中控制系统的应急照明控制器采用通信总线与其配接的集中电源或应急照明配电箱连接，由应急照明控制器集中控制并显示应急照明集中电源或应急照明配电箱及其配接的消防应急灯具的工作状态。火灾发生时，由应急照明控制器根据火灾发生、发展及蔓延情况按预设逻辑和时序自动或手动控制其所配接灯具的光源应急点亮，为人员安全疏散及灭火救援提供必要的照度条件、提供正确的指示导引信息，从而有效保障人员的快速、安全疏散。

非集中控制系统的应急照明集中电源或应急照明配电箱通过配电回路与应急灯具连接，火灾发生时，直接由应急照明集中电源或应急照明配电箱分别控制其配接的消防应急灯具转入应急工作状态。

五、监督检查要点

（一）系统适配性检查

消防应急照明和疏散指示系统的类型选择应根据建（构）筑物的规模、使用性质及日常管理及维护难易程度等因素综合确定。设置消防控制室的场所应选择集中控制型系统；设置火灾自动报警系统但未设置消防控制室的场所宜选择集中控制型系统；其他场所可选择非集中控制型系统。

【标准链接】《消防应急照明和疏散指示系统技术标准》（GB 51309–2018）第 3.1.2 条

（二）部件完整性检查

根据设置场所选择的消防应急照明和疏散指示系统的灯具控制方式和蓄电池电源供电方式，检查其是否按照规定配置对应的系统组件。集中控制型系统必须设置应急照明控制器，以集中控制并显示集中控制型消防应急灯具、应急照明集中电源、应急照明配电箱及相关附件的工作状态；集中电源型系统应设置为集中电源型消防应急灯具进行主电源和蓄电池电源供电的储能装置；自带电源型系统应设置应急照明配电箱，为自带电源型消防应急灯具进行主电源配电。

（三）设置规范性检查

根据设置场所的实际情况，检查系统组件的安装、系统配电等是否符合相关技术规范和设计文件的要求，包括但不限于下列内容：

1.应急照明配电箱或集中电源的输入及输出回路中不应装设剩余电流动作保护器，

输出回路严禁接入系统以外的开关装置、插座及其他负载。

2. 系统线路应选择铜芯导线或铜芯电缆。系统线路暗敷时，应采用金属管、可弯曲金属电气导管或B1级及以上的刚性塑料管保护；系统线路明敷设时，应采用金属管、可弯曲金属电气导管或槽盒保护；矿物绝缘类不燃性电缆可直接明敷。

3. 灯具应固定安装在不燃性墙体或不燃性装修材料上，不应安装在门、窗或其他可移动的物体上。

4. 灯具安装后不应对人员正常通行产生影响，灯具周围应无遮挡物，并应保证灯具上的各种状态指示灯易于观察。

5. 非集中控制型系统中，自带电源型灯具采用插头连接时，应采用专用工具方可拆卸。

6. 照明灯不应安装在地面上。

7. 不应采用蓄光型指示标志替代消防应急标志灯具。

8. 除地面上设置的标志灯的面板可以采用厚度4mm及以上的钢化玻璃外，设置在距地面1m及以下的标志灯的面板或灯罩不应采用易碎材料或玻璃材质；在顶棚、疏散路径上方设置的灯具的面板或灯罩不应采用玻璃材质。

9. 应急照明控制器主电源应设置明显的永久性标识，并应直接与消防电源连接，严禁使用电源插头；应急照明控制器与其外接备用电源之间应直接连接。

10. 应急照明控制器应设置在消防控制室内或有人值班的场所；系统设置多台应急照明控制器时，起集中控制功能的应急照明控制器应设置在消防控制室内，其他应急照明控制器可设置在电气竖井、配电间等无人值班的场所。

11. 集中电源设置场所不应有可燃气体管道、易燃物、腐蚀性气体或蒸汽；设置场所宜通风良好，环境温度不应超出电池标称的工作温度范围。

【标准链接】《消防应急照明和疏散指示系统技术标准》（GB 51309−2018）第3.2.1条、第3.3.2条、第3.3.8条、第3.4.6条、第3.5.1条、第4.3.1条、第4.5.1条、第4.5.5条、第4.5.8条

（四）系统功能性检查

根据消防应急照明和疏散指示系统的功能作用进行检查，包括但不限于下列内容：

1. 照度测试。

切断应急照明灯具的正常供电，使用照度计测量不同部位的地面最低水平照度是否符合《消防应急照明和疏散指示系统技术标准》（GB 51309−2018）表3.2.5的规定。

2. 应急转换时间。

模拟火灾状态下，使用秒表测量灯具光源应急电亮、熄灭的响应时间是否符合《消防应急照明和疏散指示系统技术标准》（GB 51309–2018）第3.2.3条的规定。

3. 应急持续时间。

使用计时器测量系统在蓄电池电源供电时的持续工作时间是否符合《消防应急照明和疏散指示系统技术标准》（GB 51309–2018）第3.2.4条的规定。

4. 手动应急启动。

手动操作应急照明控制器的一键启动按钮或集中电源、应急照明配电箱的应急启动控制按钮，查看系统是否能转换为蓄电池电源输出。

5. 联动控制功能。

根据系统选型，测试应急照明控制器或集中电源、应急照明配电箱的联动控制功能。

（五）常见问题

1. 非集中控制型系统中，自带电源型灯具采用插头方式连接且无需专用工具即可拔出，如图6-8-6。

图 6-8-6　灯具电源连接不规范

【标准链接】《消防应急照明和疏散指示系统技术标准》（GB 51309–2018）第4.5.5条

2. 采用蓄光型指示标志替代消防应急标志灯具，如图6-8-7。

图 6-8-7　采用蓄光型指示标志替代消防应急标志灯具

【标准链接】《消防应急照明和疏散指示系统技术标准》（GB 51309–2018）第3.2.1条第2项

3.应急照明灯具安装在可燃装修材料上，如图6-8-8。

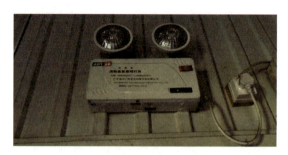

图6-8-8 应急照明灯具安装在可燃泡沫夹芯板上

【标准链接】《消防应急照明和疏散指示系统技术标准》（GB 51309–2018）第4.5.1条

4.系统线路敷设不规范，如图6-8-9。

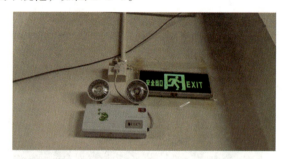

图6-8-9 系统线路明敷时采用塑料管保护

【标准链接】《消防应急照明和疏散指示系统技术标准》（GB 51309–2018）第4.3.1条第2项

六、系统维护保养

消防应急照明和疏散指示系统应保持连续正常运行，不得随意中断或停用。除对设备外观和运行状况进行日常巡查外，还应按表6-8-1（见下页）规定的检查项目、数量对系统部件的功能、系统的功能进行检查，并如实记录检查情况，留档备查。

表 6-8-1 消防应急照明和疏散指示系统维护保养周期表

检查对象	检查项目	检查数量
集中控制型系统	手动应急启动功能	应保证每月、季对系统进行一次手动应急启动功能检查
	火灾状态下自动应急启动功能	应保证每年对每一个防火分区至少进行一次火灾状态下自动应急启动功能检查
	持续应急工作时间	应保证每月对每一台灯具进行一次蓄电池电源供电状态下的应急工作持续时间检查
非集中控制型系统	手动应急启动功能	应保证每月、季对系统进行一次手动应急启动功能检查
	持续应急工作时间	应保证每月对每一台灯具进行一次蓄电池电源供电状态下的应急工作持续时间检

【标准链接】《消防应急照明和疏散指示系统技术标准》（GB 51309-2018）第 7.0.5 条

经典练习

⊛ 实践练习一

某自带电源型应急照明灯具的红色指示灯亮起，代表该灯具处于（　）状态。

A. 主电　B. 故障　C. 充电　D. 应急

⊛ 答案

C

⊛ 解析

根据《消防应急照明和疏散指示标志系统》（GB 17945-2010）第 6.3.2.4 条，状态指示灯可采用一个三色指示灯，灯具处于主电工作状态时亮绿色，充电状态时亮红色，故障状态或不能完成自检功能时亮黄色。故应选择 C 选项。

⊛ 实践练习二

下列消防应急照明和疏散指示系统的检查情况中，不符合规范要求的是（　）。

A. 应急照明控制器与消防电源之间使用插头连接

B. 消防应急灯具安装在燃烧性能为 B_1 级的墙体上

C. 吸顶安装的应急照明灯具面板采用玻璃材质

D.过道上的疏散指示标志灯采用非持续型灯具

答案

ABCD

解析

应急照明控制器主电源应设置明显的永久性标识，并应直接与消防电源连接，严禁使用电源插头；应急照明控制器与其外接备用电源之间应直接连接，故 A 选项的描述不符合要求；灯具应固定安装在不燃性墙体或不燃性装修材料上，故 B 选项的描述不符合要求；除地面上设置的标志灯的面板可以采用厚度 4mm 及以上的钢化玻璃外，设置在距地面 1m 及以下的标志灯的面板或灯罩不应采用易碎材料或玻璃材质，在顶棚、疏散路径上方设置的灯具的面板或灯罩不应采用玻璃材质，故 C 选项的描述不符合要求；标志灯应选择持续型灯具，故 D 选项的描述不符合要求。

第九节　灭火救援设施

　　建筑灭火救援设施是火灾时供消防救援人员顺利到达火灾现场、尽快展开灭火救援行动、疏散被困人员、转移重要物资的设施，常见的消防救援设施包括消防车道、消防车登高操作场地、消防救援窗、消防电梯等。

一、主要的技术标准

　　《建筑设计防火规范》（GB 50016-2014，2018 年版）。

　　《消防员电梯制造与安装安全规范》（GB 26465-2021）。

二、设置范围

（一）消防车道

　　消防车道的设置应因地制宜、科学合理，综合考虑建筑物的规模大小、使用性质、周围环境等因素，有效确保消防车通行和展开灭火救援作业。

　　1.街区内的道路应考虑消防车的通行，道路中心线间的距离不宜大于 160m。当建筑物沿街道部分的长度大于 150m 或总长度大于 220m 时，应设置穿过建筑物的消防车道。确有困难时，应设置环形消防车道。

　　2.高层民用建筑，超过 3000 个座位的体育馆，超过 2000 个座位的会堂，占地面积大于 3000m² 的商店建筑、展览建筑等单、多层公共建筑应设置环形消防车道，确有困难时，可沿建筑的两个长边设置消防车道；对于高层住宅建筑和山坡地或河道边临空建造的高层民用建筑，可沿建筑的一个长边设置消防车道，但该长边所在建筑立面应为消防车登高操作面。

　　3.工厂、仓库区内应设置消防车道。高层厂房，占地面积大于 3000m² 的甲、乙、丙类厂房和占地面积大于 1500m² 的乙、丙类仓库，应设置环形消防车道，确有困难时，应沿建筑物的两个长边设置消防车道。

4. 有封闭内院或天井的建筑物,当内院或天井的短边长度大于 24m 时,宜设置进入内院或天井的消防车道;当该建筑物沿街时,应设置连通街道和内院的人行通道(可利用楼梯间),其间距不宜大于 80m。

5. 可燃材料露天堆场区,液化石油气储罐区,甲、乙、丙类液体储罐区和可燃气体储罐区,应设置消防车道。

6. 供消防车取水的天然水源和消防水池应设置消防车道。

> 🔔 **提示** 消防车道可利用城乡、厂区道路等,但该道路应满足消防车通行、转弯和停靠的要求。

【标准链接】《建筑设计防火规范 》(GB 50016–2014,2018 年版)第 7.1.1 ~ 7.1.7 条

(二)消防车登高操作场地和消防救援窗

为满足扑救建筑火灾和救助高层建筑中遇困人员需要的基本要求,对于高层建筑,特别是布置有裙房的高层建筑,要认真考虑合理布置,确保登高消防车能够靠近高层建筑主体,便于登高消防车开展灭火救援。

建筑物与消防车登高操作场地相对应的范围内,应设置直通室外的楼梯或直通楼梯间的入口。为方便消防员迅速到达火场,厂房、仓库、公共建筑的外墙应在每层的适当位置设置可供消防救援人员进入的窗口。救援窗口的设置既要结合楼层走道在外墙上的开口,还要结合避难层、避难间以及救援场地,在外墙上选择合适的位置进行设置。

【标准链接】《建筑设计防火规范 》(GB 50016–2014,2018 年版)第 7.2.1 条、第 7.2.4 条

(三)消防电梯

消防电梯是火灾时相对安全的竖向通道,一些高层、地下建筑规模较大,消防员单凭楼梯和爬梯难以快速达到着火区域,设置消防电梯,能节省消防员的体力,提高战斗力和灭火效率,有利于满足灭火作战和火场救援的需要。 下列建筑应设置消防电梯:建筑高度大于 33m 的住宅建筑;一类高层公共建筑和建筑高度大于 32m 的二类高层公共建筑;5 层及以上且总建筑面积大于 3000m² (包括设置在其他建筑内五层及以上楼层)的老年人照料设施;设置消防电梯的建筑的地下或半地下室;埋深大于 10m 且总建筑面积大于 3000m² 的其他地下或半地下建筑(室)。

此外，建筑高度大于 32m 且设置电梯的高层厂房（仓库）宜设置消防电梯，但符合下列条件的建筑可不设置消防电梯：建筑高度大于 32m 且设置电梯，任一层工作平台上的人数不超过 2 人的高层塔架；局部建筑高度大于 32m，且局部高出部分的每层建筑面积不大于 50m² 的丁、戊类厂房。

【标准链接】《建筑设计防火规范》（GB 50016–2014，2018 年版）第 7.3.1 条、第 7.3.3 条

三、监督检查要点

（一）设施适配性检查

根据建筑高度、使用性质、周边环境等因素，检查是否需要设置相应的灭火救援设施。例如，某建筑高度 38m 的大型商业综合体，因其为高层民用建筑，应设环形消防车道，确有困难时，可沿建筑的两个长边设置消防车道；同时，应设置消防车登高操作场地，并在每层对应位置设置消防救援窗；因其建筑高度大于 32m，还需要在每个防火分区至少设置 1 部消防电梯。

> **提示** 符合消防电梯要求的客梯或货梯可兼作消防电梯。

（二）设施完整性检查

针对不同的灭火救援设施，检查其相关构成要件是否设置齐全。例如，尽头式消防车道应设置回车道或回车场；消防救援窗应设置可在室外易于识别的明显标志；消防电梯应在首层的消防电梯入口处应设置供消防队员专用的操作按钮，并在电梯轿厢内部应设置专用消防对讲电话。

（三）设置规范性检查

为确保各类灭火救援设施有效发挥作用，应重点对其设置的规范性开展检查，包括但不限于下列：

1. 消防车道应符合下列要求：车道的净宽度和净空高度均不应小于 4.0m；转弯半径应满足消防车转弯的要求；消防车道与建筑之间不应设置妨碍消防车操作的树木、架空管线等障碍物；消防车道靠建筑外墙一侧的边缘距离建筑外墙不宜小于 5m；消防车道的坡度不宜大于 8%。

2. 消防车登高操作场地应符合下列规定：场地与厂房、仓库、民用建筑之间不应设置妨碍消防车操作的树木、架空管线等障碍物和车库出入口；场地的长度和宽度分别不应小于15m和10m。对于建筑高度大于50m的建筑，场地的长度和宽度分别不应小于20m和10m；场地及其下面的建筑结构、管道和暗沟等，应能承受重型消防车的压力；场地应与消防车道连通，场地靠建筑外墙一侧的边缘距离建筑外墙不宜小于5m，且不应大于10m，场地的坡度不宜大于3%；建筑物与消防车登高操作场地相对应的范围内，应设置直通室外的楼梯或直通楼梯间的入口。

3. 供消防救援人员进入的窗口的净高度和净宽度均不应小于1.0m，下沿距室内地面不宜大于1.2m，间距不宜大于20m且每个防火分区不应少于2个，设置位置应与消防车登高操作场地相对应。窗口的玻璃应易于破碎，并应设置可在室外易于识别的明显标志。

4. 消防电梯应符合下列规定：应能每层停靠；电梯的载重量不应小于800kg；电梯从首层至顶层的运行时间不宜大于60s；电梯的动力与控制电缆、电线、控制面板应采取防水措施；在首层的消防电梯入口处应设置供消防队员专用的操作按钮；电梯轿厢的内部装修应采用不燃材料；电梯轿厢内部应设置专用消防对讲电话；消防电梯井、机房与相邻电梯井、机房之间应设置耐火极限不低于2.00h的防火隔墙，隔墙上的门应采用甲级防火门；消防电梯前室或合用前室的门应采用乙级防火门，不应设置卷帘。

（四）设施功能性检查

根据灭火救援设施的功能作用进行检查，包括但不限于下列内容：

1. 消防车道的路面、救援操作场地、消防车道和救援操作场地下面的管道和暗沟等，应能承受重型消防车的压力。

2. 当触发消防电梯迫降按钮时，能控制消防电梯下降至首层，此时其他楼层按钮不能呼叫控制消防电梯，只能在轿厢内控制。

3. 联动控制的消防电梯，应由消防控制设备手动和自动控制电梯回落首层，并接收反馈信号。

（五）常见问题

1. 消防车道净宽度、净空高度、转弯半径不符合要求，如图6-9-1（见下页）。

图 6-9-1 消防车道净宽度不足 4m

【标准链接】《建筑设计防火规范》（GB 50016-2014，2018 年版）第 7.1.8 条第 1 项

2. 消防救援窗口设置不规范，如图 6-9-2。

图 6-9-2 消防救援窗口设置距室内地面过高且标志不明显

【标准链接】《建筑设计防火规范》（GB 50016-2014，2018 年版）第 7.2.5 条

3. 公共建筑未设置消防救援窗口，如图 6-9-3。

图 6-9-3 公共建筑外墙未设置消防救援窗口

【标准链接】《建筑设计防火规范》(GB 50016–2014,2018 年版)第 7.2.4 条

4. 消防电梯前室设置卷帘,如图 6-9-4。

图 6-9-4 消防电梯前室设置卷帘

【标准链接】《建筑设计防火规范》(GB 50016–2014,2018 年版)第 7.3.5 条第 4 项

5. 消防电梯轿厢装修材料不符合要求,如图 6-9-5。

图 6-9-5 消防电梯轿厢采用易燃、可燃材料装修

【标准链接】《建筑设计防火规范》(GB 50016–2014,2018 年版)第 7.3.8 条第 6 项

四、设施维护保养

建筑管理使用单位或者住宅区的物业服务企业对管理区域的消防车通道沿途实行标志和标线标识管理:在消防车通道路侧缘石立面和顶面应当施划黄色禁止停车标线;无缘石的道路应当在路面上施划禁止停车标线,标线为黄色单实线,距路面边缘30cm,线宽 15cm;消防车通道沿途每隔 20m 距离在路面中央施划黄色方框线,在方

框内沿行车方向标注内容为"消防车道禁止占用"的警示字样，如图 6-9-6 所示。在单位或者住宅区的消防车通道出入口路面，按照消防车通道净宽施划禁停标线，标线为黄色网状实线，外边框线宽 20cm，内部网格线宽 10cm，内部网格线与外边框夹角 45°，标线中央位置沿行车方向标注内容为"消防车道禁止占用"的警示字样，如图 6-9-7 所示；同时在消防车通道两侧设置醒目的警示标牌，如图 6-9-8 所示，提示严禁占用消防车道，违者将承担相应法律责任等内容。

图 6-9-6 消防车通道路侧禁停标线及路面警示标志示例

图 6-9-7 消防车通道出入口禁停表线及路面警示标志示例

图 6-9-8 消防车通道禁止占用警示牌示例

【文件链接】《应急管理部消防救援局关于进一步明确消防车通道管理若干措施的通知》（应急消〔2019〕334号）

消防技术服务机构或者特种设备检测机构应按照各自职责定期对消防电梯进行维护保养，确保正常运行。

·········· 经典练习 ··········

📢 **实践练习一**

某医院住院楼建筑高度54m，下列关于该医院消防车登高操作场地的检查情况，符合规范要求的是（　）。

A. 为了美观，在消防车登高操作场地与住院楼之间种植一排高大棕榈树

B. 消防车登高操作场地下面是地下车库顶板，其建筑结构能够承受普通消防车的压力

C. 消防车登高操作场地靠近住院楼一侧路沿与住院楼外墙距离12m

D. 登高车操作场地的坡度为2%

📋 **答案**

D

📌 **解析**

根据规范要求，消防车登高操作场地与建筑之间不应设置妨碍消防车操作的树木、架空管线等障碍物和车库出入口，A不符合要求；消防车登高操作场地的路面及其下面的管道、暗沟等应能承受重型消防车的压力，B不符合要求；场地靠建筑外墙一侧的边缘距离建筑外墙不宜小于5m，且不应大于10m，C不符合要求；场地的坡度不宜大于3%。故D选项符合规范要求。

📢 **实践练习二**

下列关于某大型商业综合体消防电梯的检查情况，不符合要求的有（　）。

A. 消防电梯从首层到顶层的运行时间为90s

B. 消防电梯的载重量为1000kg

C. 为方便管理，消防电梯在顶层办公区域不停靠

D. 消防电梯轿厢内采用实木墙板装修以实现美观效果

⊕**答案**

　　ACD

⊕**解析**

　　根据相关规范要求，消防电梯从首层到顶层的运行时间不宜大于60s，消防电梯的载重量不应小于800kg，消防电梯应能每层停靠，消防电梯轿厢内部装修应采用不燃材料。因此，应选择A、C、D选项。

第七章

典型场所消防监督
检查要点

≫内容简介

　　本章以公共娱乐场所、宾馆饭店、商场市场、中小学校（幼儿园）、医疗机构、养老机构、生产加工企业、石油化工类企业、仓储场所、居民住宅区等典型场所为代表，列举了基于通用要求基础之上的重点检查内容。具体实施消防监督检查时，因检查对象使用功能、建筑类型、人员密度和管理模式等各有不同，其消防安全检查的侧重点和相关标准要求也有所差异。

≫学习目标

1. 掌握各类典型场所的检查重点
2. 熟练辨识常见的火灾隐患和违法行为

第一节 公共娱乐场所

一、场所类型介绍

公共娱乐场所主要包括影剧院、录像厅、礼堂等演出、放映场所；舞厅、卡拉OK厅等歌舞娱乐场所；具有娱乐功能的夜总会、音乐茶座和餐饮场所；游艺、游乐场所；保龄球馆、旱冰场、桑拿浴室等营业性健身、休闲场所，属于公众聚集场所。公共娱乐场所同一时间容纳人员众多、内部构造较为复杂、火灾荷载大，且多为夜间对公众开放，发生亡人火灾的概率大，是消防监督检查的重中之重。

①典型火灾 2014年12月15日零时26分，河南省新乡市长垣县皇冠歌厅(皇冠KTV)发生一起重大火灾事故，过火面积123m²，造成12人死亡，28人受伤，直接经济损失957.64万元。火灾原因为皇冠歌厅吧台内使用的硅晶电热膜对流式电暖器，近距离高温烘烤违规大量放置的具有易燃易爆危险性的罐装空气清新剂，导致空气清新剂爆炸燃烧引发火灾。

二、检查方法

查阅资料，询问单位工作人员，现场检查、测试，随机抽查员工掌握消防技能情况。

三、检查重点

对公共娱乐场所进行消防监督检查应重点检查下列内容，在具体操作时，可按照《消防监督检查记录》的内容指引或者专项抽查的规定内容逐项实施。

1. 是否依法办理公众聚集场所投入使用、营业前消防行政许可。

2. 是否在其显著位置公示其消防安全责任人、消防安全管理人及其职责。

3. 是否占用、堵塞、封闭疏散通道、安全出口。

4. 防火门的标识是否清晰完好，组件是否完整、功能是否正常。

5. 建筑消防设施是否保持完好有效。

6. 室内装修、装饰是否按照消防技术标准的要求，使用不燃、难燃材料。

7. 疏散走道和安全出口的顶棚、墙面是否采用影响人员安全疏散的镜面反光材料。

8. 门窗是否设置影响逃生和灭火救援的障碍物。

9. 是否规范设置禁止性、警示性、提示性消防安全标识。

10. 是否落实用火、用电安全管理。

11. 营业期间严禁进行动火施工。

12. 现场工作人员是否会组织、引导在场人员疏散逃生。

13. 严禁储存易燃易爆化学物品。

四、重点检查部位

重点检查公共娱乐场所的游艺大厅、包间（包房）、厨房、储藏室、消防控制室、配电间、消防水泵房等。

五、常见火灾隐患违法行为

1. 室内装饰、装修违规使用大量可燃易燃材料，如图 7-1-1。

图 7-1-1　违规使用室内装修材料

2. 营业期间安全出口被锁闭或严重堵塞，如图 7-1-2。

图 7-1-2　违规锁闭安全出口

3. 疏散通道被占用，如图 7-1-3。

图 7-1-3　违规占用疏散通道

4. 消防控制室人员未持证上岗或无人值守，如图 7-1-4。

图 7-1-4　消防控制室无人值守

经典练习

实践练习一

根据《公共娱乐场所消防安全管理规定》规定,下列不属于公共娱乐场所的是(　　)。

A.影剧院、录像厅、礼堂等演出、放映场所

B.学校会议室

C.具有娱乐功能的夜总会、音乐茶座和餐饮场所

D.舞厅、卡拉 OK 厅等歌舞娱乐场所

答案

B

解析

公共娱乐场所是指向公众开放的影剧院、录像厅、礼堂等演出、放映场所;舞厅、卡拉 OK 厅等歌舞娱乐场所;具有娱乐功能的夜总会、音乐茶座和餐饮场所;游艺、游乐场所;保龄球馆、旱冰场、桑拿浴室等营业性健身、休闲场所等室内场所。

实践练习二

根据《消防救援局关于印发密室逃脱类场所火灾风险指南及检查指引的通知》(应急消〔2021〕170号),下列属于现场实体抽查重点内容的是(　　)。

A.消防安全管理人员是否掌握本场所主要火灾风险

B.场所内员工是否掌握应急处置程序措施和组织疏散能力

C.检查场所是否公开承诺消防安全,承诺内容是否属实

D.抽查测试消防设施是否完好有效

答案

ABCD

解析

根据《消防救援局关于印发密室逃脱类场所火灾风险指南及检查指引的通知》(应急消〔2021〕170号)之规定,以下5项内容为现场实体抽查重点:(1)询问消防安全责任人、管理人员是否知晓自身消防安全职责,是否掌握本场所主要火灾风险。(2)询问场所内员工是否掌握本场所火灾风险和消防安全常识,是否掌握应急处置程序措施和组织疏散能力。(3)检查场所是否公开承诺消防安全,承诺内容是否属实;核查防火巡查、检查记录真实性,核对登记火灾隐患是否整改。(4)抽查测试消防设施是否完好有效。(5)核查场所主要安全出口和疏散通道是否保持畅通,是否存在占用、堵塞、封闭等违法行为。

第二节 宾馆饭店

一、场所类型介绍

宾馆饭店属于公众聚集场所，通常是指以提供住宿服务为主的场所，同时提供餐饮、会议等其他配套服务，狭义的饭店仅指餐饮场所，在《建筑设计防火规范》（GB 50016-2014，2018年版）等技术标准中分别称为"旅馆"和"餐饮"。宾馆饭店功能多样、使用率高、火灾荷载大，且具有一定私密性，消防管理较难，同时随着经济发展，大型综合性高层宾馆饭店和设置在高层建筑中的中小型宾馆饭店越来越多，火灾防范和灭火救援的压力越来越大，应加以重点监管。

> **典型火灾** 2018年8月25日4时12分，黑龙江省哈尔滨市松北区哈尔滨北龙汤泉休闲酒店有限公司(以下简称北龙汤泉酒店)发生重大火灾事故，过火面积约400m²，造成20人死亡，23人受伤，直接经济损失2504.8万元。火灾原因为风机盘管机组电气线路短路形成高温电弧，引燃周围塑料绿植装饰材料并蔓延成灾。

二、检查方法

查阅资料，询问单位工作人员，现场检查、测试，随机抽查员工掌握消防技能情况。

三、检查重点

对宾馆饭店进行消防监督检查应重点检查下列内容，在具体操作时，可按照《消防监督检查记录》的内容指引或者专项抽查的规定内容逐项实施。

1. 是否依法办理公众聚集场所投入使用、营业前消防行政许可。
2. 是否在其显著位置公示其消防安全责任人、消防安全管理人及其职责。
3. 是否占用、堵塞、封闭疏散通道、安全出口。
4. 是否占用、堵塞、封闭消防车通道、登高消防车操作场地。

5. 防火门的标识是否清晰完好，组件是否完整、功能是否正常。

6. 建筑消防设施是否保持完好有效。

7. 门窗是否设置影响逃生和灭火救援的障碍物。

8. 管道井的防火门是否完好有效，楼板防火封堵是否到位。

9. 室内装修、装饰是否按照消防技术标准的要求，使用不燃、难燃材料。

10. 是否规范设置禁止性、警示性、提示性消防安全标识。

11. 是否落实用火、用电安全管理。

12. 营业期间严禁进行动火施工。

13. 严禁储存易燃易爆化学物品。

四、重点检查部位

客房、娱乐中心、会议室、多功能厅、厨房、锅炉房、木工间、烟道、消防控制室、配电间、消防水泵房等。

五、常见火灾隐患和违法行为

1. 室内装饰、装修违规使用大量可燃易燃材料，如图 7-2-1。

图 7-2-1 违规使用室内装修材料

2. 营业期间安全出口被严重堵塞，如图 7-2-2。

图 7-2-2 堵塞安全出口

3. 严重影响安全疏散，如图 7-2-3。

图 7-2-3 安全出口被锁闭

4. 消防设施或器材未保持完好有效，如图 7-2-4。

图 7-2-4 灭火器未保持完好有效

5. 消防控制室人员未持证上岗或无人值守，如图 7-2-5。

图 7-2-5　消防控制室无人值守

6. 违规搭建，如图 7-2-6。

图 7-2-6　违规搭建的设施影响疏散

经典练习

🔊 **实践练习一**

宾馆、饭店应做好经常性的消防安全工作，主要内容包括（　　）。

A. 建立健全各项管理制度

B. 依法履行自身的消防安全管理职责

C. 定期组织消防检查

D. 消除火灾隐患

E. 加强员工消防教育培训，并开展经常性灭火演练，制定疏散预案

⊕ **答案**

ABCDE

⊕ **解析**

根据《机关、团体、企业、事业单位消防安全管理规定》(公安部令第61号)第三十六条之规定,单位应当通过多种形式开展经常性的消防安全宣传教育。消防安全重点单位对每名员工应当至少每年进行一次消防安全培训。宣传教育和培训内容应当包括:

(一)有关消防法规、消防安全制度和保障消防安全的操作规程;

(二)本单位、本岗位的火灾危险性和防火措施;

(三)有关消防设施的性能、灭火器材的使用方法;

(四)报火警、扑救初起火灾以及自救逃生的知识和技能。

公众聚集场所对员工的消防安全培训应当至少每半年进行一次,培训的内容还应当包括组织、引导在场群众疏散的知识和技能。单位应当组织新上岗和进入新岗位的员工进行上岗前的消防安全培训。故应选择A、B、C、D、E选项。

⊕ **实践练习二**

对某28层酒店的消防控制室的室内装修工程进行防火检查,下列检查结果中,不符合现行国家标准要求的是(   )。

A.顶棚采用硅酸钙板   B.地面采用水泥刨花板

C.窗帘采用经阻燃处理的难燃织物   D.墙面采用矿棉板

⊕ **答案**

D

⊕ **解析**

根据《建筑内部装修设计防火规范》(GB 50222-2017)第4.0.10条,消防控制室等重要房间,其顶棚和墙面应采用A级装修材料,地面及其他装修应采用不低于B_1级的装修材料。根据该规范3装修材料的分类和分级中,条文说明表1可知,硅酸钙板、水泥刨花板、经阻燃处理的难燃织物、矿棉板的燃烧性能等级分别为A、B_1、B_1、B_1。故应选择D选项。

第三节　商场市场

一、场所类型介绍

商场市场通常指用于货物商品买卖交易的场所，如百货商场、自选超市、农贸市场等，属于公众聚集场所，在《建筑设计防火规范》（GB 50016–2014，2018年版）等技术标准中统称为"商店"。随着物质生活的提高，商场市场规模越来越大，建筑构造形式越来越复杂，商品内容越来越丰富，附设娱乐、游艺、餐饮等功能越来越多，火灾荷载很大，发生亡人火灾，尤其是发生较大以上亡人火灾事故的概率增加。

> **典型火灾**　2000年12月25日晚21时35分，河南省洛阳市老城区东都商厦发生特大火灾事故，26日零时45分大火最终被扑灭。造成309人中毒窒息死亡，7人受伤，直接经济损失275万元。火灾原因为洛阳丹尼斯东都分店养护科员工持焊枪，焊接负一、二层之间的楼梯遮盖钢板。作业中，电焊火花顺着钢板的方孔溅入负二层，引燃负二层家具城存放的木质家具、海绵床垫和沙发等可燃物品蔓延成灾。

二、检查方法

查阅资料，询问单位工作人员，现场检查、测试，随机抽查员工掌握消防技能情况。

三、检查重点

对商场市场进行消防监督检查应重点检查下列内容，在具体操作时，可按照《消防监督检查记录》的内容指引或者专项抽查的规定内容逐项实施。

1. 是否依法办理公众聚集场所投入使用、营业前消防行政许可。

2. 消防安全责任人、消防安全管理人是否清楚消防职责，是否在场所显著位置公示。

3. 是否占用、堵塞、封闭疏散通道、安全出口，主要疏散通道是否畅通，疏散宽度是否符合要求。

4. 是否占用、堵塞、封闭消防车通道、登高消防车操作场地。

5. 防火门的标识是否清晰完好，组件是否完整、功能是否正常，采用门禁系统时是否符合安全疏散要求。

6. 建筑消防设施是否保持完好有效。

7. 室内悬挂的广告是否遮挡疏散指示标志。

8. 仓库、冻库是否与营业区之间进行防火分隔。

9. 门窗是否设置影响逃生和灭火救援的障碍物。

10. 是否落实用火、用电安全管理。

11. 微型消防站人员是否具备初起火灾处置扑救能力，单位员工是否会组织、引导人员疏散逃生。

12. 室内装修、装饰是否按照消防技术标准的要求，使用不燃、难燃材料。

13. 营业期间严禁进行动火施工。

14. 严禁储存易燃易爆化学物品，地下或半地下营业厅不应经营易燃易爆化学物品。

四、重点检查部位

营业厅、仓库、厨房、消防控制室、配电间、消防水泵房等。

五、常见火灾隐患和违法行为

1. 擅自改变防火分区，致使防火分区面积不符合规定，如图 7-3-1。

图 7-3-1 擅自拆除用作防火分隔的防火墙

2.违规使用易燃可燃材料装饰装修,如图 7-3-2。

图 7-3-2 违规使用装修材料

3.违规搭建影响安全疏散,如图 7-3-3。

图 7-3-3 违规搭建门斗

4.消防车道、安全出口被占用或堵塞,如图 7-3-4。

图 7-3-4 违规占用消防车道

5.严重影响安全疏散，如图 7-3-5。

图 7-3-5 楼梯间堆放杂物

6.消防设施未处于正常工作状态，如图 7-3-6。

图 7-3-6 常闭式防火门处于开启状态

经典练习

实践练习一

多层建筑的地下商场，设在地下层数二层时，其室内地面与室外出入口地坪高差大于 10m，应设（ ）楼梯间。

A.室外楼梯间　　　　B.敞开楼梯间

C.封闭楼梯间　　　　D.防烟楼梯间

答案

D

解析

根据《建筑设计防火规范 》（GB 50016-2014，2018 年版），在下列情况下应设置防烟楼梯间：（1）一类高层建筑及建筑高度大于32m的二类高层建筑；（2）建筑高度大于33m的住宅建筑；（3）建筑高度大于32m且任一层人数超过10人的高层厂房；（4）当地下层数为3层及3层以上，以及地下室内地面与室外出入口地坪高差大于10m。因此，D选项正确。

📢 **实践练习二**

消防机构对一正在营业的大型商场进行监督检查，发现该商场一处疏散通道堆放杂物，一处安全出口锁闭，火灾自动报警系统被违章关闭，同时在一楼营业厅违章销售瓶装液化石油气。消防机构对（　　）应责令改正。

A. 疏散通道堆放杂物　　　　　　　B. 安全出口锁闭
C. 违章关闭火灾自动报警系统　　　D. 违章销售瓶装液化石油气
E. 疏散安全标志损坏

🏠 **答案**

ABCD

ℹ️ **解析**

根据《消防法》第六十条，单位违反本法规定，有下列行为之一的，责令改正，处五千元以上五万元以下罚款：

（一）消防设施、器材或者消防安全标志的配置、设置不符合国家标准、行业标准，或者未保持完好有效的；

（二）损坏、挪用或者擅自拆除、停用消防设施、器材的；

（三）占用、堵塞、封闭疏散通道、安全出口或者有其他妨碍安全疏散行为的；

（四）埋压、圈占、遮挡消火栓或者占用防火间距的；

（五）占用、堵塞、封闭消防车通道，妨碍消防车通行的；

（六）人员密集场所在门窗上设置影响逃生和灭火救援的障碍物的；

（七）对火灾隐患经消防救援机构通知后不及时采取措施消除的。个人有前款第二项、第三项、第四项、第五项行为之一的，处警告或者五百元以下罚款。有本条第一款第三项、第四项、第五项、第六项行为，经责令改正拒不改正的，强制执行，所需费用由违法行为人承担。因此，应选择A、B、C、D选项。

第四节 中小学校(幼儿园)

一、场所类型介绍

学校是教育者对受教育者进行系统教育活动的场地,主要有幼儿园、小学、初中、高中和大学,幼儿园儿童活动场所和中小学教学楼、宿舍楼和实验楼是消防监督检查的重点,这些建筑(场所)一旦发生火灾,除开火灾本身的威胁之外,还容易导致拥挤踩踏,严重影响师生生命安全,负面社会影响极为恶劣。检查同时还应当督促学校把消防安全纳入教学计划,开展经常性消防安全教育。

> **典型火灾** 2008年11月14日6时10分,上海商学院徐汇校区学生公寓楼602女生宿舍发生火灾,火势迅速蔓延导致烟火过大,4名女生在消防队员赶到之前从6楼宿舍阳台跳楼逃生,不幸全部遇难。火灾原因为寝室里使用"热得快"引发电器故障并将周围可燃物引燃所致。

二、检查方法

查阅资料,询问学校工作人员,现场检查、核查、测试,随机抽查员工掌握消防技能情况。

三、检查重点

对中小学校(幼儿园)进行消防监督检查应重点检查下列内容,在具体操作时,可按照《消防监督检查记录》的内容指引或者专项抽查的规定内容逐项实施。

1.消防安全责任人、消防安全管理人是否清楚消防职责,是否在场所显著位置公示。

2.是否占用、堵塞、封闭疏散通道、安全出口、消防车通道、登高消防车操作场地。

3.是否落实防火检查、灭火疏散演练和培训教育等消防安全制度。

4.防火门的标识是否清晰完好,组件是否完整、功能是否正常,采用门禁系统时是否符合安全疏散要求。

5. 建筑消防设施是否保持完好有效。

6. 是否擅自改变宿舍楼消防安全条件。

7. 宿舍楼门窗是否设置影响逃生和灭火救援的障碍物。

8. 是否落实用火、用电安全管理，宿舍楼严禁使用大功率用电设备。

9. 宿舍楼、教学楼、食堂现场工作人员是否会组织、引导学生疏散逃生。

10. 宿舍楼楼梯间是否违规停放电动车。

11. 室内装修、装饰是否按照消防技术标准的要求，使用不燃、难燃材料。

12. 严禁储存易燃易爆化学物品。

四、重点检查部位

学生宿舍、食堂（餐厅）、教学楼、校医院、体育场（馆）、会堂（会议中心）、图书馆、展览馆、档案馆、博物馆、文物古建筑、实验室、计算机房、电化教学中心和承担国家重点科研项目或配备有先进精密仪器设备的部位，消防控制中心、配电间、消防水泵房等。

五、常见火灾隐患和违法行为

1. 未定期组织防火检查，及时消除火灾隐患，如图 7-4-1。

图 7-4-1 学生宿舍使用易燃可燃材料作为烟灰缸

2. 电热器具靠近易燃可燃物，如图 7-4-2。

图 7-4-2 违规将衣物搭晾在电暖器上

3. 寝室使用大功率电器，如图 7-4-3。

图 7-4-3 从寝室收缴的违规器具中包含有电磁炉、电饭煲等大功率电器

4. 影响灭火救援和疏散逃生，如图 7-4-4。

图 7-4-4 学生宿舍窗户设置栅栏

······· 经典练习 ·······

🔈 **实践练习一**

教育部门消防工作职责有：（　　）。

A. 负责学校、幼儿园管理中的行业消防安全

B. 指导学校消防安全教育宣传工作

C. 将消防安全教育纳入学校安全教育活动统筹安排

D. 指导、督促机关、团体、企业、事业等单位履行消防工作职责

E. 组织针对性消防安全专项治理

🧰 **答案**

ABC

📣 **解析**

根据国务院办公厅《消防安全责任制实施办法》第十三条第二项之规定，教育部门负责学校、幼儿园管理中的行业消防安全。指导学校消防安全教育宣传工作，将消防安全教育纳入学校安全教育活动统筹安排。故应选择A、B、C选项。

🔈 **实践练习二**

根据《高等学校消防安全管理规定》，学校（　　）至少进行一次消防安全检查。

A. 每周　　B. 每月　　C. 每季度　　D. 每年

🧰 **答案**

C

📣 **解析**

根据《高等学校消防安全管理规定》第二十六条之规定，学校每季度至少进行一次消防安全检查，故应选择C选项。检查的主要内容包括：

（一）消防安全宣传教育及培训情况；

（二）消防安全制度及责任制落实情况；

（三）消防安全工作档案建立健全情况；

（四）单位防火检查及每日防火巡查落实及记录情况；

（五）火灾隐患和隐患整改及防范措施落实情况；

（六）消防设施、器材配置及完好有效情况；

（七）灭火和应急疏散预案的制定和组织消防演练情况；

（八）其他需要检查的内容。

第五节 医疗机构

一、场所类型介绍

医疗机构所使用的建筑主要包括门诊楼、住院楼，属于人员密集场所，多为病患在医疗建筑中活动，人员密度很大且大多行动不便，消防安全疏散更为困难，因此在技术标准中对医疗建筑有更严格的技术要求。例如：进行建筑分类时，规定超过 24m 的医疗建筑为一类高层建筑；对安全疏散进行设定时，限制最远疏散距离，提高疏散净宽度，高层医疗建筑设置避难间等。此外，一些医疗机构还涉及使用、储存医用氧，检查时应引起重视。

> **①典型火灾** 2022年1月8日0时27分，湖南省衡阳市石鼓区五一路衡阳来雁医院有限责任公司发生火灾，造成6人死亡、8人受伤，过火面积约300m²，直接经济损失约779.5万元。火灾原因为来雁医院三楼7号房间吊顶内电气线路故障引燃绝缘层、木龙骨等可燃物，造成火灾。

二、检查方法

查阅资料，询问单位工作人员，现场检查、测试，随机抽查员工掌握消防技能情况。

三、检查重点

对医疗机构进行消防监督检查应重点检查下列内容，在具体操作时，可按照《消防监督检查记录》的内容指引或者专项抽查的规定内容逐项实施。

1. 灭火和应急疏散预案是否切合实际，是否确定消防安全管理人并落实职责。

2. 是否落实值班值守制度，定期开展防火检查、巡查。

3. 是否定期开展消防安全教育、培训和演练。

4. 是否定期按规定对建筑消防设施进行维保、检测。

5. 是否擅自改变建筑物防火条件。

6. 建筑消防设施、防火分隔设施是否完好有效。

7. 是否占用、堵塞、封闭疏散通道、安全出口、避难间。

8. 是否按操作规程使用医疗用电设备。

9. 是否按技术标准使用、储存医用氧等易燃易爆化学物品。

10. 工作人员是否能处置初起火灾，是否会组织、引导、协助病患疏散逃生。

11. 门窗是否设置影响逃生和灭火救援的障碍物。

四、重点检查部位

病房、手术室、药房、重要设备用房、重症监护室、药库、高压氧舱、X 光机室、胶片室、CT/MR 室、消防控制室、配电间、消防水泵房等。

五、常见火灾隐患和违法行为

1. 采用燃烧性能不符合要求的建筑材料，如图 7-5-1。

图 7-5-1　吊顶材料不符合规范要求

2. 占用消防车通道，如图 7-5-2。

图 7-5-2　在消防车通道上违规停放车辆

3. 医院病房违规使用电器，如图 7-5-3。

图 7-5-3 在医院病房违规使用电器

4. 门诊区的导医、挂号、取药等部位设置不合理，导致人员聚集，如图 7-5-4。

图 7-5-4 导医台设置位置不当影响安全疏散

5. 消防设施设备、器材未保持完好有效，如图 7-5-5。

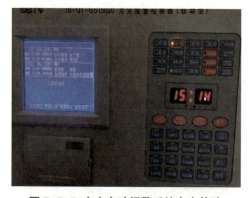

图 7-5-5 火灾自动报警系统存在故障

6. 门禁系统需指纹、密码或人脸识别开启，设置不满足应急需要，如图 7-5-6。

图 7-5-6　门禁系统逻辑关系设置不当致使安全疏散受到影响

7. 占用疏散通道，如图 7-5-7。

图 7-5-7　医院过道设置病床

经典练习

📢 **实践练习一**

按《医疗机构消防安全管理九项规定》，医院住院区及门诊区白天至少开展防火巡查。

A.1 次　　　B.2 次　　　C.3 次　　　D.4 次

➕ **答案**

B

解析

根据《医疗机构消防安全管理九项规定》第三点之规定，医疗机构应当明确消防巡查人员和重点巡查部位，每日组织开展防火巡查并填写巡查记录表。住院区及门诊区在白天至少巡查2次，住院区及急诊区在夜间至少巡查2次，其他场所每日至少巡查1次，对发现的问题应当当场处理或及时上报。故应选择B选项。

实践练习二

当洁净手术部内每层或一个防火分区的建筑面积大于2000m²时，宜采用耐火极限不低于（　）小时的防火隔墙分隔成不同的单元，相邻单元连通处应采用常开（　）级防火门，不得采用卷帘。

A.2，乙级　　　　　　　　B.1.5，乙级

C.2，甲级　　　　　　　　D.1.5，甲级

答案

C

解析

根据医院洁净手术部建筑技术规范（GB 50333—2013）12.0.3，当洁净手术部内每层或一个防火分区的建筑面积大于2000m²时，宜采用耐火极限不低于2.00h的防火隔墙分隔成不同的单元，相邻单元连通处应采用常开甲级防火门，不得采用卷帘。因此应选择C选项。

第六节　养老机构

一、场所类型介绍

养老机构主要是指养老院，现规范称为"老年人照料设施"，为老年人提供集中照料服务，属于人员密集场所。一些养老机构防火条件基础差，火灾自防自救能力差，尤其是日常消防安全管理不善，欠缺处置初起火灾和组织人员疏散逃生能力，加之老年人大多行动不便，实现安全疏散更为困难，容易发生群死群伤火灾，尤其要加强对完全无行动能力老年人所在区域的消防监督检查。

> **典型火灾**　2015年5月25日19时30分，河南省平顶山市鲁山县康乐园老年公寓发生特别重大火灾事故，造成39人死亡、6人受伤，过火面积745.8m²，直接经济损失2064.5万元。火灾原因为康乐园老年公寓不能自理区电气线路接触不良发热，高温引燃周围的电线绝缘层、聚苯乙烯泡沫、吊顶木龙骨等易燃可燃材料，造成火灾。

二、检查方法

查阅资料，询问单位工作人员，现场检查、测试，随机抽查员工掌握消防技能情况。

三、检查重点

对养老机构进行消防监督检查应重点检查下列内容，在具体操作时，可按照《消防监督检查记录》的内容指引或者专项抽查的规定内容逐项实施。

1. 灭火和应急疏散预案是否切合实际，是否确定消防安全管理人并落实职责。
2. 是否落实值班值守制度，定期开展防火检查、巡查。
3. 是否按规定正确用火、用电、用气。
4. 重点看护对象（卧病在床、行动迟缓等老人）楼层布置是否合理。
5. 工作人员是否能处置初起火灾，是否会组织、引导、协助老年人疏散逃生。

6. 是否擅自改变建筑物防火条件。

7. 建筑消防设施、器材是否完好有效。

8. 是否占用、堵塞、封闭疏散通道、安全出口。

9. 楼梯间内是否违规设置其他房间，防火门是否完好。

10. 是否按操作规程使用医疗用电设备。

11. 是否按技术标准使用、储存医用氧等易燃易爆危险物品。

12. 门窗是否设置影响逃生和灭火救援的障碍物。

四、重点检查部位

老年人住房、重要设备用房、药房、高压氧舱、消防控制室、配电间、消防水泵房等。

五、常见火灾隐患和违法行为

1. 消防设施设备、器材未保持完好有效，如图 7-6-1。

图 7-6-1 疏散指示标志损坏

2. 建筑耐火等级不符合要求，如图 7-6-2。

图 7-6-2 使用彩钢板搭建房间

3.竖向管道井堆放杂物，如图7-6-3。

图7-6-3 在电缆竖井内堆放杂物

4.电气线路敷设不符合要求，如图7-6-4。

图7-6-4 电器线路敷设未进行穿管保护，不符合《建筑设计防火规范》要求

5.违规使用电器，如图7-6-5。

图7-6-5 电器设备负荷超过插座额定功率

•••••••••••••••• 经典练习 ••••••••••••••••

📢 **实践练习一**

根据《社会福利机构消防安全管理十项规定》，养老机构组织夜间防火巡查不应少于（　　）。

A.1次　　　B.2次　　　C.3次　　　D.4次

🔒 **答案**

B

🈯 **解析**

根据《社会福利机构消防安全管理十项规定》第三条之规定，社会福利机构应当安排专人进行每日防火巡查，养老机构还应当组织夜间防火巡查，且不应少于两次，做好巡查记录，重点巡查以下内容：

（一）有无玩火、违规吸烟和违章动用明火现象，使用蚊香、蜡烛、煤炉时是否落实防护措施；

（二）有无违规用电，使用电热毯、电磁炉、热得快等大功率电热器具；

（三）消防设施设备是否正常工作,消火栓、灭火器等消防设施器材是否被遮挡、损坏；

（四）安全出口、疏散通道、消防车通道是否畅通，应急照明、安全疏散指示标志是否完好；

（五）消防安全重点部位值守人员是否在岗在位；

（六）常闭式防火门是否处于关闭状态，防火卷帘下是否堆放物品。

对巡查中发现的问题要当场处理，不能处理的要及时上报,落实整改和防范措施。故应选择B选项。

📢 **实践练习二**

某老年人照料设施，地上10层，建筑高度为33m，设有2个防烟楼梯间，1部消防电梯及1部客梯，防烟楼梯间前室和消防电梯前室分别设置，标准层建筑面积为1200m²，中间设有疏散走道，走道两侧双面布房。对该老年人照料设施进行防火检查，下列检查结果中，符合现行国家标准《建筑设计防火规范》（GB 50016-2014，2018年版）的有（　　）。

A.在建筑首层设置了厨房和餐厅

B.房间疏散门的净宽度为 0.90m

C.疏散走道的净宽度为 1.4m

D.第四层设有建筑面积为 150m² 的阅览室，最大容纳人数为 20 人

E.每层利用消防电梯的前室作为避难间，前室的建筑面积为 12m²

答案

ABCD

解析

老年人照料设施相关规范均未见不能设置厨房和餐厅的规定，故 A 选项正确；

根据《建筑设计防火规范》（GB 50016-2014，2018 年版）第 5.5.18 条之规定，公共建筑内疏散门和安全出口的净宽度不应小于 0.90m；双面布房的高层公共建筑疏散走道最小净宽度不应小于 1.40m。老年人照料设施属于公共建筑，房间疏散门、疏散走道均应符合公共建筑的相关规定，故 B、C 选项正确。

根据《建筑设计防火规范》（GB 50016-2014，2018 年版）第 5.4.4B 条之规定，当老年人照料设施中的老年人公共活动用房、康复与医疗用房设置在地下、半地下时，应设置在地下一层，每间用房的建筑面积不应大于 200m² 且使用人数不应大于 30 人。

老年人照料设施中的老年人公共活动用房、康复与医疗用房设置在地上四层及以上时，每间用房的建筑面积不应大于 200m² 且使用人数不应大于 30 人。阅览室属于公共活动用房，故 D 选项正确。

根据《建筑设计防火规范》（GB 50016-2014，2018 年版）第 5.5.24A 条之规定，避难间内可供避难的净面积不应小于 12m²，避难间可利用疏散楼梯间的前室或消防电梯的前室，其他要求应符合本规范第 5.5.24 条的规定。E 选项的"建筑面积"表述不合理，故 E 选项错误。

第七节 住宅

一、场所类型介绍

居民住宅消防安全事关千家万户，防范居民住宅火灾是一项全社会共同担负的长期性任务。随着高层住宅日益普遍、住宅规模日益扩大和老旧小区日益增多，居民住宅消防安全管理滞后松散等问题依旧突出，堵塞、占用、封闭疏散走道、消防车道以及消防设施完好率不高等现象依然普遍。此外，农村村民住宅火灾隐患较多，火灾相对多发。

> **典型火灾** 2010年11月15日14时15分，位于上海市静安区胶州路707弄1号胶州高层教师公寓发生火灾，经查，当日14时14分，电焊工吴国略和工人王永亮在加固胶州路728号公寓大楼10层脚手架的悬挑支架过程中，违规进行电焊作业引发火灾。此次火灾造成58人死亡、71人受伤，直接经济损失1.58亿元。

二、检查方法

查阅资料，现场检查住宅建筑的防火条件，检查测试消防设施、器材，抽查物业管理人员消防安全管理和消防安全常识掌握情况。

三、检查重点

对住宅进行消防监督检查应重点检查下列内容，在具体操作时，可按照《消防监督检查记录》的内容指引或者专项抽查的规定内容逐项实施。

1. 是否占用、堵塞、封闭疏散通道、安全出口、消防车道。

2. 是否存在电动自行车违规充电的情形。

3. 高层居民住宅区是否擅自改变消防车登高操作场地用途。

4. 入户大厅和楼梯间是否停放电动车、摩托车，是否堆放杂物。

5. 室内消火栓等建筑消防设施是否完好有效。

6. 管道井的防火门是否完好有效，楼板封堵是否到位。

7. 楼梯间防火门的标识是否清晰完好，组件是否完整、功能是否正常。

8. 消防宣传、消防常识普及情况。

9. 农村村民住宅周围是否违规堆放柴火，是否违规用火、用电。

10. 物业服务企业是否依法履行消防安全管理职责。

11. 村（居）民委员会是否依法落实防火检查、消防宣传等职责。

四、重点检查部位

消防控制室、消防水泵房、重要设备用房；疏散通道、楼梯间和安全出口、阳台等。

五、常见火灾隐患和违法行为

1. 消防车通道被占用，如图 7-7-1。

图 7-7-1 在消防车道上违规停放车辆

2. 违规用电，如图 7-7-2。

图 7-7-2 私拉乱接电线给电瓶车充电

3.在门厅、楼梯间等违规停放车辆，如图7-7-3。

图7-7-3 违规停放电动车辆

4.改变建筑物防火条件，如图7-7-4。

图7-7-4 在过道违规搭建鞋柜

5.未安全用火用电用气，如图7-7-5。

图7-7-5 做饭长时间离人致灾

6.电表箱和电缆井内堆放可燃物,如图7-7-6。

图7-7-6　配电间内堆放杂物

经典练习

📣 **实践练习一**

消防监督检查人员在对一高层住宅进行检查中,发现(如图7-7-7所示)问题,该行为违反了(　　),应按照(　　)予以处罚。

图7-7-7

A.《中华人民共和国消防法》,《中华人民共和国消防法》

B.《高层民用建筑消防安全管理规定》,《中华人民共和国消防法》

C.《中华人民共和国消防法》,《高层民用建筑消防安全管理规定》

D.《高层民用建筑消防安全管理规定》,《高层民用建筑消防安全管理规定》

📷 **答案**

B

🔊 解析

　　该建筑存在电缆井堆放杂物的问题。根据《高层民用建筑消防安全管理规定》第二十条第二款之规定，禁止占用电缆井、管道井，或者在电缆井、管道井等竖向管井堆放杂物。根据《高层民用建筑消防安全管理规定》第四十八条之规定，违反本规定的其他消防安全违法行为，依照《中华人民共和国消防法》第六十条、第六十一条、第六十四条、第六十五条、第六十六条、第六十七条、第六十八条、第六十九条和有关法律法规予以处罚；构成犯罪的，依法追究刑事责任。故应选择 B 选项。

📢 实践练习二

　　居民住宅区的物业管理单位应当在管理范围内履行（　　）消防安全职责。

　　A. 制定消防安全制度，落实消防安全责任，开展消防安全宣传教育

　　B. 开展防火检查，消除火灾隐患

　　C. 依法对违反消防法律、法规的行为进行处罚

　　D. 保障疏散通道、安全出口、消防车通道畅通

　　E. 保障公共消防设施、器材以及消防安全标志完好有效

🔒 答案

　　ABDE

🔊 解析

　　根据《机关、团体、企业、事业单位消防安全管理规定》（公安部令第 61 号）第十条之规定，居民住宅区的物业管理单位应当在管理范围内履行下列消防安全职责：

　　（一）制定消防安全制度，落实消防安全责任，开展消防安全宣传教育；

　　（二）开展防火检查，消除火灾隐患；

　　（三）保障疏散通道、安全出口、消防车通道畅通；

　　（四）保障公共消防设施、器材以及消防安全标志完好有效。

　　其他物业管理单位应当对受委托管理范围内的公共消防安全管理工作负责。故应选择 A、B、D、E 选项。

第八节 仓储场所

一、场所类型介绍

　　仓储场所主要用于储存生产生活物资，且多为易燃、可燃物品，火势一旦失控燃烧极为猛烈，有毒烟气多，实施灭火救援的难度大，容易造成较为严重的经济损失和恶劣的社会影响。为便于管理，一些仓储场所还设有人员值班室，甚至违规设置员工宿舍，应重点加以防范。

> **提示** 仓储场所指专门从事货物仓储、货物运输中转仓储，以及以仓储为主的物流配送活动。包含从事仓储业务为主，提供货物储存、保管、中转等传统仓储服务，同时能够提供流通领域的加工、组装、包装、商品配送以及仓库基础设施的建设租赁等业务的仓储型物流企业的场所。

> **典型火灾** 2018年10月28日17时25分，位于天津市滨海新区大港经济开发区安和路的中外运久凌储运有限公司天津分公司大港仓库发生火灾，过火面积23487.53 m²，直接经济损失约8944.95万元人民币。火灾原因为久凌天津公司大港仓库5号仓库501仓间西墙北数第3根与第4根立柱之间上方的视频监控系统电气线路发生故障，产生的高温电弧引燃线路绝缘材料，燃烧的绝缘材料掉落并引燃下方存放的润滑油纸箱和塑料薄膜包装物，随后蔓延成灾。

二、检查方法

　　查阅资料，核实堆放物资种类、数量、火灾危险性，现场检查建筑物防火条件，检查测试消防设施、器材，抽查工作人员消防安全管理和消防安全常识掌握情况。

三、检查重点

对仓储场所进行消防监督检查应重点检查下列内容，在具体操作时，可按照《消防监督检查记录》的内容指引或者专项抽查的规定内容逐项实施。

1. 查看消防安全制度、安全操作规程、灭火和应急疏散预案是否切合实际。

2. 仓储建筑消防安全条件是否满足所储存物品火灾危险性需求（例如：甲、乙类物品不应违规存放于丙类仓库）。

3. 是否擅自改变使用性质（例如：仓库内违规从事生产生活活动）。

4. 是否擅自改扩仓储建筑层数或面积，有无违章搭建。

5. 仓储建筑内是否设置宿舍。

6. 仓储建筑内设置的办公室、休息室是否满足规范要求。

7. 防火墙、防火隔墙、防火门、防火卷帘等是否符合标准。

8. 仓库区内的消防车道、防火间距是否被占用。

9. 是否正确用火用电，是否违规使用明火作业，违规使用电器产品、敷设电气线路。

10. 建筑消防设施是否完好有效，是否按规定进行检测、维保。

11. 货品堆放是否符合规定。

12. 有爆炸危险的仓储场所的防爆条件是否符合规定。

四、重点检查部位

仓库、消防控制室、消防水泵房、重要设备用房。

五、常见火灾隐患和违法行为

1. 违规用火用电，如图 7-8-1。

图 7-8-1 电焊作业区存放大量易燃可燃材料

2.库房内违规设置办公室、休息室，如图 7-8-2。

图 7-8-2 在乙类仓库内设置办公室

3.影响消防设施的正常使用，如图 7-8-3。

图 7-8-3 堆垛和货架堵塞疏散通道以及遮挡消火栓

4.消防设施设备、器材未保持完好有效，如图 7-8-4。

图 7-8-4 消防应急照明灯具经测试未启动照明

经典练习

📢 实践练习一

某工业园区内有一座仓库，内部存有电子元器件、油纸、酚醛泡沫塑料及天然橡胶制品，在防火检查时此库房应划为（　　）库房。

　　A. 甲类　　　B. 乙类　　　C. 丙类　　　D. 丁类

🔒 答案

　　B

🔖 解析

根据《建筑设计防火规范》（GB 50016-2014，2018 年版）第 3.1.3 条和 3.1.4 条，储存物品的火灾危险性应根据储存物品的性质和储存物品中的可燃物数量等因素划分，可分为甲、乙、丙、丁、戊类，同一座仓库或仓库的任一防火分区内储存不同火灾危险性物品时，仓库或防火分区的火灾危险性应按火灾危险性最大的物品确定。该仓库中油纸的火灾危险性为乙类，故应选择 B 选项，即该仓库的火灾危险性分类应为乙类。

📢 实践练习二

某轻质陶制商品的外包装材料为木箱。仓库内这种商品本身的总质量为 15t，外包装材料的总质量为 4t。根据《建筑设计防火规范》（GB 50016-2014，2018 年版），该仓库的火灾危险性应按（　　）类确定。

　　A. 甲　　　B. 乙　　　C. 丙　　　D. 丁

🔒 答案

　　C

🔖 解析

轻质陶制商品的火灾危险性是戊类，其外包装材料的总质量为 4t 超过了商品本身总质量 15t 的 1/4。丁、戊类储存物品仓库的火灾危险性，当可燃包装质量大于物品本身质量的 1/4 或可燃包装体积大于物品本身体积的 1/2 时，应按丙类确定。故应选择 C 选项。

第九节　生产加工企业

一、场所类型介绍

生产加工企业场所也称"厂房、车间"，主要用于原料储存和成品加工，因其可燃物资多、用电负荷高、消防管理难等原因，历史上多次发生群死群伤等恶性火灾事故，代价十分惨痛。其中应以同一时间内有大量员工从事可燃物资加工的厂房（例如棉纺、食品加工厂房等），和甲乙类物品生产加工厂房（或部位）为重点，依法依规落实更加严格的防火措施。

> **⚠典型火灾**　2021年4月22日13时25分左右，位于上海市金山区林盛路171弄113号的胜瑞电子科技（上海）有限公司阳极氧化车间发生一起火灾事故，过火、烟熏面积约21000 m²，导致8人遇难（含2名消防救援人员）。直接经济损失约为3113.22万元，火灾原因为作业人员黄春生违章吸烟引发火灾。

二、检查方法

查阅资料，现场检查建筑物防火条件，检查测试消防设施、器材，抽查工作人员消防安全管理和消防安全常识掌握情况。

三、检查重点

对生产加工企业进行消防监督检查应重点检查下列内容，在具体操作时，可按照《消防监督检查记录》的内容指引或者专项抽查的规定内容逐项实施。

1. 查看消防安全制度、安全操作规程、灭火和应急疏散预案是否切合实际。

2. 厂房消防安全条件是否满足所生产物品火灾危险性需求（例如：丁、戊类车间不应生产甲、乙丙类物品），是否根据工艺特点明确重点防火部位、落实防火措施。

3. 是否擅自改变使用性质（例如：厂房内违规储存货物）。

4. 是否擅自改扩厂房建筑层数或面积，有无违章搭建。

5. 厂房内是否设置员工宿舍。

6. 厂房内设置的办公室、休息室是否满足规范要求。

7. 防火墙、防火隔墙、防火门、防火卷帘等是否完好。

8. 厂区内的消防车道、防火间距是否被占用，是否堵塞、占用、封闭安全出口。

9. 是否违规使用电器产品、违规敷设电气线路。

10. 是否违反规定使用明火作业，是否管理好火源。

11. 建筑消防设施是否完好有效，是否按规定进行检测、维保。

12. 各岗位是否清楚消防安全职责，消防安全培训是否落实，员工是否具备消防安全技能。

13. 有爆炸危险的厂房的防爆条件是否符合规定。

四、重点检查部位

厂房、仓库、消防控制室、消防水泵房、重要设备用房。

五、常见火灾隐患和违法行为

1. 违章搭建，如图 7-9-1。

图 7-9-1 违规搭建占用防火间距

2.厂房钢结构部分未做防火处理，如图7-9-2。

图7-9-2 未做防火处理的钢结构致使建筑耐火等级降低

3.违规存放，如图7-9-3。

图7-9-3 未根据火灾危险性分类储存原材料

4.违反操作规程进行充装、拆卸、灌注、洗消作业，如图7-9-4。

图7-9-4 违规充装作业

•••••••••••• **经典练习** ••••••••••••

📢 **实践练习一**

某纺织厂房根据生产需要设置办公室，以下设置不符合规定要求的是（　　）。

A. 设置两个独立的安全出口

B. 与生产厂房相通的门为乙级防火门

C. 采用耐火极限不低于2.0h的防火隔墙与厂房分隔

D. 采用耐火极限不低于1.0h的楼板与厂房分隔

🔒 **答案**

C

ℹ️ **解析**

根据《建筑设计防火规范》（GB 50016-2014，2018年版），对于丙类厂房，厂房内可设置为厂房服务的办公室、休息室，采用耐火极限不低于2.5h的不燃烧体隔墙和1.00h的楼板与厂房隔开，并至少设置1个独立的安全出口。如隔墙上需要开设相互连通的门时，需为乙级防火门。因此C选项不符合相关规范要求。

📢 **实践练习二**

某食用油加工厂，拟新建一单层大豆油浸出车间厂房，其耐火等级为一级，车间需设置与生产配套的浸出溶剂中间仓库、分控制室、办公室和专用10KV变电所。对该厂房进行总平面布局和平面布置时，正确的措施有（　　）。

A. 车间专用10KV变电所贴邻厂房建造，并用无门窗洞口的防火墙与厂房分隔

B. 中间仓库在厂房内靠外墙布置，并用防火墙与其他部位分隔

C. 分控制室贴邻厂房外墙设置，并采用耐火极限为4.00h的防火墙与厂房分隔

D. 厂房平面采用矩形布置

E. 办公室设置在厂房内，并与其他区域之间设耐火极限为2.00h的隔墙分隔

🔒 **答案**

ABCD

ℹ️ **解析**

大豆油浸出车间属于甲类厂房。甲、乙类厂房内不应设置办公室、休息室。根据《建筑设计防火规范》（GB 50016-2014，2018年版），变、配电站不应设置在

甲、乙类厂房内或贴邻，且不应设置在爆炸性气体、粉尘环境的危险区域内。供甲、乙类厂房专用的 10KV 及以下的变、配电站，当采用无门、窗、洞口的防火墙分隔时，可一面贴邻，并应符合现行国家标准《爆炸危险环境电力装置设计规范》（GB 50058-2014）等标准的规定。有爆炸危险的厂房平面布置最好采用矩形，与主导风向垂直或夹角不小于 45℃，以有效利用穿堂风，将爆炸性气体吹散，在山区，宜布置在迎风山坡一面且通风良好的地方。有爆炸危险的甲、乙类厂房的分控制室宜独立设置，当贴邻外墙设置时，应采用耐火极限不低于 3.00h 的防火隔墙与其他部位分隔。因此 A、B、C、D 选项正确，E 选项错误。

第十节 石油化工类企业

一、场所类型介绍

石油化工类企业作为安全生产管理的重中之重，一旦发生火灾难以控制，火灾危害大，需要严格加强防范。石油化工类企业有别于一般工业企业，工程工艺复杂，专业性强，开展消防监督检查之前应进行专题学习，注意征询专业机构意见，督促企业建立志愿消防队（微型消防站），强化企业"自查自改、自防自救"能力，应兼顾制度检查和消防设施检查。

> **提示** 根据《石油化工企业设计防火规范》（GB 50160-2018）第2.0.1条，石油化工企业是以石油、天然气及其产品为原料，生产、储运各种石油化工产品的炼油厂、石油化工厂、石油化纤厂或其联合组成的工厂。

> **典型火灾** 2021年9月9日17时03分，位于辽宁省抚顺市沈抚公路南线20号的中国石油天然气股份有限公司抚顺石化分公司洗涤剂化工厂生产分厂烷基苯二套联合装置脱氢单元R2101B脱氢反应器，在还原氢管线引氮气试通作业时，发生一起1人死亡、1人重度烧伤的一般火灾事故，此次事故直接经济损失约350万元。火灾原因为洗化厂生产分厂计划投用R2101B脱氢反应器，发现还原氢管线不通，采用氮气试通还原氢管线，将还原氢管线中积存的轻蜡油从拆开的3#阀门法兰开口处顶出，轻蜡油从五层平台透过格栅板喷溅到运行反应器（R2101A）底部出口高温管线裸露法兰上，燃烧着火造成人员伤亡和部分设施设备烧毁。

二、检查方法

检查前了解石油化工类企业生产、储存、销售物质的火灾危险性，通过图纸查阅总平面布局、消防车道、室外消防给水系统等。现场检查消防档案、建筑消防设施维保等资料，检查防火防爆情况，检查测试消防设施、器材，抽查工作人员消防安全管理和消防安全常识掌握情况。

三、检查重点

对石油化工类企业进行消防监督检查应重点检查下列内容，在具体操作时，可按照《消防监督检查记录》的内容指引或者专项抽查的规定内容逐项实施。

1. 是否制定并实施消防安全制度、安全操作规程、灭火和应急疏散预案。

2. 建筑消防设施检测维保记录、消防安全评估报告是否完整、规范、真实。

3. 是否根据工艺特点明确重点防火部位，是否落实重点部位的防火措施。

4. 各岗位是否清楚消防安全职责，消防安全培训是否落实，员工是否具备消防安全技能。

5. 生活区是否与爆炸危险区保持足够安全距离。

6. 固定、移动消防设施是否完好有效。

7. 是否按规定建立志愿消防队（微型消防站），是否具备火灾处置能力。

8. 总平面布局是否符合要求。

9. 消防车道是否畅通，消防水源是否充足。

10. 是否违反规定使用明火作业，是否管理好火源。

四、重点检查部位

厂房、仓库、储罐区、消防控制室、消防水泵房、重要设备用房。

五、常见火灾隐患和违法行为

1. 消防设施设备、器材未保持完好有效，如图 7-10-1（见下页）。

图 7-10-1 消火栓水压不足

2. 专职消防队（微型消防站）未定期组织训练演练，如图 7-10-2。

图 7-10-2 消防站未定期组织演练致使器材装备操作不熟练

3. 未按规定建设单位专职消防队，如图 7-10-3。

图 7-10-3 专职消防队火灾扑救和应急救援能力不能满足实际要求

•••••••••••••••••••• 经典练习 ••••••••••••••••••••

📢 **实践练习一**

某石油化工企业厂区的总平面布置的做法中，不正确的是（　　）。

A. 散发可燃气体装卸区布置在散发火花地点的全年最小频率风向的下风侧

B. 石油化工厂区的甲类液体储罐区布置在相对独立的安全地带

C. 采用架空电力线路进出厂区的总变电所布置在厂区边缘

D. 消防站位于该企业生产区全年最小频率风向的下风侧

📋 **答案**

A

🔒 **解析**

根据《石油化工企业设计防火标准》（GB 50160-2018）第4.2.2条规定，可能散发可燃气体的工艺装置、罐组、装卸区或全厂性污水处理场等设施宜布置在人员集中场所及明火或散发火花地点的全年最小频率风向的上风侧。所以A选项不正确。

根据《建筑设计防火规范》（GB 50016-2014，2018年版）第4.1.1条规定，甲、乙、丙类液体储罐区，液化石油气储罐区，可燃、助燃气体储罐区和可燃材料堆场等，应布置在城市（区域）的边缘或相对独立的安全地带，并宜布置在城市（区域）全年最小频率风向的上风侧。所以B选项正确。

根据《石油化工企业设计防火标准》（GB 50160-2018）第4.2.9规定，采用架空电力线路进出厂区的总变电所应布置在厂区边缘。所以C选项正确。

根据《石油化工企业设计防火标准》（GB 50160-2018）第4.2.10规定，消防站的位置应符合下列规定：

1. 消防站的服务范围应按行车路程计，行车路程不宜大于2.5km，并且接火警后消防车到达火场的时间不宜超过5min。对丁、戊类的局部场所，消防站的服务范围可加大到4km；

2. 应便于消防车迅速通往工艺装置区和罐区；

3. 宜避开工厂主要人流道路；

4. 宜远离噪声场所；

5. 宜位于生产区全年最小频率风向的下风侧。

所以D选项正确。

📣 **实践练习二**

　　一级石油库的储罐区和装卸区的消防道路的路面宽不小于（　　）米，转弯半径不宜小于（　　）米。

　　A.5，10　　　　　B.5，12　　　　　C.6，12　　　　　D.6，10

🔒 **答案**

　　C

☝ **解析**

　　根据《石油化工企业设计防火标准》（GB 50160-2018）第5.0.9条规定，一级石油库的油罐区和装卸区消防道路的路面宽度不应小于6m，其他级别石油库的油罐区和装卸区消防道路的路面宽度不应小于4m。一级石油库的油罐区和装卸区消防道路的转弯半径不宜小于12m。因此应选择C选项。

第八章

消防行政处罚与临时查封

≫内容简介

　　消防行政处罚是对依法应予处罚的当事人所实施的法律制裁，临时查封是一种临时性的行政强制措施，两者在性质、目的、对象和手段上存在不同，本章依据《行政处罚法》《行政强制法》和《消防救援机构办理行政案件程序规定》等规定，结合消防行政处罚和行政强制的工作实践，重点介绍消防行政处罚与临时查封的案由及依据、实施范围、工作程序、基本要求等内容，并对执法实践中容易产生执法过错的情形进行了重点提示。

学习目标

1. 了解消防行政处罚和临时查封的基本概念、工作程序和要求
2. 熟练应用规范案由名称
3. 掌握调查取证的基本方法
4. 掌握消防行政处罚和临时查封的区别

第一节　行政处罚

　　消防救援机构发现消防违法行为，应当依据《中华人民共和国消防法》《消防监督检查规定》《高层民用建筑消防安全管理规定》《社会消防技术服务管理规定》等法律法规及规章中有关法律责任的规定，以及《中华人民共和国行政处罚法》《消防救援机构办理行政案件程序规定》等法律法规的要求进行调查处理。

一、立案

（一）案件来源

下列情况应当依法立案：

1. 消防监督检查发现依法应予处罚的消防安全违法行为。

2. 举报投诉经现场核查，认定构成依法应予处罚的消防安全违法行为。

3. 火灾事故调查过程中发现依法应予处罚的消防安全违法行为。

4. 对消防产品实施监督管理时发现依法应予处罚的消防安全违法行为。

5. 对消防技术服务机构及其注册消防工程师监督管理时发现依法应予处罚的消防安全违法行为。

> **提示**　不具有行政执法资格的人员，在开展消防安全检查时所发现的消防安全违法行为，可通过举报投诉的途径或移交给消防监督员（含具有行政执法资格的消防员、经过授权或委托的其他机关的工作人员）进行处理。

（二）管辖

　　一般情况下，消防行政处罚案件由违法行为发生地的消防救援机构管辖。

　　几个消防救援机构对同一案件都有管辖权时，由最先立案的消防救援机构管辖。必要时，可以由主要违法行为发生地消防救援机构管辖。

对管辖发生争议的，应协商解决；协商不成的，报请共同的上一级消防救援机构指定管辖；也可以直接由共同的上一级消防救援机构指定管辖。

对于重大、复杂的案件，上级消防救援机构可以直接办理或者指定管辖。

发现案件不属于自己管辖而应由其他机关处理的，经消防救援机构负责人批准，应将案件移送有管辖权的机关处理。

> **提示** 在受理案件时，一定要甄别违法行为是否属于本部门或本地区管辖。对于建设工程行政审批类的消防安全违法行为应属于住建部门管辖；对于消防产品生产和流通领域类的违法行为应属于市场监管部门；对于非法携带易燃易爆危险品进入公共场所等依照《中华人民共和国治安管理处罚法》进行处罚的消防安全违法行为应属于公安部门管辖。

（三）立案的处理

发现的违法行为，属于消防救援机构管辖的，应当制作《立案审批表》/《立案登记表》；不属于消防救援机构管辖的，应在受理后24小时内制作《移送案件通知书》；接受举报投诉或其他单位移送的案件时，若举报人或其他单位有提交或移送相关证据的，还应当制作《接受证据清单》作为《立案审批表》/《立案登记表》的附件。

《立案审批表》适用于普通程序，由执法人员结合案情情况填写，并提出立案意见，再由消防救援机构负责人立案审批，同时进行任务分配，指定2名以上执法人员作为承办人，负责调查处理。

《立案登记表》适用于快速办理程序，执法人员填写相关内容即可。

> **提示** 具有行政执法资格的工作人员在依法填写《立案审批表》/《立案登记表》时应以管辖该违法行为的县级以上消防救援机构名义受理；消防救援机构委托的其他机关，应以委托的消防救援机构名义（而非受委托机关自己的名义）作出行政处罚；获得法律法规授权或按照《行政处罚法》的规定由省级政府明确为行使相对集中行政处罚权的行政机关除外。

二、案由参考

消防行政处罚案件案由是消防安全违法行为的名称。根据案由适用的区域不同，确定相关案由规范的主体也不同。下面所列案由是本书编委会在原规范案由基础上对法律法规规章新增案由进行的梳理，仅供参考。实施消防行政处罚，根据消防法律、法规、规章的规定确定处罚案由，主要包括：

（一）《中华人民共和国消防法》涉及的案由

1. 未经消防安全检查擅自投入使用、营业（第58条第1款第4项）；

2. 消防安全检查不合格擅自投入使用、营业（第58条第1款第4项）；

3. 消防设施、器材、消防安全标志配置、设置不符合标准（第60条第1款第1项）；

4. 消防设施、器材、消防安全标志未保持完好有效（第60条第1款第1项）；

5. 损坏、挪用消防设施、器材（第60条第1款第2项，第2款）；

6. 擅自拆除、停用消防设施、器材（第60条第1款第2项，第2款）；

7. 占用、堵塞、封闭疏散通道、安全出口（第60条第1款第3项，第2款）；

8. 其他妨碍安全疏散行为（第60条第1款第3项，第2款）；

9. 埋压、圈占、遮挡消火栓（第60条第1款第4项，第2款）；

10. 占用防火间距（第60条第1款第4项，第2款）；

11. 占用、堵塞、封闭消防车通道（第60条第1款第5项，第2款）；

12. 门窗设置影响逃生、灭火救援的障碍物（第60条第1款第6项）；

13. 不及时消除火灾隐患（第60条第1款第7项）；

14. 易燃易爆危险品场所与居住场所设置在同一建筑物内（第61条第1款）；

15. 易燃易爆危险品场所未与居住场所保持安全距离（第61条第1款）；

16. 其他场所与居住场所设置在同一建筑物内不符合消防技术标准（第61条第2款）；

17. 违规进入生产、储存易燃易爆危险品场所（第63条第1项）；

18. 违规使用明火作业（第63条第2项）；

19. 在具有火灾、爆炸危险的场所吸烟、使用明火（第63条第2项）；

20. 指使、强令他人冒险作业（第64条第1项）；

21. 过失引起火灾（第64条第2项）；

22. 阻拦、不及时报告火警（第64条第3项）；

23. 扰乱火灾现场秩序（第 64 条第 4 项）；

24. 拒不执行火灾现场指挥员指挥（第 64 条第 4 项）；

25. 故意破坏、伪造火灾现场（第 64 条第 5 项）；

26. 擅自拆封、使用被查封场所、部位（第 64 条第 6 项）；

27. 人员密集场所使用不合格、国家明令淘汰的消防产品逾期未改（第 65 条第 2 款）；

28. 电器产品的安装、使用不符合规定（第 66 条）；

29. 燃气用具的安装、使用不符合规定（第 66 条）；

30. 电气线路的设计、敷设、维护保养、检测不符合规定（第 66 条）；

31. 燃气管路的设计、敷设、维护保养、检测不符合规定（第 66 条）；

32. 不履行消防安全职责逾期未改（第 67 条）；

33. 不履行组织、引导在场人员疏散义务（第 68 条）；

34. 消防技术服务机构出具虚假、失实文件（第 69 条第 1 款、第 2 款）。

（二）《高层民用建筑消防安全管理规定》（应急管理部令第 5 号）涉及的案由

1. 进行电焊、气焊等明火作业，未履行动火审批手续、进行公告（第 47 条第 1 项）；

2. 进行电焊、气焊等明火作业，未落实消防现场监护措施（第 47 条第 1 项）；

3. 设置的户外广告牌、外装饰妨碍防烟排烟、逃生和灭火救援（第 47 条第 2 项）；

4. 设置的户外广告牌、外装饰改变、破坏建筑立面防火结构（第 47 条第 2 项）；

5. 未设置外墙外保温材料提示性和警示性标识（第 47 条第 3 项）；

6. 未及时修复破损、开裂和脱落的外墙外保温系统（第 47 条第 3 项）；

7. 未按规定落实消防控制室值班制度（第 47 条第 4 项）；

8. 安排不具备相应条件的人员值班（第 47 条第 4 项）；

9. 未按照规定建立专职消防队、志愿消防队等消防组织（第 47 条第 5 项）；

10. 因维修等需要停用建筑消防设施未进行公告、未制定应急预案或未落实防范措施（第 47 条第 6 项）；

11. 违规停放电动自行车或为电动自行车充电，拒不改正（第 47 条第 7 项）。

（三）《社会消防技术服务管理规定》（应急管理部令第 7 号）涉及的案由

1. 冒名从事社会消防技术服务活动（第 26 条）；

2. 注册消防工程师兼职执业（第 27 条第 1 款第 1 项）；

3. 指派无相应资格人员从事社会消防技术服务活动（第 27 条第 1 款第 2 项）；

4. 转包、分包消防技术服务项目（第27条第1款第3项）；

5. 未设立技术负责人、明确项目负责人（第28条第1项）；

6. 书面结论文件未签名、盖章（第28条第2项）；

7. 未依法签订消防技术服务合同（第28条第3项）；

8. 相关人员未到现场实地开展工作（第28条第4项）；

9. 未建立、保管消防技术服务档案（第28条第5项）；

10. 未公示营业执照、工作程序、收费标准等事项（第28条第6项）；

11. 未在醒目位置公示消防技术服务信息（第30条）；

（四）《消防产品监督管理规定》（公安部令第122号）涉及的案由

1. 人员密集场所使用不符合市场准入的消防产品逾期未改（第36条第1款）；

2. 非人员密集场所使用不符合市场准入、不合格、国家明令淘汰的消防产品逾期未改（第36条第2款）。

（五）《注册消防工程师管理规定》（公安部令第143号）涉及的案由

1. 聘用单位为申请人提供虚假注册申请材料（第49条）；

2. 以欺骗、贿赂等不正当手段取得注册（第50条）；

3. 未经注册擅自以注册消防工程师名义执业（第51条）；

4. 被注销注册后继续以注册消防工程师名义执业（第51条）；

5. 未经准予变更注册而继续执业（第52条）；

6. 消防安全技术文件未经注册消防工程师签名、加盖执业印章（第53条）；

7. 未按国家标准、行业标准开展执业活动（第54条）；

8. 减少执业活动项目内容、数量（第54条）；

9. 执业活动质量不符合国家标准、行业标准（第54条）；

10. 以个人名义承接执业业务、开展执业活动（第55条第1项）；

11. 变造、倒卖、出租、出借、以其他形式转让资格证书、注册证、执业印章（第55条第2项）；

12. 超出本人执业范围开展执业活动（第55条第3项）。

提示 上述案由中列举多个行为、对象的，实践中在表述案由时可以根据具体消防安全违法行为及对象，选择进行表述。如"变造、倒卖、出租、出借、以其他形式转让资格证书、注册证、执业印章"，实践中可以根据消防安全违法行为人的具体行为，选择"变造资格证书""倒卖执业印章""出租注册证"或者"出借注册证"等作为案由。除上述全国范围内适用的法律、部门规章外，还有各地根据自身实际出台的地方性法规、政府规章，如：《四川省消防条例》《成都市消防条例》《四川省宗教活动场所消防安全管理规定》（四川省人民政府令第312号）等，在需要填报案由名称时，应注意正确写明援引的法律责任条款的情形。

三、调查取证

（一）需要调查的案件事实

1. 当事人的基本情况；
2. 违法行为是否存在及是否为当事人实施；
3. 实施违法行为的时间、地点、手段、后果和其他情节；
4. 当事人有无法定从重、从轻、减轻以及不予行政处罚的情形；
5. 与案件有关的其他事实。

（二）证据收集的要求

1. 必须依照法定程序，全面收集能够证实当事人是否违法、违法情节轻重的证据；
2. 在调查取证时，执法人员不得少于二人，并表明执法身份；
3. 以非法手段收集的证据不得作为处罚的依据；
4. 收集证据时，要注意证据的真实性、合法性和关联性。

提示 收集证据要注重全面性，既要收集证明当事人有违法嫌疑或证明其违法情节较重的证据，也要收集证明当事人无违法嫌疑或证明其违法情节较轻的证据。

（三）证据的种类

1. 书证，指能证明案件事实的文字材料。消防行政处罚案件中常见的书证有：与案件有关的消防监督法律文书；与案件有关的营业执照、许可证书；与案件有关的、当事人与他人签订的合同等。

2. 物证，指据查明案件事实的一切物品和痕迹。消防行政处罚案件中常见的物证有：反映火灾隐患或违法事实的原物，如被停用的室内消火栓、被堵塞的疏散通道、不合格的灭火器；在实践中，由于原物往往不便搬运、不易保存，故通常采用拍摄或者制作足以反映原物外形或者内容的照片、录像的方式进行物证固定。

3. 视听资料，包括录音资料和影像资料。消防行政处罚案件中常见的视听资料有：反映火灾现场的监控录像、举报人提供的安全出口被锁闭的影像资料、反映当事人拒不改正的录音、录像。

4. 电子数据，指通过电子邮件、电子数据交换、网上聊天记录、博客、微博客、手机短信、电子签名、域名等形成或者存储在电子介质中的信息。存储在电子介质中的录音资料和影像资料，适用电子数据的规定。随着科技的进步，录音资料和影像资料多以电子数据的形式存在，在相关证据固定时应当注意同时满足视听资料和电子数据的提取要求。

5. 证人证言，指了解案件情况的证人所作的用以证明案件事实的陈述。通常表现为办案人员根据证人口头陈述所作的询问笔录，也包括书面证言。

6. 当事人陈述和申辩，指当事人就与案件有关的事实所作的陈述和申辩。通常表现为办案人员根据当事人的口头陈述所作的询问笔录，也可以是当事人自己提供的书面陈述和申辩。消防行政处罚案件中的当事人多为单位，单位的陈述和申辩权应由单位法定代表人或单位授权委托的代理人行使，故实践中、特别是在告知程序中应注意区分当事人与证人，避免告知对象错误。

7. 鉴定意见，指鉴定人运用专门知识和技能就与案件有关的专门性问题所作的技术性结论。办案人员应当对鉴定意见进行审查，经审查属实方可作为证据使用。

8. 勘验笔录、检查笔录和现场笔录。勘验笔录是办案人员对与案件有关的场所、现场或物品进行勘察、检验、测量、绘图、拍照等所作的记录。检查笔录是办案人员为了查清违法事实，固定和补充证据，对与违法行为有关的场所、物品进行检查时所作的记录。现场笔录是办案人员对执法现场当时的情况所作的记录，一般是动态的事实，所反映的是制作笔录当时的情况。三者都是书面的记载，但三者都有实物证据的效力，在可能的情况下，宜优先采用此类方式进行证据收集和固定。

【文件链接】《应急管理部关于印发＜消防救援机构办理行政案件程序规定＞＜消防行政法律文书式样＞的通知》（应急〔2021〕77号）

> **提示** 单一证据可能同时具备多类证据的属性，如用电子设备拍摄的维护保养记录的现场照片。现场照片既是物证，又是电子数据，同时维护保养记录的内容还是书证。办案人员在调取证据时应严格按照相应证据种类规定的程序进行收集。虽然各类证据的收集方法和程序有所不同，但主要都是围绕证据真实性、合法性和关联性这三点核心来设置的，在取证中要注意把握通过各类证据交叉印证的方式，形成完整的证据链，以达到相应的证明标准，实现证明目的。

（四）调查取证的主要方法

调查取证的主要方法有询问、抽样取证、先行登记保存、勘验、检查、鉴定以及现场照相、录音录像等。取证过程中，应根据实际情况灵活运用具体手段方法，公正规范的进行操作。调查取证的方法应当满足《消防救援机构办理行政案件程序规定》中的相关要求。这里主要对办案实践中常用的现场照相的拍摄方法和相关注意事项进行一个简要介绍。

1.现场照相，是指运用摄影技术，真实记录、固定现场状况与案件有关的痕迹、物品的一种技术方法。完整的现场照相应当包括现场方位照相、现场全貌照相、现场中心照相、现场细目照相。此处以某高层建筑内第12层公共走道配置的灭火器失效为例进行简要介绍。

（1）现场方位照相：应记录、固定现场位置与周围环境的关系，要把现场及周围有显著特点的道路、建筑物等同时表现出来。比如：要对此高层建筑的外观及周边进行拍摄。

（2）现场全貌照相：应记录、固定现场全貌和现场内部各个部分之间的关系，它是一种概貌照相。比如：对该建筑第12层公共走道进行拍摄，反映失效灭火器与公共走道的全貌。

（3）现场中心照相：又称现场重点部位照相，它记录现场的中心部位和反映现场主要物体特点及与临近物体、痕迹之间关系的一种照相形式。比如：对灭火器进行重点拍摄。

（4）现场细目照相：是记录、固定现场与案件有关的痕迹、物品的照相，要清楚反映出每个痕迹、物品的特征。比如：对灭火器上的压力指示器、筒体、喷嘴、喷射软管等细节进行清晰的拍摄；若灭火器的失效原因系保养不善导致筒体锈蚀，现场细目照相应具体反映筒体锈蚀的程度等情况；若灭火器的失效原因系灭火剂过期，则现场细目照相应具体反映灭火剂类型、生产 / 充装时间等情况。

2.照片作为证据，应当注明证明对象（内容）、制作人、制作时间、制作方法等。证明对象（内容）是对违法状态的客观描述，要具体明确，如"×× 场所第 12 层公共走道的 4 具灭火器筒体锈蚀"。

3.入卷照片应当使用冲洗的彩色照片或者使用专用纸彩色打印，不得使用普通纸张或者黑白打印。

4.开展执法活动中，应当规范使用执法记录仪或者其他摄录设备，实行全程同步录音录像。自到达执法现场时开始，至现场执法活动结束时停止，记录的内容应当清晰、连续、完整，确保客观、真实地记录执法工作情况及相关证据。

> **提示** 调取收集证据时一定要注意强化过程意识、痕迹意识、程序意识，尽量避免证据瑕疵，注重证据与案件的关联性以及证据之间的有效衔接，保证证据链的完整。

四、办案程序

《消防救援机构办理行政案件程序规定》中，明确了消防救援机构在办理行政案件时，可以采取简易程序、快速办理和普通程序三种办案程序。本节重点对程序注意事项进行介绍。

（一）简易程序

1.适用范围：违法事实确凿并有法定依据，对公民处以 200 元以下（含本数）、对法人或者其他组织处以 3000 元以下（含本数）罚款或者警告的行政处罚的，可以当场作出行政处罚决定。法律另有规定的，从其规定。

2. 对于当场行政处罚的程序和要求：

（1）出示和核实身份。向当事人出示执法证件，并核实被处罚人身份。

（2）调查取证。采取询问、现场拍照、录音录像等方式收集证据。

（3）处罚前告知。口头告知当事人拟作出行政处罚决定的内容及事实、理由和依据，并告知当事人依法享有的陈述权和申辩权。

（4）充分听取当事人的陈述和申辩。当事人提出的事实、理由或者证据成立的，应当采纳。

（5）当场决定、送达。填写预定格式、编有号码、盖有消防救援机构印章的当场行政处罚决定书并交付当事人。

（6）执行。作出的罚款决定符合当场收缴罚款法定情形，即依法给予100元以下罚款或不当场收缴事后难以执行的，可以当场收缴罚款。执法人员必须出具省级财政部门统一制发的罚款收据，否则，被处罚人有权拒绝缴纳罚款。未当场收缴罚款的，应当告知被处罚人在规定期限内到指定的银行缴纳罚款。

（7）备案。当场作出行政处罚决定的，应于作出决定之日起2日内报所属消防救援机构备案。

（二）快速办理

1. 适用范围：对不适用简易程序，但事实清楚，当事人自愿认错认罚，且对违法事实和法律适用没有异议的可适用快速办理。

行政处罚案件具有下列情形之一的，不适用快速办理：

（1）对个人处2000元以上（含本数）罚款的，对单位处10000元以上（含本数）罚款的。

（2）当事人系盲、聋、哑人，未成年人或者疑似精神病人、智力残疾人的。

（3）依法适用听证程序的。

（4）依法可能没收违法所得的。

（5）其他不宜快速办理的。

2. 程序和要求：

（1）权利义务告知。通过快速办理案件权利义务告知书告知当事人快速办理的相关规定，征得其同意，并由其签名确认。

（2）立案。填写《立案登记表》，有接受证据的，应一并填写接受证据清单。

（3）调查取证。当事人在自行书写材料或者询问笔录中承认违法事实、认错认罚，并有视音频记录、电子数据、消防监督检查记录等关键证据能够相互印证的，消防救援机构可以不再开展其他调查取证工作。

（4）处罚前告知。可以采用口头方式，由执法人员在案卷材料中注明告知情况，并由当事人签名确认。

（5）提出处理意见。执法人员提出处理意见，可以经法制审核后，报消防救援机构负责人审批，处理决定应在立案之日起7日内作出。

（6）送达。制作处罚决定书并送达当事人。

（三）普通程序

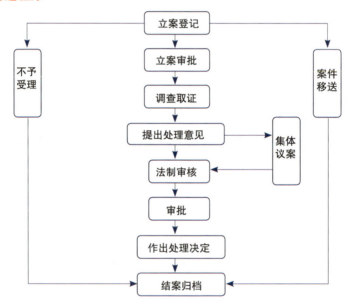

图 8-1-1　消防行政内部审批程序流程图

1.适用范围：除可以适用简易程序和快速办理的行政处罚外，在消防监督管理工作中，或者通过其他部门移送等途径，发现公民、法人或者其他组织有依法应当给予行政处罚的消防安全违法行为的，适用普通程序。

2.程序和要求：

（1）立案。填写《立案审批表》，载明案件基本情况，由消防救援机构负责人批准。

（2）调查取证。调查取证的方式和相关要求介绍详见本节第三点。

（3）处罚前告知。告知当事人拟作出的行政处罚内容及事实、理由和依据，并告知当事人依法享有的陈述、申辩、要求听证等权利。

（4）充分听取当事人的陈述和申辩。当事人提出的事实、理由或者证据成立的，应当采纳。不得应当事人陈述、申辩而给予更重的处罚。

（5）提出处理意见。调查终结后，可根据不同情况提出不同的处理意见：

①对确有违法行为的，办案人员应当在综合分析案情、全面审查证据材料、正确适用法律的基础上，提出处罚意见并填写《呈请消防行政处罚审批表》。对经过集体议案的案件，《呈请消防行政处罚审批表》应当根据集体议案的结论填写。

②对没有违法事实或违法事实不成立、违法行为已过追究时效、违法嫌疑人死亡等情形的，应当提出终止调查意见。

③对确有违法行为，但有依法不予行政处罚情形的，应当提出不予行政处罚的意见。不予行政处罚的情形主要包括：违法行为轻微并及时改正，没有造成危害后果的，或当事人有证据足以证明没有主观过错的，不予行政处罚；初次违法且危害后果轻微并及时改正的，可以不予行政处罚。

④违法行为涉嫌犯罪的，应移送司法机关。

（6）集体议案。对情节复杂或者给予较大数额罚款、责令停止使用、责令停产停业、责令停止执业、吊销资格、没收较大数额违法所得等行政处罚，消防救援机构负责人应当组织集体议案。其中，"较大数额罚款"，可以参照应当告知当事人有要求举行听证的权利的标准（对个人处以2000元以上罚款，对单位处以30000元以上罚款。对依照地方性法规或者地方政府规章作出的罚款处罚，适用听证的罚款数额按照地方规定执行）。集体议案后，应当根据不同情况作出以下处理：

①集体议案形成结论性意见的，报消防救援机构主要负责人审批；其中属于法制审核的事项，应当经法制审核后报消防救援机构主要负责人审批。

②事实不清、证据不足或需要查清、补充其他问题的，退回承办部门补充办理。

③定性不准或严重违反法定程序的，退回承办部门依法处理。

集体议案情况应当使用《集体议案记录》，对讨论中的不同意见或者未形成结论的情况应如实记录，并经由议案主持人、参加人审阅签字后，归档入卷。

（7）法制审核。根据《消防救援机构法制审核审批和集体议案工作规范》，除简易程序外的行政处罚应当经过法制审核。快速办理的，行政处罚决定由执法人员提出处理意见，可以经法制审核后，报消防救援机构负责人审批。法制审核应当在具体行政行为的决定作出前。法制审核主要包括下列内容：

①执法主体是否合法，执法人员是否具备执法资格。

②事实是否清楚，证据是否确实充分。

③执法程序是否合法。

④适用法律、法规、规章是否准确，裁量基准运用是否适当。

⑤执法是否超越执法机关法定权限。

⑥法律文书是否完备、规范。

⑦违法行为是否涉嫌犯罪、需要移交司法机关。

法制部门审核意见应如实填写在《呈请消防行政处罚审批表》中，法制部门或者法制员应当根据不同情况，分别作出以下处理：

a.经审核合格的，提出审核意见，填写意见应包含该案事实清楚、证据确实充分、适用法律（法规/规章）正确、程序正当合法、自由裁量适当，并明确处罚建议，报消防救援机构负责人审批；

b.事实不清、证据不足、文书不完备或者需要查清、补充有关事项的，提出工作建议或者意见，退回承办部门或者承办人补充办理；

c.定性不准、处理意见不适当或者严重违反法定程序的，提出处理意见，退回承办部门或者承办人依法处理。

应当法制审核的，未经法制审核，承办人、承办部门不得提交消防救援机构负责人审批。

（8）决定。案件经法制审核后，将《呈请消防行政处罚审批表》同案件材料报消防救援机构负责人审批。

消防救援机构作出警告、罚款，责令停止使用、责令停产停业、没收违法所得等处罚决定的，由消防救援机构负责人审批决定，制作《行政处罚决定书》。

责令停产停业，对经济和社会生活影响较大的，由应急管理部门报请本级人民政府依法决定。

对符合行政拘留处罚的，应填写《移送案件通知书》并附证据材料，依法移送公安机关调查处理。

依法不予处罚的，由消防救援机构负责人审批决定，制作《不予行政处罚决定书》。

（9）送达。消防行政处罚的送达方式分为直接送达、邮寄送达、委托送达、电子送达和公告送达。送达时限和方式应依照《中华人民共和国民事诉讼法》和《消防救援机构办理行政案件程序规定》的有关规定执行。在送达法律文书时应按照直接送达优先的原则进行，在无法直接送达时方可选择委托、邮寄、公告等间接送达方式进行送达。《最高人民法院关于以法院专递方式邮寄送达民事诉讼文书的若干规定》《最高人民法院印发＜关于进一步加强民事送达工作的若干意见＞的通知》等司法解释也对送达进行了明确具体的规定，应注意正确理解和把握。

对于电子送达方式，在实践中应注意以下两点：

①法律法规规定不能电子送达的文书不得适用。现行《行政处罚法》第六十一条第二款规定"当事人同意并签订确认书的，行政机关可以采用传真、电子邮件等方式，将行政处罚决定书等送达当事人"，并未明确规定不得电子送达的文书种类。故在消防行政处罚案件中，《询问通知书》《告知笔录》《行政处罚决定书》等经当事人同意并签订确认书后，均可采用电子送达方式。

②若当事人同意电子送达，建议请当事人尽早签署《电子送达地址确认书》。

对于采用邮寄送达的，建议由当事人对邮寄地址予以书面确认。

以上三种办案程序存在由简易程序/快速办理转普通程序的可能性，在实践中应当注意转为普通程序的条件和情形。

> **提示** 根据《行政处罚法》相关规定，涉及公民生命健康安全、金融安全且有危害后果的，追责期限延长至五年。期限从违法行为发生之日起计算，违法行为有连续或继续状态的，应从行为终了之日起计算。违法嫌疑人死亡，应区分自然人还是非自然人（法人、团体或其他组织），对于个体工商户应按自然人确定死亡；对于法人、团体等非自然人应按工商、民政等主管部门的注销登记确定死亡。法人不等同于法定代表人，法人是指公司等组织，意味法律意义上的人；法定代表人是指在法律上代表法人行使职权的负责人，是自然人。

五、听证程序

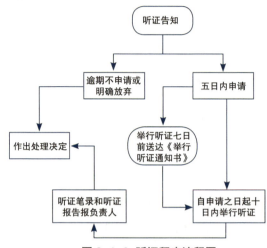

图 8-1-2 听证程序流程图

（一）适用范围

1. 责令停产停业、责令停止使用。

2. 较大数额罚款。

3. 没收较大数额的违法所得。

4. 责令停止执业、吊销资格。

5. 法律法规和规章规定违法嫌疑人可以要求举行听证的其他情形。

前述 2、3 项所称较大数额，是指对个人处以 2000 元以上（含本数）罚款，对单位处以 30000 元以上（含本数）罚款或没收违法所得；但依据地方性法规或地方政府规章作出的相应处罚，适用听证的罚款数额应按照地方规定执行。

> **提示** 地方性法规或者规范性文件中也有明确规定，且标准不一致的，应按低标准执行。比如《四川省行政处罚听证程序规定》第四条规定的较大数额，是指对非经营活动中公民的违法行为处以罚款或者没收财产2000元以上、法人或者其他组织的违法行为处以罚款或者没收财产20000元以上；对在经营活动中的违法行为处以罚款或者没收财产50000元以上。国务院有关部门规定的较大数额标准低于前款规定的，从其规定。

（二）程序和要求

1. 听证由消防救援机构法制部门组织实施，未设法制部门的，由消防救援机构非本案调查人员组织听证。

2. 当事人要求听证的，应当在消防救援机构告知后五日内提出申请。逾期视为放弃要求听证的权利。

当事人明确放弃听证权利的，消防救援机构可以直接作出行政处罚或者不予行政处罚决定。当事人放弃听证权利应当在行政处罚告知笔录中载明，并且由当事人或者其代理人签字或者盖章确认。

3. 消防救援机构对符合听证条件的，应当自收到听证申请之日起 10 日内举行。

4. 听证受理后，应在举行听证的 7 日前将《举行听证通知书》送达听证申请人，并将举行听证的时间、地点通知其他听证参加人。

5. 听证情况应记入《听证笔录》，听证结束后应制作《听证报告书》。

6. 听证结束后，听证主持人应当写出听证报告书，提出处理意见和建议，连同听证笔录一并报送消防救援机构负责人。

7. 结合听证的情况，消防救援机构依法作出处理决定。

> **提示** 听证只可能在普通程序中出现，在听证程序要特别注意，听证要在自收到申请之日起10日内举行，而《举行听证通知书》要在举行听证前7日内送达申请人。综上，《举行听证通知书》应在自收到听证申请之日起3日内送达申请人。

六、执行程序

《消防法》中的处罚种类涉及消防救援机构的有：警告；罚款；没收违法所得；责令停产停业、责令停止使用；责令停止执业、吊销资格。其中罚款和没收违法所得的强制执行只能由人民法院实施；责令停产停业、停止使用的强制执行由消防救援机构实施。在这里主要对常见的罚款和责令停止使用、停产停业这两类行政处罚执行进行介绍。

（一）对于罚款的执行

1. 消防救援机构作出罚款的行政处罚决定，除法律规定可以当场收缴罚款的情形外，应当要求被处罚人自收到行政处罚决定书之日起 15 日内到指定的银行缴纳罚款。

2. 当事人确有经济困难，经当事人申请和作出处罚决定的消防救援机构批准，可以暂缓或者分期缴纳罚款。

3. 当事人未在规定期限内缴纳罚款的，消防救援机构可以每日按罚款数额的 3% 加处罚款。加处罚款的标准应当告知被处罚人。加处罚款的数额不得超出原罚款的数额。

4. 当事人在法定期限内不申请行政复议或者提起行政诉讼，又不履行行政决定的，消防救援机构可以自期限届满之日起 3 个月内，依法申请人民法院强制执行。

5. 消防救援机构批准延期、分期缴纳罚款的，申请人民法院强制执行的期限，自暂缓或者分期缴纳罚款期限结束之日起计算。

6. 申请人民法院强制执行前，消防救援机构应当催告当事人履行义务，催告书送达 10 日后当事人仍未履行义务的，消防救援机构可以向人民法院申请强制执行。

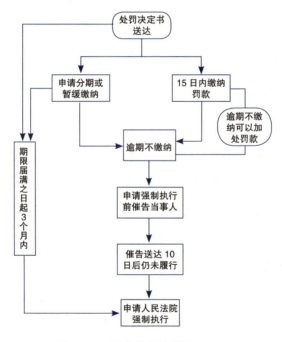

图 8-1-3 罚款执行流程图

（二）对于责令停止使用、停产停业的执行

1. 消防救援机构应当要求被处罚人在处罚决定书规定的期限内停止使用、停产停业。

2. 当事人不执行消防救援机构作出的责令停产停业、停止使用决定的，作出决定的消防救援机构应当自履行期限届满之日起 3 日内催告当事人履行义务。

3.经催告，当事人逾期仍不履行义务且无正当理由的，消防救援机构负责人应当组织集体研究强制执行方案，确定执行的方式和时间。

4.强制执行决定书应当自决定之日起 3 日内制作、送达当事人。

被处罚人逾期不履行行政处罚决定书，被处罚人对行政处罚决定不服申请行政复议或者提起行政诉讼的，行政处罚不停止执行，但法律另有规定的除外。

对消防救援机构依法自行实施的行政强制，应注意不得在夜间或者法定节假日实施，但情况紧急的除外。同时不得对居民生活采取停止供水、供电、供热、供燃气等方式迫使当事人履行相关行政决定。

> 🧯 **提示** 对于申请人民法院强制执行罚款的，如消防救援机构未在催告书和强制执行申请书中对加处罚款及其数额进行明确，则人民法院将只处理罚款本金。在实践中，应当特别注意申请人民法院强制执行的期限，如超过申请期限，人民法院可以不予受理，将导致执法程序因无执行结果而无法闭环。

七、结案建档

消防行政处罚案件有下列情形之一的，应当予以结案：

1.作出不予行政处罚决定的。

2.作出行政处罚等处理决定，且已执行的。

3.作出终止案件调查决定的。

4.案件移送有管辖权的行政机关、司法机关或者监察机关的。

5.作出处理决定后，因执行对象灭失、死亡、终止等客观原因导致无法执行或者无需执行的。

6.其他应予结案的情形。

申请人民法院强制执行，人民法院受理的，按照结案处理。人民法院强制执行完毕后，消防救援机构应当及时将相关案卷材料归档。

符合上述结案条件的，办案人员应当在结案后 30 个工作日内立卷并移交档案管理人员。

八、法律文书示例(见第十一章)

••••••••••••••••• **经典练习** •••••••••••••••••

📢 实践练习一

对拒不执行由消防救援机构作出的责令停产停业处罚的单位和个人,消防救援机构可以( )。

A. 请示人民政府强制执行　　　B. 加处罚款

C. 依法强制执行　　　　　　　D. 报公安机关强制执行

🔘 答案

C

🔘 解析

依据《中华人民共和国消防法》第七十条第三款之规定,当事人逾期不执行停产停业、停止使用、停止施工决定的,由作出决定的部门或者机构强制执行。对于停产停业的处罚是消防救援机构依据《中华人民共和国消防法》第五十八条第一款(四)项作出的行政处罚,因此应由消防救援机构依法强制执行。故应选择C选项。

📢 实践练习二

消防救援机构送达处罚决定书时,被处罚人王某拒绝签收,消防监督人员当即请居委会两名工作人员到场见证,见证人在送达书上签字作证。此种送达方式为( )。

A. 直接送达　　　B. 邮寄送达

C. 委托送达　　　D. 公告送达

🔘 答案

A

🔘 解析

直接送达是指行政机关将法律文书直接送交受送达人的行为。在本题中,虽然当事人拒绝签收,但依然为直接送达。面对当事人拒绝签收的情况,送达人可以邀请其他人员到场进行见证。故应选择A选项。

第二节 临时查封

根据《中华人民共和国消防法》第五十四条规定，消防救援机构在消防监督检查中发现火灾隐患的，应当通知有关单位或者个人立即采取措施消除隐患；不及时消除隐患可能严重威胁公共安全的，消防救援机构应当依照规定对危险部位或者场所采取临时查封措施。

一、适用情形

消防救援机构在消防监督检查中发现火灾隐患，应当通知有关单位或者个人立即采取措施消除；对具有下列情形之一，不及时消除可能严重威胁公共安全的，应当对危险部位或者场所予以临时查封：

1. 疏散通道、安全出口数量不足或者严重堵塞，已不具备安全疏散条件的。

2. 建筑消防设施严重损坏，不再具备防火灭火功能的。

3. 人员密集场所违反消防安全规定，使用、储存易燃易爆危险品的。

4. 公众聚集场所违反消防技术标准，采用易燃、可燃材料装修，可能导致重大人员伤亡的。

5. 其他可能严重威胁公共安全的火灾隐患。

提示 临时查封是一种行政强制措施，它是为了避免危害发生、控制危害扩大，依法对公民、法人或者其他组织的财物实施暂时性控制的行为。因此，在实施临时查封时一定要注意不得随意扩大适用情形，要把握根本原则，即：不及时消除可能严重威胁公共安全的情形才可适用临时查封。火灾隐患可以及时消除，或火灾隐患不及时消除也不会严重威胁公共安全的，不应适用临时查封。在实际工作中要严格依据规定情形适用，可参考重大火灾隐患判定标准，对第（五）项进行判定。

二、查封范围

查封限于危险部位或者场所。

当事人的场所、设施已被其他国家机关依法查封的,不得重复查封。

三、查封实施

(一)事前准备

1. 查封前准备。

（1）消防救援机构负责人组织集体研究,确定查封危险部位或者场所的范围、期限和实施方法。

（2）准备查封的文书《临时查封决定书》《现场笔录》,使用移动执法终端的,可不携带相关法律文书,利用移动执法终端现场录入并打印。

（3）准备查封所需器材:执法记录仪、移动执法终端(按规定携带),封条、胶带(胶水),进入危险场所的还需携带个人防护类装备。

2. 需要公安机关等其他部门或者公安派出所配合的,消防救援机构应当协调公安机关或者公安派出所配合实施。

3. 通知当事人到场。

(二)实施程序

1. 紧急情况下的查封程序。

情况紧急、不当场查封可能严重威胁公共安全的,消防监督检查人员可以在口头报请消防救援机构负责人同意后当场对危险部位或者场所实施临时查封,并在临时查封后24小时内由消防救援机构负责人组织集体研究,制作、送达临时查封决定书。

> 🔔 **提示** 经集体研究认为不应当采取临时查封措施的,应当立即解除。

2. 一般程序。

（1）当场告知当事人权利并听取陈述和申辩。通知当事人到场,当场告知当事人采取临时查封的理由、依据以及当事人依法享有的权利、救济途径;听取当事人的陈述和申辩。

（2）当事人不到场的,邀请见证人到场,由见证人和消防监督检查人员在现场笔录上签名。

（3）在危险部位或者场所及其有关设施、设备上加贴封条或者采取其他措施，使危险部位或者场所停止生产、经营或者使用。

（4）对实施临时查封情况制作现场笔录，使用执法记录仪或者其他摄录设备全程同步进行录音录像；现场笔录由当事人和消防监督检查人员签名，当事人拒绝签名的，在笔录中予以注明。

四、基本要求

（一）临时查封期间的管理

实施临时查封后，当事人请求进入被查封的危险部位或者场所整改火灾隐患的，应当允许。但不得在被查封的危险部位或者场所生产、经营或者使用。

（二）临时查封期限

临时查封期限不得超过 30 日。临时查封期限届满后，当事人仍未消除火灾隐患的，消防救援机构可以再次依法予以临时查封。

（三）临时查封的解除

1. 消防救援机构主动解除临时查封。有下列情形之一的，消防救援机构应当及时作出解除查封决定：

（1）当事人没有依法应当采取临时查封措施的火灾隐患。

（2）查封的场所、部位与火灾隐患无关。

（3）行政机关对火灾隐患已经作出处理决定，不再需要查封。

（4）查封期限已经届满。

（5）被临时查封的危险部位和场所的火灾隐患已经消除的。

（6）其他不再需要采取临时查封措施的情形。

2. 当事人申请解除临时查封。火灾隐患消除后，当事人应当向作出临时查封决定的消防救援机构申请解除临时查封。消防救援机构应当自收到申请之日起 3 个工作日内进行检查，自检查之日起 3 个工作日内作出是否同意解除临时查封的决定，制作《同意/不同意解除临时查封决定书》并送达当事人。对检查确认火灾隐患已消除的，应当作出解除临时查封的决定。

五、法律文书示例（见第十一章）

•••••••••••••••• **经典练习** ••••••••••••••••

📢 **实践练习一**

对于临时查封的，火灾隐患消除后，当事人应当向（　　）申请解除临时查封。

A.当地消防救援机构　　　　　　　B.当地公安机关

C.作出临时查封决定的消防救援机构　　D.当地人民政府

📦 **答案**

C

📣 **解析**

当事人应当在火灾隐患消除后向作出临时查封决定的消防救援机构申请解除临时查封。故应选择 C 选项。

📢 **实践练习二**

临时查封的期限不得超过（　　）。

A.30 日　　　B.一个月　　　C.30 个工作日　　　D.20 日

📦 **答案**

A

📣 **解析**

《行政强制法》第二十五条规定，查封、扣押的期限不得超过 30 日；情况复杂的，经行政机关负责人批准，可以延长，但是延长期限不得超过 30 日。法律、行政法规另有规定的除外。故应选择 A 选项。

第三节　行政处罚与临时查封的区别

行政处罚与临时查封是我们消防监督执法中常用的执法手段，它们两者在外在表现上有一定的相似性，都会对当事人的权益产生某种意义上的减损效果。但实际上，作为两种具体行政行为，它们的行为类型、执法程序、法律效果均有区别，因常被混淆，故需高度重视、谨慎执行。

一、行为类型不同

我们以与临时查封最为相似的处罚种类——责令停产停业为例来进行比较。

1. 责令停产停业属于行政处罚，它的设定、实施机关、管辖和适用、决定、执行均应符合《中华人民共和国行政处罚法》的相关要求。临时查封属于行政强制措施，它的设定、实施程序、执行程序均应符合《中华人民共和国行政强制法》的相关要求。

2. 责令停产停业作为行政处罚，是以当事人存在违法行为为前提的，且相关违法行为的危害性通常较重。以《中华人民共和国消防法》为例，仅对公众聚集场所未经消防安全检查或经检查不符合消防安全要求，擅自投入使用营业的违法行为，需处以停产停业，此处的责令停产停业是对违法行为的一种惩戒。临时查封作为行政强制措施，不以当事人存在违法行为为前提，只要存在不及时消除可能严重威胁公共安全的火灾隐患，消防救援机构即可对危险部位或场所采取临时查封措施。

3. 需要注意的是，虽然火灾隐患往往伴随着消防安全违法行为，但火灾隐患不等于消防安全违法行为。举例而言，木结构古建筑通常不符合现行消防安全技术标准要求，存在一定的火灾隐患、甚至重大火灾隐患，但显然不可能对古建筑进行行政处罚或临时查封。在执法实践中，还有很多其他因历史原因、社会因素等造成的火灾隐患，但并不构成违法行为。

> **提示** 当发现安全出口数量不足、疏散通道严重堵塞等常见的符合临时查封条件的情形时，火灾隐患往往都系锁闭、占用安全出口或疏散通道的违法行为导致。针对此类行为既应当依法实施临时查封也应当依法进行行政处罚，注意不能以临时查封代替行政处罚。

二、执法程序不同

1.行政处罚分为简易程序和一般程序，临时查封分为紧急情况下的当场查封程序和一般查封程序。

2.行政处罚和临时查封程序的具体环节不同。行政处罚可能需要听证、但不一定需要集体研究，临时查封不涉及听证程序，但需要经过集体研究。即使是当场查封程序，也需要在实施查封后进行集体研究，研究决定不查封的，应当立即解除临时查封。

3.行政处罚执行完毕即可结案，临时查封还需要按照《行政强制法》的相关要求依申请或依职权履行解除查封程序。

三、法律效果不同

行政处罚是一种最终行政行为，即对相对人权利的最终处分。如罚款之所以是行政处罚，因为它是对相对人财产所有权的最终剥夺即处分，它的作出，表达了行政主体对该财物的最终处理。

临时查封是一种中间行为，是对相对人财产使用权和处分权的一种临时限制，是行政强制措施，并不是对该财物所有权的最终处分，而仅是在短期内对该财物使用权和处分权的临时限制，是为保证最终行政行为的作出所采取的一种临时性措施，没有到达对事件最终处理完毕的状态。

·· 经典练习 ··

📢 **实践练习**

　　消防监督人员在日常检查中发现一家正在营业的 500m² 网吧未办理开业前消防安全检查，且仅有一个安全出口，请问消防监督人员应采取什么措施？

⊛ **答案**

　　消防监督人员应当对该场所采取临时查封，并且应当对该单位涉嫌未经消防安全检查擅自投入使用的违法行为进行立案调查。若查证属实，应当依据《中华人民共和国消防法》第五十八条第一款第（四）项责令该场所停产停业，并处 3 万元以上 30 万元以下的罚款。

第九章

火灾事故调查

》内容简介

　　火灾事故调查是法律赋予消防救援机构的一项重要职责，其主要任务是调查火灾原因、统计火灾损失、依法对火灾事故作出处理并总结火灾教训。本章重点介绍火灾事故调查管辖分工、现场保护、调查询问、现场勘验、制作现场勘验记录、痕迹物证提取、火灾损失统计、火灾事故认定等相关工作要求和注意事项。

》学习目标

1. 了解火灾事故的等级划分及管辖分工
2. 熟悉火灾事故调查的基本程序
3. 掌握火灾现场勘验程序和内容
4. 掌握火灾事故认定的基本要素

第一节 管辖分工

火灾事故调查工作是消防救援工作的重要组成部分,根据《中华人民共和国消防法》第四条规定,除了军事设施、矿井地下部分、核电厂、海上石油天然气设施以及森林、草原的火灾由其主管单位负责外,其他火灾事故调查工作由消防救援机构负责。其中民航、铁路、港航火灾事故调查另有规定的,从其规定。确定为涉嫌放火犯罪的案件,依法由公安机关立案侦查。

一、火灾等级标准

根据《关于调整火灾等级标准的通知》(公消【2007】234号)要求,将火灾等级标准调整为特别重大火灾、重大火灾、较大火灾和一般火灾四个等级。

特别重大火灾是指造成30人以上死亡,或者100人以上重伤,或者1亿元以上直接财产损失的火灾;

重大火灾是指造成10人以上30人以下死亡,或者50人以上100人以下重伤,或者5000万元以上1亿元以下直接财产损失的火灾;

较大火灾是指造成3人以上10人以下死亡,或者10人以上50人以下重伤,或者1000万元以上5000万元以下直接财产损失的火灾;

一般火灾是指造成3人以下死亡,或者10人以下重伤,或者1000万元以下直接财产损失的火灾。

二、火灾调查的管辖分工

火灾发生地的消防救援机构依法负责管辖本行政区域范围内的火灾调查。跨行政区域的火灾事故,由最先起火地的消防救援机构负责调查,相关区域的消防救援机构予以协助。机动车辆非因交通事故发生火灾,由起火地消防救援机构组织调查。对管辖权发生争议的,报请共同的上一级消防救援机构指定管辖。

为进一步规范火灾事故调查工作，结合实际，各省对火灾事故调查的管辖分工分别做出规定。以下内容是《四川省火灾调查工作规范》中规定的管辖分工，仅供参考。

（一）消防救援总队管辖范围

1.负责组织一次死亡10人以上（"以上"含本数，下同），重伤20人以上或者死亡、重伤20人以上，受灾50户以上，直接财产损失5000万元以上的火灾调查。总队负责组织调查的火灾，相关法律文书由火灾发生地消防救援支队出具。

2.参与并指导一次死亡3人以上，重伤10人以上或者死亡、重伤10人以上以及直接财产损失1000万元以上的火灾事故的调查。

3.负责支队调查认定火灾的复核工作。

4.组织开展火灾调查信访件的处理。

5.对3人以上死亡、10人以上重伤或者10人以上死亡、重伤的火灾，直接经济损失1000万元以上的火灾，受灾户20户以上的火灾，社会影响较大、引起领导机关关注或者引发舆情事件的火灾，以及其他重大、复杂、疑难火灾，根据火灾发生地消防支队申请启动或直接启动全省火灾调查集中调警机制，组织开展区域协作调查。

（二）消防救援支队管辖范围

1.配合上级消防救援机构开展火灾调查、复核。

2.负责组织调查一次死亡1人以上，重伤10人以上，受灾30户以上，直接财产损失1000万元以上的火灾。其中一次死亡3人以下（"以下"不含本数，下同）的火灾，相关法律文书由火灾发生地消防救援大队出具。

3.负责支队列管消防安全重点单位的火灾调查，辖区内发生的其他火灾支队认为有必要直接调查的可以由支队负责调查。

4.负责本级管辖范围内的失火案和消防责任事故案的办理。

5.指导所属大队开展火灾事故调查工作。

6.负责所属大队调查火灾的复核工作。

7.组织开展火灾调查信访件的处理。

（三）消防救援大队管辖范围

1.配合上级消防救援机构开展火灾调查、复核。

2.负责一次重伤10人以下或者受灾30户以下的，直接财产损失1000万元以下的火灾调查（支队列管重点单位火灾除外）；发生人员伤亡的火灾，大队主管应当立即到现场组织调查。

3. 负责管辖范围内的失火案和消防责任事故案的办理。

三、与公安刑侦部门的协作

消防救援机构负责调查火灾原因，在火灾原因调查中发现下列情形之一的，应当及时通知具有管辖权的公安机关刑侦部门派员协助调查：

1. 疑似放火的；

2. 有人员死亡的；

3. 受伤人数、受灾户数以及直接经济损失预估达到失火案、消防责任事故案立案追诉标准的；

4. 国家机关、广播电台、电视台、学校、医院、养老院、托儿所、幼儿园、文物保护、宗教活动场所等单位和公共交通工具发生的社会影响大的火灾；

5. 其他需要协作的火灾。

对具有放火嫌疑的火灾，公安机关刑侦部门和消防救援机构应当共同调查，开展现场勘验、调查询问、物证提取、检验鉴定、分析起火原因等工作。

经共同调查排除放火嫌疑的，公安机关刑侦部门应当出具排除放火嫌疑的书面调查意见，由消防救援机构作出火灾事故认定。

经共同调查确定涉嫌放火犯罪的火灾，消防救援机构应当将案件移送公安机关刑侦部门。

·················· 经典练习 ··················

📢 **实践练习一**

某起火灾从 A 行政区蔓延至 B 行政区，火灾事故的调查应由（　　）的消防救援机构负责。

　　A.A 行政区应急管理部门　　　　B.A 行政区消防救援机构

　　C.B 行政区应急管理部门　　　　D.B 行政区消防救援机构

🔒 **答案**

　　B

☞ **解析**

　　《火灾事故调查规定》第七条规定：跨行政区域的火灾事故，由最先起火地的消防救援机构负责调查，相关区域的消防救援机构予以协助。本题中最先起火地为A行政区，调查主体应为消防救援机构，故应选择B选项。

🔈 **实践练习二**

军事设施发生火灾，需要协助并出具邀请函的，有关消防救援机构应当予以协助。

A. 正确　　　B. 错误

🔒 **答案**

B

ℹ️ **解析**

《火灾事故调查规定》第十一条规定：军事设施发生火灾需要消防救援机构协助调查的，由省级人民政府消防救援机构或者应急管理部消防救援局调派火灾事故调查专家协助。故应选择B选项。

第二节 调查程序

一、简易程序

（一）要求

1. 适用简易调查程序的，可以由 1 名火灾事故调查人员开展。

2. 调查走访当事人、证人，了解火灾发生过程、火灾烧损的主要物品及建筑物受损等与火灾有关的情况。

3. 查看火灾现场并进行照相或者录像。

4. 告知当事人调查的火灾事故事实，听取当事人的意见，当事人提出的事实、理由或者证据成立的，应当采纳。

5. 当场制作《火灾事故简易调查认定书》，由火灾事故调查人员签字、当事人签字并捺指印后交付当事人。

6. 应当在发出简易调查认定书之日起 2 个工作日内将火灾事故简易调查认定书纸质文件报所属消防救援机构存档备案。

（二）程序

简易调查程序详见第四章第五节 。

二、一般程序

（一）要求

1. 火灾事故调查人员不得少于 2 人。必要时，可以聘请专家协助调查。

2. 在火灾现场主要出入口或醒目位置张贴《封闭火灾现场公告》，将封闭的范围、时间及要求等予以公告。

3. 使用一般程序火灾事故调查应完成如下工作: 勘验火灾现场, 制作现场勘验笔录、拍摄现场照片（录像）、绘制现场图；对发现的火灾痕迹物证依法予以提取，需要进行鉴定的，应及时送鉴定机构进行技术鉴定；向受灾单位或个人发放《火灾财产损失申报统计表》，根据申报及现场情况，依法对火灾事故直接经济损失进行统计；向火灾当事人说明火灾事故调查情况，制作并送达《火灾事故认定书》。

（二）程序

一般调查程序详见第四章第五节。

> 💡 **提示**　消防救援机构应当自接到火灾报警之日起30日内作出火灾事故认定；情况复杂、疑难的，需要延长调查期限的，应当在期限届满前5个工作日内向上一级消防救援机构提出书面申请，上一级消防救援机构在3个工作日内作出同意或不同意的书面决定，延长期限不应超过30日；火灾事故调查检验、鉴定时间不计入调查期限。

经典练习

🔈 **实践练习一**

适用简易调查程序的火灾，在调查走访、查看现场结束后，应当场制作火灾事故简易调查认定书并交付当事人。

A. 正确　　B. 错误

🔒 **答案**

B

☝ **解析**

《火灾事故调查规定》第十三条规定：适用简易调查程序的，可以由1名火灾事故调查人员调查，并按照下列程序实施：（一）表明执法身份，说明调查依据；（二）调查走访当事人、证人，了解火灾发生过程、火灾烧损的主要物品及建筑物受损等与火灾有关的情况；（三）查看火灾现场并进行照相或者录像；（四）告知当事人调查的火灾事故事实，听取当事人的意见，当事人提出的事实、理由或者证据成立的，应当采纳；（五）当场制作火灾事故简易调查认定书，由火灾事故调查人员、当事人签字或者捺指印后交付当事人。火灾事故调查人员应当在2个工作日内将火灾事故简易调查认定书报所属消防救援机构备案。故应选择B选项。

📣 **实践练习二**

适用一般程序调查火灾的，特殊情况下可由1名火灾事故调查人员进行调查。

A.正确　　　B.错误

🏠 **答案**

B

🚩 **解析**

《火灾事故调查规定》第十三条规定：消防救援机构对火灾进行调查时，火灾事故调查人员不得少于2人。必要时，可以聘请专家或者专业人员协助调查。故应选择B选项。

第三节　现场保护

消防救援机构接到火灾报警后，应当立即派员赶赴火灾现场，做好现场保护工作，确定火灾调查管辖后，由负责火灾调查管辖的消防救援机构组织实施现场保护。

火灾现场保护方法可分为：灭火行动中的现场保护、现场勘验前的现场保护及勘验中的现场保护。

一、灭火行动中的现场保护

消防指战员在进行火情侦查时，应该注意发现起火部位和起火点。在灭火时，特别是消灭残火时，在这些部位尽可能使用开花水流，不要轻易破坏或变动这些部位物品的位置，尽可能保持燃烧后物品的状态。在拆除某些构件和清理火灾现场时，应该注意保护好起火部位物品的原状，对于有可能为起火点的部位，要特别小心，尽可能做到不拆散已烧毁的结构、构件、设备和其他残留物。在翻动、移动重要物品以及经确认已经死亡的人员尸体前，应当采用编号并拍照或录像等方式先行固定，或者结合施救实际在移动后作必要的记录。

二、勘验前的现场保护

根据不同火灾现场情况，可采取如下现场保护方法：

1. 露天火灾现场。应首先在发生火灾的地点和留有与火灾有关的痕迹物证的一切处所的周围划定保护范围。

2. 室内火灾现场。主要应在室外门窗处设置专人看守，并对重点部位封闭管理。

3. 大型火灾现场。可利用警戒带或原有的围墙、栅栏等进行封锁保护。

三、勘验中的现场保护

勘验中要对现场情况进行详细记录。有的火灾现场需要多次勘验，因此在勘验过程中，不应随意拆除、清理火灾现场的建筑构件和物品。在清理之前，必须以绘图、拍照或摄像的方式全面保存和记录火场的原始状态。

四、封闭火灾现场

火灾事故调查人员到达火灾现场后，应及时了解火灾基本情况，查看火灾现场，确定封闭火灾现场范围，禁止无关人员进入火灾现场，制作并张贴《封闭火灾现场公告》，对封闭的范围、时间和要求等予以公告，必要时可通知公安机关相关部门实行现场管制。

> **提示** 根据《火灾事故调查规定》，火灾现场保护时间自火灾发生当日起，至火灾现场勘验结束止。但是在进行火灾事故认定说明或送达火灾事故认定书时，会出现当事人对火灾事故认定有异议，并明确要求向上一级消防救援机构申请复核的情况，此时火灾现场保护的截止时间应调整为申请复核的有效期之后。

·········· 经典练习 ··········

🐄 **实践练习一**

消防救援机构应当根据火灾事故调查需要，及时调整现场封闭范围，并在（　　）后及时解除现场封闭。

　　A.现场勘验结束　　　B.行政处罚结束　　　C.出具火灾认定书后

🔒 **答案**

A

🧯 **解析**

《火灾事故调查规定》第十六条规定：火灾发生地的县级消防救援机构应当根据火灾现场情况，排除现场险情，保障现场调查人员的安全，并初步划定现场封闭范围，设置警戒标志，禁止无关人员进入现场，控制火灾肇事嫌疑人。消防救援机构应当根据火灾事故调查需要，及时调整现场封闭范围，并在现场勘验结束后及时解除现场封闭。故应选择A选项。

📣 **实践练习二**

火灾事故调查人员应遵照（　　　）原则，对危害因素进行辨识。

A.先辨识、再评估、后进入　　　　　B.先评价、再辨识、后进入

C.先辨认、再评价、后进入

📖 **答案**

A

ℹ️ **解析**

《火灾调查职业危害安全防护规程》（XF/T 1464-2018）第5.1条规定：火灾事故调查人员在进入火灾现场前应遵照"先辨识、再评估、后进入"的原则，对危害因素进行辨识，并分析、预测和评估其危害程度，在采取有效控制和防范措施后，经现场勘验负责人同意方可进入现场开展工作。故应选择A选项。

第四节 调查询问

火灾事故调查人员应当根据火灾情况及时开展调查询问工作，对相关人员进行询问，分别制作《询问笔录》。

一、原则

火灾调查询问应坚持及时、合法、客观、全面、细致以及与现场勘验相结合的原则进行。

二、对象和内容

火灾调查中要对所有知情人员开展全面询问，重点是报警人和最早发现火灾人员，最后离开起火部位或最后在场的人员，最先到场施救的群众和消防人员，熟悉起火场所情况或生产工艺的人员，火灾中的受害人和引发火灾的违法嫌疑人。

（一）报警人和最早发现火灾人员的询问内容

1. 发现起火的时间、地点和详细经过。如：发现者在什么情况下发现起火，起火前有什么征象，发现冒烟和出现明火的部位，主要燃烧物质，有什么声、光、味等现象。

2. 发现火灾后所采取的施救措施。是否进入过现场，如何对火灾进行扑救和抢救生命财产的，进入现场的路线及使用的工具等。

3. 发现火灾时还有何人在场，是否有可疑的人出入火场，有什么可疑情况，还有谁知道这些情况。

4. 发现火灾时的电源情况，如：电灯是否亮、闪动，设备是否转动，音响设备是否正常等。

5. 发现火灾时的气象情况，包括风力、风向、温度、湿度、雨雪和雷电等情况。

（二）最后离开起火部位或最后在场的人员

1. 在场时的活动情况。如：离开起火部位之前是否吸烟或动用了明火，生产设备的运行情况，是否关闭了火源、电源和气源，工作和活动期间有无违章操作行为，机械设备是否发生过故障或异常现象，采取过什么处理措施。

2. 有无受伤及原因。

3. 起火部位附近是否有可燃、易燃物品及其种类、数量。

4. 其他在场人员的具体位置和活动情况。如有无其他人员来往，来此的目的，活动情况、来往的时间和路线等。

5. 离开起火部位的具体时间、路线，有无其他证人作证。

6. 得知发生火灾的时间和经过，对起火原因的见解及其依据。

（三）最先到场施救的群众和消防人员

1. 到达火场的时间，到达火场时燃烧的具体位置和燃烧特征，如燃烧猛烈部位、风向、塌落部位，火场的烟雾、火焰的颜色、气味、响声等。

2. 扑救过程及采取的措施，包括开启和关闭阀门、开关情况，破拆门窗、墙壁、屋顶情况和具体部位等。

3. 到达火场时门窗的开闭和破损情况，起火场所的照明灯具、机器设备运转情况等。

4. 是否发现引火源及其他火种（或残留物）、放火工具（或其燃烧残留物）等。

（四）熟悉起火场所情况或生产工艺的人员

1. 建（构）筑物的情况。平面布置、建筑结构、耐火性能，各楼层、房间的用途，室内设备和物品的摆放等情况。

2. 火源、电源、生产工艺及设备使用情况等。火源分布及与可燃物的位置关系，电气线路的位置、型号规格和使用年限，生产设备、火源、电源是否存在故障，以及近期检查维修情况。

3. 起火部位存放、使用的物品情况。包括种类、数量、相互位置，有无不能混存的化学物品，可燃物与火源、热源的位置关系，室（库）内通风、湿度、温度情况，是否漏雨、漏水等。

4. 防火安全操作规程及执行情况，消防安全制度与工艺设备和流程相适应情况。之前是否发生过事故，发生的时间、部位、原因及采取的措施。

5. 本单位的值班巡逻制度及具体落实情况。值班人员防火安全检查巡查情况，包括时间、部位、路线、频次，有无异常反映及处理情况等。

（五）火灾中的受害人和引发火灾的违法嫌疑人

1. 火灾受害人的社会关系，火灾损失及人员伤亡情况，可疑线索和保险情况。

2.违法嫌疑人引发火灾的过程，包括火灾发生时所在位置和活动情况，如用火用电不慎、违反安全操作规程等情况。

3.起火部位及周边情况，包括可燃物种类、数量、理化性质及火源情况等。

4.本人在火灾中受伤的部位及原因。

5.社会关系、邻里关系如何，有无私仇等。

三、方法

询问常用的方法如表9-4-1所示。

表9-4-1 询问的方法及其应用

询问方法	方法简介	注意事项	举例
自由陈述法	让被询问对象在安静的环境中自由地、比较详细地系统叙述他所知道的火灾情况	不要打断、插言或提问；一般在初次询问时使用	"把你知道的跟这起火灾有关的情况说说？"
广泛提问法	根据案情和叙述中的可疑点和遗漏，有目的地提问有关问题	在被询问对象作了系统陈述后提问	"你是什么时候离开工作车间的？"
联想刺激法	向被询问对象提醒问题，促使其回忆起相关信息的询问方法	是帮助被询问人想起某细节的方法	"你当时在观看什么电视节目？"（关于发现起火的时间）
检查性提问	从被询问对象的叙述中发现矛盾，揭露谎言，确定信息的可靠性和准确性	为检验其真实性进行的重复询问	"你再说一下你是什么时间离开车间的？"
质证提问法	根据掌握的物证、人证情况对被询问对象就之前问到的关键问题进行再次询问	允许其推翻前述，但要说明原因	"你刚才说你没去车间，可是监控显示你在车间出现过，这是怎么回事？"

四、要求

1.进行询问时，询问人员应不少于2人。

2.应当告知证人、受害人的权利、义务和责任。

3.询问未满16岁的未成年人时，应当通知其父母或者其他监护人到场。

4.如果所问的情况涉及到被询问人的个人隐私时，有义务为其保密。

5.询问中不得泄露案情或者表示自己对火灾的看法。

6. 对于询问时的问与答，应当逐句记入笔录，不能做任何修饰、概括或更改。

7. 对少数民族和外国人的询问应当聘请通晓少数民族语言和外国语的翻译人员。

8. 对聋哑人的询问，应当聘请通晓哑语的人进行翻译。

> **提示**　在进行调查询问前应当明确询问对象，针对不同的对象采用恰当的询问方式和内容，可根据不同的调查询问对象设计询问菜单或制作询问提示卡。必要时根据需要可向供电、气象、电信等部门了解有关信息。

经典练习

实践练习一

（　　）是火灾事故调查人员向询问对象提醒问题的一种询问方法。

A. 自由陈述法　　　B. 广泛提问法　　　C. 联想刺激法　　　D. 检查性提问法

答案

C

解析

《火灾调查与处理中级篇》第七章中，对询问方法和技巧进行了讲述。其中，联想刺激法是向被询问对象提醒问题，促使其回忆起相关信息的询问方法。因此，应选择 C 选项。

实践练习二

火灾事故调查人员应当根据调查需要，要求被询问人到（　　）进行指认。

A. 消防救援机构　　　B. 火灾现场　　　C. 指定地点

答案

B

解析

《火灾现场勘验规则》（XF 839-2009）第 4.8.7 条规定：进行询问的人员应查看现场、熟悉火灾现场情况。现场询问得到的重要情况，应和火灾现场进行对照，必要时可以带领证人、当事人到现场进行指认或现场实验。因此，应选择 B 选项。

第五节 现场勘验

火灾事故调查人员应在符合勘验条件并确定安全的情况下开展现场勘验工作。

一、要求

勘验人员应当具备消防岗位资格并不得少于 2 人。

勘验负责人应具有一定的火灾调查经验和组织、协调能力，现场勘验开始前，由负责火灾调查管辖的消防救援机构负责人指定。

勘验人员由现场勘验负责人统一指挥，分工合作，落实责任，密切配合。

勘验现场时，应当邀请证人或当事人作见证人并记录见证人的姓名、联系电话等。

二、现场勘验

现场勘验按照环境勘验、初步勘验、细项勘验和专项勘验的步骤进行，也可以由火灾现场勘验负责人根据现场实际情况确定勘验步骤。如图 9-5-1 所示。

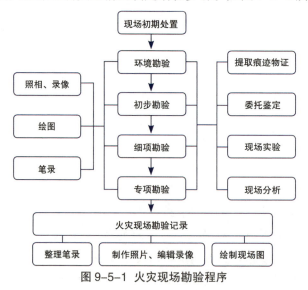

图 9-5-1 火灾现场勘验程序

（一）环境勘验

环境勘验是勘验人员对火灾现场的巡视，通过观察和记录现场外围和周边环境情况的一种勘验活动。环境勘验过程中，现场勘验人员主要是观察和记录，一般不触动现场的物品，勘验人员可以通过绘图、文字记录、照相或录像的方式记录现场及其周为环境。通过环境勘验，可以使勘验人员对火灾现场及周边环境情况有一个总体的把握。环境勘验的内容如图9-5-2所示。

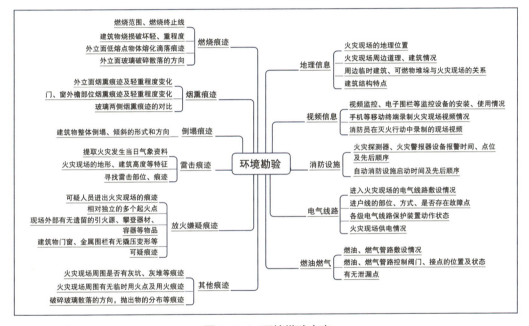

图 9-5-2　环境勘验内容

（二）初步勘验

初步勘验是现场勘验人员在不触动现场物体和不变动现场物体原来位置的情况下所进行的一种勘验活动。初步勘验的内容如图9-5-3所示（见下页）。

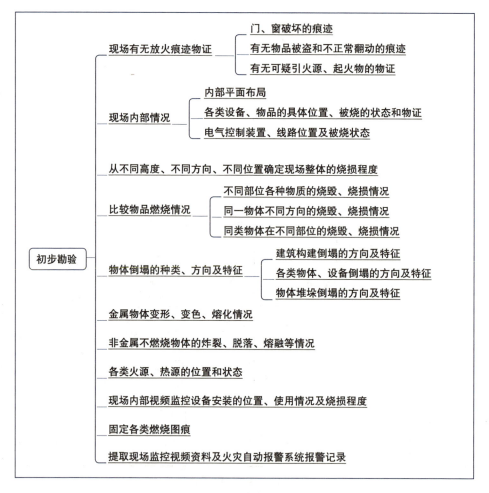

图 9-5-3　初步勘验内容图示

（三）细项勘验

细项勘验是对初步勘验中确定的重要部位、重要痕迹物品进行扒掘、检验。勘验时，对初步勘验过程中所发现的痕迹、物证，在不破坏的原则下，可以逐个仔细翻转、移动，进行勘验和收集。详细观察和研究火灾现场有关物体的表面颜色、烟熏痕迹、裂纹、燃烧余烬，测量、记录有关物体的位置。细项勘验的内容如图 9-5-4 所示（见下页）。

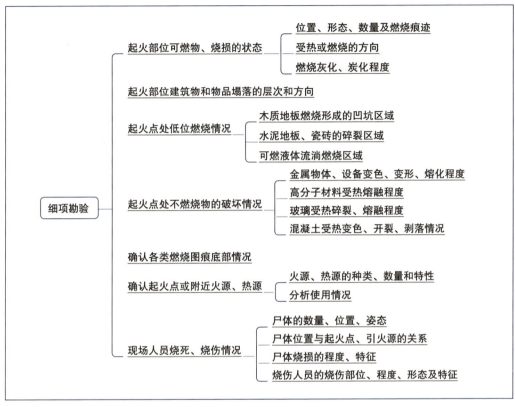

图9-5-4 细项勘验内容图示

（四）专项勘验

专项勘验是对火灾现场找到的引火物、发热体及其他可以供给火源能量的物体和物质等具体的勘验。根据勘验对象的性能、用途、使用和存放状态、变化特征等，分析发生故障的原因，或造成火灾的原因。专项勘验的内容如图9-5-5（见下页）所示。

三、勘验方法

火灾现场勘验时，常见的勘验方法有：

（一）火灾现场勘验的基本方法

1. 离心勘验法；

2. 向心勘验法；

3. 分段勘验法；

4. 立体勘验法；

5. 循线勘验法；

6. 视频分析勘验法。

（二）火灾现场勘验的具体方法

1. 剖面勘验法；

2. 逐层勘验法；

3. 复原勘验法；

4. 水洗勘验法；

5. 筛选勘验法；

6. 物理检测法；

7. 化学分析法；

8. 调查实验法。

> **提示** 火灾现场勘验必须按照法律程序进行，使火灾现场勘验工作具备合法性，提取痕迹物证、现场勘验笔录具备证据效力，现场勘验及提取痕迹物证要有见证人见证。

引火源的来源及特征

电气线路短路、过负荷、接触不良的痕迹，分析其形成原因

电热装置、电气设备及用电设备过热痕迹及故障，分析其形成原因

机械设备故障产生的高温及摩擦产生的高温痕迹，分析其形成原因

管道、容器泄漏起火、爆炸的痕迹

专项勘验

自燃物质的自燃特征及自燃条件

提取证明起火物的燃烧残留物

提取证明引火源的物证

提取动用明火的物证

提取现场实施切割焊接的设备及作业期间产生的金属熔痕

图 9-5-5 专项勘验内容图示

经典练习

实践练习一

在火灾现场勘验时，一般遵循的顺序是（　）。

A. 环境、初步、细项、专项勘验　　　　B. 环境、初步、专项、细项勘验

C. 初步、环境、专项、细项勘验　　　　D. 初步、环境、细项、专项勘验

答案

A

解析

《火灾现场勘验规则》（XF 839—2009）第4.5.9条规定：火灾现场勘验应遵守"先静观后动手、先照相后提取、先表面后内层、先重点后一般"的原则，按照环境勘验、初步勘验、细项勘验和专项勘验的步骤进行，也可以由火灾现场勘验负责人根据现场实际情况确定勘验步骤。因此，应选择A选项。

实践练习二

在询问证人的基础上，将残存的建筑构件、物品恢复到原来位置和形状，以便观察分析火灾发生、发展过程，这种方法采用的是逐层勘验法。

A. 正确　　　　B. 错误

答案

B

解析

《火灾原因调查指南》（XF/T 812—2008）第5.3.3.3条规定：复原勘验法是根据证人、当事人提供的现场情况或记录有火灾发生前的照片和视频资料，将现场残存的建筑构件、家具等物品恢复到原来位置和形状，观察分析火灾发生、发展过程的方法。因此，应选择B选项。

第六节 痕迹物证提取

火灾现场勘验过程中发现对火灾事实有证明作用的痕迹、物品以及排除某种起火原因的痕迹、物品，都应及时固定、提取。现场中可以识别死者身份的物品应提取。

一、痕迹物品提取的方法

1. 提取电气痕迹、物品应按照以下方法和要求提取：

（1）采用非过热切割方法提取检材。

（2）提取金属短路熔痕时应注意查找对应点，在距离熔痕 10cm 处截取。如果导体、金属构件等不足 10cm 时，应整体提取。

（3）提取导体接触不良痕迹时，应重点检查电线、电缆接头处、铜铝接头、电器设备、仪表、接线盒和插头、插座等并按有关要求提取。

（4）提取短路迸溅熔痕时采用筛选法和水洗法。提取时注意查看金属构件、导线表面上的熔珠。

（5）提取金属熔化痕迹时应对其所在位置和有关情况进行说明。

（6）提取绝缘放电痕迹时应将导体和绝缘层一并提取，绝缘已经炭化的尽量完整提取。

（7）提取过负荷痕迹，应在靠近火场边缘截取未被火烧的导线 2m ~ 5m。

2. 提取易燃液体痕迹、物品应在起火点及其周围进行，提取的点数和数量应足够，同时在远离起火点部位提取适量比对检材，按照以下提取方法和要求进行：

（1）提取地面检材采用砸取或截取方法。水泥、地砖、木地板、复合材料等地面可以砸取或将留有流淌和爆裂痕迹的部分进行切割。各种地板的接缝处应重点提取，泥土地面可直接铲取。提取地毯等地面装饰物，要将被烧形成的孔洞内边缘部分剪取。每个点提取不少于 250g。

（2）门窗玻璃、金属物体、建筑物内、外墙、顶棚上附着的烟尘，可以用脱脂棉直接擦取或铲取，每个点提取量不少于0.1g。

（3）燃烧残留物、木制品、尸体裸露的皮肤、毛发、衣物和放火犯罪嫌疑人的毛发、衣物等可以直接提取。毛发提取不少于1g，指甲应提取可剪得全部，衣服应提取不少于200g。

（4）严重炭化的木材、建筑物面层被烧脱落后裸露部位附着的烟尘不予提取。

（5）漂浮在水面的液体，应当用脱脂棉沾取水的表面，并尽量多的沾取。用干净的玻璃瓶或塑料瓶盛装脱脂棉，并密封保存。

3.提取混凝土应按照以下方法和要求提取：

确定混凝土被烧部位后，在被烧严重和轻微的部位各选一个采样点，每个采样点凿取长、宽各5cm、厚2.5cm的混凝土块作为检材，装入物证袋中。同时，在同一建筑构件上未受火灾作用的部位，凿取同样大小规格的混凝土块作为比对样品。

4.提取气态物证应按照以下方法和要求提取：

（1）当空气中被测物的浓度较高时，或测定方法灵敏度较高时，只需采集少量空气即够分析应用，可以直接提取现场空气即可直接提取。当被测物的浓度较低时，可使用抽气法进行提取。

（2）当提取气溶胶物质等气态物证时，可聘请专业机构协助进行气态物证的提取。

5.提取自燃火灾物证，应提取起火点处自燃后的炭化残留物以及与自燃物相同的原物质，共同作为物证鉴定的检材。

6.提取设备中具有磨损、断裂等痕迹的零部件。

二、痕迹物品提取的要求

1.现场提取火灾痕迹、物品，火灾现场勘验人员不得少于2人并应有见证人或者当事人在场。

2.提取痕迹、物品之前，应采用照相或录像的方法进行固定，量取其位置、尺寸，需要时绘制平面或立面图，详细描述其外部特征，归入现场勘验笔录。

3.提取后的痕迹、物品，应根据特点采取相应的封装方法,粘贴标签,标明火灾名称、提取时间、痕迹、物品名称、序号等，由封装人、证人或者当事人签名，证人当事人拒绝签名或者无法签名的，应在标签上注明。检材盛装袋或容器应保持洁净，不得与检材发生化学反应。不同的检材应单独封装。

4.现场提取痕迹、物品应填写《火灾痕迹物品提取清单》。

5.现场提取的痕迹、物品应妥善保管,建立管理档案,存放于专门场所,由专人管理,严防损毁或者丢失。

三、委托检验鉴定

1.进行技术鉴定的火灾痕迹、物品,由消防救援机构委托依法设立的鉴定机构进行,并与鉴定机构约定鉴定期限和鉴定检材的保管期限。

2.消防救援机构认为鉴定存在补充鉴定和重新鉴定情形的,应委托补充鉴定或者重新鉴定。补充鉴定可以继续委托原鉴定机构,重新鉴定应另行委托鉴定机构。

四、火灾现场的处理

现场勘验、调查询问结束后,由火灾现场勘验负责人决定是否继续保留现场和保留时间。具有下列情形之一的,应保留现场:

1.造成重大人员伤亡的火灾。

2.可能发生民事争议的火灾。

3.当事人对起火原因认定提出异议,消防救援机构认为有必要保留的。

4.具有其他需要保留现场情形的。

对需要保留的现场,可以整体保留或者局部保留,应通知有关单位或个人采取妥善措施进行保护。对不需要继续保留的现场,及时通知有关单位或个人。

> 🔥 **提示** 物证封装应采用专用的物证袋、采集罐、采集瓶、物证提取箱等规范、可靠的方式,并在包装外张贴封条,以保证物证从火灾现场到火灾物证鉴定机构期间的真实性。封装容器上应注明物证编号、名称和火灾信息,并与物证提取清单相对应。

•••••••••••••••••••••••• 经典练习 ••••••••••••••••••••••••

📢 **实践练习一**

为便于火灾现场勘验，现场提取火灾痕迹、物品不需要见证人在场。

A. 正确　　　　B. 错误

📷 **答案**

B

☝ **解析**

《火灾现场勘验规则》（XF 839-2009）第 4.7.7 条规定：现场提取痕迹、物品应填写《提取火灾痕迹、物品清单》，由提取人和见证人或者当事人签名；见证人、当事人拒绝签名或者无法签名的，应在清单上注明。因此，应选择 B 选项。

📢 **实践练习二**

导线过负荷痕迹，应该尽量在起火点附近寻找并提取。

A. 正确　　　　B. 错误

📷 **答案**

B

☝ **解析**

《火灾现场勘验规则》（XF 839-2009）第 4.7.5 条规定：提取过负荷痕迹，应在靠近火场边缘截取未被火烧的导线 2m ～ 5m。因此，应选择 B 选项。

第七节 现场勘验记录

一、现场勘验笔录制作

火灾现场勘验结束后，现场勘验人员应当及时整理现场勘验资料，制作现场勘验记录。现场勘验记录主要包括《现场勘验笔录》、现场图、现场照片、现场录像等部分组成，内容和制作要求按照《火灾现场勘验规则》（XF 839—2009）执行。

《现场勘验笔录》是对现场勘验活动的客观记载，应当与实际勘验的顺序相符，用语准确、规范。同一现场多次勘验的，应当在初次勘验笔录基础上，逐次制作补充勘验笔录。

二、绘制现场图

现场勘验人员应制作现场方位图、现场平面图。并根据需要制作立体图、剖面图、火场人员定位图、尸体位置图、现场痕迹图、物证提取位置图、生产工艺流程图等（如有需要和可能可合并制作）。现场平面图应注明火灾名称、过火范围、绘图比例、方位、图例、尺寸、绘制时间、制图人、审核人等，其中制图人、审核人应签名。电气火灾还应制作现场电气复原图。

三、现场照相

现场照相分为现场方位照相、概貌照相、重点部位照相和细目照相，现场照片应当与起火部位、起火点、起火原因具有相关性。

火灾现场照片应当统一为彩色6寸，归档时应采用冲印相片或照片纸打印，并标注拍摄内容、拍摄方位、拍摄时间、拍摄人等。

四、现场摄像

根据需要，可在勘验过程中拍摄现场录像，以获取客观、真实、连续的视觉形象，便于案情分析和保留证据。

五、尸体检验及伤害鉴定

有人员死亡的火灾，为了确定死因，消防救援机构应当立即通知本级公安机关刑事科学技术部门进行尸体检验。公安机关刑事科学技术部门应当出具尸体检验鉴定文书，确定死亡原因。

卫生行政主管部门许可的医疗机构具有执业资格的医生出具的诊断证明可以作为消防救援机构认定人身伤害程度的依据。但是，具有下列情形之一的，应当由法医进行伤情鉴定：

1. 受伤程度较重，可能构成重伤的；
2. 火灾受伤人员要求作鉴定的；
3. 当事人对伤害程度有争议的；
4. 其他应当进行鉴定的情形。

> **提示**　按照《火灾事故调查规定》，有人员死亡的火灾，公安机关刑事科学技术部门应当出具尸体检验鉴定文书，因此，对火灾中死亡的人员进行尸检，是公安机关刑事科学技术部门的法定职责，对每一名火灾中死亡的人员，都应当通知公安机关刑事科学技术部门进行尸检。消防救援机构申请放弃尸检是违反规定的越权行为。若确有特殊原因不宜进行尸检的，应当由公安机关刑事科学技术部门出具书面通知附卷。

经典练习

实践练习一

反映能够证明起火部位、起火点、火灾蔓延痕迹的照相属于现场细目照相。

A. 正确　　　　B. 错误

答案

B

解析

《火灾现场勘验规则》(XF 839—2009)第4.6.6条规定:现场重点部位照相应拍照能够证明起火部位、起火点、火灾蔓延方向的痕迹、物品。重要痕迹、物品照相时应放置位置标识。因此,应选择B选项。

实践练习二

消防救援机构作出火灾事故认定后,当事人不可以申请查阅、复制、摘录现场勘验笔录。

A. 正确　　　　B. 错误

答案

B

解析

《火灾事故调查规定》第三十四条规定:消防救援机构作出火灾事故认定后,当事人可以申请查阅、复制、摘录火灾事故认定书、现场勘验笔录和检验、鉴定意见,消防救援机构应当自接到申请之日起7日内提供,但涉及国家秘密、商业秘密、个人隐私或者移交其他部门处理的依法不予提供,并说明理由。因此,应选择B选项。

第八节 火灾损失统计

火灾损失统计是消防救援机构根据火灾受损单位或个人的申报和调查核实情况，按照国家有关火灾损失统计规定对火灾直接经济损失和人员伤亡情况进行的数据核实、统计活动。火灾损失统计的具体方法可参见《火灾损失统计方法》（XF 185-2014）。统计的工作流程如图 9-8-1 所示。

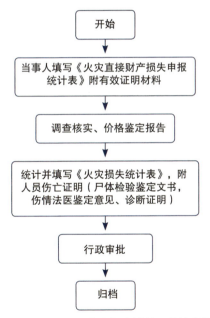

图 9-8-1 火灾损失统计工作流程图

一、告知火灾当事人进行申报

火灾发生后，消防救援机构应当将《火灾直接财产损失申报统计表》下发给火灾中涉及的所有受损单位或者个人填写，并要求其于火灾扑灭之日起 7 个工作日内向消防救援机构如实申报火灾直接财产损失，并附有效证明材料。

二、调查核实统计

火灾事故调查人员应当根据受损单位和个人的申报、依法设立的价格鉴证机构出具的火灾直接财产损失鉴定意见以及调查核实情况，按照《火灾损失统计方法》（XF 185-2014）要求，对火灾直接经济损失和人员伤亡进行如实统计。

（一）委托价格鉴证机构鉴证

1. 涉嫌失火罪、消防责任事故罪的火灾事故，消防救援机构应当委托政府价格主管部门依法设立的价格鉴证机构对火灾烧损的财产价格进行鉴证。

2. 对受损单位和个人提供的由价格鉴证机构出具的鉴定意见，消防救援机构应当审查。符合规定的，可以作为证据使用；对不符合规定的，不予采纳。

（二）根据现场实物统计

当事人拒绝申报或不能提供有效证明的，消防救援机构可根据现场损失财产实物进行统计。

三、制作填写《火灾损失统计表》

火灾事故调查人员应当根据火灾直接财产损失统计情况如实填写《火灾损失统计表》并经审批后存档。

> **提示** 火灾事故发生后，进行火灾损失统计是消防救援机构的法定职责，消防救援机构应当根据相关规范，及时、准确地进行火灾统计。但是，消防救援机构统计的火灾直接财产损失并不等同于火灾实际的损失，统计工作中采用一些归纳、归类、分析等人为计算方法，其性质是一种统计数据，用于分析揭示火灾规律，作为国家消防宏观指导、决策的依据。消防救援机构关于火灾损失的法定职责仅限于内部行政统计行为。火灾损失可能达到刑事立案标准的，应当委托专门的财产评估或价格鉴证机构进行价格鉴定；火灾引起的民事纠纷，如经济赔偿或保险索赔，当事人和相关利害关系人可以通过自行收集证据或者委托财产评估或价格鉴证机构进行价格鉴定的办法来确定火灾损失数额。

经典练习

实践练习一

火灾事故调查时，对受损单位和个人提供的由价格鉴证机构出具的鉴定意见，经消防救援机构审查有鉴证机构、鉴证人盖章签名的，就可以作为证据使用。

A. 正确　　　　　B. 错误

答案

B

解析

《火灾损失统计办法》（XF 185-2014）第 5.1.4 条规定：能出具法律效力鉴证文本的部门或具有法定资质的社会中介出具的鉴定意见是可以接受的。消防救援机构应当对是否具有法定资质进行审查。因此，应选择 B 选项。

实践练习二

消防救援机构有权根据需要封闭火灾现场，负责调查火灾原因，（　　）火灾损失。

A. 核定　　　　　B. 统计　　　　　C. 审计

答案

B

解析

《中华人民共和国消防法》第五十一条规定：消防救援机构有权根据需要封闭火灾现场，负责调查火灾原因，统计火灾损失。因此，应选择 B 选项。

第九节 火灾事故认定

消防救援机构应根据现场勘验、调查询问和有关检验、鉴定意见等环节所获得的证据，按照《火灾原因认定规则》（XF 1301-2016）等相关规定，进行综合分析，及时作出起火原因的认定。亡人火灾、较大以上的火灾或者特殊的火灾应当制作火灾事故调查报告。

一、火灾事故认定

对起火原因已经查清的，应当认定起火时间、起火部位、起火点和起火原因；对起火原因无法查清的，应当认定起火时间、起火点或者起火部位以及有证据能够排除和不能排除的起火原因。

不能排除的起火原因不超过2个，放火嫌疑不应列入不能排除的起火原因。

（一）认定前说明

在作出火灾事故认定前，应当召集当事人到场，说明开展火灾调查的方法，拟作出的认定结论的事实、理由和依据，听取当事人意见，制作《火灾事故认定说明记录》；当事人不到场的，应当予以记录。

当事人对火灾原因认定有异议的，火灾事故调查人员应当解释。当事人提出与火灾调查有关的新的事实、证据或者线索的，消防救援机构应当组织调查。

（二）火灾事故认定书制作及送达

火灾事故认定后，应当制作《火灾事故认定书》，并经内部法律审核、行政审批后，自作出之日起7个工作日内送达当事人，并告知当事人申请复核的权利。

采用其他送达方式无法送达的，可以在作出火灾事故认定之日起7个工作日内公告送达，公告期为20日，公告期满即视为送达。

对经过调查认为有放火嫌疑的案件，不制作《火灾事故认定书》，应当将《案件移送通知书》复印件送达火灾当事人。

（三）火灾事故技术调查

对亡人火灾、较大以上的火灾事故或者特殊的火灾事故，消防救援机构应当开展消防技术调查，形成消防技术调查报告，逐级上报至省级消防救援机构，重大以上的火灾事故调查报告应急管理部消防救援局备案。调查报告应当包括下列内容：

1. 起火场所概况。

2. 起火经过和火灾扑救情况。

3. 火灾造成的人员伤亡和直接经济损失统计情况。

4. 起火原因和灾害成因分析。

5. 防范措施。

（四）案件移交

1. 失火案、消防责任事故案立案追诉标准。

（1）失火案：过失引起火灾，涉嫌下列情形之一的，应予立案追诉：

①造成死亡1人以上，或者重伤3人以上的；

②造成公共财产或者他人财产直接经济损失50万元以上的；

③造成10户以上家庭的房屋以及其他基本生活资料烧毁的；

④造成森林火灾，过火有林地面积2公顷以上，或者过火疏林地、灌木林地、未成林地、苗圃地面积4公顷以上的；

⑤其他造成严重后果的情形。

（2）消防责任事故案：违反消防管理法规，经消防监督机构通知采取改正措施而拒绝执行，涉嫌下列情形之一的，应予立案追诉：

①造成死亡1人以上，或者重伤3人以上的；

②造成直接经济损失100万元以上的；

③造成森林火灾，过火有林地面积2公顷以上，或者过火疏林地、灌木林地、未成林地、苗圃地面积4公顷以上的；

④其他造成严重后果的情形。

2. 案件移交。

对火灾后果达到刑事案件立案标准的火灾，消防救援机构应当向公安刑侦部门进行移交。对经过调查不属于火灾事故的，消防救援机构应当告知当事人处理途径并记录在案。

消防救援机构向有关主管部门移送案件的，应当在消防救援机构负责人批准后的24小时内移送，并根据案件需要附下列材料：

（1）《案件移送通知书》；

（2）案件调查情况；

（3）涉案物品清单；

（4）询问笔录，现场勘验笔录，检验、鉴定意见以及照相、录像、录音等资料；

（5）其他相关材料；

（6）构成放火罪需要移送公安机关刑侦部门处理的，火灾现场应当一并移交。

> **提示** 刑法中涉及火灾的案件，除失火案、消防责任事故案外，还有重大责任事故、强令违章冒险作业、重大劳动安全事故、危险物品肇事等案件，要按照《应急管理部、公安部、最高人民法院、最高人民检察院关于印发〈安全生产行政执法与刑事司法衔接工作办法〉的通知》（应急〔2019〕54号）要求，移交处理。

经典练习

实践练习一

火灾调查结束后，火灾名称应当体现的下列内容中错误的是（　　）。

A. 发生火灾的单位或地址。机关、团体、企业、事业单位用单位公章或者工商登记的名称，城镇居民、农村村民住宅用住宅住址

B. 发生火灾的日期。具体到月、日，用阿拉伯数字表示，中间用圆点分隔，加双引号

C. 火灾等级。其中，"一般火灾"表示为"火灾"

D. 责任人名称

答案

D

解析

《火灾原因认定规则》（XF 1301-2016）第4.6条规定：火灾名称应体现下列内容：发生火灾的单位或地址：机关、团体、企业、事业单位用单位公章或者工商登记的

名称，城镇居民、农村村民住宅用住宅地址；发生火灾的日期：具体到月、日，用阿拉伯数字表示，中间用圆点分隔，加双引号；火灾等级；"一般火灾"应表示为"火灾"，较大以上火灾直接填写"较大火灾""重大火灾"或"特别重大火灾"；经调查认定为放火嫌疑的火灾，名称中应加上"放火嫌疑案件"字样。例：××市××县××商厦"6·30"重大火灾。因此，应选择D选项。

📢 **实践练习二**

火灾模拟实验的结果可作为火灾原因认定的依据。

A. 正确　　　B. 错误

📋 **答案**

B

📑 **解析**

《火灾现场勘验规则》（XF 839-2009）第4.9.9条规定：为了证实火灾在某些外部条件、一定时间内能否发生或证实与火灾发生有关的某一事实是否存在，可以进行现场实验。火灾模拟实验的结果可作为火灾原因认定的参考，不能作为火灾原因认定的依据。因此，应选择B选项。

第十章

常用消防监督执法技术装备使用方法

》内容简介

　　消防监督执法技术装备是指服务于消防监督执法工作，协助消防监督执法人员记录现场执法情况、测量基础数据、测试设施设备、收集固定证据和制发消防法律文书的专用设备器材。本章重点从功能外观、配备使用、操作要点等方面对日常消防监督执法工作中最为普遍、最为常用和最为基础的技术装备进行介绍讲解。

》学习目标

1. 掌握各类常用装备的功能和用途
2. 熟练常用装备的操作要点和使用方法

第一节 执法记录仪

一、功能简介

执法记录仪是指具有独立录像、录音、照相等功能，用于记录消防监督执法行为的启动实施、调查取证、送达执行等过程的便携式设备。

图 10-1-1 执法记录仪

二、外观图例

正面视图
1- 充电指示灯
2- 红外灯
3- 录音麦克
4- 多功能键
5- 回放键
6- 开关键
7- 专用数据接口
8- 状态指示灯
9- 亮度感应器
10- 对讲麦克
11- HDMI 接口
12- USB 接口

背面视图
13- 外置设备接口
14- 摄录键
15- 录音键
16- 拍照键
17- 对讲键
18- 复位键

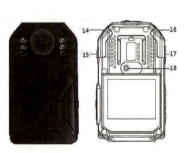

图 10-1-2 执法记录仪外观及按键示意

三、使用范围

消防监督执法人员在实施以下执法行为时，应当佩戴、使用执法记录仪进行全过程录音录像，客观、真实地记录执法工作情况及相关证据：

1. 进行消防监督抽查。

2. 公众聚集场所投入使用、营业前消防安全检查。

3. 开展火灾事故调查，进行现场勘验、提取物证、现场实验、调查询问。

4. 实施消防行政强制，进行临时查封、强制清除、拆除和强制执行。

5. 适用一般程序的消防行政处罚，进行询问、告知、听证、留置送达、勘验、抽样取证、先行登记保存等调查取证，以及适用简易程序实施的消防行政处罚。

6. 消防政务服务窗口受理送达和接受咨询。

7. 核查群众举报、投诉。

8. 当事人不配合执法。

9. 现场消防监督执法人员认为应当记录的其他执法活动。

图 10-1-3　佩戴执法记录仪开展消防监督执法工作

四、佩戴要求

1. 执法记录仪应当佩戴在消防监督执法人员左肩部或者左胸部等有利于取得最佳声像效果的位置。

2. 消防监督执法人员在现场取证、关键部位（时段）拍摄、特殊手法拍摄时，可以手持执法记录仪进行摄录。

图 10-1-4　执法记录仪佩戴在左肩或左胸部位置

五、配备标准

应当按照消防监督执法人员每人 1 台的标准配备。为保证使用需求，建议执法单位按照 1：1.2 进行备份。

六、使用方法

1. 开关机。使用时长按"开 / 关机键"开机，系统进入默认的预览模式；在使用后长按"开 / 关机键"关机。在开机或录像状态下短按"开 / 关机键"可关闭 LCD 屏幕，进入节能模式；同样操作可开启 LCD 屏幕，退出节能模式。

2. 拍照。在待机或录像状态下短按"拍照功能键"可进行拍照抓拍。长按"拍照功能键"可开启 LED 灯爆闪功能。

3. 录像。在实时监控待机状态，短按一下"录像功能键"，机身红色录像指示灯闪烁，即开始录像；再次按下"录像功能键"停止录像。机身红色录像指示灯熄灭，录像结束并自动保存。关机状态下，长按"录像功能键"3s 至 4s 即可进入录像工作状态。

4. 录音。在待机状态下，按"录音功能键"开始录音，过程中再按下此键结束录音；在待机状态下，长按"录音功能键"，机器自动切换高清和标清两种分辨率；在关机状态下，长按"录音功能键"，机器会开机并自动进入录音状态。

七、摄录要点

（一）消防监督执法人员在实施消防监督检查和公众聚集场所投入使用营业前消防安全检查时，应当重点摄录以下内容：

1. 被检查单位的概貌和名称。

2. 陪同检查人员的具体情况。

3. 所认定的违法行为的具体情况。

4. 消防监督执法人员现场告知、法律文书制作、送达和当事人签收等情况。

5. 实施公众聚集场所投入使用营业前消防安全检查时，还应记录场所的平面布局、疏散体系、各类消防设施设备配置及运行等情况。

6. 消防监督执法人员认为与执法活动有关的其他情况。

（二）消防监督执法人员在实施消防行政处罚时，在监督检查的基础上，应当重点记录以下内容：

1. 所认定违法行为的具体情况。

2. 实施行政处罚时的询问、勘验、抽样取证、先行登记保存等调查取证过程。

3. 集体议案情况。

4. 现场告知、法律文书制作、送达和当事人签收等情况。

5. 举行听证的具体情况。

6. 消防监督执法人员认为与执法活动有关的其他情况。

（三）消防监督执法人员在实施消防行政强制时，在监督检查的基础上，应当重点记录以下内容：

1. 具体违法行为、重大安全隐患的情况。

2. 走访、调查、询问情况。

3. 集体议案情况。

4. 现场告知、法律文书送达和当事人签收等情况。

5. 现场执行情况。

6. 消防监督执法人员认为与执法活动有关的其他情况。

（四）消防监督执法人员在实施火灾事故调查时，应当重点记录以下内容：

1. 起火单位（建筑）的概貌及方位。

2. 火灾现场的外观和初始情况。

3.开展现场勘验的情况，如现场扒掘、火灾蔓延方向判定、电气线路敷设、尸体位置信息等。

4.重要物证提取、封存情况。

5.调查询问知情人情况。

6.火灾实验情况。

7.集体议案情况。

8.现场告知、法律文书送达和当事人签收等情况。

9.消防监督执法人员认为与火灾事故调查活动有关的其他情况。

（五）消防监督执法人员在消防政务服务窗口开展服务时，应当重点记录以下内容：

1.窗口登记送达、宣传告知、服务态度等情况。

2.接受咨询的具体情形。

3.接件受理、资料审核的具体情况。

4.出具受理凭证和当事人签收的情况。

5.当事人签收领取相关消防法律文书、证照等情况。

6.消防监督执法人员认为与消防政务服务窗口工作有关的其他情况。

（六）消防监督执法人员在接待群众来访时，应当重点记录以下内容：

1.来访群众的具体情况（当事人要求保密的可不摄像）。

2.举报投诉的事实依据。

3.消防监督执法人员受理、核查等情况。

4.违法行为的处理和告知情况。

5.消防监督执法人员认为与群众来访工作有关的其他情况。

八、注意事项

1.使用前必须先设置消防监督员编号，将设备型号、序列号、设备编号、使用人等有关情况逐一登记在册，定期对设备、系统进行检查维护，及时完成相关软件的升级更新。

2.使用执法记录仪，应当事先告知当事人。告知的规范用语是：为保护您的合法权益，监督我们的执法行为，本次执法活动全程录音录像。

3.执法办案场所、消防服务窗口安装的录音录像设备符合音像记录要求的，可不使用执法记录仪。

4.恶劣天气、设备故障、场所限制等特殊情况以及涉及国家秘密、商业秘密、个人隐私，无法使用或者停止使用执法记录仪等音像记录设备的，执法人员应当立即向单位或者部门负责人报告，书面记载未使用原因和领导批准情况并存档备查。

5.音像记录制作完成后，应当在2个工作日内将信息储存至消防监督管理系统或者专用存储器，标明案号、当事人姓名或者单位名称、承办人姓名等信息，并定期备份。

6.消防监督执法人员单位、岗位调整时，执法记录仪及相关数据信息等列入移交。

经典练习

实践练习一

下列关于执法记录仪，下列说法错误的是（　　）。

A.消防监督员对群众举报、投诉进行核查时可以不佩戴执法记录仪

B.消防监督执法人员应当按照每人1台的标准配备执法记录仪

C.为利于摄录，执法记录仪只能佩戴在消防监督执法人员左肩部或者左胸部位置

D.消防监督执法人员在开启并使用执法记录仪后，应当及时告知当事人

答案

ACD

解析

消防监督员在对群众举报、投诉进行核查时，为规范执法行为、及时固定证据信息和保护执法人员正当权益，应佩戴执法记录仪，因此A选项错误；在现场取证、关键部位（时段）拍摄、特殊手法拍摄时，消防监督员也可以手持执法记录仪进行摄录，因此C选项错误；消防监督执法人员使用执法记录仪，应当事先告知当事人，因此，D选项错误。

实践练习二

消防监督执法人员在实施消防监督检查时，应使用执法记录仪摄录（　　）。

A.场所陪同检查人员的具体情况

B. 消防监督执法人员现场告知、法律文书制作、送达和当事人签收等情况

C. 被检查单位的名称和地理位置

D. 所认定的违法行为的具体情况

答案

ABD

解析

"地理位置"并非执法记录仪摄录的关键，应为"被检查单位的概貌和名称"，故应选择 A、B、D 选项。

第二节　移动执法终端

一、功能简介

消防移动执法终端，是指能够通过无线网络和离线版等应用软件，连接到内部办公网络或消防监督管理等相关业务系统，实现现场信息查询录入、证据收集、文书生成、数据交换、文件上传下载和文书打印等功能的设备。主要包括：笔记本或平板电脑、便携打印机、上网卡、移动接入专用加密卡和鼠标等，也可以外接高清摄像头、扫描仪、打印机和执法记录仪等相关设备使用。

二、外观图例

图 10-2-1　移动执法终端平板模式和 PC 模式

图 10-2-2　多功能移动执法终端箱

三、使用范围

消防监督执法人员在实施以下执法行为时，应当现场使用消防移动执法终端录入执法信息，制作并送达相关法律文书，并配合使用执法记录仪全程记录执法过程：

1. 消防监督检查。

2. 公众聚集场所投入使用、营业前消防安全检查。

3. 适用简易程序或快速办理程序实施的行政处罚。

4. 适用简易程序实施的火灾事故调查。

5. 消防执法督导检查和网上巡查。

图 10-2-3　在消防监督检查中使用移动执法终端现场采集上传隐患问题

四、配备标准

应当按照消防监督执法人员每人 1 台的标准，配齐移动执法终端所需笔记本或平板电脑，并按照每 2 人 1 套的标准配备多功能移动执法终端箱。

五、使用方法

1. 启动移动执法终端电脑。

2. 使用专用的加密卡，完成身份认证后接入专网。

3. 打开专用软件，对证据材料、法律文书和相关法律法规等进行采集查询、传输、下载和打印，进行在线对话交流或监督指导。

4. 登录消防监督管理系统或其客户端软件，进行各项执法流程操作。

5. 使用完毕后，退出相关系统软件，断开网络连接并关闭电源。

六、注意事项

1. 使用专用的加密卡才能开机并登录专网。加密卡类似网上银行使用的身份认证U盾，专机专用。

2. 保持电脑、打印机等相关设备清洁、干燥，避免受潮湿、重压、碰撞和震动。

3. 任何单位及个人一律不准私自改变消防移动执法终端的使用功能，严禁在非工作场所存放和使用。

4. 消防监督执法人员单位、岗位调整时，消防移动执法终端以及相关设备、数据等列入移交。

············· 经典练习 ·············

实践练习一

关于移动执法终端，下列说法、做法正确的是（　　）。

A. 为防止失泄密，不能连接网络使用

B. 移动执法终端使用完毕后可直接关闭电源

C. 移动执法终端可以统一存放于执法车辆上

D. 未便于工作开展，消防监督执法人员可经领导批准后将移动执法终端放置于家中使用

答案

C

解析

失泄密与连接网络使用没有必然联系，且在现场使用移动执法终端时需要连接专用网络来进行数据信息的交互，因此A选项错误；移动执法终端使用完毕后，需退出相关系统软件，断开网络连接再点击关闭电源，因此B选项错误；移动执法终端不能在非工作场所存放和使用，因此D选项错误。故应选择C选项。

📣 实践练习二

下列关于移动执法终端的使用范围，说法错误的有（　　）。

A. 开展消防监督检查时

B. 开展举报投诉核查时

C. 实施行政处罚时

D. 适用简易程序实施火灾事故调查时

📷 答案

BC

☝ 解析

开展举报投诉核查时一般情况下无需进行现场信息数据的录入交互、现场打印制作法律文书等，因此 B 选项的说法错误；只能适用于简易程序或快速办理程序实施的行政处罚，因此 C 选项的说法错误。

第三节　数字照度计

一、功能简介

数字照度计是用于测量应急照明和场所疏散指示光亮照度的功能仪器。

二、外观图例

（一）·整体结构

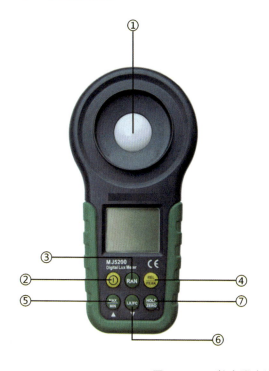

①光传感器
②电源
③手动切换量程按钮
④相对值测量、峰值测量复合按钮
相对值测量：短按，进入 / 退出相对值测量模式
峰值测量：长按 1s，进入 / 退出峰值测量模式
⑤最大最小值查询模式按钮
⑥单位转换按钮：勒克司 / 尺烛光［Lux/Fc］
⑦数据保持、零点校准复合按钮：
数据保持：短按，进入 / 退出数据保持模式
零点校准：长按 1s，执行零点校准功能

图 10-3-1　数字照度计按键示意图

（二）LCD 屏幕

①手动切换量程模式提示符号

②数据保持模式提示符号

③模拟条显示当前测量值信息

④数字显示当前测量值信息

⑤Lux 单位符号

⑥Fc 单位符号

⑦自动测量模式提示符号

⑧峰值测量模式提示符号

⑨电池电压低电提示符号

⑩相对值测量模式提示符号

⑪⑫最大最小值查询模式提示符号

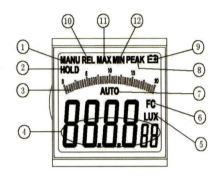

图 10-3-2　数字照度计屏幕显示图

三、使用方法

1. 打开电源，选择适合的测量档位。

2. 打开光传感器保护盖，测量应急照明照度时，应将光传感器水平放在疏散指示标志前通道中心处。

3. 读取照度计显示屏的测量值，如左侧最高位数"1"显示，表示照度过量，应立即选择在较高档位测量。

4. 当显示数据稳定时，按读取锁定键"HOLD"，显示屏显示"H"符号并显示锁定读值；再按"HOLD"键，则可取消读值锁定功能。

5. 欲测光脉动信号时，按读取锁定键"PEAK"，显示屏显示"P"符号及脉动峰值；再按"PEAK"键，则恢复正常测试。

6. 测量工作完成后，将光传感器罩好，关闭仪器电源。

四、使用图样

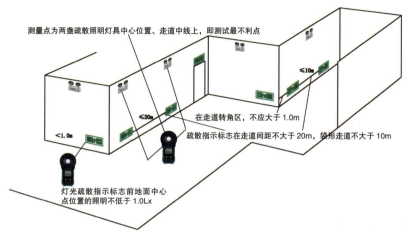

测量点为两盏疏散照明灯具中心位置、走道中线上，即测试最不利点

在走道转角区，不应大于1.0m

疏散指示标志在走道间距不大于20m，袋形走道不大于10m

灯光疏散指示标志前地面中心点位置的照明不低于1.0Lx

图10-3-3 数字照度计典型使用方法示例

五、部分典型区域照度要求

1.依据《建筑设计防火规范》（GB 50016-2014，2018版）第10.3.2和10.3.3条规定，建筑内疏散照明的地面最低水平照度应当符合以下要求：

（1）对于疏散走道，不应低于1.0Lx。

（2）对于人员密集场所、避难层（间），不应低于3.0Lx；对于老年人照料设施、病房楼或手术部内的避难间，不应低于10.0Lx。

（3）对于楼梯间、前室或合用前室、避难走道，不应低于5.0Lx；对于人员密集场所、老年人照料设施、病房楼或手术部内的楼梯间、前室或合用前室、避难走道，不应低于10.0Lx。

（4）消防控制室、消防水泵房、自备发电机房、配电室、防烟排烟机房以及发生火灾时仍需正常工作的消防设备房应设置备用照明，其作业面的最低照度不应低于正常照明的照度。

2.依据《消防产品现场检查判定规则》（XF 588-2012）第6.2.14.1条规定：火灾报警器的光信号在100-500Lx环境光线下，25m处应清晰可见。

3.依据《商店建筑设计规范》（JGJ 48-2014）第7.3.12条规定：

（1）小型商店建筑的营业厅宜设置备用照明，且照度不应低于30lx。

（2）大型和中型商店建筑应设置值班照明，且大型商店建筑的值班照明照度不应低于20lx，中型商店建筑的值班照明照度不应低于10lx；小型商店建筑宜设置值班照明，且照度不应低于5lx；值班照明可利用正常照明中能单独控制的一部分，或备用照明的一部分或全部。

4.《剧场建筑设计规范》（JGJ57-2016）第10.3.14条规定：消防控制室、变配电室、发电机室、消防泵房、消防风机房等，应设不低于正常照明照度的应急备用照明。特等、甲等剧场的灯控室、调光柜室、声控室、功放室、舞台机械控制室、舞台机械电气柜室、空调机房、冷冻机房、锅炉房等，应设不低于正常照明照度的50%的应急备用照明。用于观众疏散的应急照明，其照度不应低于5lx。

六、注意事项

1.在每次使用前，应检查照度计的光传感器有无磨损、有无粉尘，确保照度计的光传感器是处于光滑完好、洁净的状态，禁止使用带有侵蚀性的液体清洁仪器。

2.使用中不要使照度计处于阳光直接照射和高温热辐射下，或腐蚀性、爆炸性的气体，可燃蒸汽物质，以及喷雾、流水、高湿、凝露、粉尘、强电磁环、机械振动等场合中。

3.为确保测量数据准确，测量前应使光传感器曝光2分钟后进行测量，应防止测试者的人影和其他因素对光传感器的影响。

●●●●●●●●●● **经典练习** ●●●●●●●●●●

📣 **实践练习一**

关于数字照度计操作使用，下列说法正确的有（　　）。

A.读数时，可短按"HOLD/ZERO"锁定当前数据

B.可以手动切换量程模式

C.可使用酒精对数字照度计进行清洁

D.当液晶显示屏上出现"🔋"符号时应立即更换电池

🔒 **答案**

ABD

🔰 **解析**

　　酒精具有一定腐蚀性，容易对数字照度计的感光元件造成影响或损伤，因此C选项的说法错误。故应选择A、B、D选项。

📢 **实践练习二**

　　建筑内疏散照明的地面最低水平照度，下列说法错误的是（　　）。

　　A. 人员密集场所、避难层（间），不应低于3.0Lx

　　B. 楼梯间、前室或合用前室、避难走道，不应低于5.0Lx

　　C. 疏散走道，不应低于1.0Lx

　　D. 火灾报警器的光信号在100Lx～500Lx环境光线下，20m处应清晰可见

🔒 **答案**

　　D

🔰 **解析**

　　根据《消防产品现场检查判定规则》（XF 588-2012）第6.2.14.1条规定，明确火灾报警器的光信号在100Lx～500Lx环境光线下，25m处应清晰可见，因此，D选项的说法错误。

第四节 激光测距仪

一、功能简介

激光测距仪，是利用调制激光的某个参数实现观测者到目标距离测量的仪器。可以通过仪器简单快速准确地测量长度、高度、面积、体积等。

二、外观图例

（一）整体结构

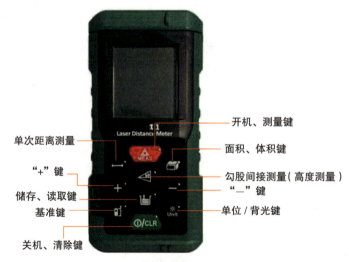

单次距离测量

开机、测量键

面积、体积键

"+" 键

勾股间接测量（高度测量）

储存、读取键

"—" 键

基准键

单位 / 背光键

关机、清除键

图 10-4-1 激光测距仪按键示意图

（二）LCD 屏幕

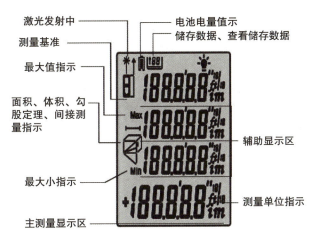

图 10-4-2　激光测距仪屏幕示意图

三、使用方法

1.启动仪器和关闭仪器。关机状态下，按 MEAS 键，仪器和激光同时启动，仪器进入待测模式；开机状态下长按关机键 3 秒关闭仪器。

2.数据储存记录。测量模式下若当前数据有效时，长按储存键 3 秒，当前测量数据自动存储到仪器内存中。

3.单次距离测量。待测模式下按 MEAS 键，仪器激光发射，直射目标测量点。再按 MEAS 键进行单次距离数据的测量，测量结果显示在主屏显示区。

4.连续距离测量。待测模式下长按 MEAS 键，进入连续测量状态，屏幕上会现显示此次连续测量过程中的最大测量值和最小测量值。

5.面积测量。按面积、体积键，待屏幕会显示长方形，且长方形一条边持续闪烁，按照屏幕提示完成下列操作：按 MEAS 键进行第一条边（长）的测量；按 MEAS 键进行第二条边（宽）的测量。待仪器自动进行面积运算，并将测量结果显示在屏幕显示区。按关机、清除键，清除上次测量结果，进行重新测量。

6.体积测量。按面积、体积键两次，待屏幕显示立方体，且立方体一条边持续闪烁，根据屏幕提示完成下列操作：按 MEAS 键进行第一条边的测量（长）；按 MEAS 键进行第二条边的测量（宽）；按 MEAS 键进行第三条边的测量（高）。并将测量结果显示在屏幕显示区。按关机、清除键，清除上次测量结果，进行重新测量。

四、部分典型区域测量要求

(一)民用建筑间的防火间距测量要求

民用建筑之间的防火间距应不小于表10-4-1的规定。

表10-4-1 民用建筑之间的防火间距(单位:m)

建筑类别		高层民用建筑	裙房和其他民用建筑		
		一、二级	一、二级	三级	四级
高层民用建筑	一、二级	13	9	11	14
裙房和其他民用建筑	一、二级	9	6	7	9
	三级	11	7	8	10
	四级	14	9	10	12

【标准链接】《建筑设计防火规范》(GB 50016-2014,2018版)表5.2.2

提示 表10-4-1仅列举了一般情况下的防火间距,遇特殊情况请参照标准链接执行。

(二)公共建筑的安全疏散距离测量要求

直通疏散走道的房间疏散门至最近安全出口的直线距离不应大于如表10-4-2规定。

表10-4-2 直通疏散走道的房间疏散门至最近安全出口的直线距离(单位:m)

名 称	位于两个安全出口之间的疏散门			位于袋形走道两侧或尽端的疏散门		
	一、二级	三级	四级	一、二级	三级	四级
托儿所、幼儿园、老年人照料设施	25	20	15	20	15	10
歌舞娱乐放映游艺场所	25	20	15	9	—	—

续表 10-4-2

名　称		位于两个安全出口之间的疏散门			位于袋形走道两侧或尽端的疏散门		
		一、二级	三级	四级	一、二级	三级	四级
医疗建筑	单、多层	35	30	25	20	15	10
	高层 病房部分	24	—	—	12	—	—
医疗建筑	高层 其他部分	30	—	—	15	—	—
教学建筑	单、多层	35	30	25	22	20	10
	高层	30	—	—	15	—	—
高层旅馆、展览建筑		30	—	—	15	—	—
其他建筑	单、多层	40	35	25	22	20	15
	高层	40	—	—	20	—	—

【标准链接】《建筑设计防火规范》（GB 50016-2014，2018 版）表 5.5.17

> 提示　表10-4-2仅列举了一般情况下的距离，遇特殊情况请参照标准链接执行。

（三）公共建筑内疏散门和安全出口净宽度测量要求

除《建筑设计防火规范》（GB 50016-2014，2018 版）另有规定外，公共建筑内疏散门和安全出口的净宽度不应小于0.90m，疏散走道和疏散楼梯的净宽度不应小于1.10m。

高层公共建筑内楼梯间的首层疏散门、首层疏散外门、疏散走道和疏散楼梯的最小净宽度应符合表10-4-3（见下页）规定。

表 10-4-3 高层公共建筑内楼梯间的首层疏散门、首层疏散外门、
疏散走道和疏散楼梯的最小净宽度（单位：m）

建筑类别	楼梯间的首层疏散门、首层疏散外门	走道		疏散楼梯
		单面布房	双面布房	
高层医疗建筑	1.30	1.40	1.50	1.30
其他高层公共建筑	1.20	1.30	1.40	1.20

【标准链接】《建筑设计防火规范》（GB 50016-2014，2018 版）表 5.5.18

（四）住宅建筑的安全疏散距离测量要求

住宅建筑直通疏散走道的户门至最近安全出口的直线距离不应大于表 10-4-4 的规定。

表 10-4-4 住宅建筑直通疏散走道的户门至最近安全出口的直线距离（单位：m）

住宅建筑类别	位于两个安全出口之间的户门			位于袋形走道两侧或尽端的户门		
	一、二级	三级	四级	一、二级	三级	四级
单、多层	40	35	25	22	20	15
高层	40	–	–	20	–	–

【标准链接】《建筑设计防火规范》（GB 50016-2014，2018 版）表 5.5.29

> 🔔 **提示** 表10-4-4仅列举了一般情况下的距离，遇特殊情况请参照标准链接执行。

（五）消防车道与消防车登高操作场地测量要求

消防车道与消防车登高操作场地一般要测量净高、净宽和长度等，消防车道示意图见图 10-4-3（见下页）。

【标准链接】《建筑设计防火规范》（GB 50016-2014，2018 版）第 7.1.1 条、第 7.1.8 条、第 7.1.9 条、第 7.2.2 条

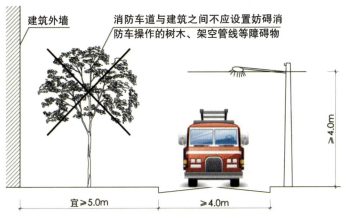

图 10-4-3　消防车道示意图

五、注意事项

1. 禁止用仪器激光器照射自己或他人的眼睛及身体其他部位；禁止将激光器照射在高反光的物体表面上。

2. 禁止将仪器长期放置在高温高湿的环境中储存，长期不使用仪器时请取出电池并把仪器放置在阴凉干爽处存放；禁止使用带有侵蚀性的液体清洁仪器，可按照擦拭光学器件表的方法可擦拭激光器窗口和聚焦镜。

3. 阳光过于强烈，环境温度波动过大，反射面反射效果较弱，电池电量不足的情况下测量结果会有较大的误差。

经典练习

实践练习一

关于民用建筑间的防火间距测量，下列说法正确的是（　　）。

A. 一、二级高层民用建筑彼此之间的防火间距应不小于 12m

B. 相邻两座建筑中较低一座建筑的耐火等级不低于二级，相邻较低一面外墙为防火墙且屋顶无天窗，屋顶的耐火极限不低于 1.00h 时，其防火间距不应小于 3.5m

C. 一、二级高层民用建筑与三级裙房之间的防火间距应不小于 13m

D. 相邻两座单、多层建筑，当相邻外墙为不燃性墙体且无外露的可燃性屋檐，其防火间距可按规定减少 25%

⊙ 答案

　　B

⊙ 解析

　　依据《建筑设计防火规范》（GB 50016-2014，2018 版）表 5.2.2，一、二级高层民用建筑彼此之间的防火间距应不小于 13m，一、二级高层民用建筑与三级裙房之间的防火间距应不小于 11m，故 A、C 选项错误；相邻两座单、多层建筑，当相邻外墙为不燃性墙体且无外露的可燃性屋檐，每面外墙上无防火保护的门、窗、洞口不正对开设且该门、窗、洞口的面积之和不大于外墙面积的 5% 时，其防火间距可按规定减少 25%，故 D 选项错误。

⊙ 实践练习二

　　关于消防车道，下列说法错误的有（　　　）。

　　A. 当建筑物沿街道部分的长度大于 150m 或总长度大于 200m 时，应设置穿过建筑物的消防车道

　　B. 消防车道靠建筑外墙一侧边缘的距离建筑外墙不宜小于 4m

　　C. 环形消防车道至少应有两处与其他车道连通

　　D. 消防车道的回车场的面积不应小于 10m×10m；对于高层建筑，不宜小于 13m×13m

　　E. 消防车道的净宽度不应小于 4m，净空高度不应小于 5m

⊙ 答案

　　ABDE

⊙ 解析

　　依据《建筑设计防火规范》（GB 50016-2014，2018 版）第 7.1.1 条、7.1.8 条、7.1.9 条规定，当建筑物沿街道部分的长度大于 150m 或总长度大于 220m 时，应设置穿过建筑物的消防车道，故 A 选项说法错误；消防车道靠建筑外墙一侧的边缘距离建筑外墙不宜小于 5m，消防车道的净宽度和净空高度均不应小于 4.0m，故 B、E 选项说法错误；尽头式消防车道应设置回车道或回车场，回车场的面积不应小于 12m×12m，对于高层建筑不宜小于 15m×15m，故 D 选项说法错误。

第五节 消火栓测压接头

一、功能简介

消火栓测压接头又名消火栓系统试水检测装置，系消防救援机构用于测量消火栓系统静水和出水压力，以其显示数值直观判断消火栓系统性能，校核水枪充实水柱的专用装置。测量单位为兆帕（MPa）。

二、外观图例

（一）消火栓测压接头

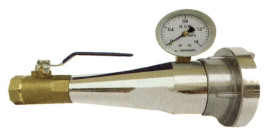

图 10-5-1 消火栓测压接头整体图

（二）压力表

图 10-5-2 压力表示意图

（三）整体使用

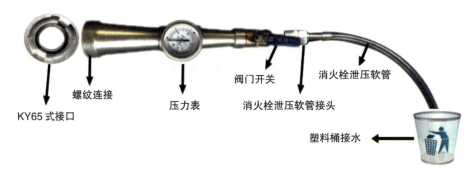

螺纹连接　　压力表　　阀门开关　　消火栓泄压软管

KY65 式接口　　消火栓泄压软管接头

塑料桶接水

图 10-5-3　消防栓测压接头使用示意图

三、使用方法

（一）消火栓栓口静水压力测量

1. 将消火栓测压接头连接到消火栓栓口。

2. 调整好压力表位置，使之便于观察和读取测试数值。

3. 完全关闭测压接头出水口阀门开关。

4. 缓慢打开消火栓阀门，读取并记录压力表的稳定显示值，该值为消火栓栓口的静水压力。

5. 测量完成后，关闭消火栓阀门，打开测压接头出水口阀门，使测压接头内的水压泄掉，再从消火栓栓口上取下测压接头，并使之成竖直状态倒尽余水。

图 10-5-4　测量消火栓栓口静水压力

（二）消火栓栓口出水压力测量

1. 将水带延展铺开，并将水带一端连接到消火栓栓口。

2. 将水带另一端连接到测压接头的进水口。

3.缓慢打开消火栓阀门直至全开，此时不应挤压水带，待压力表数值稳定时读取数值，该数值即为消火栓栓口的出水压力。

4.测量完成后，关闭消火栓阀门，待水流尽后，再从消火栓栓口上取下测压接头，并使之成竖直状态倒尽余水。

（三）试水检测装置校核水枪的充实水柱

1.由水枪喷嘴起到射流90%的水柱水量穿过直径38cm圆孔处的一段射流长度。

2.可以用卷尺直接进行测量，也可以通过水力计算确定。

四、部分典型区域测量要求

消火栓测压接头的具体使用和操作，应对照《消防给水及消火栓系统技术规范》（GB 50974–2014）相关要求进行。其中：

1.当市政给水管网设有市政消火栓时，其平时运行工作压力不应小于0.14MPa，火灾时水力最不利市政消火栓的出流量不应小于15L/s，且供水压力从地面算起不应小于0.10MPa。

2.室内消火栓栓口动压力不应大于0.50MPa，当大于0.70MPa时必须设置减压装置。

3.高层建筑、厂房、库房和室内净空高度超过8m的民用建筑等场所，消火栓栓口动压不应小于0.35MPa，且消防水枪充实水柱应按13m计算；其他场所，消火栓栓口动压不应小于0.25MPa，且消防水枪充实水柱应按10m计算。

五、注意事项

1.测量时，特别是测量栓口静压时，开启阀门应缓慢，避免压力冲击造成检测装置损坏。

2.静压测量完成后，缓慢打开测压接头的开关，使试水水压泄掉后，才可以从消火栓栓口上取下测压接头，防止不泄压硬拆损坏接头。

3.测量出口压力和充实水柱时，水带应尽量沿地面延展，不应有弯折；射流方向不应站人，不应朝带电装置射水；地面应有排水设施或渠道。

•••••••••••••••••••••• **经典练习** ••••••••••••••••••••••

实践练习一

关于消火栓栓口静水压力测量，下列说法错误的是（　　）。

A. 将水带延展铺开，并将水带一端连接到消火栓栓口

B. 调整好压力表位置，使之便于观察和读取测试数值

C. 完全关闭测压接头出水口阀门开关

D. 缓慢打开消火栓阀门，读取并记录压力表的稳定显示值，该值为消火栓栓口的静水压力

答案

A

解析

测量消火栓栓口静水压力，应将消火栓测压接头连接到消火栓栓口，无需铺展水带，故 A 选项说法错误。

实践练习二

下列说法错误的有（　　）。

A. 当市政给水管网设有市政消火栓时，其平时运行工作压力不应小于 0.12MPa

B. 室内消火栓栓口动压力不应大于 0.5MPa

C. 室内消火栓栓口动压力当大于 0.80MPa 时应当设置减压装置

D. 测量消火栓栓口静压时，应当缓慢开启阀门，避免压力冲击造成检测装置损坏

答案

AC

解析

依据《消防给水及消火栓系统技术规范》（GB 50974-2014）第 7.2.8 条、第 7.4.12 条规定，当市政给水管网设有市政消火栓时，其平时运行工作压力不应小于 0.14MPa，故 A 选项说法错误；当室内消火栓栓口动压力大于 0.70MPa 时应当设置减压装置，故 C 选项说法错误。

第六节 点型感温探测器功能试验器

一、功能简介

点型感温探测器功能试验器是指用于检测、调试和验收火灾自动报警系统感温型火灾探测器功能、性能和运行情况的专用器材。

二、外观图例

图 10-6-1 点型感温探测器功能试验器

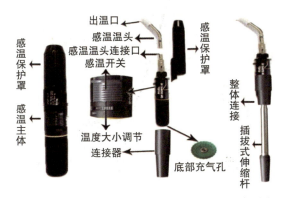

图 10-6-2 点型感温探测器功能试验器各功能部件名称

三、使用方法

1.充电：将专用电源充电器插入充电口中，充电器指示灯充满后由红色变为绿色。

2.充气：将丁烷气体瓶气嘴垂直向下用力插入试验器进气阀约数秒。

3.安装拆卸：

（1）安装喷头：将枪头顶部的快接头锁环压下后，插入喷头，锁环自锁后喷头固定在枪头上。

（2）拆卸喷头：拆卸时压下锁环，喷头与枪头分离。

（3）连接：根据高度适当选取连接杆数量，然后将枪头、连接杆、电池杆按顺时针的方向旋转连接。拆卸按相反的方向操作。

4.温度大小调节："大""小"调节孔内有一铜调节开关，根据被试验火灾探测器对温度的门限调大小（充完气摆放一段时间后，再打火，若还是不着，不可以连续打火，防止可燃气体聚集引起爆燃，应停止一段时间，等待气体消散，再调节气门大小来调整直至打出稳定的火源）。

5.启动开关：按"启动开关"，启动加温系统，枪体内温度随即升高，热源从喷头排出，进行感温试验（加温试验一段时间后，由于燃气内含有水分，影响气体挥发和占用储存空间，同时也减少点火时间，需要枪头向下及时将残留水分通过按压进气阀排出）。

图 10-6-3　点型感温探测器功能试验器现场测试示意图

四、测量标准要求

点型感温探测器功能试验器的具体使用和操作，应对照《点型感温火灾探测器》（GB 4716-2005）相关要求实施。

五、注意事项

1. 不得在高温易燃和有爆炸危险的场所使用点型感温探测器功能试验器。

2. 点型感温探测器功能试验器周围水平距离 0.5m 范围内，不应有遮挡物。

3. 点型感温火灾探测器的动作温度值为 54℃ ～ 85℃，加热后局部温度较高，应注意防止烫伤。

· 经典练习 ·

📢 **实践练习一**

关于点型感温探测器功能试验器，下列说法正确的有（　　）。

A. 用于火灾自动报警系统感温型火灾探测器功能试验

B. 对定温、差定温等感温类火灾探测器进行检测、调试、验收、灵敏度进行试验

C. 能检验其与火灾报警控制器连接是否正确

D. 探测器周围水平距离 1m 范围内，不应有遮挡物

🔒 **答案**

ABC

👆 **解析**

使用点型感温探测器功能试验器周围水平距离 0.5m 范围内，不应有遮挡物，因此 D 选项的说法错误，其他选项的说法正确。

📢 **实践练习二**

下列说法错误的是（　　）。

A. 仅需防止在高温易燃的场所使用点型感温探测器功能试验器。

B. 点型感温探测器功能试验器，可根据被试验火灾探测器监测温度参数的不同调节大小。

C. 点型感温火灾探测器的动作温度值为 55 ～ 80℃。

D.加注的丁烷气体属危险品,加充完毕后,应放置室内阴凉处。

⊡ 答案

　　AC

☝ 解析

　　需注意此题为选择错误选项。除了不得在高温易燃的场所使用完,也不能在具有爆炸危险的场所使用点型感温探测器功能试验器,A项错误;点型感温火灾探测器的动作温度值为 54 ~ 85℃,C项错误。

第十一章

法律文书示例

>> **内容简介**

　　法律文书是消防监督执法的重要载体，统一、规范的法律文书，对于规范执法程序、促进执法公正具有十分重要的意义，也是执法入门需要掌握的最基本的岗位技能之一。本章对日常监督检查、公众聚集场所投入使用营业前消防安全检查、消防产品、注册消防工程师监督管理、火灾调查、消防行政处罚、临时查封等部分常用的法律文书进行重点介绍。

>> **学习目标**

1. 了解各项具体执法工作需要的法律文书式样
2. 熟练掌握常用法律文书的填写、制作及送达等要求

第一节　监督检查类文书

一、消防监督检查记录

适用：对单位履行法定消防安全职责情况的消防监督抽查和对公众聚集场所投入使用、营业前的消防安全检查时所使用的文书。

签章：消防救援机构、消防监督检查员、被检查单位随同人员

时间：当场

范例：11-1-1（详见本章第九节之范例）

二、消防监督检查记录（其他形式消防监督检查适用）

适用：对大型群众性活动举办前的消防安全检查，举报投诉消防安全违法行为的核查，责令限期改正及其他形式的复查，申请恢复使用、生产、经营的检查，申请解除临时查封的检查，以及其他检查时所使用的文书。

签章：消防救援机构、消防监督检查员、被检查单位随同人员

时间：当场

范例：11-1-2（详见本章第九节之范例）

三、责令立即改正通知书

适用：在消防监督检查中发现消防安全违法行为和火灾隐患，责令被检查单位（场所）立即改正时所使用的文书。

签章：消防救援机构、被检查单位人员

时间：当场

范例：11-1-3（详见本章第九节之范例）

四、责令限期改正通知书

适用：在消防监督检查中发现消防安全违法行为和火灾隐患，责令被检查单位（场所）限期改正时所使用的文书。

签章：消防救援机构、被检查单位人员

时间：自检查结束之日起 3 个工作日内

范例：11–1–4（详见本章第九节之范例）

【文件链接】公安部《关于印发公安消防行政法律文书（式样）的通知》（公消办〔2012〕1418 号）

第二节　公众聚集场所投入使用、营业前消防安全检查类文书

一、公众聚集场所投入使用、营业前消防安全检查意见书

适用：对作出承诺的公众聚集场所进行书面审查合格，以及对申请不采用告知承诺方式办理的公众聚集场所进行消防安全检查合格制发的许可证件。

签章：消防救援机构、签收人

时间：申请采用告知承诺方式办理的，对到消防业务受理窗口提出申请的，当场作出决定；对通过消防在线政务服务平台提出申请的，自收到申请之日起 1 个工作日内办结。申请不采用告知承诺方式办理的，自收到申请之日起 10 个工作日内检查，自检查之日起 3 个工作日内办结。

范例：11-2-1（详见本章第九节之范例）

二、不同意投入使用、营业决定书

适用：对申请不采用告知承诺方式办理的公众聚集场所进行消防安全检查不合格使用的文书。

签章：消防救援机构、签收人

时间：自检查之日起 3 个工作日内

范例：11-2-2（详见本章第九节之范例）

三、公众聚集场所投入使用、营业消防安全核查记录表

适用：消防救援机构在对作出承诺的公众聚集场所进行核查，以及对申请不采用告知承诺方式办理的公众聚集场所进行检查时所使用的文书。

签章：消防救援机构、消防监督人员、单位（场所）负责人

时间：当场

范例：11-2-3（详见本章第九节之范例）

四、撤销公众聚集场所投入使用、营业消防安全许可决定书

适用：消防救援机构在对已作出许可后现场核查判定不合格且逾期不整改或整改后仍达不到要求的，依法撤销许可并责令停止使用、营业时所使用的文书。

签章：消防救援机构、签收人

时间：在责令限期改正期满或者收到当事人的复查申请之日起3个工作日内

范例：11-2-4（详见本章第九节之范例）

> 🛈 **提示**　各地推出的高效便民利企服务措施，对审批时限可能涉及更为严格的规定，承诺办结时限与法定办结时限不一致的，按照本省要求的承诺时限办结。

【文件链接】应急管理部《关于贯彻实施新修改＜中华人民共和国消防法＞全面实行公众聚集场所投入使用营业前消防安全检查告知承诺管理的通知》（应急〔2021〕34号）

第三节　消防产品类文书

一、消防产品监督检查记录

适用：消防救援机构对使用领域的消防产品质量进行专项监督抽查、对举报投诉的消防产品质量问题进行核查，以及复查时所使用的文书。

签章：消防救援机构、消防监督检查员、被检查单位随同人员

时间：当场

范例：11-3-1（详见本章第九节之范例）

二、消防产品现场检查判定不合格通知书

适用：消防救援机构向被检查单位（场所）通知消防产品现场检查判定不合格时所使用的文书。

签章：消防救援机构

时间：当场

范例：11-3-2（详见本章第九节之范例）

【文件链接】公安部《关于印发＜消防产品监督管理法律文书（式样）＞的通知》（公通字〔2012〕51号）

第四节　注册消防工程师监督管理类文书

一、责令立即改正通知书

适用：在消防监督检查中发现违法执业行为，责令注册消防工程师立即改正时所使用的文书。

签章：消防救援机构、当事人

时间：当场

范例：11-4-1（详见本章第九节之范例）

二、责令限期改正通知书

适用：在消防监督检查中发现违法执业行为，责令注册消防工程师限期改正时所使用的文书。

签章：消防救援机构、当事人

时间：自检查结束之日起 3 个工作日内

范例：11-4-2（详见本章第九节之范例）

【文件链接】公安部《关于印发 < 注册消防工程师监督管理法律文书（式样）> 的通知》（公通字〔2017〕15 号）

第五节　火灾调查类文书

一、询问笔录

适用：消防救援机构询问火灾当事人及证人，记载询问经过时所使用的文书。

签章：询问人、被询问人、记录人

时间：当场

范例：11–5–1（详见本章第九节之范例）

二、火灾现场勘验笔录

适用：消防救援机构记录火灾现场勘验情况时所使用的文书。

签章：勘验人、记录人、当事人（证人）

时间：当场

范例：11–5–2（详见本章第九节之范例）

三、火灾事故简易调查认定书

适用：消防救援机构对适用简易程序认定火灾事故时所使用的文书。

签章：消防救援机构、调查人员及当事人

时间：当场

范例：11–5–3（详见本章第九节之范例）

四、火灾事故认定书

适用：消防救援机构对适用一般程序认定火灾事故时所使用的文书。

签章：消防救援机构、当事人

时间：接到报警之日起 30 日内，情况复杂、疑难的经批准可以延长 30 日

范例：11–5–4（详见本章第九节之范例）

五、火灾痕迹物品提取清单

适用：消防救援机构对火灾现场勘验中提取的痕迹、物品的名称、数量、特征等进行记录时所使用的文书。

签章：提取人、证人或当事人

时间：火灾勘验现场

范例：11–5–5（详见本章第九节之范例）

【文件链接】公安部《关于印发公安消防行政法律文书（式样）的通知》（公消办〔2012〕1418号）

第六节　行政处罚类文书

一、立案审批表（附《接受证据清单》）

适用：消防救援机构立案时使用的文书。

签章：消防救援机构、执法人员、审批人

范例：11-6-1（详见本章第九节之范例）

二、立案登记表（附《接受证据清单》）

适用：消防救援机构快速办理行政处罚案件立案时使用的文书。

签章：消防救援机构、执法人员

范例：11-6-2（详见本章第九节之范例）

三、询问笔录（附《权利义务告知书》）

适用：消防救援机构询问消防安全违法当事人、证人，记载询问经过时所使用的的文书。

签章：询问人、被询问人

范例：11-6-3（详见本章第九节之范例）

四、行政处罚告知笔录

适用：在对消防安全违法行为人作出行政处罚决定前，告知其处罚的事实、理由、依据及权利时所使用的文书。

签章：被告知人

范例：11-6-4（详见本章第九节之范例）

五、当场行政处罚决定书

适用：在消防安全违法行为发生的现场，按照《行政处罚法》规定的简易程序，依据《消防法》等有关法律、法规和规章的规定，对违法行为人给予行政处罚时所使用的文书。

签章：消防救援机构、执法人员、被处罚人

时间：当场

范例：11–6–5（详见本章第九节之范例）

六、行政处罚决定书（附《没收违法所得清单》）

适用：针对消防安全违法行为，在经调查取证的基础上，依据《消防法》等有关法律、法规和规章的规定，对违法行为人给予行政处罚，记载违法事实、处罚理由和依据、处罚决定及其执行方式和期限以及救济途径等事项时所使用的文书。

签章：消防救援机构、被处罚人

时间：当场交付或按规定方式送达

范例：11–6–6（详见本章第九节之范例）

【文件链接】应急管理部《关于印发 < 消防救援机构办理行政案件程序规定 > < 消防行政法律文书式样 > 的通知》（应急〔2021〕77 号）

第七节 临时查封类文书

一、临时查封决定书

适用：消防救援机构依法决定对危险部位或场所予以临时查封使用的文书。

签章：消防救援机构、被查封单位（场所）

时间：自检查之日起 3 个工作日内；适用即时查封程序的在临时查封后 24 小时内

范例：11–7–1（详见本章第九节之范例）

二、临时查封现场笔录

适用：消防救援机构实施临时查封时，记录现场实施情况使用的文书。

签章：执法人员、当事人或见证人

时间：当场

范例：11–7–2（详见本章第九节之范例）

三、同意解除临时查封决定书

适用：消防救援机构根据当事人解除临时查封的申请，检查后同意解除查封时使用的文书。

签章：消防救援机构、申请单位（场所）

时间：自检查之日起 3 个工作日内

范例：11–7–3（详见本章第九节之范例）

四、不同意解除临时查封决定书

适用：消防救援机构根据当事人解除临时查封的申请，检查后不同意解除查封时使用的文书。

签章：消防救援机构、申请单位（场所）

时间：自检查之日起 3 个工作日内

范例：11-7-4（详见本章第九节之范例）

【文件链接】公安部《关于印发公安消防行政法律文书（式样）的通知》（公消办〔2012〕1418 号）

第八节 其他类文书

一、送达回证

适用：消防救援机构在当事人拒绝签收或不能采取当场交付方式的情况下，送达文书时使用的文书。

签章：送达人、受送达人（委托代理人、代收人）、见证人

范例：11-8-1（详见本章第九节之范例）

二、呈请＿＿＿审批表

适用：消防救援机构对法律文书进行内部审批时使用的文书。

签章：承办人员、法制审核人员、审批领导

时间：审核、审批一般应当分别在 3 个工作日内完成，特殊、复杂事项应当分别在 5 个工作日内完成；重大、疑难事项，经消防救援机构负责人批准可以延长至 7 个工作日。

范例：11-8-2（详见本章第九节之范例）

> 🔥 **提示** 要注意国家规定与本省规定的衔接，本省对时限要求可能涉及更为严格的规定。如《四川省消防救援机构法制审核、审批规则》规定："审核、审批一般应当分别在1个工作日内完成，特殊、复杂事项应当分别在3个工作日内完成；重大、疑难事项，经消防救援机构负责人批准可以延长至5个工作日内审结。"

三、集体议案记录

适用：消防救援机构记录重大案件集体议案情况时使用的文书。

签章：参加人员

范例：11-8-3（详见本章第九节之范例）

【文件链接】应急管理部《关于印发＜消防救援机构办理行政案件程序规定＞＜消防行政法律文书式样＞的通知》（应急〔2021〕77号）、应急管理部消防救援局《关于印发＜消防执法公示公开规定＞＜消防执法全过程记录制度＞＜消防救援机构法制审核审批和集体议案工作规范＞的通知》（应急消〔2019〕151号）

第九节 文书范例

范例 11-1-1

XX市XX区消防救援大队 1

消防监督检查记录

编号：〔202**X**〕第**XXXX**号 2

检查形式：☑3 消防监督抽查

　　　　　　□公众聚集场所投入使用、营业前消防安全检查

被检查单位（场所）名称：____XX市人民医院____ 4

地　　　址：_____XX市XX区XX路XX号_____ 5

消防安全责任人：____XXX____　电话：____13XXXXXXXX____

消防安全管理人：____XXX____　电话：____15XXXXXXXX____

联　系　人：____XXX____　电话：____18XXXXXXXX____

☑消防安全重点单位　　□非消防安全重点单位

消防监督检查员：____张XX、李XX____

检查时间：__202X__年_X_月_X_日_X_时 6

被检查单位随同检查人员（签名）：_____XXX_____ 7

　　此记录由消防救援机构存档

续范例 11−1−1

监 督 检 查 内 容 和 情 况[8]	
消防许可及验收备案	被查建筑物名称：＿＿＿＿XX市人民医院病房楼＿＿＿＿ ☑1998年9月1日之前竣工建筑且此后未改建（含装修、用途变更） ☑依法通过消防验收　　□依法进行竣工验收消防备案 □其他情况：＿＿＿＿／＿[9]＿＿ □是　☑否　公众聚集场所 依法通过投入使用、营业前消防安全检查　□是　　□否 建筑物或者场所使用情况与消防验收或者竣工验收消防备案时的使用性质相符情况　　　　☑相符　　□不相符
消防安全管理	消防安全制度　　　　☑有　　　□无 灭火和应急疏散预案　☑有　　　□无 员工消防安全培训　　☑有记录　□无记录　　□有,但不符合规定 □不涉及　消防安全管理人　☑确定　□未确定 □不涉及　防火检查、巡查　☑有记录　□无记录　□有,但不符合规定 □不涉及　消防设施、器材、消防安全标志定期组织维修保养 　　　　　　☑有记录　□无记录 □不涉及　消防演练　　☑有记录　□无记录　□有,但不符合规定 □不涉及　消防档案　　☑有　　　□无　　　□不符合要求 □不涉及　消防重点部位　☑确定　□未确定 □不涉及　承担灭火和组织疏散任务的人员　☑确定　□未确定 其他情况：无
建筑防火	☑不涉及　生产、储存、经营易燃易爆危险品的场所与居住场所 　　　　　设置在同一建筑物内　□否　　□是 ☑不涉及　生产、储存、经营其他物品的场所与居住场所设置在 　　　　　同一建筑物内　　　□符合标准　　□不符合标准 □不涉及　人员密集场所外墙门窗上设置影响逃生、灭火救援的 　　　　　障碍物　　　　　☑否　　　　□是 消防车通道　抽查部位＿＿＿＿周边全部道路＿＿＿＿ 防火间距　　抽查部位＿＿＿＿四邻全部间距＿＿＿＿ □不涉及　防火分区　抽查部位＿＿＿第一、五、九层＿＿＿ □不涉及　人员密集场所装修材料　抽查部位＿五层走道吊顶、九层病房墙面＿ 检查情况：[10] 　　经检查，私家车停放堵塞消防车通道。

续范例 11-1-1

安全疏散	疏散通道 抽查部位___二、七层疏散通道，东西两部疏散楼梯___ 安全出口 抽查部位___二、七层东西两侧安全出口___ 应急照明 抽查部位___东侧疏散楼梯第二、七层处___ 疏散指示标志 抽查部位___第一、二、五层___ □有☑无 **避难层** 抽查部位_____ ☑有□无 **应急广播** 抽查部位___五层走道中段位置___ 检查情况： 　　符合要求。
消防控制室	☑有　□无　**消防控制室** 　值班操作人员 在岗人数__2__　**值班记录** ☑有　□无 　消防联动控制设备运行情况 ☑正常 □不正常 　消防电话 抽查部位___消防水泵房___ 检查情况： 　　符合要求。
消防设施器材 — 火灾自动报警系统	☑有　□无　**火灾自动报警系统** 　探 测 器 抽查部位及数量___二、五层各1个___ 　手动报警器　抽查部位___五层___ 　控制设备　抽查部位___控制柜___ 　其他设施[11]___/___ 抽查部位_____ 检查情况： 　　符合要求。
消防设施器材 — 消防给水设施	☑有　□无　**消防给水设施** ☑有　□无　消防水池　抽查部位___地下消防水池___ ☑有　□无　消防水箱　抽查部位___楼顶消防水箱___ ☑有　□无　消防水泵　抽查部位___消防水泵房___ ☑有　□无　室内消火栓 抽查部位___二、五层楼梯间___ ☑有　□无　室外消火栓 抽查部位___院内消火栓___ ☑有　□无　水泵接合器 抽查部位___院内地下式水泵接合器___ ☑有　□无　稳压设施　抽查部位___消防水泵房___ 　其他设施___/___ 抽查部位_____ 检查情况： 　　符合要求。

续范例 11-1-1

消防设施器材	自动灭火系统	☑有 □无　**自动喷水灭火系统** **报警阀** 抽查部位＿＿＿消防水泵房＿＿＿＿＿＿＿＿＿ **末端试水装置** 抽查部位 七层公共卫生间　压力值 0.05MPa 其他设施＿＿喷淋泵＿＿ 抽查部位＿＿＿消防水泵房＿＿＿＿ 检查情况： 　　符合要求。 □有 ☑无　**其他自动灭火系统** 类型＿＿＿＿＿＿＿＿＿＿＿ 设置部位＿＿＿＿＿＿＿＿＿＿＿＿＿＿＿＿＿＿＿＿＿＿ 检查情况：
	其他设施器材	☑有 □无　**防火门** 抽查部位 二、五层楼梯口，五层管道井 □有 ☑无　**防火卷帘** 抽查部位＿＿＿＿＿＿＿＿＿＿＿ ☑有 □无　**防排烟设施** 抽查部位＿＿五层西侧楼梯送风口＿ ☑有 □无　**灭火器** 抽查部位及数量 一、二、五层放置点 6 具 其他设施＿＿＿／＿＿＿ 抽查部位＿＿＿＿＿＿＿＿＿＿＿ 检查情况： 　　灭火器配置类型、设置位置正确，但压力不足。
其他消防安全管理		□不涉及　电器产品的线路定期维护、检测 ☑有记录 □无记录 ☑不涉及　燃气用具的管路定期维护、检测 □有记录 □无记录 ☑不涉及　违反规定使用明火作业或在具有火灾、爆炸危险的场 　　　　　所吸烟、使用明火　　　　　　　□否　□是 ☑不涉及　违反消防安全规定进入生产、储存易燃易爆危险品场 　　　　　所　　　　　　　　　　　　　□否　□是 ☑不涉及　违反有关消防技术标准和管理规定生产、储存、运输、 　　　　　销售、使用、销毁易燃易爆危险品 □否　□是 其他情况：无
备注[12]		无

注释

1. 印制使用该文书的消防救援机构名称。

2. 文号：编号"〔 〕"处填写制作文书年度；"第XXXX号"使用四位阿拉伯数字填写文书顺序编号，现场制发的文书可在首位使用大写英文字母分组。

3. 文书中的"□"，属于选项判断，在选中内容前的"□"内画√。

4. 单位（场所）名称：横线处填写被检查单位（场所）全称。

5. 地址：横线处填写详细地址，包括城市（县）、区（乡镇）、街（路）、门牌号等。

6. 检查时间：填写检查开始时间，具体到小时。

7. 由单位随同检查的人员签名并注明日期，当事人拒绝签字的由监督检查员注明。

8. "监督检查内容和情况"处应逐项填写，除"其他设施"根据需要抽查外，不得漏项。

9. 不存在"其他情况"的，应在其后横线处用"/"划去。

10. 检查情况：客观记录本栏内所列全部内容检查的具体情况、发现的具体违法行为和火灾隐患，未发现违法行为和火灾隐患的，可填写"符合要求"。

11. 其他设施：未抽查"其他设施"的，应在其后横线处用"/"划去。

12. 填写对前面项目的检查情况需要进行的标注说明（如违法行为轻微并当场改正完毕不予处罚），或者检查过程中发现与单位（场所）消防安全相关但文书未包含的其他内容。

范例 11-1-2

XX市XX区消防救援大队[1]

消防监督检查记录

（其他形式消防监督检查适用）

编号：〔202X〕第 XXXX 号[2]

检查时间：202X 年 X 月 X 日 X 时[3]

检查类型：□大型群众性活动举办前的检查　□建设工程施工现场检查　□对举报投诉的核查　☑复查[4] □申请恢复施工、使用、生产、经营的检查　　□申请解除临时查封的检查　　□其他检查			
单位情况	单位（场所） 名　称[5]	XX 市人民医院	法定代表人/ 主要负责人	XXX
	地　址[6]	XX 市 XX 区 XX 路 XX 号	联系人及 联系电话	XXXXX XXXXXX
检查内容和情况[7]	根据 XX 消限字[202X]第 XXXX 号《责令限期改正书》，大队对 202X 年 X 月 XX 日发现的下列火灾隐患和消防安全违法行为进行了复查： 1.抽查病房楼一、二、五层的灭火器，压力不足； 2.停放车辆堵塞了消防车通道。 　　经复查，以上问题已经整改消除。			
备注	无			

消防监督检查员（签名）：XXX、XXX

被检查单位随同检查人员[8]（签名）：XXX

此记录由公安机关消防机构存档。对大型群众性活动举办前进行消防安全检查的，另制作一份加盖印章后移交公安机关治安管理部门，由其在存档联备注栏签收。

注释

1. 印制使用该文书的消防救援机构名称。

2. 文号：编号"〔 〕"处填写年度；"第XXXX号"处使用四位阿拉伯数字填写该文书的顺序编号，现场制发的文书可在首位使用大写英文字母分组。

3. "检查时间"填写检查开始时间，具体到小时。

4. 文书中的"□"，属于选项判断，在选中内容前的"□"内画√。

5. "单位（场所）名称"处填写被检查单位全称。

6. "地址"处填写详细地址，包括城市（县）、区（乡镇）、街（路）、门牌号等。

7. 按《消防监督检查规定》对不同检查形式的，要求客观记录检查的建筑物（场所）名称、检查内容、检查部位，以及检查的具体情况、发现的具体违法行为和火灾隐患。

8. 由单位随同检查的人员签名并注明日期，当事人拒绝签字的由消防监督检查员注明。

范例 11-1-3

XX 市 XX 区消防救援大队 [1]

责令立即改正通知书 [2]

XX消即字〔202X〕第XXXX号 [3]

　　XX 市人民医院　　　　： [4]

　　根据《中华人民共和国消防法》第五十三条的规定，我 大队 [5] 于 202X 年 X 月 XX 日对你单位（场所）进行消防监督检查，发现存在下列第 5、10 项 [6] 消防安全违法行为，现责令立即改正：

☐ 1.☐ 消防设施、器材/☐ 消防安全标志的配置、设置不符合标准；

☐ 2.☐ 消防设施、器材/☐ 消防安全标志未保持完好有效；

☐ 3.☐ 损坏/☐ 挪用消防设施、器材；

☐ 4.擅自☐ 拆除/☐ 停用消防设施、器材；

☑ 5.☐ 占用/☐ 堵塞/☑ [7] 封闭疏散通道、安全出口；

☐ 6.☐ 埋压/☐ 圈占/☐ 遮挡消火栓，☐ 占用防火间距；

☐ 7.违反消防安全规定进入☐ 生产/☐ 储存易燃易爆危险品场所；

☐ 8.违反规定使用明火作业；

☐ 9.在具有火灾、爆炸危险的场所☐ 吸烟/☐ 使用明火；

☑ 10.☐ 占用/☑ 堵塞/☐ 封闭消防车通道，妨碍消防车通行；

☐ 11.人员密集场所外墙门窗上设置影响逃生、灭火救援的障碍物；

☐ 12.其他消防安全违法行为和火灾隐患：＿＿＿＿／＿＿＿＿＿＿＿＿／ [8]

具体问题： [9]

1.锁闭安全出口；

2.停放车辆堵塞了消防车通道。

　　你单位（场所）应当采取措施，确保消防安全。对消防安全违法行为，将依法予以处罚。

（消防救援机构印章）

二〇二 X 年 X 月 X 日

被检查单位（场所）签收：XXX　　　　　　　　　　202X 年 X 月 X 日 [10]

一式两份，一份交被检查单位（场所），一份存档。

注释

1. 印制使用该文书的消防救援机构名称。

2. 该文书适用消防救援机构在消防监督检查中发现消防安全违法行为和火灾隐患，责令被检查单位（场所）立即改正时使用。

3. 文号："XX"处填写使用文书的消防救援机构代字；"〔 〕"处填写年度；"第XXXX号"处使用四位阿拉伯数字填写该文书的顺序编号，现场制发的文书可在首位使用大写英文字母分组。

4. "_____"横线处填写被检查单位全称。

5. "我_____"横线处填写消防救援机构略称，如"支队""大队"。

6. "下列第_____项"横线处用阿拉伯数字填写所列举违法行为的序号，同时在所选中的违法行为序号前"□"内画√，两者要对应。

7. 对应发现的违法行为序号前"□"内画√，与前文下划线处填写的数字要对应。

8. 文书中的"/"表示其前后横线上或自然段的内容供选择，在使用文书时将不用的部分划去。

9. "具体问题"后填写检查发现的消防安全违法行为和火灾隐患的具体建筑、场所、部位，有关消防设施、器材的名称、数量，具体的消防安全违法行为和火灾隐患等情况。

10. 由当事人签名并注明收到日期。当事人拒绝签收或不能采取当场交付方式的，应在法定期限内使用《送达回证》送达当事人。

范例 11-1-4

XX市XX区消防救援大队 [1]

责令限期改正通知书 [2]

XX消限字〔202X〕第XX号 [3]

___XX市人民医院___ [4]:

根据《中华人民共和国消防法》第五十三条的规定，我 _大队_ [5] 于 _202X_ 年 _X_ 月 _XX_ 日对你单位（场所）进行消防监督检查，发现存在下列第 _2、10_ 项 [6] 消防安全违法行为：

□1.未依法进行□消防设计备案/□竣工验收消防备案；

☑2. [7] 消防设施、器材、消防安全标志□配置、设置不符合标准，☑未保持完好有效；

□3.□损坏/□挪用/□擅自拆除消防设施、器材；

□4.□占用/□堵塞/□封闭疏散通道、安全出口；

□5.□埋压/□圈占/□遮挡消火栓，□占用防火间距；

□6.□占用/□堵塞/□封闭消防车通道，妨碍消防车通行；

□7.人员密集场所外墙门窗上设置影响逃生、灭火救援的障碍物；

□8.使用□不符合市场准入/□不合格/□国家明令淘汰的消防产品；

□9.□电器产品/□燃气用具的安装、使用及其线路、管路的设计、敷设、维护保养、检测不符合消防技术标准和管理规定；

☑10.不履行《中华人民共和国消防法》□第十六条/□第十七条/□第十八条/□第二十一条第二款规定的其他消防安全职责；

□11.其他消防安全违法行为和火灾隐患：___/___ ___/___ [8]

具体问题： [9]

1.抽查病房楼一、二、五层的灭火器，压力不足；

2.防火检查制度不落实，长期允许停放车辆堵塞消防车通道。

对上述第 _2_ 项 [10]，责令你单位（场所）于 _202X_ 年 _X_ 月 _XX_ 日前改正；第 _10_ 项，责令你单位（场所）于 _202X_ 年 _X_ 月 _XX_ 日前改正。（可根据实际增减）[11]

改正期间，你单位（场所）应当采取措施，确保消防安全。对消防安全违法行为，将依法予以处罚。

（消防救援机构印章）

二〇二X年X月X日

被检查单位（场所）签收：XXX   202X 年 X 月 X 日 [12]

一式两份，一份交被检查单位（场所），一份存档。

注释

1. 印制使用该文书的消防救援机构名称。

2. 该文书系消防救援机构在消防监督检查中发现消防安全违法行为和火灾隐患，责令被检查单位（场所）限期改正时所使用。

3. 文号："XX"处填写使用文书的消防救援机构代字；"〔 〕"处填写年度；"第 XXXX 号"处使用四位阿拉伯数字填写该文书的顺序编号，现场制发的文书可在首位使用大写英文字母分组。

4. "____"横线处填写被检查单位全称。

5. "我___"横线处填写消防救援机构略称，如"支队""大队"。

6. "下列第_____项"横线处用阿拉伯数字填写所列举违法行为的序号，同时在所选中的违法行为序号前"□"内画√，两者要对应。

7. 对应发现的违法行为序号前"□"内画√，与前文下划线处填写的数字要对应。

8. 文书中的"/"表示其前后横线上或自然段的内容供选择，在使用文书时将不用的部分划去。

9. "具体问题"后填写检查发现的消防安全违法行为和火灾隐患的具体建筑、场所、部位，有关消防设施、器材的名称、数量，具体的消防安全违法行为和火灾隐患等情况。

10. "上述第_____项"横线处用阿拉伯数字填写前文所列举违法行为的序号。

11. "（可根据实际增减）"字样不印制，此项填写时根据责令改正期限的不用增减。

12. 由当事人签名并注明收到日期。当事人拒绝签收或不能采取当场交付方式的，应在法定期限内使用《送达回证》送达当事人。

XX 市 XX 区消防救援大队[1]

公众聚集场所投入使用、营业前消防安全检查意见书[2]

X 消安检字〔202X〕第 XXXX 号[3]

<u>XX 酒店管理有限责任公司</u>：[4]

　　根据你单位（场所）关于（场所名称）<u>　XX 大酒店　</u>[5]（地址：<u>　XX 市 XX 区 XX 路 XX 号</u>[6]　　　　）投入使用、营业前消防安全检查的申请，我<u>**大队**</u>[7] 于<u>202X</u> 年 <u>X</u> 月 <u>X</u> 日进行了材料审查/消防安全检查，意见如下：

　　一、决定对你单位（场所）准予行政许可。

　　二、你单位（场所）应当遵守《中华人民共和国消防法》及其他有关消防法规、规章的规定，保证消防安全。

　　三、如场所名称、地址、消防安全责任人、使用性质等事项发生变化的，应当重新申请消防安全检查。

（消防救援机构印章）

二〇二X 年 X 月 X 日[8]

签收人： XXX　　　　　　　　　　202X 年 X 月 X 日[9]

一式两份，一份交当事人，一份存档。

注释

1. 印制使用该文书的消防救援机构名称。

2. 该文书系消防救援机构对作出承诺的公众聚集场所进行书面审查合格，以及对申请不采用告知承诺方式办理的公众聚集场所进行消防安全检查合格制发的许可证件。

3. 文号："X"处填写使用文书的消防救援机构代字；"〔 〕"处填写年度；"第XXXX号"处使用四位阿拉伯数字填写该文书的顺序编号。

4. 填写被检查单位全称。

5. 填写公众聚集场所的名称。

6. 填写详细地址：指现在的经常居住地。

7. 填写消防救援机构略称，如："支队""大队"。

8. "印章"不印制文字，由制作该文书的消防救援机构加盖印章。

9. 在采取当场交付文书时使用，由当事人签名并注明收到日期；当事人是单位的，由其法定代表人或主要负责人签收；当事人书面委托代理人或指定代收人的，可以由代理人或代收人签收。

范例 11-2-2

XX市XX区消防救援大队[1]

不同意投入使用、营业决定书[2]

X消安检不字〔202X〕第XXXX号[3]

XX酒店管理有限责任公司[4]：

　　根据你单位（场所）关于＿＿＿＿XX大酒店＿＿＿＿[5]（地址：＿XX市XX区XX＿路XX号＿＿＿＿＿[6]）投入使用、营业前消防安全检查的申请，我＿大队＿[7]于＿202X＿年＿X＿月＿X＿日派员进行了消防安全检查。经检查，存在下列消防安全问题：[8]

　　1、与其他单位共用XX大厦，没有明确各方的消防安全责任，不符合《中华人民共和国消防法》第十八条；

　　2、自动喷水灭火系统无法正常运行，不符合《中华人民共和国消防法》第十六条第一款第（二）项；

　　3、抽查提问5名员工，有3名未掌握组织疏散逃生的知识和技能，不符合《中华人民共和国消防法》第十七条第二款第（四）项。

　　根据《中华人民共和国消防法》第十五条的规定，不同意投入使用、营业。

　　如不服本决定，可在收到本决定书之日起六十日内依法向＿XX区人民政府或者XX市消防救援支队＿＿＿申请行政复议，或者在六个月内依法向XX区＿＿＿人民法院提起行政诉讼。[9]

（消防救援机构印章）[10]

二〇二X年　X月　X日

签收人：XXX　　　　　　　202X年　X月　X日[11]

一式两份，一份交当事人，一份存档。

注释

1. 印制制作该文书的消防救援机构名称。

2. 该文书适用消防救援机构对公众聚集场所投入使用、营业前进行消防安全检查不合格后所使用。

3. 文号："X"处填写使用文书的消防救援机构代字；"〔 〕"处填写年度；"第XXXX号"处使用四位阿拉伯数字填写该文书的顺序编号。

4. 填写被检查单位全称。

5. 填写公众聚集场所的名称。

6. 填写详细地址，包括城市（县）、区（乡镇）、街（路）、门牌号等。

7. 填写消防救援机构略称，如"支队""大队"。

8. "存在下列消防安全问题"后逐项填写存在的问题及不符合的法规、标准名称及其条、款、项。

9. 文书中的法律救济途径告知应写明申请行政复议或提起行政诉讼的具体复议机关和人民法院。

10. "印章"不印制文字，由制作该文书的消防救援机构加盖印章。

11. 在采取当场交付文书时使用，由当事人签名并注明收到日期；当事人是单位的，由其法定代表人或主要负责人签收；当事人书面委托代理人或指定代收人的，可以由代理人或代收人签收。当事人拒绝签收或不能采取当场交付方式的，应在法定期限内使用《送达回证》送达当事人。

范例 11-2-3

XX 市 XX 区消防救援大队
公众聚集场所投入使用、营业消防安全检查记录表 2

编号：X 消安检字〔202X〕XXX 号 3

消防监督人员（签名）：XXX、XXX

场所名称	XX 大酒店	
场所地址	XX 市 XX 区 XX 路 XX 号	
检查时间	202X 年 XX 月 XX 日 XX 时至 XX 时 4	
抽查项目	抽查具体情况（逐项实施抽查，逐项记录抽查核实的消防安全事项，未发现或者无此项目的如实填写）	具体情况
消防安全责任	重要事项：□5 未依法确定消防安全责任人，或者未明确相应职责的。 其他事项：	具体情形：经检查，该场所消防安全责任人和责任范围已确定，相应职责已明确。6
一、总平面布局	重要事项：□场所在建筑和其他建筑之间的防火间距被占用，无法当场改正的。□场所所在建筑未按消防技术标准设置消防车道，或者消防车道不能满足消防车通行，无法当场改正的。□场所所在建筑消防车登高操作场地不能满足消防车登高操作条件，无法当场改正的。 其他事项：	具体情形：经检查，防火间距符合标准规定且无占用情形；消防车道畅通，登高操作场地符合标准规定。
二、平面布置	重要事项：□场所位置的设置不符合法律法规和消防技术标准要求的。 其他事项：	具体情形：经检查，该场所设置位置符合标准规定。
三、防火分区及防火分隔	重要事项：□场所的防火分区设置不符合消防技术标准的。□场所的防火墙、防火门、防火卷帘、防火窗等防火分隔设施被拆除或者损坏，无法当场改正的。□场所的电缆井、管道井等竖向穿越楼板处的防火封堵材料选用不符合或者填塞不符合消防技术标准，无法当场改正的。 其他事项：	抽查部位：二、四层防火分区；二、五层东西两侧防火门、餐厅防火门。 具体情形：经检查，防火分区面积符合标准规定，防火门质量合格，能够正常关闭。

左侧分类标签：消防安全技术条件

续范例 11-2-3

项目	重要事项	其他事项	抽查部位/具体情形
四、安全疏散	□场所未按消防技术标准设置独立的安全出口或疏散楼梯的。 □场所的安全出口数量、间距、疏散门形式、开启方向等设置不符合消防技术标准的。 □场所的疏散楼梯间设置形式、防火分隔、前室面积、穿越管线等不符合消防技术标准的。 □场所的疏散距离不符合消防技术标准的。 □场所的安全出口、疏散楼梯、疏散走道不符合消防技术标准的。 □场所未按消防技术标准设置避难走道、避难层、避难间、避难层，或者避难走道、避难层、避难间设置不符合消防技术标准，或者设置影响逃生和灭火救援的障碍物，无法当场改正的。 □场所在门窗设置影响影响逃生和灭火救援的障碍物，无法当场改正的。		抽查部位：二、五层疏散走道、东西两侧疏散散楼梯。 具体情形：经检查，疏散通道、安全出口设置符合标准规定。
五、内部装修	□场所违反消防技术标准使用易燃、可燃材料装修装饰的。		抽查部位：205客房、二层走道及餐厅 具体情形：经检查，装修材料使用A级、B1级，符合标准规定。
六、消防水源	□场所所在建筑按照消防技术标准应当设置消防水池、消防水箱、消防水泵房而未设置的。 □场所所在建筑消防水泵房设置位置、耐火等级不符合消防技术标准的。 □场所所在建筑消防水泵房疏散门不能直通室外或符合消防技术标准的。		抽查部位：院内消防水池、xx号楼楼顶消防水箱、消防水泵房。 具体情形：经检查，消防水池、消防水箱的用水量达到消防用水量要求，消防水泵房设置符合标准规定。
七、室外消火栓系统和水泵接合器	□场所按照消防技术标准应当设置而未设置的。 □场所所在建筑消防管网无水，或者栓口压力不等不符合消防技术标准规定，无法正常供水的。		抽查部位：院内消火栓、院内地下式水泵接合器 具体情形：经检查，消火栓水压力正常；水接合器操作方便。
八、室内消火栓系统	□场所按照消防技术标准应当设置而未设置的。 □场所所在建筑消防管网无水，或者栓口压力不等不符合消防技术标准规定，无法正常供水的。 □场所在消防水泵房无法现场启动，或者远程启动控制室无法远程启动，且无法当场改正的。		抽查部位：二、五层梯间 具体情形：经检查，消火栓供水压力正常。

续范例 11-2-3

项目	重要事项 / 其他事项	抽查部位 / 具体情形
九、自动喷水灭火系统	重要事项： □场所按照消防技术标准应当设置而未设置的 □场所管网无水，或者末端试水装置无法在技术标准规定，无法正常供水的，无法在消防水泵房现场启动，或者无法在消防控制室远程启动，且无法当场改正的。 其他事项：	抽查部位：消防水泵房。二、五层末端试水装置。 具体情形：经检查，自动喷水灭火系统运行正常。
十、火灾自动报警系统	重要事项： □场所按照消防技术标准应当设置而未设置的 □场所设置的消防联动系统无法实现联动控制功能，无法当场改正的。 其他事项：	抽查部位：一、二、五层探测器、手动报警器各1个，消防控制柜。 具体情形：经检查测试，消防控制室能够正常接收火灾报警信号、火灾探测器、手动报警按钮、控制设备均完好有效。
十一、防烟排烟系统	重要事项： □场所按照消防技术标准应当设置而未设置的 □场所在建筑防烟排烟风机、补风机无法联动控制启动，或者无法现场手动启动，控制室远程启动，且无法当场改正的。 其他事项：	抽查部位：三、五层东侧楼梯送风口。 具体情形：经检查，正压送风机能够正常启动。
十二、消防应急照明和疏散指示标志	重要事项： □场所按照消防技术标准应当设置消防应急照明或者疏散指示标志而未设置的，或者场所无法实现场现场疏散指示标志、照度、连续供电时间等不符合消防技术标准的。 其他事项：	抽查部位：东侧疏散楼梯第一、二、五层处。 具体情形：经检查应急照明、疏散指示标志设置符合标准规定。
十三、电气线路	重要事项： □场所按照消防技术标准应当设置电气火灾监控系统而未设置的 □消防配电线路未按消防技术标准要求采取穿金属导管、封闭式金属槽盒等防火保护措施的 □额定功率不小于100W的高温照明灯具的引入线未采用不燃材料作隔热保护的 □额定功率不小于60W的高温照明灯具直接安装在易燃、可燃物体上的 其他事项：	抽查部位：配电房。 具体情形：经检查，电气火灾监控系统的设置符合标准规定。安装电器线路敷设符合规定。
十四、灭火器	其他事项：	抽查部位：一、二、五层放置点6具。 具体情形：经检查，灭火器配置类型、设置位置正确，外观及压力完好有效。

类别	事项	抽查部位/具体情形
十五、消防电梯	重要事项： □场所按照消防技术标准应当设置而未设置的。 □场所的消防电梯前室使用面积、消防电梯前室防火分隔措施不符合消防技术标准的。 □场所的消防电梯载重、运行速度、控制方式、内部装修、防水措施、井底排水等不符合消防技术标准的。 其他事项：	抽查部位：东侧消防电梯 具体情形：经检查，消防电梯设置符合标准规定。
十六、消防控制室	重要事项： □场所所在建筑按照消防技术标准应当设置而未设置的。 □场所所在建筑消防控制室设置位置、耐火等级不符合消防技术标准的。 □场所所在建筑消防控制室疏散门不能直通室外或安全出口的。 □场所所在建筑消防控制室有穿过与消防设施无关的电气线路及管路的。 其他事项：	抽查部位：消防控制室 具体情形：经检查，消防控制室设置符合标准规定。
十七、其他消防设施	重要事项： □场所按照消防技术标准应当设置而未设置的。 □场所已设置的其他消防设施，无法实现功能的。 其他事项：	抽查部位：五层走道中段 具体情形：经检查，应急广播声音播放正常。
消防安全管理	重要事项： □未建立消防安全制度的。 □自动消防系统操作人员未持证上岗的。 □未制定灭火和应急疏散预案的。 □未按照要求建立专职消防队、志愿消防队（微型消防站）的。 □违反消防安全规定使用、储存易燃易爆危险品的。 □未按照消防技术标准设置可燃气体浓度报警和燃油、燃气管道紧急切断装置的。 其他事项：	具体情形：经检查，自动消防系统操作预案。灭火和应急疏散预案。已建立消防安全制度。已建立消防操作人员 6 人均已持证。已建立微型消防站。

续范例 11-2-3

其他消防安全事项	重要事项：□场所存在其他消防安全问题，可能构成较重大火灾隐患，或者违反消防技术标准强制性条文规定，无法当场改正的。 □场所存在其他违反法律法规规章的规定，可能严重威胁公共安全的。	具体情形：无
	其他事项：	
事项数量	重要事项：　0　项。　其他事项：　0　项。	
备注	无	

单位（场所）负责人签名：XXX

注释

1. 印制制作该文书的消防救援机构名称。

2. 该文书系消防救援机构在对作出承诺的公众聚集场所进行核查，以及对申请不采用告知承诺方式办理的公众聚集场所进行检查时使用。

3. 文号："XX"处填写使用文书的消防救援机构代字；"〔 〕"处填写年度；"第XXXX号"处使用四位阿拉伯数字填写该文书的顺序编号。

4. "检查时间"填写检查开始时间至结束的时间，具体到小时。

5. 文书中的"□"属于选项判断，在选中内容前的"□"内画√。

6. 消防救援机构检查人员对消防安全责任、消防安全技术条件、消防安全管理等有关事项进行检查时，逐项记录情况，其他情形判定为消防安全不合格，有一项以上（含本数）重要事项的，判定为消防安全不合格。

范例 11-2-4

XX 市 XX 区消防救援大队 [1]

撤销公众聚集场所投入使用、营业前

消防安全许可决定书 [2]

X 消安许撤字〔202X〕第XXXX号 [3]

 XX 酒店管理有限责任公司 ： [4]

我   大队 [5]于 202X 年 X 月 X 日派员检查时发现你单位（场所）XX大酒店   仍未改正《公众聚集场所消防安全检查责令限期改正通知书》（文号: X消安许限字〔202X〕第XXXX号） [6]指出的下列消防安全问题： [7]

1.消防安全制度、灭火和应急疏散预案未制定，不符合《中华人民共和国消防法》第十六条第一款第（一）项；

2.自动喷水灭火系统无法正常运行，不符合《中华人民共和国消防法》第十六条第一款第（二）项。

根据《中华人民共和国行政许可法》第五十八条之规定，决定撤销你单位（场所）《公众聚集场所投入使用、营业前消防安全检查意见书》（X消安许字〔202X〕第XXXX号）。 [8]

你单位自收到本决定书之日起不得使用、营业。

如不服本决定，可在收到本决定书之日起六十日内依法向 XX区人民政府或者XX市消防救援支队   申请行政复议，或者在六个月内依法向XX区   人民法院提起行政诉讼。 [9]

（消防救援机构印章） [10]

二〇二X年 X 月 X 日

签收人：XX   202X年 X 月 X 日 [11]

一式两份，一份交当事人，一份存档。

注释

1. 印制使用该文书的消防救援机构名称。

2. 该文书系对已作出许可后现场核查判定不合格且逾期不整改或整改后仍达不到要求的，依法撤销许可并责令停止使用、营业时使用。

3. 文号："XX"处填写使用文书的消防救援机构代字；"〔 〕"处填写年度；"第 XXXX 号"处使用四位阿拉伯数字填写该文书的顺序编号。

4. 填写被检查单位全称。

5. 填写消防救援机构略称，如"支队""大队"。

6. 此处填写已作出对应的《公众聚集场所消防安全检查责令限期改正通知书》的文号。

7. "仍未改正下列消防安全问题"后逐项填写存在的问题及不符合的法规、标准名称及其条、款、项。

8. 此处填写已作出对应的《公众聚集场所投入使用、营业前消防安全检查意见书》文号。

9. 文书中的法律救济途径告知应写明申请行政复议或提起行政诉讼的具体复议机关和人民法院。

10. "印章"不印制文字，由制作该文书的消防救援机构加盖印章。

11. 在采取当场交付文书时使用，由当事人签名并注明收到日期；当事人是单位的，由其法定代表人或主要负责人签收；当事人书面委托代理人或指定代收人的，可以由代理人或代收人签收。当事人拒绝签收或不能采取当场交付方式的，应在法定期限内使用《送达回证》送达当事人。

范例 11-3-1

XX 市消防救援支队

消防产品监督检查记录[1]

编号：〔202X〕第 XXX 号[2]

检查形式： ☑专项监督抽查　□举报投诉核查

□复　查　　　　□其　他

被检查单位（场所）：

名　　称：　XX 市人民医院[3]

☑消防安全重点单位　　□非消防安全重点单位

地　　址：　XX 市 XX 区 XX 路 XX 号[4]

消防安全责任人：　XXX　　　消防安全管理人：　XXX

联系人：　XXXXXXXXXXX　　　　　电话：　XXXXXXXXXXX

监督检查人员：　XXX、XXX

监督检查时间：　202X 年 XX 月 XX 日 XX 时[5]

被检查单位（场所）随同检查人员（签名）：　XXX

202X 年 XX 月 XX 日

此记录由消防救援机构存档。

续范例 11-3-1

产品名称及规格型号	标称生产者	产品所在部位	检查基数[6]	检查数量	市场准入检查情况[7]	产品质量现场检查情况[8]
手提式干粉灭火器型号：MFZ/ABC4	四川XX消防器材制造有限公司	住院楼1、2、5层	40具	6具	产品证书编号：XXXXXX，检验报告编号：XXXXXX。经现场核实，该产品市场准入检查符合要求。	有4具灭火器的底圈或颈圈等部分、没有该灭火器的水压实验压力值、出厂年份的钢印，现场一致性检查判定不合格。
[9]						
备注						

注释

1. 该文书系消防救援机构对使用领域的消防产品质量进行专项监督抽查或对举报投诉的消防产品质量问题进行核查以及复查时使用，制作时使用国际标准 A4 型纸正反面印制。

2. "〔 〕"处填写年度；"第 XXXX 号"处使用四位阿拉伯数字填写该文书的顺序编号，现场制发的文书可在首位使用大写英文字母分组。

3. 填写被检查单位全称。

4. 填写详细地址，包括城市（县）、区（乡镇）、街（路）、门牌号等。

5. 填写检查开始时间，具体到时。

6. "检查基数"填写该单位（场所）使用同类产品的总数量。

7. "市场准入检查情况"填写消防产品证书类别、编号及产品一致性检查情况。

8. "产品质量现场检查情况"客观记录消防产品型式检验报告编号和产品的关键性能是否符合消防产品现场检查判定规则的要求等。未发现不合格情况，可填写"未见异常"。（委托检验、监督检验不具备法律效力）

9. 空白部分应当用斜对角线划掉。

范例 11-3-2

XX 市消防救援支队

消防产品现场检查判定不合格通知书 ¹

X 消 ² 产判字〔202X〕第 XXXX 号 ³

 XX 市人民医院 　　 ： ⁴

　　根据《中华人民共和国消防法》第五十三条和《消防产品监督管理规定》第二十一条、第二十四条，我支队 ⁵ 于 202X 年 X 月 X 日对你单位（场所）使用的手提式干粉灭火器产品进行了监督检查。根据《消防产品监督管理规定》第二十六条的规定，现将判定的消防产品不合格情况通知如下：

　　你单位住院楼 1、2、5 层使用的标称为四川 XX 消防器材制造有限公司（标称生产厂家全称）生产的型号为 MFZ/ABC4 的手提式干粉灭火器筒体无钢印。根据《消防产品现场检查判定规则》（GA588-2012）第 6.7.1.1 条、第 7.2 条，现场判定为不合格消防产品。本次检查数为 6 具，不合格数为 4 具。⁶

（消防救援机构印章）

二〇二 X 年 XX 月 XX 日

被检查单位（场所）有无异议： ⁷

☑无

□有，理由： _____

一式两份，一份交被检查单位（场所），一份存档。

注释

1. 该文书系消防救援机构向被检查单位（场所）通知消防产品现场检查判定不合格时所使用，审批后 3 个工作日内送达。

2. "X"处填写使用文书的消防救援机构代字。

3. "〔 　〕"处填写年度；"第 XXXX 号"处使用四位阿拉伯数字填写该文书的顺序编号，现场制发的文书可在首位使用大写英文字母分组。

4. 填写被检查单位全称。

5. "我＿＿＿＿"横线处，填写消防救援机构的略称，如"支队""大队"。

6. 应逐条列举消防产品不合格的具体问题并注明判定依据。

7. "被检查单位（场所）有无异议"处为必选项，有异议的应写明具体有异议的理由。

范例 11-4-1

XX县消防救援大队[1]

责令立即改正通知书[2]

X消注即字〔202X〕第XXXX号[3]

XXX_____：[4]

根据《注册消防工程师管理规定》第三十八条的规定，我 大队[5]于 202X年XX月X日[6]对你的执业活动进行消防监督检查，发现存在下列第[7]7项违法执业行为，现责令立即改正：

□1.未经注册擅自以注册消防工程师名义执业；

□2.被依法注销注册后继续执业；

□3.未经注册审批部门准予变更注册而继续执业；

□4.以个人名义承接执业业务、开展执业活动；

□5.□变造/□倒卖/□出租/□出借/□以其他形式转让资格证书、注册证、执业印章；

□6.□超出本人执业范围/□聘用单位业务范围开展执业活动；

☑[8]7.同时在两个以上消防技术服务机构或者消防安全重点单位执业；

□8.在聘用单位出具的□虚假/□失实消防安全技术文件上□签名/□加盖执业印章；

□9.其他违法执业行为：_____

_____

具体问题：

同时在XXX消防设施检测有限公司和XX消防安全评估有限公司执业。[9]

你应当立即停止违法执业行为。对违法执业行为，将依法予以处罚。

（消防救援机构印章）

XX县消防救援大队[10]

二〇二X年XX月X日

当事人签收：XXX　　　　　　　202X年XX月 XX日[11]

一式两份，一份交当事人，一份存档。

注释

1. 印制使用该文书的消防救援机构名称。

2. 该文书系消防救援机构在消防监督检查中发现违法执业行为，责令注册消防工程师立即改正时所使用的文书。

3. 文号："X"处填写使用文书的消防救援机构代字；"〔 〕"处填写年度；"第XXXX号"处使用四位阿拉伯数字填写该文书的顺序编号，现场制发的文书可在首位使用大写英文字母分组。

4. "_____"横线处填写违法执业的注册消防工程师姓名。

5. "我_____"横线处填写消防救援机构略称，如"支队""大队"。

6. 此"____年__月__日"处填写检查时间。

7. "下列第_____项"横线处用阿拉伯数字填写所列举违法行为的序号，同时在所选中的违法行为序号前"□"内画√，两者要对应。

8. 对应发现的违法行为序号前"□"内画√，两者要对应。

9. "具体问题"后填写检查发现的违法执业行为的具体执业单位、场所和表现形式。

10. "印章"不印制文字，由使用该文书的消防救援机构加盖印章。

11. 由当事人签名并注明收到日期。当事人拒绝签收或不能采取当场交付方式的，应在法定期限内使用《送达回证》送达当事人。

范例 11-4-2

XX 县消防救援大队 [1]

责令限期改正通知书 [2]

X消注限字〔202X 〕第XXXX号 [3]

XXX　: [4]

根据《注册消防工程师管理规定》第三十八条的规定，我**大队** [5] 于 **202X 年 XX 月 X 日** [6] 对你的执业活动进行消防监督检查，发现存在下列第 **1** 项 [7] 违法执业行为：

☑**1** [8].未按照国家标准、行业标准开展执业活动，减少执业活动项目内容、数量；

☐**2**.未按照国家标准、行业标准开展执业活动，执业活动质量不符合国家标准、行业标准；

☐**3**.其他违法执业行为：_____ /

_____

具体问题：

202X年XX月对XX酒店的火灾自动报警系统进行维护保养时，未对系统联动功能进行测试。 [9]

对上述第_____**1**_____ [10] 项，责令你于 **202X** 年___**XX**___月__**XX**_日前改正。(可根据实际增减) [11]

你应当立即停止违法执业行为。对违法执业行为，将依法予以处罚。

（消防救援机构印章）[12]

二〇二X 年 XX 月 X 日

202X 年 XX 月 XX 日 [13]

当事人签收：**XXX**

一式两份，一份交当事人，一份存档。

注释

1. 印制使用该文书的消防救援机构名称。

2. 该文书适用于消防救援机构在消防监督检查中发现违法执业行为,责令注册消防工程师限期改正时所使用的文书。

3. 文号:"X"处填写使用文书的消防救援机构代字;"〔 〕"处填写年度;"第XXXX号"处使用四位阿拉伯数字填写该文书的顺序编号,现场制发的文书可在首位使用大写英文字母分组。

4. "_____"横线处填写违法执业的注册消防工程师姓名。

5. "我_____"横线处填写消防救援机构略称,如"支队""大队"。

6. 此"_____年___月___日"处填写检查时间。

7. "下列第_____项"横线处用阿拉伯数字填写所列举违法行为的序号,同时在所选中的违法行为序号前"□"内画√,两者要对应。

8. 对应发现的违法行为序号前"□"内画√,两者要对应。

9. "具体问题"后填写检查发现的违法执业行为的具体执业单位、场所和表现形式。

10. "上述第_____项"横线处用阿拉伯数字填写所列举违法行为的序号,同时在所选中的违法行为序号前"□"内画√,两者要对应。

11. "(可根据实际增减)"字样不印制,此项填写时根据责令改正期限的不用增减。

12. "印章"不印制文字,由使用该文书的消防救援机构加盖印章。

13. 由当事人签名并注明收到日期。当事人拒绝签收或不能采取当场交付方式的,应在法定期限内使用《送达回证》送达当事人。

第二¹次

询问笔录

时间 <u>202X</u> 年 <u>X</u> 月 <u>X</u> 日 <u>X</u> 时 <u>X</u> 分至 <u>202X</u> 年 <u>X</u> 月 <u>X</u> 日 <u>X</u> 时 <u>X</u> 分

地点 <u>XX 县消防救援大队询问室</u>

询问人（签名）<u>赵 XX、钱 XX</u> 工作单位 <u>XX 县消防救援大队</u>

记录人（签名）<u>钱 XX</u>　　　　工作单位 <u>XX 县消防救援大队</u>

被询问人 <u>李 XX</u> [2] 性别 <u>女</u> 年龄 <u>XX</u> 岁出生日期 <u>XXXX 年 X 月 X 日</u> [3]

身份证件种类及号码 <u>居民身份证 510XXXXXXXX</u> [4]

现住址 <u>XX 省 XX 市 XX 县 XX 路 XX 号</u> [5] 联系方式 <u>135XXXXXXXX</u>

户籍所在地 <u>XX 省 XX 市 XX 县 XX 路 XX 号</u>

问：我们是 XX 县消防救援大队的工作人员（出示执法证件），现依法向你询问 XX 宾馆歌舞厅火灾的有关问题，你要如实回答，[6] 对与案件无关的问题，你有拒绝回答的权利。你听明白了没有？　答：听明白了。　　　　　　　　　　　　　　　　问：请你简单介绍一下自己的基本情况。

答：我叫李三，今年 51 岁，初中文化，家住 XX 市 XX 路 X 幢甲单元 601 号，现在是 XX 宾馆歌舞厅保洁人员。

问：请你详细描述一下你了解的火灾情况。

答：

XXXXXXXXXXXXXXXXXXXXXXXXXXXXXXXXXXXXXXXXXXXXXXXX
XXXXXXXXXXXXXXXXXXXXXXXXXXXXXXXXXXXXXXXXXXXXXXXX
XXXXXXXXXXXXXXXXXXXXXXXXXXXXXXXXXXXXXXXXXXXXXXXX
XXXXXXXXXXXXXXXXXXXXXXXXXXXXXXXXXXXXXXXXXXXXXXXX
XXXXXXXXXXXXXXXXXXXXXXXXXXXXXXXXXXXXXXXXXXXXXXXX
XXXXXXXXXXXXXXXXXXXXXXXXXXXXXXXXXXXXXXXXXXXXXXXX
XXXXXXXXXXXXX [7]

第 <u>1</u> 页　共 <u>2</u> 页 [8]

续范例 11-5-1

问: 还有什么需要补充和说明的吗？

答: 没有了。

问: 以上说的是否属实？

答: 属实。

　　以上笔录我看过，与我说的相符。

李XX（捺手印）

202X 年 X 月 X 日 ⁹

第 2 页　共 2 页

注释

1. 填写中文数字。

2. 指法定身份证件或者居民户口簿上载明的姓名，与案件有关的姓名，如曾用名、绰号、化名、笔名等也应当注明。对外国人，应当填写其合法身份证件上的姓名，必要时，注明汉语译名。

3. 以公历（阳历）为准，除有特别说明的外，一律具体到年月日。

4. 指居民身份证、驾驶证、军官证、护照等法定身份证件的种类及号码。

5. 指现在的经常居住地。

6. 没有使用《权利义务告知书》的，还应当告知被询问人故意作伪证或者隐匿证据应负的法律责任。

7. 重点询问发现时间、报警时间；起火部位、火灾初期时的特征和发展过程；火灾发生前的异常情况；火灾前物品的摆放位置；建筑物的结构、用途、耐火等级；火源、电源的分布及使用情况；生产工艺流程、机器设备的布局、原料、产品的性质和火灾危险性；火灾扑救过程；消防安全职责、制度的履行落实情况以及其他与起火部位、起火点、起火原因、火灾损失和事故责任有关的内容。依据各类人员对火灾现场感知的不同角度、深度，确定对不同询问对象的询问重点。

8. 填写阿拉伯数字。

9. 询问笔录末尾应当由被询问人写明"以上笔录我看过，与我说的相符"。笔录中记录被询问人回答的内容有改动的，应当由被询问人在改动处捺指印确认。

火灾现场勘验笔录

勘验时间：<u>XXXX</u> 年 <u>XX</u> 月 <u>XX</u> 日 <u>XX</u> 时 <u>XX</u> 分至 <u>XX</u> 月 <u>XX</u> 日 <u>XX</u> 时 <u>XX</u> 分

勘验地点：<u>XX广场XX酒店</u>

勘验人员姓名、单位、职务（含技术职务）：

<u>XXX　XX市消防救援支队　　　　　支队长</u>

<u>XXX　XX市消防救援支队　　高级技术职务</u>

<u>XXX　XX 市消防救援支队　　中级技术职务</u>

<u>XXX　XX市消防救援支队　　初级技术职务</u>

<u>XXX　XX 市消防救援支队　　初级技术职务</u>

勘验气象条件（天气、风向、温度）：<u>阴，无风，温度23.5℃</u>

　　<u>勘验情况：[2]XXXX 年 XX 月 XX 日，XX 广场XX酒店发生火灾，火灾发生后</u>

<u>XX市公安消防支队对火灾现场进行勘验，勘验前现场实施了警戒并有专人</u>

<u>保护，勘验在自然光下进行。</u>

　　一、环境勘验

　　<u>XX广场XX酒店位于XX市XX区XX路XX号，东临华夏饭店，西接河西北路，</u>

<u>北面是华中市场，南面为中建西路。建筑主体地上 21 层、地下 2 层，坐北</u>

<u>朝南，为钢筋混凝土结构。酒店 10 层北侧 1020 客房的窗户外侧及窗槛墙</u>

<u>表面有烟熏痕迹，其他外窗均无此现象。</u>

　　二、初步勘验

　　<u>酒店内地上第 10 层走廊有烟熏痕迹，其他楼层无烟熏痕迹。第 10 层</u>

<u>1020 客房内床头控制柜等可燃物被部分烧损，与其相邻的 1018 客房内未过</u>

<u>火，仅有烟熏痕迹。</u>

续范例 11-5-2

1020 客房的木门炭化程度内侧重外侧轻，门锁门里侧部分被烧熔化，外侧完好。门口两侧墙体的上方由门口向东西两侧有从低向高的斜坡状燃烧痕迹，走廊吊顶的燃烧痕迹呈现从 1020 客房二门口向东西两侧渐轻。

三、细项勘验

1020 客房内西侧由南向北依次摆放有单人床、床头控制柜和单人床，床头控制柜部分烧毁；北侧由西向东依次摆放有扶手椅、茶几、扶手椅和落地灯；东侧由北向南依次摆放有电视柜、办公桌和低柜，电视柜上有电视机 1 台，窗户为推拉窗位于北墙上。客户南北长 6.7m，东西宽 3.6m，高 2.86m。

房间东、西墙上的吊顶木龙骨炭化程度北重南轻。吊顶完全烧毁，吊顶的轻钢龙骨在距西墙 110cm 处呈直线受热扭曲变形，变形程度由北向南依次渐轻。房间西墙北上角有一个直径为 11cm 的孔洞与西侧相邻的 1022 客房灯池相通。

铝合金窗框中间内侧的一根竖框被烧熔残存 32cm，上部的横向窗框从中间偏西的位置被烧熔断，两侧靠墙的竖框仅上部局部受热熔化变形。

室内地毯在西北角处有 40cm×30cm 的烧损，其他部位完好。北墙木踢脚板距西墙 98cm 处有一炭化低点，并向距西墙 80cm 和 150cm 两个方向依次减轻，形成"V"字形痕迹。

四、专项勘验

对 1020 客房内床头控制柜进行专项勘验，床头控制柜大部被烧毁，北侧板残存高度 30cm，南侧板残存高度 54cm，呈现北重南轻状。靠东墙的电视柜被烧后，北侧板残存西高 16cm，东高 27cm，呈现西低东高斜坡状；南侧板残存高 72cm。

续范例 11-5-2

第 <u>1</u> 次勘验

第 <u>3</u> 页共 <u>3</u> 页

　　经对 1020 房间的电气设施进行专项勘验，室内所有电器及线路均未发现有电气故障。

　　现场提取了 1020 客房室内 50cm×50cm 地毯 1 块，并进行了拍照。

　　现场进行照相和制图（录像）。方位照 1 张、概貌照 3 张、重点部位照 2 张、细目照 10 张（、录像XX分钟）。现场方位图 1 张、现场平面图 1 张。

勘验负责人（签名）：　　<u>XXX</u>　　记录人（签名）：　　<u>XXX</u>

勘验人（签名）：　<u>XXX 、XXX 、X X 、X X 、XXX</u>

证人或当事人(签名)：[3]xxx <u>XXXX</u> 年 <u>XX</u> 月 <u>XX</u> 日身份证件号码：<u>XXXXXXXXXXX</u>

　　单位或住址：　<u>XX市XX路X幢甲单元 601 号</u>

证人或当事人(签名)：xxx <u>XXXX</u> 年 <u>XX</u> 月 <u>XX</u> 日身份证件号码：<u>XXXXXXXXXXX</u>

　　单位或住址：　<u>XX市XX路X幢甲单元 601 号</u>

注释

1. 同一现场进行多次勘验的，应在制作首次勘验笔录后，逐次制作补充勘验笔录，并在笔录首页右上角用阿拉伯数字填写勘验次序号。

2. 应如实反映现场勘验的过程和事实，主要载明以下内容：报警时间、报警人、地点；发生火灾单位名称、地址；现场保护情况；现场勘验过程和勘验方法；现场变动的情况以及反常现象；现场的周围环境、建筑结构；燃烧面积，现场主要存放物品、设备及其烧损情况；尸体、重要痕迹物品的位置、状态、数量和燃烧特征；提取痕迹物品的名称、具体位置、尺寸、规格、数量、特征等；现场照片、现场图以及录像、录音的种类、内容和数量。

3. 现场勘验结束后，相关人员应在笔录上签名。有多个证人、当事人的，应分别签名。

范例 11-5-3

XX县消防救援大队
火灾事故简易调查认定书[1]

X消火认简字〔XXXX〕第XXXX号

起火单位 （个人）	XX温泉洗浴餐饮有限责任公司[2]	法定代表人/ 主要负责人	XXX
起火地址	XX市XX区XX路XX号[3]	联系电话	135XXXXXXXX
报警时间	XXXX 年 XX 月 XX 日 XX 时 XX 分[4]	直接财产损失 统计（元）	5000
现场 调查 走访 情况	**现场调查询问情况：** 　　1、XXX（服务员）：下午 14 时 30 分左右，我在浴场的干身区看到桑拿房着火了，我就喊失火了，大家就一起来灭火了，我看见火就在桑拿炉上方的吊顶在烧，炉子上方靠墙的木板也有火在烧。 　　2、XXX（擦背工）：失火的时候我在现场，当时听到有个服务员喊着火了，我这时在水区擦背的地方，跑出来叫别人断电，切断干蒸房的电，然后我打开干蒸房的门用灭火器喷射，发现干蒸炉的上方的吊顶有火，火苗烧的还较大别的部位没怎么发现有火。 　　3、XXX（电工）：由于桑拿炉初一、初二出现过短路现象，……我上午和另外的电工一起更换了桑拿炉的电线，10 点 20 结束。 　　4、XXX（电工）：……电线换了之后我们试了一下，都是正常的，换好后在 10：20，开了桑拿炉试了一段时间后我们就关掉了去吃饭了，在 11：30 左右重新开桑拿炉，一直到失火，中途无人开关电源。 **现场勘验情况：** 　　浴区内的桑拿房的桑拿炉及上方的吊顶过火，桑拿炉的电源线为两根三相电缆线，测量电压为 380 伏，电缆的绝缘部分被烧焦，未发现熔珠等故障点，吊顶内的电气线路完好，木质吊顶下表面有炭化过火痕迹，上表面无炭化过火痕迹，桑拿炉旁边的墙面的木板有炭化过火痕迹。[5]			
火灾 事故 事实	XXXX 年 XX 月 XX 日 XX 时 XX 分许，位于XX路XX号XX温泉洗浴餐饮有限责任公司的桑拿房发生火灾，经调查起火原因为桑拿房内的桑拿炉故障烤燃周围可燃物所致。火灾主要烧毁桑拿炉、桑拿房内吊顶等物，过火面积约 3 平方米。[6]			
告　知	根据《火灾事故调查规定》第三十六条第一款第四项的规定，适用简易调查程序作出的火灾事故认定，消防救援机构不予受理复核申请。			
当事人有无异 议及签名	对火灾认定无异议。XXX　XXX <div align="right">XXXX 年 XX 月 XX 日</div>			
调查人员 签　名	XXX、XXX	消防救援机构印章 及认定日期	XXXX 年 XX 月 XX 日
备　注	现场方位、概貌、重点部位、细目照相照片 4 张。[7]			

一式X份，交当事人X份，存档一份。[8]

注释

1.本文书由火灾事故调查人员现场填写，并告知和送达当事人。

2.写明发生火灾单位（场所、住宅）的名称或户主的姓名。

3.填写起火单位（场所、住宅）的地点，具体到门牌号码。

4.填写消防救援机构接到报警的时间，应具体到分钟。

5.简要记录调查走访有关当事人或证人反映的火灾发生、蔓延、建筑及物品损失等情况，以及火灾现场相关痕迹、物品及建筑、物品被烧损等情况。

6.写明起火时间，发生火灾单位（场所、住宅）、地点，起火部位、起火点、起火原因，火灾蔓延过程，火灾烧损的主要物品及建筑物受损等与火灾有关的事实。

7.载明现场照片、录像的内容和数量。

8.份数按火灾所涉当事人的数量确定。

XX县消防救援大队

火灾事故认定书

X 消火认字〔XXXX〕第 XXXX 号

火灾事故基本情况：<u>XXXX 年 XX 月 XX 日 XX 时 XX 分，XX县"119"指挥中心接XXX报警称，位于XX县XX路XX号的XX广场XX酒店发生火灾。火灾烧毁 1020 客房内床具、沙发、电视机等物品，10 层楼道烟熏严重，部分吊顶塌落，无人员伤亡。经统计，直接经济损失为 120000 元。</u>[1]

经调查，对起火原因认定如下：<u>起火时间为 XXXX 年 XX 月 XX 日 XX 时 XX 分许；起火部位为XX酒店 1020 客房；起火点为XX酒店 1020 客房北侧单人床上的西北处；起火原因为XX酒店 1020 客房住宿客人XXX吸烟不慎，引燃床上棉质用品等可燃物蔓延成灾。</u>[2]

以上事实有<u>火灾现场勘验笔录 2 份、询问笔录 12 份，现场照片 36 张、现场监控录像 1 份、现场图 2 份，火灾痕迹物品提取清单 1 份、火灾痕迹物品鉴定报告 1 份</u>[3]等证据证实。

当事人对本认定有异议的，可以自本认定书送达之日起十五个工作日内，向<u>XX市消防救援支队</u>[4]提出书面复核申请。复核以一次为限。

XXXX 年 XX 月 XX 日

当事人签收：XXX　　　　　　　　　　XXXX 年 XX 月 XX 日

一式X份，交当事人X份，存档一份。

注释

1. "火灾事故基本情况"填写报警时间，火灾发生的单位（场所、住宅）、地点，建筑物及物品被烧损情况，人员伤亡情况，以及公安机关消防机构统计的火灾直接财产损失数额。

2. "起火原因认定如下"：对起火原因已经查清的，写明起火时间、起火部位、起火点和起火原因；对起火原因无法查清的，写明起火时间、起火点或起火部位，以及有证据能够排除和不能排除的起火原因。

3. "以上事实有_____等证据证实"横线处，填写相关证据的名称、内容、数量等。

4. "向_____提出复核申请"横线处，填写受理复核申请的消防救援机构名称。

范例 11-5-5

XX县消防救援大队

火灾痕迹物品提取清单

起火单位（地址）：<u>XX路XX号XX温泉洗浴餐饮有限责任公司</u>　提取日期：<u>XXXX 年 XX 月 XX 日</u>

序号	名　称	编号	提取部位	规格	数量	特　　　征
1	带熔珠的铜导线	1[1]	东侧房间南窗台上[2]	20厘米[3]	壹[4]	熔珠表面光亮，直径约 2 毫米[5]
2	电饭煲残留物	2	东侧房间南窗台下	3升	壹	严重变形，金属变色严重

[6]

提取人	姓名	工作单位				签　名
	XXX	XXX县消防救援大队				XXX　XXXX 年 XX 月 XX 日
	XXX	XXX县消防救援大队				XXX　XXXX 年 XX 月 XX 日

证人或当事人	姓　名	身份证件号码	单位或住址	联系电话	签　名
	XXX	xxxxxxxxx	xxxxxxxxx	135XXXX	XXX　XXXX 年 XX 月 XX 日
	XXX	xxxxxxxxx	xxxxxxxxx	136XXXX	XXX　XXXX 年 XX 月 XX 日

此文书由消防救援机构存档。

注释

1. "编号"栏填写提取痕迹、物品的编号。

2. "提取部位"栏填写提取的痕迹、物品所在火灾现场的具体位置。

3. "规格"栏填写痕迹、物品的品牌和型号、尺寸等。

4. "数量"栏使用汉字大写数字填写。

5. "特征"栏填写提取痕迹、物品的材质、外观形貌、颜色、新旧程度以及被烧损情况等。

6. 空白部分使用斜线划去。

立案审批表[1]

XX 县消防救援大队　　　　X 消立案审字〔2022〕第 XXXX 号 [2]

案件来源	☑1.消防监督管理工作中发现 [3]　☐2.公民、法人或者其他组织举报经核实的　☐3.移送　☐4.其他：_____				
案由	堵塞疏散通道 [4]				
当事人基本情况	个人	姓　名	/	性　别	/	出生日期	/
		身份证件种类	/	证件号码	/		
		住　址	/		联系方式	/	
	单位	名　称	XX 娱乐会所	法定代表人	王 XX		
		地　址	XX 市 XX 县 XX 路 XX 号	联系方式	131XXXXX		
		统一社会信用代码	XXXXXXXXXXXX			

简要案情：

　　202X 年 X 月 X 日，我大队消防监督人员赵 XX、钱 XX 在对位于 XX 市 XX 县 XX 路 XX 号的 XX 娱乐会所开展检查时发现，该场所于营业期间堵塞疏散通道，涉嫌违反《中华人民共和国消防法》第二十八条之规定。[5]

立案意见	☑属我单位管辖的行政案件，建议及时调查处理。 ☐不属于我单位管辖，建议移送_____处理。 ☐不属于消防救援机构职责范围，不予调查处理。 ☐其他：_____ 执法人员：赵 XX、钱 XX [6]　　　　2022 年 X 月 X 日
立案审批	同意立案，由赵 XX 主办、钱 XX 协办。 消防救援机构负责人：孙 XX [7]　　　2022 年 X 月 X 日

此文书附卷。

续范例 11-6-1

接受证据清单 8

编号	名称	数量	特征	备注

提交人:	保管人:	执法人员:
		（消防救援机构印章）
年 月 日	年 月 日	年 月 日

一式三份，一份交提交人，一份交保管人，一份附卷。

注释

1.《立案审批表》（附《接受证据清单》）是消防救援机构立案时使用的文书。

2. 文号："X"处填写使用文书的消防救援机构代字；"〔 〕"处填写年度；"XXXX号"处使用四位阿拉伯数字填写该文书的顺序编号。

3."案件来源"栏由执法人员在相应的"□"中打勾选定。

4."案由"按照消防安全违法行为名称规范填写。

5. 填写简要案情基本情况，主要包括违法行为时间、地点、简要过程、后果和现状；接受证据的，应当在该栏中注明"接受证据情况见所附《接受证据清单》"，并按照要求制作《接受证据清单》。

6. 执法人员在初步判定案件性质、管辖权限以及可否追究法律责任等情况后提出的处理建议，由执法人员在相应的"□"内打勾选定，选择"其他"情形的，应当在其后横线处注明具体情况。

7. 由消防救援机构负责人签署审批意见，根据具体情况填写"同意"或者其他处理意见，并指定两名以上执法人员作为承办人负责调查处理，签名并注明日期。有承办部门的，承办部门意见也签署在此栏。

8.《接受证据清单》作为《立案审批表》的附件，用于在立案时登记举报人提交、其他单位移送等情况时取得的证据。清单中"编号"栏一律使用阿拉伯数字填写，按材料、物品的排列顺序从"1"开始逐次填写；"名称"栏填写材料、物品的名称；"数量"栏填写材料、物品的数量，使用阿拉伯数字填写；"特征"栏填写物品的品牌、型号、颜色、新旧、规格等特点。表格多余部分应当用斜对角线划去。

范例 11-6-2

立 案 登 记 表 [1]

XX 县消防救援大队　　　X 消立案登字〔2022〕第 XXXX 号 [2]

案件来源	☑1.消防监督管理工作中发现 [3] ☐2.公民、法人或者其他组织举报经核实的 ☐3.移送 ☐4.其他：_____				
案由	堵塞疏散通道 [4]				

当事人基本情况	个人	姓名	张 XX	性别	男	出生日期	1984.12.11
		身份证件种类	身份证	证件号码		XXXXXXXXXX	
		住址	XX 市 XX 县 XX 路 XX 号		联系方式	131XXXXX	
	单位	名称	/		法定代表人	/	
		地址	/		联系方式	/	
		统一社会信用代码		/			

简要案情 [5]：

　　202X 年 X 月 X 日，我大队消防监督人员赵 XX、钱 XX 在对位于 XX 市 XX 县 XX 路 XX 号的 XX 小区开展检查时发现,小区居民张 XX 堆放杂物堵塞疏散通道,涉嫌违反《中华人民共和国消防法》第二十八条之规定。

立案意见	☑属我单位管辖的行政案件，建议及时调查处理。 ☐不属于我单位管辖，建议移送_____处理。 ☐不属于消防救援机构职责范围，不予调查处理。 ☐其他：_____ 执法人员：赵 XX、钱 XX [6]　　　2022 年 X 月 X 日

此文书附卷。

接受证据清单 [7]

编号	名称	数量	特征	备注

提交人：	保管人：	执法人员：
年　月　日	年　月　日	（消防救援机构印章） 　　年　月　日

一式三份，一份交提交人，一份交保管人，一份附卷。

注释

1. 《立案登记表》（附《接受证据清单》），是消防救援机构快速办理行政处罚案件立案时使用的文书。

2. 文号："X"处填写使用文书的消防救援机构代字；"〔　〕"处填写年度；"XXXX号"处使用四位阿拉伯数字填写该文书的顺序编号。

3. "案件来源"栏由执法人员在相应的"□"中打勾选定。

4. "案由"按照消防安全违法行为名称规范填写。

5. 填写简要案情基本情况，主要包括违法行为时间、地点、简要过程、后果和现状；接受证据的，应当在该栏中注明"接受证据情况见所附《接受证据清单》"，并按照要求制作《接受证据清单》。

6. 执法人员在初步判定案件性质、管辖权限以及可否追究法律责任等情况后提出的处理建议，由执法人员在相应的"□"内打勾选定，选择"其他"情形的，应当在其后横线处注明具体情况。

7. 《接受证据清单》作为《立案登记表》的附件，用于在立案时登记举报人提交、其他单位移送等情况时取得的证据。清单中"编号"栏一律使用阿拉伯数字填写，按材料、物品的排列顺序从"1"开始逐次填写；"名称"栏填写材料、物品的名称；"数量"栏填写材料、物品的数量，使用阿拉伯数字填写；"特征"栏填写物品的品牌、型号、颜色、新旧、规格等特点。表格多余部分应当用斜对角线划去。

范例 11-6-3

第二次[1]

询问笔录[2]

时间：<u>202X</u>年<u>X</u>月<u>X</u>日<u>X</u>时<u>X</u>分至<u>202X</u>年<u>X</u>月<u>X</u>日<u>X</u>时<u>X</u>分

地点：<u>XX县消防救援大队询问室</u>

询问人（签名）：<u>赵XX、钱XX</u>[3] 工作单位：<u>XX县消防救援大队</u>

记录人（签名）：<u>钱XX</u> 工作单位：<u>XX县消防救援大队</u>

被询问人姓名：<u>李XX</u>[4]性别：<u>男</u>年龄：<u>XX</u>岁 出生日期：<u>XXXX年X月X日</u>[5]

身份证件种类及号码：<u>居民身份证510XXXXXXXX</u>[6]

户籍所在地：<u>XX省XX市XX县XX路XX号</u>

现住址：<u>XX省XX市XX县XX路XX号</u>[7]联系方式：<u>135XXXXXXXX</u>

问：我们是 XX 县消防救援大队的工作人员（出示工作证件），现依法向你询问 XXX 娱乐有限公司堵塞疏散通道案的有关问题，请你如实回答。对与本案无关的问题，你有拒绝回答的权利。你听明白了吗？

答：听明白了。

问：你是否曾经受过行政处罚？[8]

答：没有。

问：你在什么单位工作？

答：我在 XXX 娱乐会所上班。

问：具体从事什么工作？

答：我是 XXX 娱乐会所的经理，平时主要负责安全管理工作。

⋯⋯⋯⋯⋯⋯⋯⋯⋯⋯⋯⋯⋯⋯[9]

问：还有什么需要补充和说明的吗？

答：没有了。

　　李XX　202X 年 X 月 X 日　　　　　　第 <u>1</u> 页　共 <u>2</u> 页[10]

问：以上说的是否属实？

答：属实。

　　以上笔录我看过，与我说的相符。[11]

　　　　　　　　　　　　　　李XX　　202X 年 X 月 X 日[9]

　　　　　　　　　　　　　第 <u>1</u> 页　共 <u>2</u> 页[10]

续范例 11-6-3

XX 县消防救援大队

权利义务告知书

根据有关法律法规，你享有以下权利：

一、消防救援机构负责人、办案人员、鉴定人和翻译人有下列情形之一的，你有权要求回避：

（一）是本案的当事人或者当事人的近亲属；

（二）本人或其近亲属与本案有直接利害关系；

（三）与本案当事人有其他关系，可能影响案件公正处理。

二、有陈述和申辩的权利。

三、对与本案无关的问题，有拒绝回答的权利。

四、对询问笔录记载有遗漏或差错的，有提出补充或者更正的权利。

五、对消防救援机构及办案人员侵犯当事人权利的行为，有申诉、控告的权利。

根据有关法律法规，你应履行下列义务：

一、必须如实提供证据、证言，作伪证或者隐匿证据的，依法承担相应法律责任。

二、确认笔录无误后，应当逐页签名或捺指印。

本告知书于 202X 年 XX 月 XX 日 XX 时 XX 分向我告知。

被告知人：李 XX

注释

1. 填写中文数字。

2. 《询问笔录》（附《权利义务告知书》），是消防救援机构执法人员询问当事人（违法嫌疑人）、其他有关人员（证人），记载询问经过时使用的文书。询问笔录应当全面、准确记录违法的经过和事实，着重记录违法的时间、地点、情节、后果及证据。有共同违法嫌疑人的，还应当记明共同违法嫌疑人的情况，以及各自在案件中所起的作用。首次询问时，应当问明被询问人的姓名、性别、年龄、出生日期、身份证件种类及号码、户籍所在地、现住址、联系方式。

3. 询问人员应当在《询问笔录》上签名。

4. 指法定身份证件或者居民户口簿上载明的姓名，与案件有关的姓名，如曾用名、绰号、化名、笔名等也应当注明。对外国人，应当填写其合法身份证件上的姓名，必要时注明汉语译名。

5. 以公历（阳历）为准，除有特别说明的外，一律具体到年月日。

6. 指居民身份证、驾驶证、军官证、护照等法定身份证件的种类及号码。

7. 指现在的经常居住地。

8. 询问违法嫌疑人时还应当询问是否受过消防行政处罚，注明曾经被处罚时间、案由及种类；必要时，还应当问明其家庭主要成员、工作单位、文化程度、民族、身体状况等情况。当事人为外国人的，首次询问时还应当问明其国籍、出入境证件种类及号码、签证种类等情况；必要时，还应当问明其在华关系人、入境时间、入境事由等情况。

9. 询问时，办案人员应当告知被询问人依法享有的权利和承担的义务。告知被询问人权利和义务可以采取制作《权利义务告知书》方式或者直接在《询问笔录》中以问答方式予以体现。内容的记录采取问答形式，每段应当以"问："" 答："为句首开始，回答的内容以第一人称"我"记录。

10. 填写阿拉伯数字。

11. 《询问笔录》应当由被询问人逐页签字或者捺指印，末尾应当由被询问人写明"以上笔录我看过，与我说的相符"。笔录中记录被询问人回答的内容有改动的，应当由被询问人在改动处捺指印确认。

范例 11-6-4

XX 县消防救援大队
行政处罚告知笔录 [1]

执行告知单位：<u>XX 县消防救援大队</u> [2]　　告知人：<u>赵 XX、钱 XX</u> [3]

被告知人：<u>XXX 娱乐有限公司</u> [4] 单位法定代表人/主要负责人：<u>王 X</u> [5]

告知内容：

☑ 处罚前告知

根据《中华人民共和国行政处罚法》第四十四条之规定，现将拟作出行政处罚决定的事实、理由、依据告知如下：<u>现查明你单位于 202X 年 X 月 X 日在营业期间堵塞疏散通道，违反了《中华人民共和国消防法》第二十八条之规定。以上事实，有《消防监督检查记录》（〔202X〕第 XXXX 号）、对王 XX 和李 XX 的询问笔录、现场照片等证据证实。本机构将根据《中华人民共和国消防法》第六十条第一款第三项之规定，对你单位予以罚款三万元的行政处罚。</u> [6]

问：对上述告知事项，你（单位）是否提出陈述和申辩？（对被告知人的陈述和申辩可附页记录，被告知人提供书面陈述、申辩材料的，应当附上，并在本告知笔录中注明）

答：<u>不提出陈述和申辩。</u> [7]

_____

_____

_____

_____

_____

对你提出的陈述和申辩，消防救援机构将进行复核。

被告知人：XXX [8]

202X 年 XX 月 XX 日 XX 时 XX 分

☑**听证告知**[9]

根据《中华人民共和国行政处罚法》第六十三条之规定，你（单位）有权要求听证。如果要求听证，你（单位）应在被告知后五日内向 **XX 县消防救援大队** [10] 提出，逾期视为放弃要求听证权利。

问：对上述告知事项，你是否要求听证？

答：我不要求听证。[11]

消防救援机构对符合听证条件的，自收到听证申请之日起十日内举行听证；对放弃听证的，依法作出处理决定。

被告知人: XXX[7]

202X 年 XX 月 XX 日 XX 时 XX 分

注释

1.《行政处罚告知笔录》是消防救援机构适用普通程序作出行政处罚决定前履行告知义务时使用的文书。该文书分为处罚前告知和听证告知两部分，需完整打印。

2. 填写消防救援机构名称。

3. 填写承办人员姓名。

4. 填写被告知人的姓名或者单位名称。

5. 填写被告知单位的法定代表人或者主要负责人姓名。

6. 填写行政处罚的种类,如"责令停产停业"等; 罚款应当告知具体金额,如"罚款三万元"等。

7. 内容的记录采取问答形式，每段应当以"问："""答："为句首开始，回答的内容以第一人称"我"记录。

8. 被告知人处需要当事人签名确认的应当由其本人签名，不能签名的可以捺指印；属于单位的，由法定代表人、主要负责人或者其授权的人签名，或者加盖单位印章。

9. 拟作出的行政处罚不需要听证的，不填写听证告知部分。

10. 填写受理听证申请的消防救援机构名称。

11.. 被告知人不要求听证的，应在"听证告知"部分写明"我不要求听证"；被告知人主动放弃听证权利的，应在"听证告知"部分写明"我不要求听证，并且主动放弃对本案要求听证的权利"。

XX 县消防救援大队
当场行政处罚决定书[1]

X 消当罚决字〔202X 〕第 XXXX 号

违法行为人（*姓名、性别、年龄、出生日期、身份证件种类及号码、户籍所在地、现住址/单位名称、地址、法定代表人、统一社会信用代码*）：张 XX、男、XX 岁、出生日期 XXXX 年 XX 月 XX 日、居民身份证号码：XXXXXXXXXXXXXXXXXX 、户籍所在地 XX 省 XX 市 XX 区 XX 路 XX 号 XX 栋 XXXX 号、现住址 XX 省 XX 市 XX 县 XX 街道 XX 小区 XX 号楼 XXXX 号。[2]

现查明 202X 年 XX 月 XX 日 XX 时许，我大队对张 XX 所在 XX 小区进行监督检查，发现其个人存在占用疏散通道的违法行为，违反《中华人民共和国消防法》第二十八条之规定 [3]　　　　　　　　，以上事实有《消防监督检查记录》（〔202X〕第 XXXX 号）、张 XX 的陈述和申辩、现场照片 [4] 等证据证实。

根据《中华人民共和国消防法》第六十条第一款第三项、第二款之规定 [5]，决定给予 罚款五十元 [6] 的处罚。

执行方式：□警告 □当场收缴罚款 ☑被处罚人持本决定书在十五日内到 XX 市 XX 县 XX 银行缴纳罚款。[7] 逾期不缴纳的，每日按罚款数额的百分之三加处罚款，加处罚款的数额不超过罚款数额。

如不服本决定，可以在收到本决定书之日起六十日内向 XX 县人民政府或者 XX 市消防救援支队 申请行政复议或者在六个月内依法向 XX 县人民法院提起行政诉讼。

处罚地点：XX 小区（XX 县 XX 路 XX 号）

□执法人员：XXX 、XXX

XX 县消防救援大队

二〇二 X 年 XX 月 XX 日

处罚前已口头告知违法行为人拟作出处罚的事实、理由和依据，并告知违法行为人依法享有陈述权和申辩权。

当场行政处罚决定书已向我宣告并送达。

被处罚人：张 XX[8]

202X 年 XX 月 XX 日

一式两份，一份交被处罚人，一份交所属消防救援机构备案。

注释

1. 《当场行政处罚决定书》,是消防救援机构进行当场行政处罚时使用的文书。对公民处以两百元以下、对法人或者其他组织处以三千元以下罚款或者警告的行政处罚,执法人员可以当场作出行政处罚决定。当场处罚决定书可以采用复写形式。

2. 违法行为人是个人的,填写其姓名、性别、年龄、出生日期、身份证件种类及号码、户籍所在地、现住址等基本信息;是单位的,填写单位名称、地址、法定代表人、统一社会信用代码等基本信息。"(姓名、性别、年龄、出生日期、身份证件种类及号码、户籍所在地、现住址/单位名称、地址、法定代表人、统一社会信用代码)"字样不印制。

3. 填写具体违法事实和违反的法律条款。

4. 填写存在违法事实的证据情况。为保护证人,证人证言可以不写明证人姓名。

5. 应当写明所依据的法律、法规和规章的全称并具体到条、款、项。

6. 填写决定的内容,包括处罚种类、罚款金额。

7. 勾选具体的执行方式。

8. 交所属消防救援机构备案的当场处罚决定书应当由被处罚人签名或盖章。写明"当场行政处罚决定书已向我宣告并送达"的,可以不再使用《送达回证》。拒绝签名、盖章的,由承办人员在文书上注明。

XX县消防救援大队
行政处罚决定书 1

X（消）行罚决字〔202X〕XXXX号 2

违法行为人（姓名、性别、年龄、出生日期、身份证件种类及号码、户籍所在地、现住址/单位名称、地址、法定代表人、统一社会信用代码）：XXX娱乐有限公司，地址：XX市XX县XX街道XX路XX号，法定代表人:王XX,统一社会信用代码：XXXXXXXXXXXXXXXXX。3

现查明202X年X月X日,XX娱乐有限公司经营的XX娱乐会所在营业期间堵塞疏散通道，违反了《中华人民共和国消防法》第二十八条之规定。4

以上事实有《消防监督检查记录》（〔202X〕第XXXX号）、《责令限期改正通知书》（X消限字〔202X〕第XXXX号）、对王XX和李XX的询问笔录、现场照片 5 等证据证实。

根据《中华人民共和国消防法》第六十条第一款第（三）项 6 之规定，现决定给予XX娱乐有限公司罚款叁万元的行政处罚 7。

执行方式和期限:自收到本决定书之日起十五日内，持本决定书到位于XX市XX县XX路XX号的XX市XX银行XX支行（账号：XXXXXXXXXXXXXXXX）缴纳罚款。8

逾期不交纳罚款的，每日按罚款数额的百分之三加处罚款，加处罚款的数额不超过罚款本数。

如不服本决定，可以在收到本决定书之日起六十日内向XX县人民政府或者XX市消防救援支队申请行政复议或者在六个月内依法向XX县人民法院提起行政诉讼。9

附：_____/_____清单

XX县消防救援大队
二〇二X年XX月XX日

行政处罚决定书已向我宣告并送达。
被处罚人:XXX 10
202X年XX月XX日

一式三份，被处罚人和执行单位各一份，一份附卷。

续范例 11-6-6

没收违法所得清单 [11]

编号	名称	金额	特征	备注

被处罚人：	保管人：	执法人员：
		（消防救援机构印章）
年 月 日	年 月 日	年 月 日

一式三份，一份交被处罚人，一份交保管人，一份附卷。

注释

1. 《行政处罚决定书》（附《没收违法所得清单》），是消防救援机构对被处罚人予以行政处罚时使用的文书。

2. 文号："X"处填写使用文书的消防救援机构代字；"〔　〕"处填写年度；"XXXX号"处使用四位阿拉伯数字填写该文书的顺序编号。

3. 被处罚人是个人的，填写其姓名、性别、年龄、出生日期、身份证件种类及号码、户籍所在地、现住址等基本信息；是单位的，填写单位名称、地址、法定代表人、统一社会信用代码等基本信息。"（姓名、性别、年龄、出生日期、身份证件种类及号码、户籍所在地、现住址/单位名称、地址、法定代表人、统一社会信用代码）"字样不印制。

4. 填写具体违法事实和违反的法律条款。

5. 填写存在违法事实的证据情况。为保护证人，证人证言可以不写明证人姓名。

6. 应当写明所依据的法律、法规和规章的全称并具体到条、款、项。

7. 填写决定内容，包括处罚的种类和幅度。对多个违法行为人的处罚不同的，应当同时写明每个违法行为人的姓名及处罚种类、幅度，对一人的多个违法行为应当分别写明处罚种类、幅度。

8. 注明具体的方式和期限，包括合并执行、不予执行的情况。同时没收违法所得的，应当附《没收违法所得清单》，并在《行政处罚决定书》中注明。

9. 写明申请行政复议或者提起行政诉讼的期限以及具体的行政复议机关、人民法院名称。

10. 附卷的决定书应当由被处罚人签名或者盖章，注明"行政处罚决定书已向我宣告并送达"，可以不再使用《送达回证》。拒绝签名、盖章的，由承办人员在文书上注明。

11. 清单中"编号"栏一律使用阿拉伯数字填写，按材料、物品的排列顺序从"1"开始逐次填写；"名称"栏填写材料、物品的名称；"数量"栏填写材料、物品的数量，使用阿拉伯数字填写；"特征"栏填写物品的品牌、型号、颜色、新旧、规格等特点。表格多余部分应当用斜对角线划去。

范例 11-7-1

XX县消防救援大队 [1]

临时查封决定书

X消封字〔202X〕XXXX 号 [2]

被查封单位（场所）:<u>XX 县 XX 宾馆</u>

地　　　址：<u>XX 县 XX 街道 XX 号</u>

法定代表人或主要负责人：<u>XXX</u>

我<u>　大队　</u>于<u>　202X　</u>年<u>　XX　</u>月<u>　XX　</u>日派员对你单位（场所）进行了消防监督检查，发现你单位（场所）存在下列火灾隐患，不及时消除将严重威胁公共安全：

该宾馆只有一个安全出口，安全出口数量不足，不具备安全疏散条件，严重威胁公共安全。不符合《建筑设计防火规范》5.5.8 之规定。 [3]

以上事实有<u>《消防监督检查记录》（〔202X〕第 XXXX 号）、现场照片</u> [4] 等证据证明，根据《中华人民共和国消防法》第五十四条和《消防监督检查规定》第二十二条的规定，现决定予以临时查封。

查封部位、场所的范围：<u>XX 县 XX 宾馆</u> [5]

查封期限：<u>202X</u> 年 <u>XX</u> 月 <u>XX</u> 日 <u>X</u> 时至 <u>202X</u> 年 <u>XX</u> 月 <u>XX</u> 日 <u>X</u> 时 [6]

你单位（场所）应当立即整改火灾隐患，整改后经我<u>　大队　</u>检查合格方可解除查封。擅自拆封、使用被查封的部位或者场所，将依法予以处罚。

如不服本决定，可在收到本决定书之日起六十日内依法向<u>　XX 县人民</u><u>政府或者 XX 市消防救援支队　</u>申请行政复议，或者在六个月内依法向<u>　XX 县　</u>人民法院提起行政诉讼。 [7]

XX 县消防救援大队
二〇二 X 年 XX 月 XX 日

被查封单位（场所）签收：<u>XXX</u> [8]　　　　　　　202X 年 XX 月 XX 日

一式两份，一份交被查封单位（场所），一份存档。

注释

1. 印制使用该文书的消防救援机构名称。

2. 文号：编号"〔　〕"处填写制作文书年度；"第 XXXX 号"使用四位阿拉伯数字填写文书顺序编号。

3. 逐项列举存在的火灾隐患及不符合的法律、法规、标准名称及其条、款、项。

4. 写明证据名称。

5. 填写临时查封的危险部位和场所的具体名称、详细位置和范围等情况。

6. 填写实施临时查封的起止时间，具体到小时。

7. 写明申请行政复议或者提起行政诉讼的期限以及具体的行政复议机关、人民法院名称。

8. 当事人拒绝签收或不能采取当场交付方式的，应在法定期限内使用《送达回证》送达。

范例 11-7-2

XX县消防救援大队

临时查封现场笔录

时间：<u>202X 年 XX 月 XX 日 XX 时 XX 分至 202X 年 XX 月 XX 日 XX 时 XX 分</u>[1]

地点：<u>XX 县 XX 宾馆（XX 县 XX 街道 XX 号）</u>

执法人员姓名及工作单位：<u>XXX，XX 县消防救援大队大队长；XXX，XX 县消防救援大队初级技术职务；</u>

检查对象：<u>XX 县 XX 宾馆</u>[2]

当事人/见证人基本情况[3]（姓名、性别、身份证件种类及号码）：<u>XX，男，身份证号码 XXXXXXXXXXXXXXXX，XX 县 XX 宾馆法定代表人。</u>

事由和目的[4]：<u>实施临时查封或者强制执行，记录实施过程及现场情况。</u>

过程和结果[5]：<u>202X 年 XX 月 XX 日，XX 县消防救援大队监督员对 XX 县 XX 宾馆（地址:XX 县 XX 街道 XX 号，法定代表人:XX）采取临时查封措施。查封前通知负责人 XX 到场，现场告知了采取临时查封的理由、依据以及当事人依法享有的权利、救济途径，现场送达了 X 消封字〔202X〕第 XXXX 号《临时查封决定书》。查封过程中，大队监督员切断了一楼配电箱电源，宾馆全部停电，在配电箱外贴了封条，在宾馆大门入口张贴了《临时查封决定书》和封条，告知当事人不得擅自拆封，待消防安全隐患整改完毕后申请解除临时查封。查封过程由 XX 陪同，未损坏任何物品，现场进行了全程录音录像。</u>

执法人员：<u>XXX、XXX</u>[6]   <u>202X 年 XX 月 XX 日</u>

当事人或者见证人：<u>XX</u>   <u>202X 年 XX 月 XX 日</u>

注释

1. 填写现场实施临时查封的起止时间，具体到分。

2. 填写被临时查封的单位或者个体工商户名称。

3. 填写当事人或者见证人的姓名、性别、身份证件种类及号码，被检查人或者当事人在场的，不需要见证人。当事人是单位的，填写单位名称、法定代表人及单位地址。

4. 根据具体情况填写。如"实施临时查封或者强制执行，记录实施过程及现场情况"。

5. 根据具体情况填写。写明现场概况、现场人员情况、执法人员在现场开展工作的过程，以及记录执法人员告知当事人采取临时查封措施的理由、依据以及当事人依法享有的权利、救济途径，并听取其陈述和申辩等情况。

6. 执法人员、当事人或者见证人在笔录末尾签名。

范例 11-7-3

XX县消防救援大队

同意解除临时查封决定书

X 消解封字〔202X〕XXXX 号

XX 县 XX 宾馆：

　　根据你单位（场所）__202X__ 年__XX__月__XX__日的申请，依据《消防监督检查规定》第二十五条第一款的规定，我__大队__于__202X__年__XX__月__XX__日对你单位（场所）临时查封后（临时查封决定书文号：__X 消封字〔202X〕第 XXXX 号__）火灾隐患整改情况进行了检查，检查情况如下：

　　该场所已整改完毕，对一楼东侧安全出口位置改造的储藏室进行了拆除，恢复为安全出口，具备解除临时查封条件。[1]

　　经检查，同意解除对 XX 县 XX 宾馆的临时查封。

二〇二X 年 XX 月 XX 日

　　申请单位（场所）签收：XXX[2]　　202X 年 XX 月 XX 日

　　一式两份，一份交申请单位（场所），一份存档。

注释

1. 针对《临时查封决定书》中载明的火灾隐患逐项填写检查情况。

2. 需要当事人签名确认的文书应当由其本人签名，不能签名的可以捺指印并注明无法签明情况；属于单位的，由法定代表人、主要负责人或者其授权的人签名，或者加盖单位印章。

范例 11-7-4

XX县消防救援大队

不同意解除临时查封决定书

X 消解封字〔202X〕XXXX 号

XX 县 XX 宾馆：

  根据你单位（场所）　202X　年　XX　月　XX　日的申请，依据《消防监督检查规定》第二十五条第一款的规定，　我　大队　于　202X　年 XX 月 XX 日对你单位（场所）临时查封后（临时查封决定书文号：X 消封字〔202X〕第 XXXX 号　）火灾隐患整改情况进行了检查，检查情况如下：

  该场所虽已部分整改，但对一楼东侧安全出口位置改造的储藏室拆除还不完全，未恢复为安全出口，不具备解除临时查封条件。[1]

  经检查，不同意解除对 XX 县 XX 宾馆的临时查封。

二〇二X 年 XX 月 XX 日

申请单位（场所）签收：XXX[2]　　　　202X 年 XX 月 XX 日

一式两份，一份交申请单位（场所），一份存档。

注释

1. 针对《临时查封决定书》中载明的火灾隐患逐项填写检查情况。
2. 当事人拒绝签收或不能采取当场交付方式的，应在法定期限内使用《送达回证》送达。

范例 11-8-1

XX 市 XX 区消防救援大队 [1]

送 达 回 证 [2]

X消送证字〔 202X〕第XXXX号 [3]

送达的文书 名称及文号	X 消安许字〔202X〕第 000X 号
受送达人	XX 酒店管理有限责任公司
送达地点	XX 酒店管理有限责任公司一层大堂
送达人单位 及送达人签名 [4]	XX 市 XX 区消防救援大队 XXX XXX
送达方式 [5]	☑1.直接送达　□2.留置送达　□3.委托送达 □4.邮寄送达　□5.公告送达
签 收 人 [6]	□1.受送达人　☑2.委托代理人 □3.代收人(与受送达人关系＿＿＿＿＿＿＿＿) ＿＿＿＿＿XXX＿＿＿＿＿　(签名)
送达时间	＿202X＿年＿XX＿月＿XX＿日＿XX＿时＿XX＿分
见证人及其 单位或住址	＿＿＿＿＿＿＿＿＿＿＿＿＿＿＿＿＿＿＿＿ ＿＿＿＿＿＿＿＿＿＿＿(签名)　年　月　日
备　注	

此文书附卷。

注释

1. 印制使用该文书的消防救援机构名称。

2. 该文书是消防救援机构在送达法律文书时使用的文书。可以用于直接送达、留置送达、委托送达、邮寄送达、公告送达等方式，填写时在相应的"□"中打勾选定。采取直接送达方式的，可以由受送达人在附卷的法律文书上注明收到日期，并签名、捺指印或者盖章，也可以使用《送达回证》。

3. 文号："X"处填写使用文书的消防救援机构代字；编号"〔 〕"处填写年度；"第XXXX 号"处使用四位阿拉伯数字填写该文书的顺序编号。

4. "送达人单位及送达人签名"处填写送达文书的 2 名以上执法人员所在单位名称并由送达人签名。

5. 送达方式说明：

a. 留置送达是在受送达人或其同住成年家属拒收文书或拒绝在《送达回证》上签收的，送达人邀请见证人见证后将文书留在受送达人住所的送达方式。留置送达也适用于对单位的送达。送达人应在"备注"栏注明拒收情况，并邀请 2 名以上基层组织或其所在单位的代表等说明情况，由其在《送达回证》上签名或盖章见证、注明日期。

b. 委托送达是在异地送达文书且直接送达有困难的，委托受送达人所在地消防救援机构代为送达的送达方式。采用委托送达的，应在"备注"栏注明采取委托送达的原因，并附委托函，以受送达人在《送达回证》上的签收日期为送达日期。

c. 邮寄送达是在采取直接送达、委托送达等方式送达文书有困难的，采取挂号信方式送达文书的送达方式。采用邮寄送达的，应在"备注"栏注明采取邮寄送达的原因，并附挂号信回执，挂号信回执上注明的收件日期为送达日期。

d. 公告送达是在受送达人下落不明、无代收人，或采取其他方式无法送达文书的，采取张贴公告、登报、广播的方式送达文书的送达方式。采用公告送达的，应在"备注"栏注明采取公告送达的原因，并附公告正式文本。公告送达的法定期限一般为 60 日，届满即发生送达效力。火灾事故认定文书公告送达的法定期限为 20 日。

6. "签收人"处由受送达人填写。受送达人是公民的，应由其本人签收；本人不在的，交其同住成年家属签收。受送达人是单位的，由其法定代表人或主要负责人签收，也可以由该单位负责收件的人签收并加盖单位收发印章或单位印章。受送达人委托代理人或指定代收人签收文书的，应附书面委托书或授权书。由他人代收的，应在"与受送达人关系"后填写相应关系。

范例 11-8-2

领导审批意见	同意给予 XXX 有限公司罚款人民币三万七千元整的处罚。¹ XXX² 202X 年 XX 月 XX 日
审核意见	经审核,本案事实清楚,证据确实充分,案件定性准确,适用法律正确,程序合法,量罚恰当,拟同意承办人处罚意见,建议给予 XXX 有限公司罚款人民币三万七千元整的处罚,请领导审批。³ XX⁴ 202X 年 XX 月 XX 日
承办部门意见	（部门负责人签名）⁵ 年　月　日

呈请行政处罚审批表

　　202X 年 X 月 XX 日,我大队人员对 XXX 有限公司所属的 XXX 生产厂房(营业地址:XX 市 XX 区 XX 镇酒业园区南区;法定代表人:XXX;统一社会信用代码:XXXXXXXXXXX)进行现场检查时,发现该场所消防控制主机停用,擅自停用消防设施,违反了《中华人民共和国消防法》第二十八条之规定,以上事实有〔202X〕第 XXXX 号《消防监督检查记录》、〔202X〕第 XXXX 号《责令立即改正通知书》、询问笔录 2 份、现场照片 4 张等证据证实。

　　根据《中华人民共和国消防法》第六十条第一款第(二)项之规定,应对 XXX 有限公司处伍仟元以上伍万元以下罚款,根据《四川省消防救援机构实施行政处罚裁量规则(试行)》之规定,该公司擅自停用自动消防设施消防控制主机导致系统整体无法正常使用,属于严重违法情形,量罚阶次为"处三万六千五百元以上五万元以下罚款";结合裁量公式....计算出处罚金额为 37000 元,建议给予 XXX 有限公司处罚款人民币 37000 元(大写:三万七千元整)的行政处罚,请领导审批。⁶

承办人(签名）: XXX、XXX　　　　　202X 年 XX 月 XX 日

注释

1. 审批意见应明确，不能仅表示"同意"或"不同意"。

2. 审批人签名并注明日期。

3. 法制审核意见应明确、规范。

4. 审核人签名并注明日期。审核人符合担任法核人员的条件。

5. 有承办部门的，承办部门意见签署在此栏。

6. 记载案件基本情况、相关证据、拟处理意见和法律依据等，要对行政处罚自由裁量情况进行说明。如《四川省消防救援机构实施行政处罚裁量规则（试行）》规定了计算罚款金额的裁量公式 $F=N+（M-N）×[（A+B+C）/10]×D$，要在此处体现出裁量系数的取值情形以及罚款金额的计算过程。

范例 11-8-3

集体议案记录

研究事项 XX县XX宾馆不具备安全疏散条件临时查封案

时　　间 202X年XX月XX日XX时XX分至202X年XX月XX日XX时XX分

地　　点 XX消防救援大队会议室

主持人 XXX[1]

记录员 XX

参加人 XX、XX、XXX、XXX[2]

承办人 XXX、XX

内容记录[3]（可加页）

XXX：今天我们就XX县XX宾馆不具备安全疏散条件予以临时查封进行议案，首先请承办人陈述案情。

XX（承办人）：我和大队消防监督人员XXX于202X年XX月XX日上午对位于XX县XX街道XX号的XX宾馆进行消防监督检查时，发现该宾馆擅自将一楼东侧安全出口改造为储藏室，导致该场所只有一个安全出口，安全出口数量不足，不具备安全疏散条件，严重威胁公共安全，违反了《中华人民共和国消防法》第十六条之规定。以上事实有《消防监督检查记录》（〔202X〕第XXXX号）、现场照片等证据证实。

XX（承办人）：XX宾馆一楼本有两个安全出口，但其擅自对东侧安全出口进行改造，已不具备安全疏散条件，一旦发生火灾将影响人员疏散逃生，严重威胁公共安全。根据《中华人民共和国消防法》第五十四条和《消防监督检查规定》第二十二条第一款第（一）项之规定，建议对XX县XX宾馆予以临时查封，查封期限自202X年XX月XX日XX时起至202X年XX月XX日XX时。

XXX（法制员）：本案承办人在检查时拍摄了违法行为现场照片，整个案件事实清楚、证据确凿、程序合法、适用法律法规正确。

XX：同意承办人意见，对XX宾馆予以临时查封，查封期限合理。

第 1 页 共 2 页

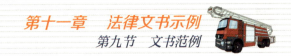

续范例 11-8-3

XXX：我同意承办人意见。

XXX：我也同意承办人意见。

XXX：我也同意承办人意见。

结论性意见和建议 [4]　经集体讨论决定，同意按承办人意见对 XX 县 XX 宾馆实施临时查封，查封期限自 202X 年 XX 月 XX 日 XX 时起至 202X 年 XX 月 XX 日 XX 时。

主持人（签名）XXX

参加人（签名）XXX、XXX、XX、XX、XXX

记录员（签名）XXX　　　　　　　　　202X 年 XX 月 XX 日

第 2 页 共 2 页

注释

1. 集体议案采取会议形式，由消防救援机构负责人主持。

2. 参加人包括消防救援机构负责人、法制部门、承办部门的负责人、相关执法岗位人员。参加集体议案的人员数量应当为单数，且不得少于 3 人。要注意本省可能涉及更为严格的规定要求，如四川省规定参加人数支队不得少于 5 人，大队不得少于 3 人。

3. 如实记录集体议案情况，讨论一般按下列程序进行并记录：主持人核实参会人员、列席人员，介绍集体议案事项；承办人介绍案件基本情况、相关证据、拟处理意见和法律依据；参会人员就案件事实、证据、执法程序、法律适用和拟处理意见进行讨论，逐一陈述意见；对讨论中的不同意见也应记录。集体议案时，应提出拟作出行政处罚的种类和幅度额度的建议，并说明裁量的事实和理由。

4. 主持人根据讨论情况和参会人员意见，按照少数服从多数的原则进行民主集中，作出明确的议案结论，包括查封单位（场所）、查封期限等；未形成结论的情况也应如实记录。

第十二章

典型案例

>> **内容简介**

  本章节列举了全国有影响的几起有消防监督执法人员被责任追究的典型火灾案例，以及具有代表性的行政诉讼案例。

>> **学习目标**

1. 了解消防监督执法岗位的职业风险
2. 树立行政执法敬畏之心

第一节 消防监督执法人员被责任追究的典型火灾案例

案例1：浙江省台州市天台县足馨堂足浴中心"2·5"火灾事故

2017年2月5日，浙江省台州市天台县足馨堂足浴中心发生重大火灾事故，造成18人死亡，18人受伤，过火面积约500平方米。火灾原因是位于足馨堂2号汗蒸房西北角墙面的电热膜导电部分出现故障，产生局部过热，电热膜被聚苯乙烯保温层、铝箔反射膜及木质装修材料包敷，导致散热不良，热量积聚，温度持续升高，引燃周围可燃物。

台州市政府副秘书长应某南（原天台县委常委、常务副县长）、温岭市公安局长吴某（原天台县委常委、公安局长）、天台县公安局副局长庞某辉、天台县公安消防大队政治教导员李某（原天台县公安消防大队大队长）、缙云县公安消防大队大队长马某光（原天台县公安消防大队政治教导员）、台州市公安消防支队政治处组教科干事高某鹏（原天台县公安消防大队参谋）等6人被给予党纪、政纪处分。台州市人大副主任李某坚（原天台县委书记）、三门县委书记杨某杰（原天台县委副书记、县长）、天台县委书记管某新、县长潘某明、县委副书记、政法委书记崔某、常务副县长陈某军、副县长、公安局长梅某晓等7人被给予诫勉谈话处理。

案例2：河南省平顶山市鲁山县"5·25"火灾事故

2015年5月25日，河南省平顶山市鲁山县康乐园老年公寓发生特别重大火灾事故，造成39人死亡、6人受伤，过火面积745.8平方米，直接经济损失2064.5万元。火灾原因是老年公寓不能自理区西北角房间电视机供电线路接触不良发热，高温引燃周围的聚苯乙烯泡沫、吊顶木龙骨等易燃可燃材料，造成火灾。

　　康乐园老年公寓法定代表人范某枝、彩钢板房建筑商冯某杰犯工程重大安全事故罪，分别判处9年有期徒刑、罚金50万元和6年6个月有期徒刑、罚金10万元。康乐园老年公寓副院长刘某、马某卿、消防专干孔某阳和消防安全小组成员翟某廷犯重大责任事故罪，分别被判处有期徒刑5年至3年6个月不等的刑罚。鲁山县民政局原党组成员王某文、城福股原股长铁某伟、鲁山县公安局原党委委员高某、鲁山县公安消防大队原大队长梁某、鲁山县城乡规划局（城市）执法监察大队原大队长孙某设等10名国家机关工作人员分别以滥用职权罪或玩忽职守罪被判处有期徒刑6年至2年6个月。鲁山县董周派出所所长曹某峰、鲁山县公安消防大队防火参谋冯某光、鲁山县住房和城乡建设局城建监察大队大队长邢某亚、鲁山县城建监察大队四中队中队长郜某凯犯玩忽职守罪分别被判处有期徒刑4年6个月至3年6个月。鲁山县民政局局长刘某钢犯滥用职权罪、受贿罪、贪污罪，被判处有期徒刑8年、罚金20万元。

　　河南省委、省政府对27名事故责任人给予了党纪、政纪处分。给予平顶山市委副书记、市长张某伟记过处分，副市长、市公安局党委书记、局长崔某平记大过处分，市政府分管民政工作的副市长李某记大过处分，鲁山县委书记李某军撤销党内职务处分，县委副书记、县长李某良党内严重警告、降级处分，县政府党组成员、副县长、县防火委员会主任刘某强撤销党内职务、撤职处分，县政府分管民政工作的副县长田某霖撤销党内职务、撤职处分，鲁山县琴台街道办事处党工委副书记、主任刘某民撤销党内职务、撤职处分。给予河南省民政厅党组书记、厅长冯某记过处分，省民政厅老龄工作处处长李某谦记大过处分，平顶山市民政局党组书记、局长王某记大过处分，市民政局党组成员、副局长庞某邦党内严重警告、降级处分，市民政局老龄办主任田某敏党内严重警告、撤职处分，市民政局社会福利科科长刘某有党内严重警告、撤职处分。给予平顶山市公安局党委委员、副局长刘某武记大过处分，鲁山县公安局党委书记、局长赵某党内严重警告、降级处分，县公安局治安大队副大队长兼消防保卫中队中队长石某立党内严重警告、撤职处分。给予鲁山县城乡规划局党组书记、局长申某阳党内严重警告、降低岗位等级处分，县城乡规划局党组成员、副局长李某民党内严重警告、降低岗位等级处分。给予鲁山县国土资源局党组书记、局长任某吉记大过处分，鲁山县住房和城乡建设局党委书记、局长徐某生党内严重警告、降级处分，鲁山县安全生产监督管理局党组书记、局长王某民记过处分。

案例3：吉林省长春市德惠市禽业公司"6·3"火灾爆炸事故

2013年6月3日，吉林省长春市德惠市宝源丰禽业有限公司主厂房发生特别重大火灾爆炸事故，造成121人死亡、76人受伤，17234平方米主厂房及主厂房内生产设备被损毁，直接经济损失1.82亿元。火灾原因为宝源丰公司主厂房电气线路短路，引燃周围可燃物，导致氨设备和氨管道发生物理爆炸，大量氨气泄漏并介入燃烧。

长春市朝阳区人民法院以工程重大安全事故罪判处吉林宝源丰禽业有限公司董事长被告人贾某山有期徒刑9年并处罚金人民币100万元，判处长春建工集团有限公司吉润管理公司退休职工被告人刘某有期徒刑7年并处罚金人民币30万元，判处原铁岭瑞诚建设工程监理有限责任公司总经理被告人王某志有期徒刑6年并处罚金人民币30万元，判处原长春建工集团有限公司吉兴工程管理公司经理被告人刘某江有期徒刑5年6个月并处罚金人民币20万元，判处被告人张某明有期徒刑5年6个月并处罚金人民币20万元；以重大劳动安全事故罪分别判处原吉林宝源丰禽业有限公司总经理张某申、综合办公室主任姚某政有期徒刑4年和3年，以玩忽职守罪对负有工程质量监督、建设工程项目审查以及安全生产监管职责的原吉林省德惠市建设工程质量监督站副站长刘某伟、原吉林省德惠市米沙子镇城乡建设管理分局局长宋某民、原吉林省德惠市米沙子镇安全生产监督管理工作站负责人李某龙，分别判处有期徒刑5年、4年和3年，以玩忽职守罪对负有安全生产工作领导责任的原吉林省德惠市米沙子镇镇长刘某祥免予刑事处罚。长春市二道区人民法院以滥用职权罪判处原德惠市公安消防大队大队长吕某东有期徒刑5年6个月，判处原德惠市公安消防大队副大队长兼任建审员刘某财有期徒刑5年，判处原德惠市公安消防大队验收员高某有期徒刑4年；以玩忽职守罪对原德惠市公安消防大队内勤兼防火监督员兰某免予刑事处罚，以玩忽职守罪判处原德惠市公安局米沙子镇派出所所长赵某有期徒刑4年6个月，判处原德惠市公安局米沙子镇派出所民警孙某光有期徒刑4年，判处原德惠市公安分局米沙子镇派出所民警冯某明有期徒刑3年，缓刑4年。

国务院对吉林省人民政府予以通报批评，并责成其向国务院作出深刻检查。吉林省委、省政府对23名事故责任人给予了党纪、政纪处分。给予原吉林省人民政府副省长兼省公安厅厅长黄某春记大过处分，长春市市委副书记、市长姜某莹记大过处分，长春市人民政府党组成员、副市长，市公安局党委书记、局长李某党内严重警告、降级处分，德惠市市委书记张某祥撤销党内职务处分，德惠市市委副书记、市长刘某春撤销党内职务、撤职处分，德惠市人民政府党组成员、副市长、市公安局党委书记、局长王某安撤销党内职务、撤职处分，德惠市市委常委、副市长王某党内严重警告、降级处分，原吉林省公安消防总队党委书记、总队长李某田记大过处分，原德惠市公安消防大队党委副书记、大队长王某撤销党内职务、撤职处分。给予德惠市安全生产监督管理局党组书记、局长范某记大过处分，市安全生产监督管理局党组成员、副局长陈某强党内严重警告、降级处分，市安全生产监督管理局监察大队大队长李某伍党内严重警告、撤职处分，市安全生产监督管理局危险化学品监督管理科科长宋某昌党内严重警告、撤职处分。给予德惠市经济局副局长刘某春党内严重警告、撤职处分，市建设工程质量监督站党支部书记、站长邹某春撤销党内职务、撤职处分。给予米沙子镇党委书记、米沙子工业集中区党工委书记、米沙子工业集中区管委会主任裴某吉撤销党内职务、撤职处分，米沙子镇党委委员、副镇长王某丰撤销党内职务、撤职处分，米沙子镇派出所副所长滕某鹏党内严重警告、撤职处分。

案例4：福建省福州市长乐市拉丁酒吧"1·31"火灾事故

> 2009年1月31日，福建省福州市长乐市拉丁酒吧发生火灾，造成15人死亡、22人受伤，烧毁电视机、音像设备、灯光设备、装修装饰物等物品，直接财产损失近11万元。火灾原因为酒吧内顾客燃放烟花引燃顶棚处的吸音棉。

这起事故中，26名事故责任人受到责任追究，其中16名事故责任人被依法追究刑事责任。长乐拉丁酒吧法人代表郑某来、燃放烟花的李某等7名人员被依法追究刑事责任；长乐公安消防大队大队长林某荣、工商局城关工商所所长林某光、公安局治安大队副大队长林某仕、城关派出所民警许某强犯滥用职权罪，分别判处有期徒刑3年；长乐市科技文体局文化市场稽查队负责人马某峰犯玩忽职守罪，判处有期徒刑3年；

城建监察大队市容中队负责人林某升、监察员林某犯滥用职权罪，分别判处有期徒刑1年6个月；公安消防大队副大队长郑某林犯滥用职权罪、受贿罪，决定执行有期徒刑5年；消防大队参谋程某江犯滥用职权罪、受贿罪，决定执行有期徒刑4年。

10名纪检监察对象受到党纪、政纪处分。给予长乐市市长林某芳行政警告处分，长乐市人民政府分管消防和安全生产工作的副市长郑某英行政记过处分，长乐市市委常委、公安局局长林某行政记大过处分，长乐市公安局主任科员、时任分管消防工作的副局长吴某仁行政降级处分，撤销陈某辉长乐市城关派出所党支部副书记、所长职务，撤销林某强长乐市城关派出所党支部委员、副所长职务。给予长乐市公安局治安大队大队长吴某勇党内严重警告、行政降级处分，长乐市工商局城关工商所政治指导员朱某清行政记过处分，长乐市吴航街道办事处党工委副书记陈某亮党内严重警告处分，长乐市吴航街道航华社区居委会主任程某兰党内警告处分。同时，责成福州市、长乐市政府分别向省政府和福州市政府作出书面检查报告，并由福州市政府对长乐市政府予以通报批评。

第二节　行政诉讼典型案例

案例1：重庆市石某彬诉消防救援支队临时查封行政强制措施案

案件要点：行政相对人认为消防救援机构实施临时查封的行为事实不清、证据不足、程序违法，经一审、二审法院审理查明，认为临时查封措施事实清楚、主要证据充分、未超过法定期限、符合规定并无不当，原告（上诉人）认为被诉行为违法的意见不能成立，对其诉讼请求依法驳回。

相关条文：《中华人民共和国行政诉讼法》第六十九条、第八十九条，《中华人民共和国消防法》第四条、第五十四条，《建筑设计防火规范》第8.3.3条、第8.4.1条，《消防监督检查规定》第三条第一款、第二十二条、第二十三条、第二十四条。

基本案情：2020年7月21日，渝中区消防救援支队（以下简称"渝中支队"）对李某贵正在经营的广州模特衣架商铺区域进行消防监督检查时，确认案涉场所存在无报警、喷淋系统的火灾隐患，当场对该商铺张贴封条。次日，渝中区消防救援支队作出《临时查封决定书》（中区消封字〔2020〕第0032号），根据《中华人民共和国消防法》第五十四条和《消防监督检查规定》第二十二条的规定，决定予以临时查封，查封期限为2020年7月21日15时至2020年8月18日15时。

2020年9月21日，石某彬以渝中支队临时查封行政强制措施违法，向人民法院提起行政诉讼。一审法院经审理查明，恒升商场属于一类高层公共建筑，系消防安全重点单位，案涉2区—2外—4号及5号商铺由恒升公司管理，未通过竣工及消防验收，未办理产权登记，恒升公司与原告签订《朝天门市场摊位租赁合同》，双方约定将案涉商铺出租给原告经营，租赁期限自2020年1月1日起至2020年12月31日止，案涉商铺的现状已与李某贵承租的 2 区—2 外—6 号商铺连通，该商铺的广告牌上载明为广州模特儿衣架，地址为朝天门陕六号二外 6 号，李某贵在案涉商铺经营。2020 年 3 月 27 日，渝中支队与相关职能部门联合对朝天门交易市场进行安全生产执法以及消防安全隐患排查形成《现场检查记录》；4 月 1 日，渝中支队与渝中区城市管理局、应急管理局、规划和自然资源局、住房和城市建设委员会五部门联合发出《关于开展朝天门市场及周边消防安全隐患和违章搭建专项整治的通告》，要求整治范围内的单位和市民自 4 月 1 日至 5 月 31 日，对消防安全隐患和违章搭建自行整改，拒绝整改的，相关行政执法部门将依法查处；7 月 21 日，渝中支队对案涉商铺实施消防监督检查确认案涉商铺未设置自动喷水灭火系统及火灾自动报警系统，形成了《消防监督检查记录》，经报请负责人同意，在社区工作人员的见证下当场对案涉商铺张贴封条，并制作了《临时查封现场笔录》；同月 22 日，经渝中支队集体研究决定对案涉摊位实施临时查封，确定期限为 2020 年 7 月 21 日 15 时至 2020 年 8 月 18 日 15 时；同日，渝中支队作出《临时查封决定书》（中区消封字〔2020〕第 0032 号），并在社区工作人员的见证下将该决定书张贴于案涉摊位处，拍照记录了送达过程。一审法院认为，根据《中华人民共和国消防法》第四条第一款、《消防检查监督规定》第三条第一款的规定，渝中支队作为本辖区内的消防救援机构，负责本辖区内的消防监督管理，具有作出本案被诉行政行为的法定职权。原告系案涉商铺的承租人，在法定期限内提起本案行政诉讼符合起诉条件。《中华人民共和国消防法》第五十四条规定，消防救援机构在消防监督检查中对不及时消除隐患可能严重威胁公共安全的，应当依照规定对危险部位或者场所采取临时查封措施。《消防监督检查规定》多个条款进行了具体规定。本案涉商铺未设置自动喷水灭火系统及火灾自动报警系统，不符合《建筑设计防火规范》（GB 50016-2014）第 8.3.3 及第 8.4.1 规定的要求，所处区域位于商品贸易活动集中区域，人流量大，一旦发生火灾后未及时发出报警信息，火势蔓延将严重威胁公共安全，属于不及时消除可能严重威胁公共安全的消防隐患。渝中支队会同相关部门、恒升公司等对案涉场所实施消防监督检查制作了现场检查笔录，查实案涉商铺存在上述消防隐患，经报请负责人同意后，在社区工作人员等见证下当场对案涉场所张贴封条，制作了临时查封现场笔录，并对执法活动进行了拍照及录像，渝中支队实施上述临时查封措施事实清楚、主要证据充分；此后，渝中支队在二十四小时内经集体研究，制作了临时查封决定书并将其张贴于案涉商铺，查封期限未超过法定期限，符合前述规定并无不当。需要指出的是，恒升商场属于大型批发交易市场，系消防安全重点单位，但案涉商铺没有取得建设工程规划许可等文件，未通过竣工及消防验收，无合法产权登记手续，根据《中华人民共和国消防法》第十三条以及《建设工程消防设计审查验收管理暂行规定》第十四条、第二十六条等规定，属于禁止投入使用的建筑，故案涉商铺不能通过消防整改后继续投入使用。综上所述，原告认为本案被诉行为违法的意见不能成立，依照《中华人民共和国行政诉讼法》第六十九条之规定，判决驳回原告石某彬的诉讼请求。

二审法院经审查，认为上诉人的上诉理由不成立不予支持，一审法院认定事实清楚，适用法律正确，审理程序合法，依照《中华人民共和国行政诉讼法》第八十九条第一款第（一）项之规定，判决如下驳回上诉、维持原判。

案例2：四川省广安市李某成诉消防救援大队不履行法定职责案

案件要点：行政相对人向消防救援机构举报消防通道被占用的问题，要求进行相应处理。消防救援机构在收到举报并开展相关调查后，未按规定进行答复全过程记录，从而无法举证证明答复的合法有效送达，导致行政诉讼败诉。

相关条文：《中华人民共和国行政诉讼法》第七十二条、第七十四条、第八十九条，《火灾隐患举报投诉中心工作规范》（XF/T 1338-2016）第7.4条，《四川省消防救援机构消防执法全过程记录实施细则》第九条、第十四条。

基本案情：2018年2月10日，李某成向四川省广安市广安区消防大队（以下简称"广安大队"）邮寄了《消防安全隐患整改申请书》，请求消防大队立即组织人员进行消防安全检查，并责令相关部门进行整改。2018年2月12日，广安大队收到李某成寄送的申请书后，指派工作人员对其举报的相关事实进行了实地查看，并通过广安市不动产登记中心查阅了光明巷12号小区建设工程设计、施工、验收等原始资料。经调查，建筑设计图纸和房屋现状均反映相对人所称的两间门市系按照规划设计建设并依法办理了不动产权属证书，未占用消防通道，不构成消防安全隐患。广安大队认为相对人申请中所陈述的事实及理由不能成立，安排经办人以电话形式向原告进行告知，但未按规定进行举报投诉回复的全过程记录。

2018年4月16日，相对人李某成以广安大队"一直未予理睬，未履行法定职责"为由，向人民法院提起行政诉讼。一审法院虽认为原告请求被告履行责令相关部门进行整改、撤除一条消防车通道职责的理由不能成立，对被告接到举报后及时进行了调查、查询了小区工程设计、施工以及验收等原始资料等予以了采信，但是，一审法院认为被告未提供相应证据证明"以电话形式向原告进行告知"的关键事实，且原告予以否认告知行为，故判决"确认被告广安市广安区公安消防大队在收到原告李某成的《消防安全隐患整改申请书》后，未及时答复的行为违法"。一审判决后，原告不服提起上诉，要求二审法院"判决被告依法履行法定职责，对原告所住银丰园小区的消防隐患立即进行整改"。二审中，被上诉人广安市广安区消防大队未向二审法院提交答辩意见。二审法院"认定被上诉人未作出行政行为的程序违法的事实清楚，但未对被上诉人是否应当作出履行职责的行政行为作出判决而驳回原审原告其他诉讼请求不当，应于纠正"，判决"被上诉人广安市广安区公安消防大队在本判决发生法律效力后30个工作日内向上诉人李某成作出答复"。

案例3： 安徽省合肥市方某诉庐江县公安局行政处罚决定和合肥市公安局行政复议决定案

案件要点： 行政相对人与第三人之间发生民间纠纷引起治安案件，公安机关未正确适用减轻或者不予处罚情形，仅认定一方当事人存在违反治安管理的行为而予以行政处罚，显失公正、明显不当，导致行政诉讼败诉。

相关条文： 《中华人民共和国行政诉讼法》第七十条、第七十九条，《治安管理处罚法》第四十三条，《行政复议法》第二十八条。

基本案情： 2019年2月21日10时许，安徽省合肥市庐江县劳动人事争议仲裁委员会仲裁庭就江某（本人未到庭，安徽皖建律师事务所律师方某作为其委托代理人出庭）与沈某军（本人到庭，其父亲沈某生和另一律师作为其委托代理人出庭）的工伤赔偿纠纷开庭结束，双方在开庭笔录上签字时，因沈某生边签字边对方某说江某是小人、无耻，方某和江某是亲戚就帮他讲话，方某没有职业道德、没有人性等话，两人发生争吵，方某上前揪住沈某生的衣领，沈某生抓住方某的手。在双方拉扯过程中方某踢了沈某生，双方被人拉开后，方某离开现场。庐江县公安局庐城郊区派出所民警接110指令来到现场后，将沈某生带至派出所制作询问笔录（沈某生陈述下身胀疼），并向沈某生下达了受案回执。当日12时20-30分，办案民警在派出所对沈某生进行当场检查，发现沈某生的外套、裤子右膝处、左大腿裤子处均有泥巴，其左手手背处有一条血痕，左手小拇指有青肿。之后，办案民警对当时在场人及相关的人进行了调查，并制作了多份询问笔录。办案民警和庐城郊区派出所出具的《到案经过》是"2019年2月26日10时许，方某主动到我所投案接受询问"，2月26日11时20-26分，办案民警在派出所对方某进行了当场检查，发现方某的右手手背有一道约3mm长的小伤口，伤口已结痂，右手中指有轻微软组织损伤，其他部位未见明显外伤。2月26日和3月22日，办案民警组织双方进行调解，双方达不成协议。3月22日，方某被告知拟对其作出的行政处罚决定的事实、理由和依据。3月25日，庐江县公安局对方某作出庐公(郊)行罚决字〔2019〕10670号行政处罚决定，内容有：现查明，2019年2月21日10时许，在庐江县人社局二楼仲裁庭，方某与沈某生因江某工伤纠纷一事发生口角，后双方拉扯起来，拉扯中方某踢了沈某生一脚；以上事实有方某的陈述和申辩、被侵害人陈述、证人证言、检查笔录等证据证实；因殴打他人，根据《中华人民共和国治安管理处罚法》第四十三条第二款第二项之规定，予以行政拘留十日并处罚款五百元。3月26日，庐江县公安局向方某（邮寄）、沈某生（直接）送达行政处罚决定书。2019年3月29日，因方某申请，庐江县公安局依法作出暂缓执行行政拘留决定。5月22日，方某申请行政复议。合肥市公安局当日依法受理后，于5月24日向庐江县公安局送达行政复议答复通知书。5月26日，庐江县公安局提交了行政复议答复书及证据。6月14日，合肥市公安局向沈某生送达第三人参加行政复议通知书。7月9日，合肥市公安局作出合公行复决〔2019〕28号行政复议决定，认为方某的行为构成殴打他人，且被侵害人已年满60周岁，应当按照《中华人民共和国治安管理处罚法》之规定进行处罚。庐江县公安局作出的行政处罚决定认定事实清楚，证据确凿，适用法律正确，程序合法，量刑适当。方某的行政复议请求不予支持。根据《中华人民共和国行政复议法》第二十八条第一款第一项之规定，决定维持该行政处罚决定。该《行政复议决定书》于当日邮寄送达各方当事人。

方某不服被告庐江县公安局行政处罚决定和被告合肥市公安局行政复议决定，于2019年7月23日向安徽省合肥市庐阳区人民法院提起行政诉讼。法院适用普通程序依法组成合议庭，于8月21日公开开庭审理了本案。法院认为，《中华人民共和国行政诉讼法》第六条规定，人民法院审理行政案件，对行政行为是否合法进行审查。《中华人民共和国治安管理处罚法》第五条规定，治安管理处罚必须以事实为依据，与违反治安管理行为的性质、情节以及社会危害程度相当，实施治安管理处罚，应当公开、公正，尊重和保障人权，保护公民的人格尊严，办理治安案件应当坚持教育与处罚相结合的原则。第九条规定，对于因民间纠纷引起的打架斗殴或者损毁他人财物等违反治安管理行为，情节较轻的，公安机关可以调解处理。经公安机关调解，当事人达成协议的，不予处罚。经调解未达成协议或者达成协议后不履行的，公安机关应当依照本法的规定对违反治安管理行为人给予处罚，并告知当事人可以就民事争议依法向人民法院提起民事诉讼。第十七条第一款规定，共同违反治安管理的，根据违反治安管理行为人在违反治安管理行为中所起的作用，分别处罚。第十九条规定，违反治安管理有下列情形之一的减轻处罚或者不予处罚：（四）主动投案，向公安机关如实陈述自己的违法行为的。第四十三条规定，殴打他人的，或者故意伤害他人身体的，处五日以上十日以下拘留，并处二百元以上五百元以下罚款；情节较轻的，处五日以下拘留或者五百元以下罚款。有下列情形之一的处十日以上十五日以下拘留，并处五百元以上一千元以下罚款：（二）殴打、伤害残疾人、孕妇、不满十四周岁的人或者六十周岁以上的人的。现有证据证实，本案是因在处理民间纠纷的过程中，沈某生没有理性文明行事，对方某进行责骂而引发，双方在拉扯的过程中方某是踢了沈某生，但双方均有不同程度的损伤，双方均有过错，均应当对自己实施的行为承担责任；虽沈某生年满六十周岁，但方某系主动投案，现庐江县公安局仅认定方某是违反治安管理行为人，对方某一人进行行政处罚，并不符合上述法律的相关规定，显失公正，明显不当；合肥市公安局行政复议决定予以维持，明显不当，都是不符合法律规定的，依法均应当予以撤销。依照《中华人民共和国行政诉讼法》第七十条第六项和第七十九条的规定，判决撤销被告庐江县公安局于 2019 年 3 月 25 日作出的庐公（郊）行罚决字〔2019〕10670 号行政处罚决定；撤销被告合肥市公安局于 2019 年 7 月 9 日作出的合公行复决〔2019〕28 号行政复议决定。

常用法律法规规章、技术规范及规范性文件目录

一、法律法规规章类

（一）法律

《中华人民共和国消防法》

《中华人民共和国行政许可法》

《中华人民共和国行政处罚法》

《中华人民共和国行政强制法》

（二）行政法规

《娱乐场所管理条例》（国务院令第 458 号，国务院令第 666 号修订）

《物业管理条例》（国务院令第 379 号，国务院令第 666 号修订）

（三）部门规章

《仓库防火安全管理规则》（公安部令第 6 号）

《公共娱乐场所消防安全管理规定》（公安部令第 39 号）

《机关、团体、企业、事业单位消防安全管理规定》（公安部令第 61 号）

《消防监督检查规定》（公安部令第 120 号）

《火灾事故调查规定》（公安部令第 121 号）

《消防产品监督管理规定》（公安部令第 122 号）

《注册消防工程师管理规定》（公安部令第 143 号）

《高等学校消防安全管理规定》（教育部 公安部令第 28 号）

《高层民用建筑消防安全管理规定》（应急部 5 号令）

《社会消防技术服务管理规定》（应急部 7 号令）

二、技术规范类

（一）常用规范

《消防设施通用规范》（GB 55036–2022）[①]

[①]《消防设施通用规范》GB 55036–2022 自 2023 年 3 月 1 日起实施，《建筑防火通用规范》GB 55037–2022 自 2023 年 6 月 1 日起实施。两者均为强制性工程建设规范，全部条文必须严格执行。正式实施后，现行相关工程建设国家标准、行业标准中的强制性条文将同时废止。在消防监督执法的学习和实践过程中应高度关注标准条文的有效性，本书的所引用的部分标准（包括强制性标准和推荐性标准），凡与强制性工程建设规范的规定不一致的，以强制性工程建设规范的规定为准。

《消防防火通用规范》（GB 5503–2022）

《建筑设计防火规范》（GB 50016–2014，2018 年版）

《汽车库、修车库、停车场设计防火规范》（GB 50067–2014）

《汽车加油加气站设计与施工规范》（GB 50156–2012，2014 年版）

《消防给水及消火栓系统技术规范》（GB 50974 — 2014）

《自动喷水灭火系统设计规范》（GB 50084–2017）

《自动喷水灭火系统施工及验收规范》（GB 50261–2017）

《火灾自动报警系统设计规范》（GB 50116 — 2013）

《火灾自动报警系统施工及验收规范》（GB 50166 — 2019）

《建筑灭火器配置设计规范》（GB 50140 — 2005）

《建筑灭火器配置验收及检查规范》（GB 50444 — 2008）

《建筑内部装修设计防火规范》（GB 50222 — 2017）

《建筑内部装修防火施工及验收规范》（GB 50354–2005）

《建筑防烟排烟系统技术标准》（GB 51251–2017）

《气体灭火系统设计规范》（GB 50370–2005）

《气体灭火系统施工及验收规范》（GB 50263–2007）

《消防应急照明和疏散指示系统技术标准》（GB 51309–2018）

《消防应急照明和疏散指示系统》（GB 17945–2010）

《建筑消防设施的维护管理》（GB 25201–2010）

《重大火灾隐患判定方法》（GB 35181–2017）

《消防产品现场检查判定规则》（XF 588–2012）

《消防产品一致性检查要求》（XF 1061–2013）

（二）一般规范

《民用建筑设计统一标准》（GB 50352–2019）

《地铁设计规范》（GB 50157–2013）

《住宅建筑规范》（GB 50368–2005）

《城市消防规划规范》（GB 51080–2015）

《酒厂设计防火规范》（GB 50694–2011）

《冷库设计规范》（GB 50072–2010）

《石油天然气工程设计防火规范》（GB 50183–2004）

《石油库设计规范》（GB 50074-2014）

《石油化工企业设计防火标准》（GB 50160-2008 2018年版）

《中小学校设计规范》（GB 50099-2011）

《建筑给水排水设计标准》（GB 50015-2019）

《商店建筑设计规范》（JGJ 48-2014）

《托儿所、幼儿园建筑设计规范》（JGJ 39-2016 2019年版）

《老年人照料设施建筑设计标准》（JGJ 450-2018）

《消防控制室通用技术要求》（GB 25506-2010）

《泡沫灭火系统设计规范》（GB 50151-2010）

《泡沫灭火系统施工及验收规范》（GB 50281-2006）

《细水雾灭火系统技术规范》（GB 50898-2013）

《水喷雾灭火系统技术规范》（GB 50219-2014）

《防火卷帘、防火门、防火窗施工及验收规范》（GB 50878 — 2014）

《二氧化碳灭火系统设计规范》（GB 50193-93 2010版）

《人民防空工程设计防火规范》（GB 50098-2009）

《建筑照明设计标准》（GB 50034-2013）

《消防安全标志设置要求》（GB 15630-1995）

《消防电梯制造与安装安全规范》（GB 26465-2011）

《建筑消防设施检测技术规程》（GA 503-2004）

《民用建筑电气设计规范》（JGJ 16-2008）

《农村防火规范》（GB 50039-2011）

《人员密集场所消防安全管理》（XF 654-2006）

《文物建筑消防安全管理》（XFT 1463-2018）

《住宅物业消防安全管理》（XF 1283-2015）

《城镇燃气技术规范》（GB 50494-2009）

《消防监督技术装备配备》（GB 25203-2010）

《消防产品身份信息管理》（XF 846-2009）

《消防产品消防安全要求》（XF 1025-2012）

《火灾调查职业危害安全防护规程》（GAT 1464-2018）

《火灾现场勘验规则》（XF 839-2009）

《火灾原因认定规则》（XF 1301–2016）

《火灾原因调查指南》（XF/T 812–2008）

《火灾现场照相规则》（XF/T 1249–2015）

《火灾技术鉴定物证提取方法》（GB/T 20162–2006）

《消防词汇　第 1 部分：通用术语》（GB/T 5907.1–2014）

《消防词汇　第 2 部分：火灾预防》（GB/T 5907.2–2015）

（三）产品规范

《室内消火栓》（GB 3445–2018）

《室外消火栓》（GB 4452–2011）

《消防水泵接合器》（GB 3446–2013）

《消防泵》（GB 6245–2006）

《消防水带》（GB 6246–2011）

《消防水枪》（GB 8181–2005）

《消防软管卷盘》（GB 15090–2005）

《消火栓箱》（GB/T 14561–2019）

《防火门》（GB 12955–2008）

《防火门闭门器》（XF 93–2004）

《防火卷帘》（GB 14102–2005）

《防火卷帘控制器》（XF 386–2002）

《防火窗》（GB 16809–2008）

《挡烟垂壁》（XF 533–2012）

《消防安全标志 第 1 部分：标志》（GB 13495.1–2015）

《点型感温火灾探测器》（GB 4716–2005）

《点型感烟火灾探测器》（GB 4715–2005）

《火灾报警控制器》（GB 4717–2005）

《独立式感温火灾探测报警器》（GB 30122–2013）

《独立式感烟火灾探测报警器》（GB 20517–2006）

《消防联动控制系统》（GB 16806–2006）

《推车式灭火器》（GB 8109–2005）

《干粉灭火剂》（GB 4066–2017）

《柜式气体灭火装置》（GB 16670–2006）

《七氟丙烷(HFC227ea)灭火剂》（GB 18614–2012）

《气体灭火系统及部件》（GB 25972–2010）

三、规范性文件类

（一）中共中央、国务院文件

中共中央办公厅 国务院办公厅《关于深化消防执法改革的意见》（厅字〔2019〕34号）

国务院办公厅《关于印发消防安全责任制实施办法的通知》（国办发〔2017〕87号）

（二）国务院部委文件

住房城乡建设部 公安部 国家旅游局《关于印发农家乐（民宿）建筑防火导则（试行）的通知》（建村〔2017〕50号）

应急管理部《关于在自由贸易试验区试行公众聚集场所投入使用、营业消防安全告知承诺制的通知》（应急〔2019〕125号）

应急管理部关于贯彻实施新修改《中华人民共和国消防法》全面实行公众聚集场所投入使用营业前消防安全检查告知承诺管理的通知（应急〔2021〕34号）

应急管理部 公安部最高人民法院 最高人民检察院关于印发《安全生产行政执法与刑事司法衔接工作办法》的通知（应急〔2019〕54号）

应急管理部关于印发《消防救援机构办理行政案件程序规定》《消防行政法律文书式样》的通知（应急〔2021〕77号）

（三）应急管理部消防救援局文件

公安部消防局关于印发《公安消防执法档案管理规定》的通知（公消〔2012〕336号）

公安部消防局《关于推进消防安全宣传教育进机关进学校进社区进企业进农村进家庭进网站工作的指导意见》（公消〔2015〕191号）

应急管理部消防救援局关于印发《消防安全重点单位微型消防站建设标准（试行）》《社区微型消防站建设标准（试行）》的通知（公消〔2015〕301号）

应急管理部消防救援局关于印发《消防执法公示公开规定》《消防执法全过程记录制度》《消防救援机构法制审核审批和集体议案工作规范》的通知（应急消〔2019〕151号）

应急管理部消防救援局关于印发《消防安全违法行为举报投诉奖励规定》的通知（应急消〔2019〕162号）

应急管理部消防救援局印发《关于对部分消防安全违法行为实施行政处罚的裁量指导意见》的通知（应急消〔2019〕172号）

应急管理部消防救援局《关于全面推行"双随机、一公开"消防监管工作的通知》（应急消〔2019〕241号）

应急管理部消防救援局《关于开展火灾延伸调查强化追责整改的指导意见》（应急消〔2019〕266号）

应急管理部消防救援局《关于取消部分消防产品强制性认证的公告》（应急消评〔2019〕20号）

应急管理部消防救援局关于印发《消防安全专项整治三年行动宣传工作方案》的通知（应急消〔2020〕151号）

应急管理部消防救援局关于印发《消防安全领域信用管理暂行办法》的通知（应急消〔2020〕331号）

应急管理部消防救援局《关于改进消防监管强化火灾防范工作的意见》（应急消〔2020〕347号）

应急管理部消防救援局《关于全面推行消防救援站开展防火工作的通知》（应急消〔2020〕350号）

（四）应急管理部消防救援局批复

公安部消防局《关于地方与铁路系统消防监督职责范围问题的答复意见》（公消〔2011〕91号）

公安部消防局《关于对港口消防安全监管主体的答复意见》（公消〔2013〕253号）

公安部消防局《关于如何认定典当行业经营场所使用性质的答复意见》（公消办〔2013〕546号）

公安部消防局《关于转发超高层建筑地下区域消防电梯设置问题复函的通知》（公消办〔2017〕129号）

公安部消防局《关于对建设工程外墙外保温系统有关问题的答复意见》（公消〔2017〕157号）

公安部消防局《关于对防火门监控器设置问题的答复意见》（公消〔2017〕159号）

应急管理部消防救援局办公室《关于转发夹层疏散设计问题复函的通知》（应急消办函〔2018〕7号）

应急管理部消防救援局办公室《关于转发超高层住宅建筑避难层设置问题复函的通知》

（应急消办〔2018〕12 号）

应急管理部消防救援局《关于对住宅建筑安全疏散问题的答复意见》（无编号发文〔2018〕201 号）

应急管理部消防救援局《关于转发室内变电站防火设计问题复函的通知》（无编号发文〔2018〕197 号）

应急管理部消防救援局办公室《关于转发足疗店消防设计问题复函的通知》（应急消办函〔2019〕17 号）

应急管理部消防救援局《关于办理公众聚集场所投入使用营业前消防安全检查有关问题的答复》（应急消函〔2019〕171 号）

四、四川省地方性法规、规章、地方标准及规范性文件选编

（一）地方性法规

《四川省消防条例》

《四川省公共消防设施条例》

《四川省群众义务消防条例》

（二）地方政府规章

《四川省消防产品监督管理办法》（四川人民省政府令第 270 号）

《四川省消防规划管理规定》（四川省人民政府令第 283 号）

《四川省宗教活动场所消防安全管理规定》（四川省人民政府令第 312 号）

《四川省多种形式消防队伍建设管理规定》（四川省人民政府令第 228 号）

（三）地方标准

《火灾高危单位消防安全评估规程》（DB51/T 2050-2015）

《建筑消防设施检测规范》（DB51/T 2049-2015）

《四川省古城镇村落消防安全评估规范》（DB51/T 2700-2020）

（四）省政府或部门联合文件

四川省人民政府办公厅关于印发《四川省消防安全重点单位界定标准》和《四川省消防安全大型公众聚集场所界定标准》的通知（川办函〔2012〕214 号）

四川省人民政府办公厅《关于印发四川省消防安全责任制实施办法的通知》（川办发〔2019〕71 号）

四川省消防救援总队 省发展改革委 公安厅 省民政厅 司法厅 住房城乡建设厅 省应急厅 省市场监管局 省大数据中心联合印发《关于深化消防执法改革的实施意见》（川消〔2020〕41号）

四川省消防救援总队 四川省司法厅《关于做好在部分市州开展消防行政执法资格试点工作的通知》（川消〔2020〕89号）

四川省公安厅关于印发《四川省公安派出所消防监督检查工作规定》的通知（川公发〔2015〕73号）

四川省市场监管局《关于批准四川省消防标准化技术委员会换届的公告》（2021第23号）

（五）四川省消防救援总队规范性文件

四川省公安消防总队关于印发《四川消防"放管服"改革十五条措施》的通知（川公消办〔2018〕281号）

四川省消防救援总队关于印发四川省消防救援机构《消防执法全过程记录实施细则》《法制审核、审批规则》《集体议案规则》《消防执法公示公开办法》《消防政务服务"好差评"暂行办法》的通知（川消办〔2019〕130号）

四川省消防救援总队《关于全面规范和加强"双随机、一公开"消防监管工作的指导意见》（川消办〔2019〕233号）

四川省消防救援总队关于印发《四川省消防救援机构实施行政处罚裁量规则（试行）》的通知（川消〔2020〕75号）

四川省消防救援总队关于印发《消防救援站防消联勤工作实施细则（试行）》的通知（川消〔2021〕55号）

四川省消防救援总队关于印发《四川省消防法制服务保障中心相关配套规定的通知》（川消函〔2021〕322号）

四川省消防救援总队关于印发《四川省消防技术服务机构和从业人员信用修复管理办法（试行）》的通知（川消〔2022〕143号）